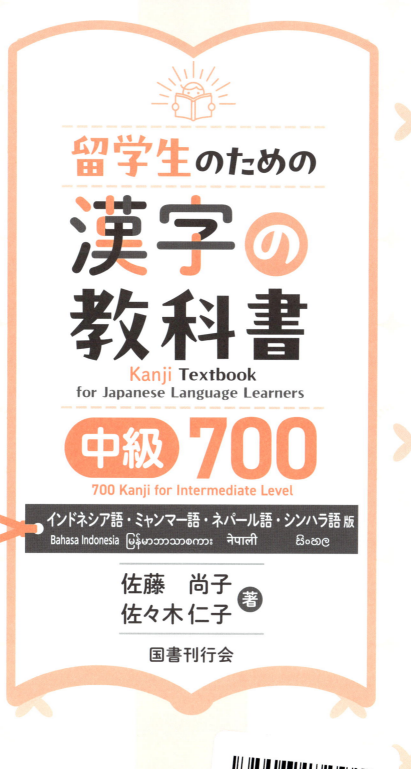

留学生のための
漢字の教科書

Kanji Textbook
for Japanese Language Learners

中級 700

700 Kanji for Intermediate Level

インドネシア語・ミャンマー語・ネパール語・シンハラ語 版
Bahasa Indonesia　မြန်မာဘာသာစကား　नेपाली　සිංහල

佐藤　尚子
佐々木 仁子　著

国書刊行会

解答について

この本の解答は、国書刊行会ホームページからダウンロードできます（PDFファイル）。本に解答は付属していません。また、専用ウェブサイトからも、解答を確認することができます。

国書刊行会ホームページ
解答PDFダウンロードのサイト
https://www.kokusho.co.jp/kaito/9784336076465/
解答確認用ウェブサイト
https://www.kokusho.co.jp/japanesetext/

この本をお使いの指導者の方々へ

本書では、授業にお使いいただける、以下の授業用補助教材を用意しています。
「漢字書き取り＆練習問題解答用シート」
授業での使用、課題提出などにご活用いただけます。
ご利用には申請が必要です。以下のページに掲載してある申請フォームからお申し込みください。

https://pro.form-mailer.jp/fms/b4d5ccb9318625

はじめに

2007年に『留学生のための漢字の教科書 中級700』を、そして、2017年に改訂版を刊行しました。初版の刊行以来、時間がたち、時代に合わなくなっている語や場面が出てきています。このたび、多くの学習者が学びやすいように改訂を行いました。今回の改訂では、2色刷りにし、文字もユニバーサルデザインフォントの教科書体を使用し、見やすくしました。また、各課に「ふりかえり」を、8課ごとの「まとめ問題」には「書き取り問題」と「チャレンジ問題」を設け、漢字学習を進めやすくしました。

今まで、5か国語（英語・中国語・韓国語・インドネシア語・ベトナム語）の翻訳を載せていましたが、今回は、本を2つに分け、「英語・中国語・韓国語・ベトナム語」と「インドネシア語・ミャンマー語・ネパール語・シンハラ語」の翻訳を載せている教科書を作りました。

日本語を習得するためには、漢字の学習が不可欠です。特に中級以上、日本語能力試験で言えばN2〜N3相当のレベルになると、語彙を増やすために漢字をしっかりと学習しなければなりません。

一方、漢字の習得には長い時間が必要です。漢字習得の効率的な方法についての研究がいろいろ行われていますが、結局は、繰り返し読んで、何回も書くという昔ながらの方法に落ち着くようです。また、非漢字圏の学習者は、漢字圏の学習者と認知のしかたが異なり、漢字のそれぞれの部分を一つのまとまりとして認知するのが難しいという問題があります。

このような問題を踏まえ、漢字の学習に本当に必要な要素だけをすべて取り入れた教材が本書です。

本書の作成にあたり、広く使われている複数の初級、中級の教科書や資料にあたり、語彙を検討し、漢字700字を決定しました。中級レベルの漢字を学習するうえで必要となる漢字と、その読み、語彙を集めてあります。きちんと漢字を書けるようになるために、筆順ものせてあります。

既刊の『留学生のための漢字の教科書 初級300』『留学生のための漢字の教科書 上級1000』と合わせて、本書がみなさんの漢字の習得に役に立つことを祈っております。

2024年9月

佐藤尚子・佐々木仁子

目次 Contents

はじめに Introduction ・・・・・・・・・・・・・・・ 3

目次 Contens ・・・・・・・・・・・・・・・・・・・ 4

本書の特徴 Feature of this book ・・・・・・・・・ 7

『留学生のための漢字の教科書 中級700』の特徴／本書の構成／
「第2章 中級漢字700」の構成／漢字・読み・語彙の選択

第1章 初級で学習した漢字の中級での読み方 ・・・・ 13
練習問題 ・・・・・・・・・・・・・・・・・・・・・ 20

第2章 中級漢字700 ・・・・・・・・・・・・・・・ 23

1課 教室 Class Room ・・・・・・・・・・・・・・ 25

2課 テスト Test ・・・・・・・・・・・・・・・・ 31

3課 形容詞 Adjectives ・・・・・・・・・・・・・ 37

4課 漢字 *Kanji* ・・・・・・・・・・・・・・・・ 43

5課 自己紹介 Self-introduction ・・・・・・・・・ 49

6課 私の 部屋 My Room ・・・・・・・・・・・・ 55

7課 自動詞・他動詞 Intransitive Verbs / Transitive Verbs ・・・ 61

8課 私の 町 My Town ・・・・・・・・・・・・・ 67

まとめ問題・1 ・・・・・・・・・・・・・・・・・ 73

9課 駅 Station ・・・・・・・・・・・・・・・・・ 77

10課 サイン・広告 Sign / Advertisement ・・・・・ 83

目次

11課 料理 Cooking 89

12課 コンピューター Computer 95

13課 アルバム Album 101

14課 作文 Composition 107

15課 日記 Diary 113

16課 手紙・はがき Letters and Postcards 119

まとめ問題・2 125

17課 買い物 Shopping 129

18課 空港 Airport 135

19課 動画・映画 Video and Movie 141

20課 注意書き Instructions 147

21課 ガイダンス Guidance 153

22課 旅行 Travel 159

23課 発表 Presentation 165

24課 論文 Thesis 171

まとめ問題・3 177

25課 健康 Health 181

26課 地理 Geography 187

27課 植物 Plants 193

28課 地球 The Earth 199

目次

29課 いろいろなニュース・1 News 1 ・・・・・・・・・・・・・・・ **205**

30課 いろいろなニュース・2 News 2 ・・・・・・・・・・・・・・・ **211**

31課 いろいろなニュース・3 News 3 ・・・・・・・・・・・・・・・ **217**

32課 いろいろなニュース・4 News 4 ・・・・・・・・・・・・・・・ **223**

まとめ問題・4 ・・・・・・・・・・・・・・・・・・・・・・・・ **229**

音訓索引 ・・・・・・・・・・・・・・・・・・・・・・・・・・・・・ **233**

部首索引 ・・・・・・・・・・・・・・・・・・・・・・・・・・・・・ **242**

語彙索引 ・・・・・・・・・・・・・・・・・・・・・・・・・・・・・ **246**

本書の特徴 Features of this book

✳『留学生のための漢字の教科書　中級700』の特徴

　この本は、中級レベル（日本語能力試験N2～N3レベル＝旧2級レベル）で必要な漢字700字について書いたものです。今までの漢字の教科書は、取り上げられている漢字についてはいろいろなデータに当たって、適切に選ばれているものが多かったのですが、読みと語彙については、どうして選ばれたのかその基準がわからないものがあり、勉強している人から「この読みはどんなときに使うのですか」という質問が出ることがよくありました。この本では、独立行政法人 国際交流基金、財団法人 日本国際教育支援協会『日本語能力試験 出題基準【改訂版】』（2006年、凡人社。以下『出題基準』と表す）をもとに、中級漢字700字および中級で必要な読みおよび語彙を選び、教科書にしました。そして、筆順がなければ正しく書けない人が多いことから、すべての漢字の筆順を載せました。そして、「第1章 初級で学習した漢字の中級での読み方」で、中級レベルの語彙を勉強するときに必要になる、初級では習っていない読みをまとめました。

　初級レベルの漢字に関しては『初級300』、上級レベルに関しては『上級1000』が刊行されています。初級・上級レベルの読み、語彙はそれぞれの本で説明します。

✳本書の構成

第1章　初級で学習した漢字の中級での読み方

　ここでは、N2～N3レベル（旧2級レベル）の語彙を勉強するときに必要になる、初級では習っていない読みをまとめて勉強します。

第2章　中級漢字700

　32の課と4つの復習からなります。各課は2つの部分に分かれています。1～17課は新しい漢字をそれぞれ10字ずつ計20字勉強します。第18課～第32課は12字ずつ計24字勉強します。8課ごとに「まとめ問題」があります。

本書の特徴

✱「第2章　中級漢字700」の構成

　導入部、漢字の提示、「よみましょう」、「かきましょう」、「練習」からなります。導入部に提示されている語彙のうち、その課で学習する漢字は、ページの右側に示してあります。提示されている漢字には導入部にはない漢字もあります。「よみましょう」と練習の読みに関する問題には、N1レベル（旧1級レベル）の漢字の読みも含まれています。ただし、これらはすべて語彙として取り上げているものです。導入部、問題文では「ストレス」「JR」など、日常生活でよく使われるかたかな、ローマ字で表記される語彙も使用しています。

　漢字の読みは音訓の順に並んでいます。音はかたかな、訓はひらがなで表します。漢字の読みは、名詞・い形容詞・な形容詞・動詞（自動詞・他動詞）・副詞・特殊読みの順に並んでいます。

① 通し番号
② 漢字
③ 画数
④ 部首
⑤ 書き順
⑥ 音読み
⑦ 訓読み
⑧ 特別な読み
⑨ 漢字の意味（インドネシア語、ミャンマー語、ネパール語、シンハラ語）
⑩ 語彙とそのインドネシア語訳、ミャンマー語訳、ネパール語訳、シンハラ語訳

✱漢字・読み・語彙の選択

漢字：『出題基準』に示されている2級の漢字1,023字から、3、4級の漢字279字と2級の漢字の中から21字、計300字（p.10「表1」）と、本書では採用せず上級で扱う2級の漢字23字（p.11「表3」）を除いた700字（p.11「表2」の

本書の特徴

5字を含む）を載せました。初級レベルとした2級の漢字は語彙のレベルが初級であることを根拠にしました。

読み：読みは常用漢字表に示されている範囲で、『出題基準』で2級語彙とされているものを載せました。ただし、例えば、「広」の場合、「広まる」「広める」のような「～まる」「～める」のついた「い形容詞」からできた動詞の読みは除きました。

2級の漢字で、常用漢字表には読みがありますが、実際にはあまり使用されないため読みから除いたものもあります（p.12「表5」）。補助動詞「～ていただく」はひらがなで書きました。

中級として採用した初級レベルの読みもあります（p.12「表6」）。

語彙：原則として『出題基準』で2級の語彙とされている中から選びました。例えば、2級の語彙で「状」となっている場合、語彙例として「年賀状」を採用するなど、できるだけ、具体的な例を示しました。1級および常用漢字表外の漢字が含まれていても採用した語彙や、上級レベルの語彙として採用しなかった語彙もあります（p.11「表4」、p.12「表7」）。その際、1級および常用漢字表外の漢字には読みがなをつけました。各課のトピックの関係上、および、適当な語彙が不足している場合は、2級以外の語彙を採用しました。採用したものは次の2種類です。

① 1級の語彙から選んだもの（p.12「表8」）
② 語彙リスト以外から選んだもの（p.12「表9」）

問題文で使用しているかたかな語には、旧1、2級の語彙や、『出題基準』に含まれていない語彙がありますが、日常生活でよく使われるものなので採用しました。また、本書では、名詞ではあるが、文の中で形容詞のように使われる語には、「お金持ちの」「半分の」のように「の」をつけています。

部首：原則として『康煕字典』(DVD-ROM版、2007年、紀伊國屋書店)によりました。ただし旧字体と部首が異なる場合は、『角川 大字源』(1992年、角川書店)に従いました。また、部首の読みについては一部『大漢語林』(1992年、大修館書店)を参照しました。

練習問題：各課には、10字または12字ごとに「よみましょう」「かきましょう」が、

9

各課の最後に、「れんしゅう」があります。また、8課ごとに「まとめもんだい」があります。

「まとめもんだい」には、漢字を読んだり書いたりする問題、筆順に関する問題などのほか、音声を聞いて書く「書き取り問題」と「チャレンジ問題」があります。「チャレンジ問題」では、本書には採用されていませんが、独立行政法人国際交流基金・公益財団法人日本国際教育支援協会編著『日本語能力試験公式問題集』(2012年)と『日本語能力試験公式問題集第二集』(2018年)の「N3」「N2」から抽出した語を出題しています。

表1　初級レベルの漢字300字

安	一	飲	右	雨	駅	円	下	何	火	花	会	外	学	間	気
休	魚	金	九	空	月	見	言	古	五	七	社	語	口	校	行
高	国	今	左	三	山	四	子	時	耳	生	西	車	手	週	十
出	書	女	小	少	上	食	新	人	水	土	道	先	千	川	前
足	多	大	男	中	長	天	店	電	母	以	北	読	南	二	日
入	年	買	白	八	半	百	父	分	聞	意	海	本	毎	万	名
木	目	友	来	立	六	話	県	悪	暗	回	医	員	開	引	院
運	映	英	遠	屋	音	夏	家	歌	画	強	界	業	近	楽	寒
漢	館	顔	帰	起	急	究	牛	去	京	広	教	合	黒	銀	区
兄	計	軽	建	犬	研	験	元	好	工	紙	考	字	持	菜	作
仕	使	始	姉	市	思	止	死	私	習	試	住	重	春	自	室
質	写	者	借	弱	主	首	秋	終	正	集	青	赤	切	所	暑
乗	場	色	心	森	真	親	図	世	台	声	短	知	地	池	洗
早	走	送	族	村	体	待	貸	代	弟	題	都	度	冬	答	茶
着	昼	注	朝	町	鳥	通	低	発	転	田	不	服	風	物	頭
働	動	同	堂	特	肉	売	明	飯	病	品	野	薬	有	夕	文
別	便	勉	歩	方	妹	味	問	門	夜	黄	座	濯	奥	押	降
洋	用	理	旅	料	力	林	部	閉	米	利	和※	号	取		酒
寝	全	鉄	内	晩	番	府									

※ ⌐ ¬(点線)＝旧2級の漢字

本書の特徴

表2 N4 〜 N5 レベル（旧3級レベル）の漢字で、中級の漢字として本書に採用した漢字

光　産　進　太　民

表3 本書では採用せず、上級で扱う N2 〜 N3 レベル（旧2級レベル）の漢字

膚　鋭　鈍　憎　良　臓　腹　肌　塗　枯　畜　塔　銅　粒　偶　匹
脂　滴　脳　双　荒　掘　昇

表4 上級レベルの漢字を含んでいるため、上級で扱う語彙

圧縮する　井戸　威張る　援助する　演奏する　応援する　往復する
お辞儀　解釈する　概論　垣根　覚悟する　拡充する　過剰な
活躍する　仮名遣い　為替　感激する　感謝する　勘定　鑑賞する
勘違い　頑張る　記憶する　機嫌　奇数　基盤　偶数　偶然（に）
蛍光灯　掲示する　契約する　激増する　欠陥　玄関　原稿
検討する　憲法　懸命な　公衆　功績　故郷　極　ご無沙汰
ご覧になる　酸性　刺激する　実施する　執筆する　辞典　芝居
収穫する　修繕する　就任する　需要　循環する　巡査　順序　障害
症状　焦点　衝突する　丈夫な　消耗する　新幹線　信仰する
診察する　診断する　審判　垂直（の）　推定する　随筆　寸法
成功する　選択する　宣伝する　扇風機　倉庫　葬式　退屈な　太鼓
脱線する　妥当な　抽象的な　彫刻　直径　提案する　伝染する
伝統　投票する　童謡　途端（に）　納得する　反抗する　必需品
瓶詰（の）／瓶詰め（の）　普及する　雰囲気　文房具　平凡な　弁当
民謡　無駄な　免許　免税　愉快な　要旨　要素　酔っ払い
離婚する

本書の特徴

表5　旧2級の漢字で常用漢字表にある読みのうち、あまり使用されないため除いたもの

「在」の訓読み「あ（る）」　　　　　　　　　「居」の訓読み「い（る）」

表6　中級とした初級レベルの読み

「下」ゲ　お-りる　さ-がる　さ-げる　くだ-さる　「上」あ-がる　あ-げる

「木」もめん（木綿）　　　　　　　　　　　　「田」いなか（田舎）

表7　漢字の用例として示した語彙の中で表記の漢字に注意が必要なもの（太字）

● 上級レベルの漢字が含まれる語彙

句読点　元栓　世紀　組織　鉛筆　選挙　余裕　暖房　冷房　化粧　羊毛　磁石
専攻　戸棚　冒険　付属　清潔　請求　保証　削除　範囲　将棋　迷惑　徹底
故障　緊張　幼稚　歓迎　状態　模様　振る舞う　礼儀　冗談　相撲　大統領
就職　恩恵　武士　睡眠　講義　申請　申し訳ない　望遠鏡　滞在　義務　絶滅
缶詰　資源　寿命　共産主義　基礎　裁判　腰掛ける　栄養　富士山　砂漠
砂糖　皮膚　恐縮　展覧会　逮捕　民主主義　優秀　俳優　姿勢　典型的な
純粋　軍隊　兵隊　博士

● 「常用漢字表」外の漢字が含まれる語彙

琵琶湖　　　　　　　　　　　　　　　　　　　＊ただしチャレンジ問題はのぞく。

表8　N1レベル（旧1級レベル）の語彙から採用したもの

～書　気象　精算　時刻表　設定　年賀　大幅　比例　比率　携帯　登録する

表9　『出題基準』の語彙リスト以外から採用したもの

左折　小川　暑中見舞い　早朝　山本　京浜　元栓　朝食　白鳥　在庫　太平洋
乗馬　美容院　快速（電車）　玉ねぎ　厚生労働省　表示する　成田国際空港
送信　更新　平成　令和　看護師　九州　富士山　琵琶湖　欧州　秋葉原　～型
明治

初級で学習した漢字の中級での読み方

■初級レベルの漢字・1

飲 イン　飲食 eating and drinking

右 ユウ　左右 right and left
　　 ウ　　右折する to turn right

雨 ウ　　梅雨前線 a seasonal rain front
　　 あま　雨戸 shutters
　　 ◯◯　梅雨 *tsuyu*, the rainy season

下 ゲ　　上下 top and bottom, the upper and lower sides, high and low
　　　　　下宿する to lodge
　　 しも　下半期 the second half of the year
　　 お-りる　下りる to go down
　　 お-ろす　下ろす to lower
　　 さ-がる　下がる to hang down
　　 さ-げる　下げる to lower, to hang
　　 くだ-さる　下さる to give
　　 くだ-る　下る to go down

外 ゲ　　外科 surgery
　　 はず-れる　外れる to come off, to come out
　　 はず-す　外す to take off

学 まな-ぶ　学ぶ to learn

間 ケン　人間 a human being

気 ケ　　気配 a sign, indication

休 キュウ　休日 a holiday

魚 ギョ　金魚 a goldfish
　　 うお　魚市場 a fish market

空 から　空の empty
　　 あ-く　空く to be vacant
　　 あ-き　空き room
　　 あ-ける　空ける to empty

言 ゲン　言語 language
　　 ゴン　伝言 a message

古 コ　　中古の used, secondhand

後 コウ　後半 the second half, the latter half
　　 のち　後 after

語 かた-る　物語 a story

行 ギョウ　行事 an event
　　 ゆ-く　行く to go

左 サ　　左折する to turn left

山 サン　富士山 Mt.Fuji

三 み　　三日月 a crescent moon

子 ス　　様子 a state
　　 お　　小川 a stream

小 ショウ　少年 a boy
　　　　　少女 a girl
　　　　　少々 a few / a little

少

上 かみ　上半期 the first half of the year
　　 あ-がる　上がる to go up
　　 あ-げる　上げる to raise
　　 のぼ-る　上る to go up

14

新	あら-た	新たな new	
生	い-ける	生け花 the Japanese art of flower arrangement	
	なま	生の raw	
	は-える	生える to grow	
西	サイ	関西 the *Kansai* (region) 東西南北 north, south, east and west	
足	ソク	不足 lack, shortage	
多	タ	多数の many	
大	おお	大雨 a heavy rain	
男	ナン	長男 one's eldest son	
土	ト	土地 land	
	つち	土 earth	
読	ドク	読書 reading	
	トウ	句読点 punctuation	
日	ジツ	平日 a weekday	
買	バイ	売買 buying and selling	
白	しら	白髪 white hair, gray hair	
半	なか-ば	半ば half, the middle	
分	ブ	分 a percent	
	わ-かれる	分かれる to divide	
	わ-ける	分ける to divide	
本	もと	山本 *Yamamoto* (family name)	

木 ○○	ボク	土木 civil engineering 木綿 cotton	
万	バン	万歳 *banzai*, cheer	
名	ミョウ	名字 a surname, a family name	
目	モク	目的 purpose	
友	ユウ	友人 a friend	
立	リツ	国立の national	

■初級レベルの漢字・2

悪	アク	悪意 malice	
暗	アン	暗記する to memorize, to learn by heart	
引	イン	引力 gravitation	
映	うつ-る	映る to reflect	
	うつ-す	映す to reflect	
家	ケ	天皇家 imperial family	
	や	大家 the owner of a rented house	
歌	カ	歌手 a singer	
回	まわ-す	回す to turn	
開	カイ	開会する to open	
楽	ラク	楽な comfortable, easy	

寒	カン	寒帯 the Frigid Zone
起	キ / お-こる	起床 rising / 起こる to happen, to occur
帰	キ / かえ-す	帰宅する to go home / 帰す to let ... go back
牛	うし	牛 cattle, a cow, an ox
去	コ / さ-る	過去 past / 去る to leave, last ...
京	ケイ	京浜 Keihin, Tokyo and Yokohama
強	ゴウ	強盗 a robber
教	おそ-わる	教わる to learn, to be taught
計	はか-る	計る to measure
建	ケン / た-つ	建設 construction / 建つ to be built
元	ガン / もと	元日 New Year's Day / 元栓 a main tap, a stop tap
工	ク	工夫 a device, an invention
広	コウ	広告 advertisement
好	この-む	好む to like, to prefer
考	コウ	参考 reference
黒	コク	黒板 a blackboard

作	サ	作業 work, operations
市	いち	市場 a market
死	シ	死亡する to die
私	シ	私立の private
始	シ	開始する to start, to begin
姉	シ	姉妹 sisters
思	シ	思想 thought
紙	シ	コピー用紙 copying paper
試	ため-す	試す to try, to test
自	シ / みずか-ら	自然 nature / 自ら oneself
持	ジ	持参する to bring
写	うつ-る	写る to come out, to be photographed
者	もの	者 a person
借	シャク	借金 debt
弱	ジャク	弱点 a weakness
主	おも	主な main
首	シュ	首相 a prime minister

終	シュウ	終了する to expire, to be finished
	お-える	終える to finish
集	シュウ	集合する to gather, to assemble
住	す-まう	住まい a house, a home
重	ジュウ	重力 gravity
	チョウ	貴重な precious
	かさ-なる	重なる to be piled up
	かさ-ねる	重ねる to pile
暑	ショ	暑中見舞い summer greeting
乗	ジョウ	乗車する to get on a train/bus
	の-せる	乗せる to pick up, to help ... get on
色	ショク	〜色 〜 colors
	シキ	景色 scenery, a landscape
森	シン	森林 forest
親	おや	親 a parent
	した-しい	親しい familiar, friendly, close
世	セイ	世紀 a century
	よ	世の中 the world
正	セイ	正方形 a square
青	セイ	青年 youth
	◎◎	真っ青な deep blue
赤	セキ	赤道 the Equator
	◎◎	真っ赤な bright red
早	ソウ	早朝 early morning
	サッ	早速 at once, immediately

村	ソン	市町村 municipalities
体	タイ	体重 weight
短	タン	短期 a short term
池	チ	電池 a battery
着	チャク	到着する to arrive
	つ-ける	着ける to dress
	き-せる	着せる to dress
注	そそ-ぐ	注ぐ to pour
昼	チュウ	昼食 lunch
鳥	チョウ	白鳥 a swan
朝	チョウ	朝食 breakfast
通	とお-す	通す to pass something through
低	テイ	低下する to fall, to decline
弟	デ	弟子 a pupil
転	ころ-がる	転がる to roll
	ころ-がす	転がす to roll
	ころ-ぶ	転ぶ to fall down, to tumble
田	◎◎	田舎 countryside
都	みやこ	都 a capital, a city
度	たび	〜度 whenever ... , every time ...

17

答	トウ	回答 an answer
頭	ズ	頭痛 headache
	トウ	〜頭 counter for a big animal
同	ドウ	同時に at the same time
動	うご-かす	動かす to move
働	ドウ	労働 labor
売	バイ	売店 a stand, a kiosk
	う-れる	売れる to sell
飯	めし	飯 cooked rice, a meal
文	モン	注文する to order
便	たよ-り	便り a letter
方	⚭	行方 one's whereabouts
妹	マイ	姉妹 sisters
明	ミョウ	明後日 the day after tomorrow
	あ-かり	明かり the light
	あき-らか	明らか clear
	あ-くる	明くる next, following
	あ-ける	明け方 dawn
		明ける to begin, to be over
問	と-い	問い a question
		問い合わせ inquiry
	と-う	問う to ask
夜	よ	夜明け dawn

野	の	野 a field
薬	ヤク	薬品 a medicine
有	ウ	有無 presence or absence
用	もち-いる	用いる to use
旅	たび	旅 a trip
力	リョク	学力 scholastic ability
林	リン	山林 mountains and forests

■ 初級レベルの 漢字・3

押	お-さえる	押さえる to hold
降	コウ	下降する to go down
	お-ろす	降ろす to get down
座	ザ	座席 a seat
酒	シュ	日本酒 sake (Japanese rice wine)
	さか	酒屋 liquor shop
寝	シン	寝台 a bed
全	まった-く	全く quite, entirely
内	うち	内側の inside
閉	ヘイ	閉会する to close
	と-じる	閉じる to close
米	ベイ	欧米 Europe and the United States

■初級の漢字がほかの語について、中級レベルの語を作るもの

～一	number one in...	日本一		～場	field of...	運動場
～員	...member	会社員		新～	new...	新世紀
大～	grand...	大文字		全～	total...	全世界
～下	under...	支配下		前～	former...	前世紀
～家	...ist	小説家		～長	...leader	委員長
～海	sea of...	日本海		長～	long...	長期間
～界	world of...	経済界		～通	counter for letters (etc)	
～外	out of...	予想外				一通
～間	between...	東京・大阪間		～店	...store	販売店
～館	house of...	美術館		～内	inside...	病院内
～教	teachings of...	キリスト教		～年生	...year-student	一年生
		イスラム教		～発	departing...	東京発
～業	business of...	サービス業		～番目	to indicate the order of things	
～切れ	a piece of...	一切れ				一番目
～口	exits and entrances	非常口		～病	...disease	心臓病
高～	high...	高身長		不～	un...	不親切な
～号	...issue	今月号		～部	...department	営業部
～国	...country	農業国		～風	...style	日本風
今～	current...	今世紀		～物	...materials	危険物
～室	...room	会議室		～歩	...steps	一歩
～車	...car	消防車		本～	this...	本会場
～者	...person	関係者		～前	before...	試験前
～社	...company	新聞社		名～	great...	名選手
～手	person with a job or role			～名	counter for person	一名
		運転手		～持ち	owning...	お金持ち
～中	during...	会議中		～問	counter for questions	一問
～中	around...	世界中		来～	next...	来シーズン
～上*	on...	地球上		～料	...fee	サービス料
～所	facilities with specific tasks			和～	Japanese style...	和菓子
		研究所　裁判所		洋～*	Western style...	洋菓子

＊＝『出題基準』にはないが追加した語

練習問題

_____ の 読みを ひらがなで 書きなさい。

1. これで 気持ちが 楽に なった。 That's a load off my mind.

2. 人が 来る 気配が した。 I sensed that someone is approaching.

3. 作業を 開始する。 We start the work.

4. 去る 3月に 会社を やめた。 He left his job last March.

5. この 席は 空いて います。 This seat is vacant.

6. 日本に 親しい 友人が いない。 I have no close friend in Japan.

7. 映画の 後半は 見られなかった。 I couldn't see the latter part of the movie.

8. 晴れ 後 くもり。 Fine, cloudy later.

9. 何か いい 工夫は ありませんか。 Have you got any good idea?

10. 大雨の ため、試合は 中止された。 The game was stopped because of a heavy rain.

11. 明くる 年、わたしは 大学に 入った。 I entered a university the following year.

12. 私は スミスと いう 者です。 My name is Smith.

13. 五時に 仕事を 終えて、帰宅した。 I finished work at five o'clock and went home.

14. 彼は リーさんの 弟子に なった。 He became Lee-san's pupil.

15. 田舎に ハイキングに 行った。 I went hiking in the country.

16 自ら リサさんに 話したほうが いい。 You had better speak to Risa-san yourself.

17 左右を よく 見て 渡りなさい。 Look right and left carefully before you cross a street.

18 友人に 借金を した。 I borrowed money from my acquaintance.

19 明けまして おめでとう ございます。 A happy new year.

20 コンピューターの 在庫の 有無を 問い合わせた。 I inquired whether that computer is in stock.

21 本を 閉じて ください。 Close your book.

22 キムさんは 今 市場へ 買い物に 行って いる。 Kim-san goes shopping at a market.

23 図書館では 飲食は できません。 Don't eat and drink in the library.

24 その 少女は 山本さんに 生け花を 教わった。 The girl learned ikebana from Yamamoto-san.

25 ご乗車 ありがとう ございます。 Welcome aboard!

26 学生の 学力が 低下する。 There is a decline in the scholastic ability of students.

27 昼食を 持参して ください。 Bring your own lunch.

28 兄に 便りを 書く。 I write a letter to my elder brother.

29 青年は レストランで 朝食を 注文した。 The young man ordered breakfast at a restaurant.

30 学校の 行事に 出た。 I attended a school event.

31 グエンさんが 来ないのは 明らかだ。 It is obvious that Nguyen-san is not coming.

練習問題

32 パンに かびが 生えた。 The bread got moldy.

33 新しい やり方を 用いる。 We will adopt a new method.

34 来月の 半ばに 関西に 引っ越します。 I am moving to Kansai in the middle of next month.

35 びんを 空に した。 She emptied the bottle.

36 全く 日本語を 勉強したことが ない。 I have never studied Japanese.

37 学生が 全員 集合するまで どのぐらい 時間が かかるか 計りました。
I measured how long it would take for all the students to assemble.

38 私が 住んでいる 町では 家を 建設する 土地が 不足しています。
In my town there is a shortage of land to build houses.

39 中古の プリンターが 動くか どうか 試してみた。 I tested the used printer to see if it would work.

40 電車は 遅れて 到着した。 The train arrived behind schedule.

41 今、会議中です。会議室には 入れません。
The meeting is going on right now. You cannot enter the conference room.

42 名前は 大文字で 書いて ください。 Please write your name in capital letters.

43 彼は 何回も 日本一になった 名選手です。
He is a great player who has been the best in Japan many times.

44 田中さんは、長期間、心臓病で 入院した。
Tanaka-san was hospitalized for a long period of time with heart disease.

45 朝、関係者が 営業部に 集まった。
In the morning, the concerned persons gathered in the sales department.

第2章

中級漢字700

1課 教室 Class Room

この課で学ぶこと ▶ 教室で使う漢字について考えましょう。

なんと書いてありますか

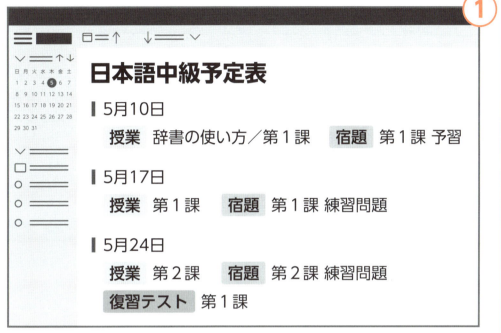

① 中級　予定表　授業　宿題　復習　辞書　予習　第1課　練習

② 教科書　参考書　忘れる

1課 301〜310

---

301 級 9画〔糸〕

 く ㄑ ㄠ ㅿ 糸 糸 糺 級 級

キュウ

tingkat | အဆင့် | ग्रेड | ශ්‍රේණිය

中級 tingkat menengah | အလယ်အလတ်အဆင့် (သင်ရိုးများ) | मध्यम (पाठ्यक्रमहरू) | ද්වීතියික (පාඨමාලාව)

高級 kelas tinggi, mahal | အဆင့်အတန်းမြင့်သော | उच्च श्रेणी | උසස් පන්තියේ

上級 tingkat lanjut | အထက်တန်းအဆင့် (သင်ရိုးများ) | उन्नत (पाठ्यक्रमहरू) | උසස් (පාඨමාලාව)

---

302 予 4画〔亅〕

フ フ マ ヌ 予

ヨ

sebelumnya | ကြိုတင်၍ | पहिले नै | කලින්

予習する belajar sebagai persiapan | ကြိုတင်လေ့လာသည် | पाठ तयार गर्नु | පාඩම් සඳහා පෙර සූදානම් වීම

予期する diantisipasi | မျှော်လင့်သည် | अपेक्षा गर्नु | බලාපොරොත්තු වෙනවා

---

303 定 8画〔宀〕

' '' 宀 宀 宇 定 定

テイ
ジョウ

tetap, tertentu | ပုံသေ ပုံမှန် သေချာခြင်း | स्थिर, नियमित, निश्चित | නියමිත, ක්‍රමානුකූල, ස්ථීර

予定 rencana | အစီအစဉ် | योजना, तालिका | සැලැස්ම, කාර්ය සටහන

一定の tertentu | ပုံသေဖြစ်သော | स्थिर | නියත

定規 penggaris | ပေတံ | रूलर | අවිරුළ

---

304 表 8画〔衣〕

一 十 キ 圭 声 耒 表 表

ヒョウ

tabel, daftar, ungkapan | ဇယားခြင်း၊ မျက်နှာပြင်၊ ပေါ်၊ | व्यक्त, सतह, टेबल | ප්‍රකාශ කරනවා, මතුපිට, වගුව

表 tabel | ပေါ်၊ | तालिका | වගුව

表現 ungkapan | ဖော်ပြချက် | अभिव्यक्ति | ඉරයවි

発表する mengumumkan | အများသိအောင်ထုတ်ပြောသည်၊ ကြေညာသည် | सार्वजनिक गर्नु, घोषणा गर्नु | ඉදිරිපත් කරනවා, දැනුම්දෙනවා

おもて

表 permukaan | မျက်နှာပြင် | अनुहार | මුහුණත

あらわ-す

表す mengungkapkan | ဖော်ပြသည် | व्यक्त गर्नु | ප්‍රකාශ කරනවා

---

305 授 11画〔扌〕

一 十 扌 扩 扩 押 押 押 授 授

ジュ

dianugerahi | အပ်နှင်းခြင်း | प्रदान गर्नु | ප්‍රධානය කරනවා

授業 pelajaran, kelas | သင်ကြားချိန်၊ သင်ခန်းစာ | कक्षा, पाठ | පංතිය, පාඩම

教授 profesor | ပါမောက္ခ | प्राध्यापक | මහාචාර්ය

---

306 宿 11画〔宀〕

' '' 宀 宀 宇 宿 宿 宿 宿

シュク
やど

penginapan | ယာယီတည်းခိုရန်အိမ် | बसोबास | තවාතැන් ගත්තවා

宿題 pekerjaan rumah | အိမ်စာ | गृहकार्य | ගෙදර වැඩ

宿 penginapan | အသေးစားးဟိုတယ်၊ ဟိုတယ်၊ ယာယီတည်းခိုရန်အိမ် | सराय, होटल, लॉज | තාවකාලික, හෝටලය, තවාතැන

---

307 復 12画〔彳〕

ノ ノ 彳 彳 彳 祄 彳 復 復 復 復 復

フク

kembali | ပြန်လည်၍ | फर्कनु | නැවත පැමිණෙනවා

復習する mengulang pelajaran, review | ပြန်လှန်ပြန်ကျင့်ခန်းလုပ်သည် | पुनरावलोकन गर्नु | පාඩම් නැවත අධ්‍යයනය කිරීම

回復する pulih | ပြန်လည်ကောင်းမွန်လာသည် | पुनस्थापित हुनु | යථා තත්ත්වයට පත්වෙනවා

---

308 辞 13画〔辛〕

一 ニ 千 千 舌 舌 舌 舒 舒 舒 辞 辞 辞

ジ
や-める

kata, berhenti | စကားလုံး၊ နုတ်ထွက်ခြင်း | शब्द, राजीनामा | වචන, ඉල්ලා අස්වෙනවා

辞書 kamus | အဘိဓာန် | शब्दकोश | ශබ්දකෝෂය

辞める mengundurkan diri, berhenti dari | နုတ်ထွက်သည် | राजीनामा गर्नु | ඉවත්වෙනවා

26

1課（301〜310）

---

309 初 **7画** 〔刀〕 丶 亠 ﾈ ﾈ ﾈ 初 初

pertama ｜ ပထမဦးဆုံး ｜ पहिलो ｜ පළමු

ショ 初級 (しょきゅう) tingkat dasar ｜ အခြေခံအဆင့် (သင်ရိုးများ) ｜ आधारभूत (पाठ्यक्रमहरू) ｜ ආරම්භක (පාඨමාලාව)

はじ-め 初めて (はじ) pertama kali ｜ ပထမဆုံးအကြိမ် ｜ पहिलो पटक ｜ පළමු වරට　　　初めに (はじ) pertama-tama ｜ အရင်ဆုံး ｜ सुरुमा ｜ පළමුව

310 第 **11画** 〔⺮〕 ノ ｰ ⺮ ⺮ ⺮ ⺮ 笃 笃 笃 第 第

yang ke- ｜ အမှတ်စဉ် ｜ क्रम संख्या उपसर्ग ｜ ක්‍රමික සංඛ්‍යාවකට පසුව යෙදෙන පදයක්

ダイ 第〜 (だい) ke ... ｜ အမှတ်စဉ် ~ ｜ क्रमानुसारको उपसर्ग ｜ ක්‍රමික සංඛ්‍යාවකට පෙර යෙදේ

😲 よみましょう　漢字の 下に 読みを 書きなさい。

① 初級、中級、上級の クラスが あります。これが 予定表です。

② みなさんが どの クラスに 入るか、来週の 火曜日に 発表します。

③ 初めまして、山田です。どうぞ、よろしく。

④ これは 今日の 宿題です。 明日 持って来て ください。

⑤ この 定規 (ぎ) は 竹 (たけ) で 作られている。

⑥ 辞書を 使って 新しい 表現を 学ぶ。

⑦ 今夜の 宿は どこですか。

⑧ カレンダーの 赤い 文字は 休みの 日を 表して います。

✏️ かきましょう　送りがなに 注意して、下線部 (かせん) の ことばを 漢字で 書きなさい。

① この 紙の おもては どちらですか。　　② 空港 (くうこう) の だい２ビルから 出発します。

③ 日本で こうきゅうな 旅館に 泊 (と) まってみたい。

④ 毎日、じゅぎょうの ふくしゅうを して ください。

⑤ きょうじゅの 中川先生が 大学を やめるらしい。

⑥ 午前中は 雨ですが、午後は 天気が かいふくするでしょう。

⑦ しゅくだいは しましたが、よしゅうを する 時間は ありませんでした。

⑧ 夏休みに 北海道へ 行きます。はじめに 札幌 (さっぽろ) に 行く よていです。

27

1課 311〜320

311 課 15画 〔言〕
丶 亠 亠 亖 言 言 言 訂 訂 訂 詚 評 課 課

seksi, pelajaran ｜ ဌာန၊ သင်ခန်းစာ၊ ပြဋ္ဌာန်းခြင်း ｜ खण्ड, पाठ, लगाउनु ｜ කොටස, පාඩම, පතවතාවා

カ

課 bagian, pelajaran ｜ အခန်း၊ သင်ခန်းစာ ｜ खण्ड, पाठ ｜ අංශය, පාඩම

課程 program ｜ သင်ရိုး၊ ပရိုဂရမ် ｜ पाठ्यक्रम, कार्यक्रम ｜ පාඨමාලාව, වැඩසටහන

312 練 14画 〔糸〕
𰀂 𰀂 𰀂 𰀂 糸 糸 紗 紡 約 練 練 練 練 練

latih ｜ လေ့ကျင့်ခြင်း ｜ ट्रेन ｜ පුහුණු වෙනවා

レン

練習する berlatih ｜ လေ့ကျင့်သည် ｜ अभ्यास गर्नु ｜ අභ්‍යාස කරනවා

313 科 9画 〔禾〕
丿 一 二 千 千 禾 禾 秒 科 科

jurusan, sains ｜ ဘာသာရပ်၊ သိပ္ပံပညာ ｜ अध्ययनको विषय, वैज्ञानिक ｜ විෂය ධාරාව, විද්‍යාත්මක

カ

科学 sains, ilmu pengetahuan ｜ သိပ္ပံပညာ ｜ विज्ञान ｜ විද්‍යාව

教科書 buku pelajaran ｜ ပြဋ္ဌာန်းစာအုပ် ｜ पाठ्यपुस्तक ｜ පෙළපොත

314 参 8画 〔厶〕
⺊ 𠫔 𠫔 ⺈ 失 矣 参 参

partisipasi ｜ ပါဝင်ခြင်း၊ လည်ပတ်ခြင်း ｜ सहभागी हुनु, भ्रमण गर्नु ｜ සහභාගීවෙනවා, පැමිණෙනවා

サン

参加する berpartisipasi ｜ ပါဝင်သည် ｜ सहभागी हुनु ｜ සහභාගීවෙනවා

参考 acuan ｜ အကိုးအကား ｜ सन्दर्भ ｜ පරිශීලනය කරනවා

参考書 buku referensi ｜ ကိုးကားစာအုပ် ｜ सन्दर्भ पुस्तक ｜ යොමුව

まい-る

参る pergi/datang (bentuk merendah), berziarah ke (kuil, dsb) ｜ သွားသည်၊ လာသည်၊ ဘုရားကျောင်းသွားသည် ｜ जानु/आउनु (नम्र), मन्दिर/तीर्थस्थान जानु ｜ යනවා/පැමිණෙනවා (යටහත් පහත්), යනවා(පූජනීයස්ථානයකට)

315 忘 7画 〔心〕
丶 亠 亡 亡 忘 忘 忘

lupa ｜ မေ့ခြင်း ｜ बिर्सनु ｜ අමතක වෙනවා

わす-れる

忘れる lupa ｜ မေ့သည် ｜ बिर्सनु ｜ අමතක වෙනවා

忘れ物 barang ketinggalan ｜ မေ့ကျန်ပစ္စည်း ｜ हराएको वस्तु ｜ නැතිවූ දෙය

316 覚 12画 〔見〕
丶 丷 丷 ⺍ 𭕄 覚 覚 覚 覚 覚 覚 覚

ingat, terjaga ｜ သိမြင်ခြင်း၊ မှတ်သားခြင်း၊ နိုးထခြင်း ｜ महसुस गर्नु, सम्झनु, ब्युझनु ｜ ප්‍රත්‍යක්ෂ කරගන්නවා, මතකතබා ගන්නවා, අවදිවෙනවා

カク

感覚 rasa, indera ｜ အာရုံခံစားမှု ｜ संवेदना ｜ හැඟීම

おぼ-える

覚える ingat, menghafal ｜ မှတ်မိသည်၊ ကျက်မှတ်သည် ｜ सम्झनु, कण्ठ गर्नु ｜ මතකතබා ගන්නවා, කටපාඩම් කරනවා

さ-める

目が覚める terjaga dari tidur, terbangun ｜ နိုးသည် ｜ ब्युझिनु ｜ ඇහැරෙනවා

さ-ます

目を覚ます terjaga dari tidur, terbangun ｜ မျက်စိကျယ်လာသည် ｜ ब्युझाउनु ｜ අවදි කරනවා

317 組 11画 〔糸〕
𰀂 𰀂 𰀂 𰀂 糸 糸 紗 紒 細 組 組

merakit, pasangan, kelompok ｜ ဖွဲ့စည်းခြင်း၊ ～အတွဲ၊ အုပ်စု ｜ संगठित गर्नु, जम्मा गर्नु, एक जोडी, समूह ｜ සුදානම් කරනවා, යුගලය, කණ්ඩායම

ソ

組織 organisasi ｜ အဖွဲ့အစည်း ｜ संगठन ｜ සංවිධානය

くみ

組 pasangan, kelompok ｜ တစ်ဖွဲ့၊ အတွဲ၊ အုပ်စု ｜ जोडी, सेट, समूह ｜ යුගලය, කට්ටලය, කණ්ඩායම

番組 acara TV ｜ တီဗွီအစီအစဉ် ｜ कार्यक्रम ｜ වැඩසටහන

く-む

組む melipat (tangan), berpasangan ｜ ပိုက်သည်၊ ပြိုင်ဘက်ဖွဲ့သည် ｜ जोड्नु, सेट गर्नु ｜ තමනවා, සම්බන්ධ කරනවා

組み立てる merakit ｜ ဖွဲ့စည်းတည်ဆောက်သည် ｜ जोड्नु, निर्माण गर्नु ｜ එකලස් කරනවා

組み合わせ kombinasi ｜ ပေါင်းစည်းမှု ｜ संयोजन ｜ සංයෝජනය

318 席 10画 〔广〕
丶 亠 广 广 庐 庐 庐 庐 席 席

tempat duduk ｜ ထိုင်ခုံ၊နေရာ ｜ सिट ｜ ආසනය

セキ

席 tempat duduk ｜ ထိုင်ခုံ၊နေရာ ｜ सिट ｜ ආසනය

出席する hadir, menghadiri ｜ တက်ရောက်သည် ｜ उपस्थित हुनु ｜ සහභාගීවෙනවා

1課（311〜320）

319 欠 4画〔欠〕　ノ ケ ケ 欠

kurang, tidak hadir │ ချို့တဲ့ခြင်း၊ မရှိခြင်း │ अभाव, अनुपस्थित │ ප්‍රමාණවත් නොවත, නොපැමිණීම

ケツ
か-ける

欠席する　tidak hadir │ ပျက်ကွက်သည် │ अनुपस्थित हुनु │ නොපැමිණෙනවා

欠ける　kurang │ ချို့တဲ့သည် │ अभाव हुनु │ අඩුවෙනවා

欠点　kekurangan │ အားနည်းချက် │ बेफाइदा, कमजोरी │ අඩුව

320 板 8画〔木〕　一 十 オ 木 杤 板 板 板

papan │ အပြား │ बोर्ड │ ලෑල්ල

バン
いた

黒板　papan tulis │ ကျောက်သင်ပုန်း │ कालोपाटी │ කළුලෑල්ල

板　papan │ ဘုတ်ပြား │ पाटी │ ලෑල්ල

🌀 よみましょう　漢字の 下に 読みを 書きなさい。

① 日本語の クラスは 二つ あります。あなたは 1組です。

② 出席を とります。リーさん、パクさん……。パクさんは 欠席ですね。

③ 自然科学に ついて 研究する 会に 参加したいです。

④ 一つの 課で 20字ずつ 勉強します。予習、復習を して ください。

⑤ 組織とは、ある 目的の ために 人が 集まって 活動する もののことです。

⑥ 何度も ノートに 書いて 覚えましょう。

⑦ 忘れ物を しないように 注意して ください。

✏️ かきましょう　送りがなに 注意して、下線部の ことばを 漢字で 書きなさい。

① まもなく 電車が まいります。

② 部品を くみたてる 仕事を する。

③ 今晩 9時から テレビで おもしろい ばんぐみが ありますよ。

④ 先週は クラスを けっせきしましたが、うちで よく れんしゅうしました。

⑤ きょうかしょは 自分で 買って ください。さんこうしょは 図書館に あります。

⑥ 朝、目が さめたら、昨日 勉強したことを わすれて しまいました。

⑦ 先生が こくばんに 書いたことを ノートに 書く。

⑧ この 大きい いたは 何に 使いますか。

29

1課 練習

問題1 送りがなに 注意して、下線部の ことばを 漢字で 書きなさい。

例) まいあさ コーヒーを のむ。
→ 　　毎朝　　　　　　　飲む

① じどうしゃを くみたてる。
→

② あかちゃんが めを さました。
→

③ はじめて、飛行機に のった。
→

④ せんげつ、かいしゃを やめた。
→

⑤ ちちは きょうとに まいりました。
→

⑥ よきしない ことが おきた。
→

問題2 反対の ことばを 漢字で 書きなさい。（　　）に 読みを 書きなさい。

例) 午前　　⟷　　　午後
（　ごぜん　）　　（　　ごご　　）

①　予習　　⟷　＿＿＿＿＿＿
（　　　　）　（　　　　　）

②　出席　　⟷　＿＿＿＿＿＿
（　　　　　）　（　　　　　　）

③　覚える　⟷　＿＿＿＿＿＿
（　　　　）　（　　　　　）

問題3 習った 漢字を 使って 書き直しなさい。

やまださん、おげんきですか。
わたしは まいにち にほんごがっこうへ かよって います。しょきゅうクラスが おわって、せんしゅうから ちゅうきゅうクラスが はじまりました。しゅくだいが おおいです。さいきん はっぴょうの クラスに しゅっせきして います。パソコンで ひょうや グラフを つくります。
らいしゅう きょうとへ りょこうに いきます。たのしみです。
では、おげんきで。

マルシア

📖 ふりかえり

→ 教室で使う漢字を使って、教室の中の説明ができる。　　はい　・　いいえ

→ 第1課で勉強した漢字を読んだり、書いたりできる。　　はい　・　いいえ

2課 テスト Test

この課で学ぶこと ▶ テストで使う漢字について考えましょう。

なんと書いてありますか

①
解答
鉛筆（えん）
間違える
消す

1

注　意

＊答えは解答用紙に書いてください。

＊ＨＢの鉛筆（えん）で書いてください。

＊間違えたところは消しゴムできれいに消してください。

②
次の
下線
最も
適当な
選ぶ
例
形
変える

2

問1 次の下線部の意味として最も適当なものを、１～４の
中から一つ選びなさい。

（１）　田中さんは、この店にたびたび来ている。
　　　　１　よく　　２　毎日　３　たまたま　　４　ほとんど

問2 例にならって（　）のことばを適当な形に変えなさい。

（例）　山川さんに（読む）もらいました。→（読んで）
（１）　母が（作る）くれました。→（　　　）

31

2課 321〜330

321 解 13画〔角〕
ノ ⺈ ⺈ 角 角 角 角 解 解 解 解 解

menjawab | ဖြေရှင်းခြင်း | समाधान गर्नु | විසඳනවා

カイ
理解する memahami | နားလည်သဘောပေါက်သည် | बुझ्नु | අවබෝධ කරගන්නවා
解答 jawaban | အဖြေ | उत्तर | පිළිතුර
解決する (masalah) terpecahkan | ဖြေရှင်းသည် | समाधान गर्नु | විසඳනවා
解説 penjelasan | ရှင်းလင်းချက် | व्याख्या, टिप्पणी | පැහැදිලි කිරීම

と-ける
解ける dapat dipecahkan | ပြေလည်သည် | खुल्नु | ලිහෙනවා

と-く
解く memecahkan (soal, teka-teki) | ဖြေသည်၊ ဖြေရှင်းသည် | उत्तर दिनु, समाधान गर्नु | පිළිතුරු දෙනවා, විසඳනවා

322 筆 12画〔⺮〕
ノ ⺅ ⺅ ⺮ ⺮ ⺮ 竺 竺 筆 筆 筆 筆

kuas | ဖြတ်တံ | ब्रश | පින්සල

ヒツ
鉛筆 pensil | ခဲတံ | पेन्सिल | පැන්සල
筆記試験 tes tertulis | ရေးမြေ့မေးပွဲ | लिखित परीक्षा | ලිඛිත විභාගය

ふで
筆 kuas untuk menulis | ဖြတ်တံ | लेखन ब्रश | පින්සල

323 違 13画〔辶〕
ノ ⺅ 井 井 吾 吾 査 査 查 韋 違 違 違

beda, melanggar | ကွာခြားခြင်း၊ ကျူးလွန်ခြင်း | फरक हुनु, उल्लंघन गर्नु | වෙනස්, උල්ලංඝණය කරනවා

イ
違反する melanggar | ကျူးလွန်သည် | उल्लङ्घन गर्नु | උල්ලංඝණය කරනවා

ちが-う
違う berbeda | ကွဲပြားသည် | फरक हुनु | වෙනස් වෙනවා
間違い kesalahan | အမှား | गल्ती | වරද
間違う salah, melakukan kesalahan | မှားယွင်းသည် | गल्ती गर्नु | වරදනවා
間違える salah | မှားယွင်းသည် | गल्ती गर्नु | වැරදෙනවා

324 消 10画〔氵〕
丶 ⺀ シ シ シ 沙 沙 消 消 消

memadamkan, mengkonsumsi | ငြိမ်းခြင်း၊ စားသုံးခြင်း | निभाउनु, उपभोग गर्नु | නිවා දමනවා, පරිභෝජනය කරනවා

ショウ
消毒する mensterilkan, membunuh kuman | ပိုးသတ်သည် | विसंक्रमण गर्नु, स्टेरिलाइज गर्नु | විෂබීජ නසනවා, ජීවාණුහරණය කරනවා
消極的な bersikap pasif | မဆောင့်မြင်တတ်သော | नकारात्मक | සෘණාත්මක

き-える
消える hilang, padam | ငြိမ်းသည်၊ မှိန်သွားသည် | हराउनु, फिक्का हुनु | නිවෙනවා, මැකී යනවා

け-す
消す menghapus, memadamkan | ငြိမ်းသည်၊ ပိတ်သည် | निभाउनु, बन्द गर्नु | නිවාදමනවා
消しゴム penghapus | ခဲဖျက် | इरेजर | මකනය

325 次 6画〔冫〕
丶 ⺀ 汐 汐 次 次

berikut, kedua | နောက်၊ ဒုတိယ | अर्को, दोस्रो | ඊළඟ, දෙවන

ジ
目次 daftar isi | မာတိကာ | विषय सूची | පටුන
次第に lama kelamaan | တဖြည်းဖြည်းနှင့် | क्रमश | ක්‍රමයෙන්
~次第 segera setelah ... | ~ပြီးပြီးချင်း | सकेपछि... | හැකි ඉක්මණින්

つ-ぐ
次ぐ setelah ..., di bawah ... | ပြီးလျှက် | पछि ... | ඊළඟ පියවර සඳහා ගමන් කරනවා

つぎ
次 berikutnya | နောက်တစ်ခုဂေါ်ပြုပါ | अर्को, पालो | ඊළඟ

326 線 15画〔糸〕
⺈ ⺌ ⺌ ⺅ 糸 糸 糸 糹 糹 絅 絅 絅 線 線 線

garis | မျဉ်း | रेखा | රේඛාව

セン
下線 garis bawah | အောက်မျဉ်း | अधोरेखा | යටින් ඉරක් අඳින ලද
~線 Trek ..., Rute ... | ~မျဉ်း | रेखा | රේඛාව

327 最 12画〔日〕
一 冂 冂 曰 曱 早 早 旱 旱 最 最 最

paling | အဖြစ်ဆုံး | सबैभन्दा ... | උපරිම

サイ
最初に pertama-tama | ဦးစွာ | सुरुमै | පළමුව
最近 baru-baru ini | အခုတလော | भर्खरै | මෑතක

もっと-も
最も paling | အဖြစ်ဆုံး | सबैभन्दा | වඩාත්

2課 (321〜330)

328 **適** 14画 〔辶〕
` 亠 亡 产 产 产 产 商 商 商 商 商 滴 滴 適
cocok, nyaman | သင့်တော်ခြင်း | उपयुक्त | සුදුසු
テキ　　適切な sesuai, tepat | သင့်လျော်သော | उपयुक्त | සුදුසු

329 **当** 6画 〔田〕
丨 ⺌ ⺌ 当 当 当
kena, ini | ကိုက်ညီခြင်း၊ ထိမှန်ခြင်း | वर्तमान, हाल | වත්මන්, ඉලක්කගත කරනවා
トウ　　適当な tepat, layak, pantas | သင့်လျော်သော၊ သင့်တင့်သော | सही, सम्भावित | නිවැරදි, විය හැකි
あ-たる　当たる kena | ထိမှန်သည် | लागु | ඉලක්කය හරියනවා
あ-てる　当てる mengenai/mengarahkan ke sasaran, menebak | မှန်းဆသည် | हाल | ඉලක්කගත කරනවා
　　　　　本当の benar, nyata | အမှန်တကယ် | साँचो, वास्तविक | සැබෑවූ

330 **選** 15画 〔辶〕
一 ⼆ 彐 彐 彑 彑 彑 彑 巽 巽 巽 巽 巽 選 選
memilih | ရွေးချယ်ခြင်း | छनोट गर्नु | තෝරාගන්නවා
セン　　選手 pemain | လက်ရွေးစင် | खेलाडी | ක්‍රීඩකයා
えら-ぶ　選ぶ memilih | ရွေးချယ်သည် | छान्नु | තෝරනවා
　　　　　選挙 pemilihan umum | ရွေးကောက်ပွဲ | चुनाव | මැතිවරණය

🗣 **よみましょう**　漢字の 下に 読みを 書きなさい。

① これは 書道 (calligraphy) で 使う 紙と 筆です。　② この 問題は 解くのに 時間が かかります。

③ 次の 文の 下線部の 意味として 最も 適当な ものを 1・2・3・4から 一つ 選びなさい。

④ 試験の 解答は HBの 鉛筆で 書いて ください。

⑤ 間違った ところは 線で 消して、正しく 書き直して ください。

⑥ 最近、サッカー選手に なりたい 子どもが 多い。

⑦ 日本で 生活を 始めてから、次第に 日本人の 考え方が 理解できる ように なった。

⑧ 病気に なると 困るので、よく 消毒しましょう。

✏️ **かきましょう**　送りがなに 注意して、下線部の ことばを 漢字で 書きなさい。

① 人に よって 考え方は ちがいます。　　② ガスの 火を けすのを わすれて しまった。

③ この 歌は 今年 もっとも 人気 (popular) の あった 歌に えらばれました。

④ 東京行きの 電車は なんばんせんですか。

⑤ この 部屋は 日が あたって、あたたかい。

⑥ もくじは 本の さいしょの ほうの ページに あります。

⑦ 薬は てきせつな 使い方を しなければ なりません。

⑧ この 部屋の 電気は 人が いなくなると きえます。

33

331 **例** 8画 〔亻〕

ノ 亻 亻 亻 伢 伢 例 例

contoh | ဥပမာ | उदाहरण | උදාහරණ

レイ
例(れい) contoh | ဥပမာ | उदाहरण | උදාහරණය
例外(れいがい) pengecualian | ခြွင်းချက် | अपवाद | ව්‍යතිරේක

たと-える
例(たと)えば contohnya | ဥပမာအားဖြင့် | उदाहरणका लागि | උදාහරණයක් ලෙස

332 **形** 7画 〔彡〕

一 二 チ 开 开 形 形

bentuk | ပုံစံ | आकार | හැඩය/හැඩතලය

ケイ
〜形(けい) bentuk ... | 〜ပုံစံ | ...रुप | .....ස්වරූපය
形容詞(けいようし) kata sifat | နာမဝိသေသန | विशेषण | විශේෂණ පදය

ギョウ
人形(にんぎょう) boneka bentuk orang | အရုပ် | गुडिया | බෝනික්කා

かたち
形(かたち) bentuk | ပုံစံ | आकार | හැඩය

333 **変** 9画 〔夂〕

' 亠 ナ 亣 亦 亦 亦 孪 変

berubah, aneh | ပြောင်းလဲခြင်း၊ ထူးဆန်းခြင်း၊ ပုံမှန်မဟုတ်ခြင်း | परिवर्तन, अनौठो, असामान्य | වෙනස් වෙනවා, අමුතු, අසාමාන්‍ය

ヘン
変化(へんか)する berubah | ပြောင်းလဲသည် | परिवर्तन गर्नु | වෙනස් වෙනවා
変(へん)な aneh | ထူးဆန်းသော၊ ပုံမှန်မဟုတ်သော | अनौठो, असामान्य | අමුතු, අසාමාන්‍ය

か-わる
変(か)わる berubah | ပြောင်းလဲသည် | परिवर्तन हुनु | වෙනස් වෙනවා

か-える
変(か)える mengubah | ပြောင်းလဲသည် | परिवर्तन गर्नु | වෙනස් කරනවා

334 **式** 6画 〔弋〕

一 二 亍 工 式 式

gaya, upacara, rumus | ပုံစံ၊ ပွဲ၊ ဖော်မြူလာ | शैली, समारोह, सूत्र | හැඩය, උත්සවය, සූත්‍රය

シキ
式(しき) gaya, upacara, rumus | ပုံစံ၊ ပွဲ၊ ဖော်မြူလာ | शैली, समारोह, सूत्र | ආකෘතිය, උත්සවය, සූත්‍රය
形式(けいしき) format | ပုံစံ | रूप | ආකෘතිය

335 **直** 8画 〔目〕

一 十 亠 冇 冇 有 直 直

langsung, lurus | တဖြောင့်တည်း၊ ရိုးသားခြင်း၊ တိုက်ရိုက်ဖြစ်ခြင်း | सोझो, इमानदार, प्रत्यक्ष, ठीक गर्नु | කෙළින්ම, අවංක, සෘජු, නියත

チョク
直通(ちょくつう)の langsung | တိုက်ရိုက် | प्रत्यक्ष | සෘජුව
直角(ちょっかく) sudut siku-siku, sudut 90 | ထောင့်မှန် | समकोण | සෘජු කෝණය

ジキ
正直(しょうじき)な jujur | ရိုးသားသော | इमानदार | අවංක

なお-る
直(なお)る bisa diperbaiki, bisa dibetulkan | ပြုပြင်သည်၊ ပြင်သည် | मर्मत हुनु | පිළිසකර කෙරෙනවා

なお-す
直(なお)す memperbaiki, membenarkan | ပြုပြင်သည်၊ ပြင်သည် | मर्मत गर्नु | පිළිසකර කරනවා
見直(みなお)す mengecek ulang, mereview | ပြန်လည်သုံးသပ်သည်၊ အမှားပြင်သည် | फेरि हेर्नु',आफ्रा गल्तीहरू सच्याउनु समीक्षा गर्नु | නිවැරදි කරනවා

ただ-ちに
直(ただ)ちに segera, seketika | ချက်ချင်း | तुरुन्त | එක් වරම

336 **記** 10画 〔言〕

丶 亠 亠 亠 言 言 言 訁 訁 記

mencatat | ချရေးခြင်း | लेख्नु | ලියනවා

キ
日記(にっき) catatan harian | ဒိုင်ယာရီ | डायरी | දිනපොත
記入(きにゅう)する mengisi, menulis | ရေးသွင်းသည်၊ ဖြည့်သည် | लेख्नु, भर्नु | ලියනවා, පුරවනවා
記号(きごう) tanda, simbol | အမှတ်အသား၊ သင်္ကေတ | चिन्ह, संकेत | සලකුණ, ලකුණ
記事(きじ) artikel | ဆောင်းပါး | लेख | ලිපිය

337 **点** 9画 〔灬〕

丨 ト ⺊ 占 占 占 点 点 点

titik, nilai | ပွိုင့်၊ အမှတ် | बिन्दु, स्कोर | කරුණ, ලකුණු

テン
点(てん) titik | ပွိုင့်၊ အမှတ် | बिन्दु | කාරණය
〜点(てん) tanda ..., titik | ~မှတ် | ... को चिन्ह | ලකුණු.....

338 **机** 6画 〔木〕

一 十 才 木 朷 机

meja | စားပွဲ | डेस्क | මේසය

つくえ
机(つくえ) meja | စားပွဲ | एउटा डेस्क | මේසය

2課 (331〜340)

339 数 13画 〔攵〕 丶 丷 丷 ⺌ ⺌ ⺊ ⺊ ⺊ 娄 娄 娄 数 数

angka, jumlah | ⎡င်္ဂါ၊ အရေအတွက် | संख्या, गणना गर्नु | සංඛ්‍යාව, ගණන

スウ 数字 angka | ဂ္ဂန်း၊ဂဏန်း | संख्या | ඉලක්කම්

数学 matematika | သင်္ချာ | गणित | ගණිතය

かず 数 jumlah, angka | အရေအတွက် | संख्या | සංඛ්‍යාව

かぞ-える 数える menghitung | ရေတွက်သည် | गन्नु | ගණන් කරනවා

340 余 7画 〔人〕 ノ 人 人 ⼈ 今 余 余

kelebihan | ⎡ပို၍ | अधिक | අතිරික්තය

ヨ 余計な tidak diperlukan | ပိုလွန်းသော၊ မလိုအပ်သော | धेरै, अनावश्यक | ගොඩක්, අතවශ්‍ය

余分な berlebihan, kelebihan | လွန်ကဲသော၊ ပိုလွန်းသော | बढी, अत्यधिक | අධික, ඕනෑවට වඩා

余裕 kelonggaran, sela | အပိုအလွတ် | ठाउँ, अतिरिक्त | අවකාශය, ඉඩ

あま-る 余る bersisa, berlebih | ပိုသည်၊ ကျန်သည် | बाँकी हुनु | ඉතිරි වෙනවා

😃 よみましょう　漢字の 下に 読みを 書きなさい。

① 余分な 荷物は ここに 置いて 行って ください。

② 例と 同じように、下線部を 適当な 形に 変えなさい。

③ この グラフは 日本の 人口の 変化を 表している。

④ (　　)に 入れる ことばを 下から 選び、記号で 書きなさい。

⑤ 机の 上には 鉛筆と 消しゴムだけ 出して、余計な ものは しまって ください。

⑥ 何点 とれたか 記入して ください。

⑦ 正直に 本当の ことを 話して ください。

⑧ ここから 駅まで 直通の バスは 朝と 夕方しか ありません。

✏️ かきましょう　送りがなに 注意して、下線部の ことばを 漢字で 書きなさい。

① まちがい が あれば なおして ください。　② 住所が かわりましたので、お知らせします。

③ よく れんしゅうして テストの けいしきに 慣れましょう。

④ 時間が あまったら もう一度 さいしょから といて みましょう。

⑤ つくえの 上に 置いて ある ノートは にっきです。

⑥ へんですね。ちゃんと かぞえたはずですが、一つ 足りません。

⑦ 法律で ただちに 禁止した。

⑧ すうがくの 試験は 全部できて ひゃくてんでした。

35

2課 練習

問題1 送りがなに 注意して、下線部の ことばを 漢字で 書きなさい。

例) がっこうへ いく。

→ 　学校　　行く

① もっとも すきな スポーツせんしゅを えらぶ。

→

② かずの かぞえかたは くにに よって ちがう。

→

③ しんぶんの きじに かいてある かいせつを よんだ。

→

④ プレゼントは、たとえば にんぎょうなんか どうですか。

→

⑤ こたえを よく みなおしてから、しけんを だしました。

→

⑥ あまった おかねは つぎに あつまった ときに つかったら どうですか。

→

問題2 下線部に 適当な 動詞 (verb) を 漢字で 書いて、自動詞 (intransitive verb) と 他動詞 (transitive verb) の ペアを 作りなさい。例の ように （　）に 読みを 書きなさい。

例) 始まる ―――― 始める
（ はじまる ） （ はじめる ）

① _____ ―――― 消す ② 解ける ―――― _____
（ 　　　　　 ） （ 　　　　　 ） （ 　　　　　 ） （ 　　　　　 ）

③ _____ ―――― 当てる ④ 変わる ―――― _____
（ 　　　　　 ） （ 　　　　　 ） （ 　　　　　 ） （ 　　　　　 ）

📖 ふりかえり

→ テストでよく見る漢字がわかる。	はい ・ いいえ
→ 第2課で勉強した漢字を読んだり、書いたりできる。	はい ・ いいえ

3課 形容詞 Adjectives

この課で学ぶこと ▶ 「形容詞」の漢字を考えましょう。

どんな 形容詞でしょう

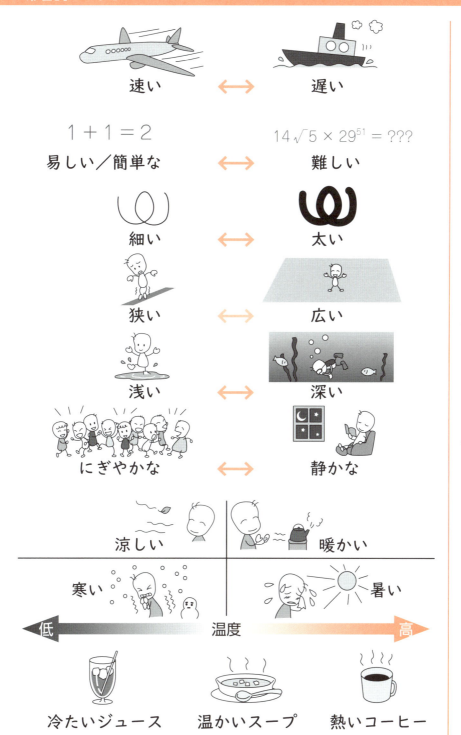

3課 341〜350

341 速 10画 〔辶〕
一 ㄷ ㅂ ㅂ 車 東 束 凍 涷 速 速

cepat ｜ မြန်ခြင်း ｜ ছিটো ｜ ඉක්මන්, වේගවත්

ソク
速度 kecepatan ｜ အမြန်နှုန်း ｜ गति ｜ වේගය

高速 kecepatan tinggi ｜ အရှိန်များ။ခြင်း ｜ उच्च गति ｜ අධික වේගය

はや-い
速い cepat ｜ မြန်သော ｜ ছিटो ｜ වේගවත්

342 遅 12画 〔辶〕
一 コ ㄹ ㄹ ㄹ ㄹ 尸 尸 屖 犀 遅 遅

lambat, pelan ｜ နှေးခြင်း။နောက်ကျခြင်း ｜ ढिलो ｜ සෙමින්, ප්‍රමාද

チ
遅刻する terlambat ｜ နောက်ကျသည် ｜ ढिलो हुनु ｜ ප්‍රමාද වෙතවා

おそ-い
遅い lambat ｜ နှေးသော ｜ ढिलो ｜ ප්‍රමාද

おく-れる
遅れる terlambat ｜ နောက်ကျသည် ｜ ढिलो हुनु ｜ ප්‍රමාද වෙතවා

343 易 8画 〔日〕
一 冂 冂 日 尸 易 易 易

mudah, pertukaran ｜ လွယ်ကူခြင်း။ဖလှယ်ခြင်း ｜ सजिलो, आदानप्रदान गर्नु ｜ පහසු, හුවමාරු කරනවා

エキ
貿易 perdagangan ｜ ကုန်သွယ်ခြင်း ｜ व्यापार ｜ වෙළඳාම

イ
安易な gampang, gampangan ｜ လွယ်ကူသော၊ ပေါ့ပေါ့တန်တန်ထားသော ｜ सजिलो, सरल ｜ පහසු, කලබල තැති

容易な mudah ｜ လွယ်ကူသော ｜ सजिलो ｜ ලේසියි

やさ-しい
易しい mudah ｜ လွယ်ကူသော ｜ सजिलो ｜ ලේසියි

344 単 9画 〔丷〕
丶 丷 丷 丷 単 単 単 単 単

single, sederhana ｜ တစ်ခုတည်း။ရှိုးရှင်းခြင်း။ယူနစ် ｜ एकल, साधारण, एकाइ ｜ එක්/තනි, සරල, ඒකකය

タン
単語 kosa kata ｜ ကားလုံး ｜ शब्द ｜ වචන

単数 tunggal ｜ ေနာ်ဒ-ကိန်း အနည်းကိန်း ｜ एकवचन ｜ ඒකවාචී

345 簡 18画 〔竹〕
丿 ㇒ ㇒ ㇒ ㇒ ㇒ ㇒ 竻 竻 笷 笷 簡 簡 簡 簡 簡 簡 簡

mudah ｜ ရှိုးရှင်းခြင်း။အတိုချုပ် ｜ साधारण, संक्षिप्त ｜ සරල, සැකෙවින්

カン
簡単な mudah ｜ လွယ်ကူသော ｜ सजिलो ｜ සරල

346 難 18画 〔隹〕
一 十 廿 廿 芇 芑 苩 莫 莫 莫 莫 莫 漢 漢 難 難 難

sulit ｜ ခက်ခဲခြင်း။ဘေးဒုက္ခ ｜ कठिन, विपत्ति ｜ අමාරු, උවදුර

ナン
困難な sulit ｜ ခက်ခဲသော ｜ कठिन ｜ අපහසු

かた-い
〜難い sulit untuk di ... ｜ ~ခက်သော ｜ ... गाह्रो, कठिन ｜ අපහසුයි, අමාරුයි

むずか-しい
難しい sulit ｜ ခက်ခဲသော ｜ कठिन ｜ අමාරුයි

347 細 11画 〔糸〕
く 幺 幺 乡 糸 糸 糸 糿 細 細 細

kurus, tipis, detil ｜ ပိန်ခြင်း။သေးငယ်ခြင်း။အသေးစိတ်ခြင်း ｜ पातलो, मिनेट, विस्तृत ｜ සිහින්, ඉතා කුඩා, සවිස්තරාත්මක

ほそ-い
細い kurus, tipis, sempit ｜ ပိန်သော ｜ पातलो ｜ සිහින්

こま-かい
細かい detil, halus, teliti ｜ အသေးအဖွဲ မြစ်သော၊ အနှစ်စိတ်သော၊ အသေးစိတ်သော ｜ सानो, सूक्ष्म, विस्तृत ｜ කුඩා, සිහින්, සවිස්තරාත්මක

348 太 4画 〔大〕
一 ナ 大 太

gemuk, tebal ｜ ဝခြင်း။ကြီးခြင်း ｜ बाक्लो, महान ｜ සනකම්, විශාල

タイ
太平洋 Samudra Pasifik ｜ ပစိဖိတ်သမုဒ္ဒရာ ｜ प्रशान्त महासागर ｜ පැසිෆික් සාගරය

ふと-い
太い tebal, gemuk, besar ｜ ဝသော ｜ मोटा,बाक्लो ｜ තරබාරු

ふと-る
太る gemuk, jadi gemuk ｜ ဝသည် ｜ मोटाउनु ｜ මහත්වෙනවා

38

349 **狭** 9画〔犭〕 丿 犭 犭 犭 犭 犭 犭 狭 狭

sempit | ကျဉ်းခြင်း | साँघुरो | පටු

せま-い 狭(せま)い sempit | ကျဉ်းသော | साँघुरो | පටුයි

350 **浅** 9画〔氵〕 丶 氵 氵 氵 氵 氵 浅 浅 浅

dangkal | တိမ်ခြင်း | उथलो | නොගැඹුරු

あさ-い 浅(あさ)い dangkal | တိမ်သော | उथलो | නොගැඹුරු

よみましょう　漢字の 下に 読みを 書きなさい。

① 貿易の 会社で 働いています。

② 難しい 単語の 意味を 辞書で 調(しら)べる。

③ 遅刻して すみません。電車が 遅れた ものですから。

④ 野菜を 細かく 切ってください。

⑤ ここから 太平(へい)洋が 見えます。

⑥ どんなことでも 安易に 考えては いけません。

⑦ 新幹(かん)線は 速いですが、最高速度は どのくらいですか。

⑧ 信(しん)じ難いことが 起きました。

かきましょう　送りがなに 注意して、下線部の ことばを 漢字で 書きなさい。

① まちがえたところを 容(よう)いに 見つけることは できなかった。

② この 町は 道が せまいので、自動車の 運転が むずかしい。

③ 試験の 時間は 短いから、やさしい 問題から といた ほうが いいでしょう。

④ この 表の 線は ふといですね。もう少し ほそく して ください。

⑤ かんたんな 日本の 料理を お教えしましょう。

⑥ あの人の 意見は おもしろいけれど、考えが あさいと 思いました。

⑦ その 時計は ５分 おくれて います。

⑧ 新しい プリンターは 高いですが、きれいで はやいです。

3課 351〜360

351 深 11画〔氵〕 `丶 丶 氵 氵 氵 氵 深 深 深 深 深`
dalam | နက်ရှိုင်းခြင်း | गहिरो | ගැඹුරු
シン 深夜 larut malam | သန်းခေါင်ယံ | मध्यरात | මධ්‍යම රාත්‍රිය
ふか-い 深い dalam | နက်ရှိုင်းသော | गहिरो | ගැඹුරු

352 静 14画〔青〕 `一 十 キ 主 丯 青 青 青 青 青 静 静 静 静`
sepi, diam | တည်ငြိမ်ခြင်း | शान्त | නිශ්ශබ්ද, නිශ්චල
セイ 冷静な tenang, dengan kepala dingin | အေးအေးတည်ငြိမ်သော | शान्त | නිත්‍යකලංක
しず-か 静かな sepi, tenang | တိတ်ဆိတ်သော | शान्त | නිහඬ

353 涼 11画〔氵〕 `丶 丶 氵 氵 氵 氵 泸 泸 涼 涼 涼`
sejuk | အေးမြခြင်း | चिसो | ශීත
すず-しい 涼しい sejuk | အေးမြသော | चिसो | සිසිල්

354 暖 13画〔日〕 `丨 冂 冂 日 日/ 日' 日⁻ 日″ 旷 㬉 暖 暖 暖`
hangat | ပူနွေးခြင်း | न्यानो | උණුසුම්
ダン 温暖な hangat | ပူနွေးသော မအေးလွန်းသော | न्यानो, हल्का | උණුසුම්, සෞම්‍ය 暖房 penghangat | အပူပေးခြင်း | ताप | උණුසුම් කරනවා
あたた-かい 暖かい hangat | ပူနွေးသော | न्यानो | උණුසුම්

355 冷 7画〔冫〕 `丶 冫 冫 冷 冷 冷 冷`
dingin | အေးစက်ခြင်း | चिसो, ठण्डा | සිසිල්
レイ 冷房 pendingin | လေအေးပေးစက် | एयर कन्डिसनर | වායු සමීකරණය 冷静な tenang, dengan kepala dingin | အေးအေးတည်ငြိမ်သော | शान्त | නිත්‍යකලංක
つめ-たい 冷たい dingin | အေးသော | चिसो | සීතලයි
ひ-える/ひ-やす 冷える menjadi dingin | အေးသည် | चिसो हुनु | සීතල වෙනවා 冷やす mendinginkan | အေးခဲစေသည် | चिस्याउनु, ठण्डा गर्नु | සිසිල් කරනවා, ශීත කරනවා
さ-める/さ-ます 冷める menjadi dingin | အေးအောင်ပြုလုပ်သည် | चिसो हुनु | සීතල වෙනවා 冷ます mendinginkan, menurunkan panas | အအေးခံသည် | चिस्याउनु | උණුසුම් යමක් නිවනවා

356 温 12画〔氵〕 `丶 丶 氵 氵 泀 泀 涅 涅 渭 温 温 温`
hangat | နွေးခြင်း | न्यानो | උණුසුම්
オン 温度 suhu | အပူချိန် | तापक्रम | උෂ්ණත්වය 気温 suhu udara | လေထုအပူချိန် | हावाको तापक्रम | වායුගෝල උෂ්ණත්වය
体温 suhu badan | ခန္ဓာကိုယ်အပူချိန် | शरीरको तापक्रम | ශරීර උෂ්ණත්වය 温暖な hangat | ပူနွေးသော မအေးလွန်းသော | न्यानो, हल्का | උණුසුම්, සෞම්‍ය
あたた-かい 温かい hangat | နွေးသော | न्यानो | උණුසුම්

357 熱 15画〔灬〕 `一 十 土 캬 夫 去 幸 幸 刲/ 刲丸 刲丸 刲丸 熱 熱 熱`
panas | အပူ ပူခြင်း | ताप, तातो | රත්නෙ, උණුසුම්
ネツ 熱 panas, demam | အပူ အဖျား | ताप, ज्वरो | තාපය, උණ 熱心な berantusias, bersemangat | စိတ်အားထက်သန်သော | उत्साही | උද්‍යෝගිමත්
あつ-い 熱い panas | ပူသော | तातो | රත්නෙයි

358 困 7画〔囗〕 `丨 冂 冂 用 困 困 困`
dalam kesulitan | ဒုက္ခရောက်ခြင်း | समस्यामा पर्नु | කරදරයට පත්වීම
コン 困難な sulit | ခက်ခဲသော | कठिन | අමාරු
こま-る 困る mengalami kesulitan | ဒုက္ခရောက်သည် | समस्यामा पर्नु | කරදරයට පත්වෙනවා

40

3課（351〜360）

359 球 11画 〔王〕 一 丁 Ŧ 王 刊 玎 玎 玎 球 球 球

bola | အလုံး | बल | බෝලය

キュウ　地球 bumi | ကမ္ဘာ | पृथ्वी | පෘථිවිය
た ま
たま　　球 bola | အလုံး | बल | බෝලය

360 化 4画 〔イ〕 ノ イ イ´ 化

berubah | ပြောင်းလဲခြင်း | परिवर्तन हुनु | ......කරණය

カ　　変化する berubah | ပြောင်းလဲသည် | परिवर्तन गर्नु | වෙනස් වෙනවා　　文化 budaya | ယဉ်ကျေးမှု | संस्कृति | සංස්කෘතිය
　　　〜化 ...sasi | ~ ပြောင်းခြင်း | ...करण | ......කරණය
け しょう
ケ　　化粧 dandan | အလှပြင်ခြင်း | शृंगार | පුවද විලවුන්තින් සැරසෙනවා

😮 **よみましょう**　漢字の 下に 読みを 書きなさい。

① 体温を はかる。　　　　　　　② 私の 家は、温暖な 地域に あります。

③ ゴルフの 球が 当たって けがを した 人が いる そうです。

④ みなさん、静かに して ください。冷静に 話し合いましょう。

⑤ お茶が 熱くて 飲めません。少し 冷ましてから いただきます。

⑥ この ボタンで 暖房から 冷房に 変えます。温度も 変えられます。

⑦ ことばが わからないと 外国で 生活するのは 困難です。

⑧ コンビニで 深夜に アルバイトを しています。

✏️ **かきましょう**　送りがなに 注意して、下線部の ことばを 漢字で 書きなさい。

① この 薬は ねつが 下がらない 場合に 飲んで ください。

② この 家は 夏 すずしくて、冬 あたたかいです。

③ 暑い 日には ひえた 飲み物が おいしい。

④ スープが さめて しまいましたね。もう 一度 あたたかく しましょう。

⑤ この 車は はやく 走ることが できて、音も しずかです。

⑥ これは 海の あさい ところに、あれは ふかい ところに いる 魚です。

⑦ 朝と 晩は 寒く、昼間は 暑い。きおんの へんかが 大きいので こまる。

⑧ 「ちきゅうは 青かった」と 言った 人が います。

3課 練習

問題1 下線部の 漢字の 読みを ひらがなで 書きなさい。 例）数を 数える。
→ かず かぞ

① 化粧室と いうのは トイレの ことです。　② 日本語と 日本文化を 学ぶ。

→　　　　　　　　　　　　　　　　　　　　→

③ あなたの 国と 日本は いつから 貿易を していますか。

→

④ 西には 日本海、東には 太平洋が あります。

→

⑤ 去年の 家族旅行は 忘れ難い 思い出と なりました。

→

問題2 反対の ことばを 漢字で 書きなさい。（　　）に 読みを 書きなさい。

例）大きい　⟷　__小さい__
（ おおきい ）　（ ちいさい ）

①　速い　⟷　_____　　　②　浅い　⟷　_____
（　　　　　）（　　　　　　　）　（　　　　　）（　　　　　　　）

③　易しい　⟷　_____　　　④　細い　⟷　_____
（　　　　　）（　　　　　　　）　（　　　　　）（　　　　　　　）

⑤　広い　⟷　_____　　　⑥　冷房　⟷　____房
（　　　　　）（　　　　　　　）　（　　　　　）（　　　　　）

問題3 習った 漢字を 使って 書き直しなさい。

ちきゅうおんだんか* について

xxxxx

　さいきん、なつは とても あついし、ふゆも あたたかいです。 あちこちで おおあめも ふります。 ちきゅうは おんしつのように なっています。 この ことを ちきゅうおんだんかと いいます。 これを とめなければ にんげんだけでなく せいぶつは いきるのが こんなんに なります。

　エアコンで へやを ひやしすぎないように したり、できるだけ じどうしゃを つかわない ように したり、わたしたちに できる かんたんなことを みんなで するべきだと おもいます。

---

* global warming

📖 ふりかえり

→ 「形容詞」を 漢字で 書くことが できる。　　　　　はい ・ いいえ

→ 第3課で 勉強した 漢字を 読んだり、書いたり できる。　はい ・ いいえ

42

4課 漢字 Kanji

この課で学ぶこと ▶ 漢字の成り立ちや形について考えましょう。

① 成り立ちを 知る

A. 象形：絵から できた もの

B. 指事：記号から できたもの

一 二 上 下

C. 会意：意味の 組み合わせ

山 + 石 → 岩　　火 + 田 → 畑

D. 形声：意味と 音の 組み合わせ

水 + 由 → 油　　竹 + 官 → 管

② 形の 違いに 注意する

鳥 — 島　　白い鳥 — 南の島
若 — 苦　　若い人 — 苦しい
何 — 向 — 同　　何時 — 上を向く — 同じ
考 — 老　　考える — 老人

国字：日本で作られた漢字を国字と言います。「畑」「働」「込」などです。

①
馬象竹糸貝毛舟石岩畑由油官管

②
島若い苦しい向く老人

43

4課 361〜370

361 馬 10画〔馬〕 丨 厂 厂 厏 厍 馬 馬 馬 馬 馬
バ
うま

kuda | မြင်း | घोड़ा | අශ්වයා

乗馬（じょうば）berkuda | မြင်းစီးခြင်း | घोड़ा सवार | අශ්වයින් පැදීම

馬（うま）kuda | မြင်း | घोड़ा | අශ්වයා

362 象 12画〔象〕 ⺈ ⺈ ⺈ ⺈ 弁 免 争 身 身 象 象
ショウ
ゾウ

gajah, fenomena | ဆင်၊စ၊ အ၊ | घटना, हाथी | සංසිද්ධිය, අලියා

気象（きしょう）cuaca | ရာသီဥတု(အခြေအနေ) | मौसम (परिस्थितिहरू) | කාලගුණය

現象（げんしょう）gejala, fenomena | ဖြစ်စဉ် | परिघटना | සංසිද්ධිය

象（ぞう）gajah | ဆင် | हात्ती | අලියා

363 竹 6画〔竹〕 ノ ⺊ ⺊ ⺮ ⺮ 竹
たけ

bambu | ဝါး | बाँस | උණ ගස්

竹（たけ）bambu | ဝါး | बाँस | උණ ගස්

364 糸 6画〔糸〕 ⺦ ⺯ ⺯ ⺰ 糸 糸
いと

benang | အပ်ချည်ကြိုး | धागो | නූල

糸（いと）benang | အပ်ချည်ကြိုး | धागो | නූල

365 貝 7画〔貝〕 丨 冂 冂 月 目 貝 貝
かい

kerang | ခရု | शंख | කාත්මාර්ටිකාම්

貝（かい）kerang | ခရု | शंख | බෙල්ලා

366 毛 4画〔毛〕 ⺂ ⺁ 三 毛
モウ
け

rambut | အမွေး | कपाल | හිසකෙස්

羊毛（ようもう）bulu domba | သိုးမွေးချည် | ऊन | ලොම්

毛（け）rambut | အမွေး | कपाल | හිසකෙස්

毛糸（けいと）benang wol | ခွယ်သာချည် | ऊनको धागो | නූල්

367 舟 6画〔舟〕 ⺀ ⺁ 月 舟 舟 舟
ふね

perahu | လှေ | डुङ्गा | බෝට්ටුව

舟（ふね）perahu | လှေ | डुङ्गा | බෝට්ටුව

368 石 5画〔石〕 ⺀ 厂 石 石 石
セキ
シャク
いし

batu | ကျောက်ခဲ | ढुङ्गा | ගල

石油（せきゆ）minyak bumi | ရေနံ | पेट्रोलियम | ඛනිජ තෙල්

石けん（せっけん）sabun | ဆပ်ပြာ | साबुन | සබන්

磁石（じしゃく）magnet | သံလိုက် | चुम्बक | කාන්දම

石（いし）batu | ကျောက်ခဲ | ढुङ्गा | ගල්

4課 (361〜370)

369 岩 8画 〔山〕 　一　ロ　山　屵　屵　岩　岩　岩
ガン
いわ
batu karang | ကျောက်ဆုံး | चट्टान | පර්වතය
溶岩（ようがん） lahar | ချော်ရည် | लावा | ලාවා
岩（いわ） batu karang | ကျောက်ဆုံး | चट्टान | පර්වතය

370 畑 9画 〔田〕 　丶　　　　火　火　灯　畑　畑　畑
はたけ
ladang, kebun | လယ်ကွင်း | खेत | කුඹුර
畑（はたけ） ladang, kebun | လယ်ကွင်း | खेत | කුඹුර

🔊 よみましょう　漢字の 下に 読みを 書きなさい。

① 馬が 好きなので 乗馬を 始めました。　　② 溶岩が 冷えて、固くなった。

③ これは 鉄で できているので、磁石に つく。

④ 体は 石けんで、髪の毛は シャンプーで 洗います。

⑤ この セーターは 羊毛 100% です。

⑥ 私の 生まれた 町は 海の 近くで、貝や 魚が おいしいです。

⑦ 石油は どうやって 作りますか。

⑧ 社会現象に ついて レポートを 書く。

✏️ かきましょう　送りがなに 注意して、下線部の ことばを 漢字で 書きなさい。

① うまには 乗ったことが あるが、ぞうには 乗ったことが ない。

② いろいろな かたちの かいを 集める。

③ いわや いしだらけの 土地を はたけに するのは たいへんな 作業だ。

④ それは たけで 作った スプーンです。

⑤ 母が けいとの セーターを 送って くれました。

⑥ おみやげに せっけんを もらった。

⑦ 紙を 折って ふねを つくる。

⑧ 私は 大学で きしょうに ついて 勉強しています。

45

4課 371〜380

371 由 5画 〔田〕

ー冂冂由由

sebab | အကြောင်းအရင်း၊ မြစ်သန်းရှ | कारण, मार्फत | හේතුව, මාර්ගය

けいゆ
経由して melalui, via | မြစ်သန်းရှ၍ ပွားဆဲ | ... को माध्यमबाट, ... हुँदै | හරහා

りゆう
理由 alasan | အကြောင်းပြချက် | कारण | හේතුව

じゆう
自由 kebebasan | လွတ်လပ်ခွင့် | स्वतन्त्रता | නිදහස

372 油 8画 〔氵〕

丶丶氵氵氵氵油油油

minyak | ဆီ | तेल | තෙල්

せきゆ
石油 minyak bumi | ရေနံ | पेट्रोलियम | ခရ္ဘဎ තෙල්

しょう油 kecap kedelai asin | ပဲငံပြာရည် | सोया सस | සෝයා සෝස්

あぶら
油 minyak | ဆီ | तेल | තෙල්

373 官 8画 〔宀〕

丶丶宀宀宀宀官官

pemerintah | အစိုးရ | सरकार | රජය

かんちょう
官庁 kantor pemerintahan | အစိုးရရုံး | सरकारी कार्यालय | රජයේ කාර්යාලය

けいかん
警官 polisi | ရဲ | प्रहरी | පොලිස් නිලධාරියා

374 管 14画 〔⺮〕

ノ⺮⺮⺮⺮⺮⺮竺竺管管管管

pipa | ပိုက်၊ ထိန်းချုပ်ခြင်း | पाइप, नियन्त्रण गर्नु | පයිප්පය, පාලනය කරනවා

かんり
管理する mengelola, mengurus | စီမံခန့်ခွဲသည် | व्यवस्थापन गर्नु | පාලනය කරනවා

くだ
管 pipa | ပိုက် | पाइप | පයිප්පය

375 島 10画 〔⼭〕

ノイ广户户自自鳥島島

pulau | ကျွန်း | टापु | දූපත

はんとう
半島 semenanjung | ကျွန်းဆွယ် | प्रायद्वीप | අර්ධද්වීපය

〜島 pulau ... | 〜ကျွန်း | ...टापु | ......දූපත

しま
島 pulau | ကျွန်း | टापु | දූපත

376 若 8画 〔⾋〕

一十十艹艹芋若若

muda | ငယ်ရွယ်ခြင်း | जवान | තරුණ

わか
若い muda | ငယ်ရွယ်သော | जवान | තරුණ

わか-い

377 苦 8画 〔⾋〕

一十十艹芏芋苦苦

pahit, menderita | ပင်ပန်းဆင်းရဲခြင်း၊ ခါးသီးခြင်း | दुख, तीतो | වේදනාව, තිත්ත/අමිහිරි

ク

にが-い

くる-しい

くる-しむ

くろう
苦労 penderitaan, jerih payah | ပင်ပန်းဆင်းရဲခြင်း | कष्ट, समस्या | කරදරය

にが
苦い pahit | ခါးသော | तीतो | තිත්තයි

くる
苦しい sulit, menderita | ပင်ပန်းဆင်းရဲသော | पीडादायक | වේදනාත්මක

くる
苦しむ menderita | ခံစားရသည် | पीडा भोग्नु | කරදරයට පත්වෙනවා

くじょう
苦情 keluhan | တိုင်ကြားချက် | गुनासो | පැමිණිල්ල

にがて
苦手な tidak jago, lemah | ညံ့သော၊ အားနည်းသော | कमजोर | දුර්වල, අදක්ෂ

46

4課 (371〜380)

378 向 6画 〔口〕 ノ 亻 冂 向 向 向
menghadap, sisi seberang | ရှေ့သို့ဦးတည်ခြင်း၊ အခြားတစ်ဖက် | तर्फ फर्कनु, अर्को पट्टि | යම් දෙසකට හැරෙනවා, අනෙක් පැත්ත

- コウ 方向 arah | လားရာ | दिशा | දිශාව
- む-く 向く menghadap, menoleh | မျက်နှာမူသည် | मोड्नु | දෙසට හැරෙනවා
- 向き menghadap, cocok untuk | အလှည့်၊ ~အတွက်သင့်တော်ခြင်း | दिशा, उपयुक्त | දිශාව, සුදුසු
- む-ける 向ける menghadapkan, mengarahkan | ဦးတည်သည်၊ မောင်း | දෙසට හැරෙනවා
- 向け ditujukan untuk | ရည်ရွယ်ခြင်း | लक्षित | අරඹයා
- む-かう 向かう menghadapi, menuju | မျက်နှာချင်းဆိုင်သည်၊ ဦးတည်သည် | सामना गर्नु, जाँदा | මුහුණ දෙනවා, දෙසට යනවා
- 向かいの seberang | ဆန့်ကျင်ဘက်အခြမ်း၊ မျက်နှာချင်းဆိုင်ဘက် | विपरीत, पारि | විරුද්ධ, හරහා
- む-こう 向こう seberang, sebelah sana | အခြားတဖက်၊ ဟိုဘက် | पर, त्यहाँ | එහා, ඈත

379 老 6画 〔耂〕 一 + 土 耂 耂 老
tua | အိုမင်းခြင်း၊ အသက်ကြီးသူ | पुरानो, वृद्ध | මහළු, මහළු පුද්ගලයා

- ロウ 老人 orang tua | သက်ကြီးရွယ်အို | वृद्ध | වියපත් පුද්ගලයා

380 像 14画 〔亻〕 ノ 亻 亻 亻' 亻" 俜 俜 停 俜 傍 傍 像 像 像
patung, imej | ပုံ၊ ရုပ်ပုံ | ছবি, मूर्ति | රූපය, පිළිමය

- ゾウ 像 patung | ရုပ်ပုံ | मूर्ति | පිළිමය
- 想像する membayangkan | စိတ်ကူးကြည့်သည် | कल्पना गर्नु | මවාගන්නවා

 よみましょう　漢字の 下に 読みを 書きなさい。

① この 半島を 南に 向かって 旅行すると、今は きれいな 花が 見られますよ。

② 最初は 警官に なりたかったのですが、次第に 気持ちが 変わりました。

③ 向こうに いろいろな 官庁が あります。

④ フィリピンの 島の 中で、最も 大きいのは ルソン島です。

⑤ 真っ白な 毛糸の セーターに しょう油を こぼして しまいました。

かきましょう　送りがなに 注意して、下線部の ことばを 漢字で 書きなさい。

① この 話の 終わりを じゆうに 想ぞうして みて ください。

② 車を 前むきに 止めて (head-in parking) ください。

③ 駅の 前に 女の 人の ぞうが あります。

④ わかい 人たちは みな 町を 出て しまい、ろうじんばかりに なって しまった。

⑤ 台風は しだいに 東の ほうこうに 進むでしょう。

47

4課 練習

問題1 それぞれの □に 入る 漢字には 同じ 部分が あります。□の 漢字を 下から 選んで 書きなさい。読みも 書きなさい。

例) イ： 例文 ・ 文化 ・ 使用
れいぶん　ぶんか　　しよう

① 糸： □習 ・ □み立てる ・ 用□ ・ 下□部 ・ □い ・ 初□

② 氵： 石□ ・ □夜 ・ □す ・ □かい ・ □しい

③ 辶： □当 ・ □ぶ ・ □反(はん) ・ 高□ ・ □れる ・ □る

| 紙 速 ~~例~~ 違 組 消 選 温 級 送 ~~化~~ ~~使~~ 練 深 遅 細 油 涼 線 適 |

問題2 習った 漢字を 使って 書き直しなさい。

① けの ながい ふとった おおきい いぬが います。
→

② この しまには とりが たくさん います。
→

③ もりや はたけで うまや ぞうを はたらかせる
→

④ 警(けい)かんが パトカーで そちらに むかって います。
→

⑤ その くにでは わかい ひとも ろうじんも おなじように くるしんで います。
→

⑥ イタリアで、おいしい かいの りょうりを たべました。
→

⑦ にほんの ぶんかに 慣(な)れるのに たいへん く労(ろう)しました。
→

問題3 下線部(かせん)の 漢字の 読みを ひらがなで 書きなさい。

① 苦い 薬を 飲むのが 苦手です。　② この バスは 図書館を 経由して 駅に 行きます。

③ 口から この 細い 管を 入れて 体の 中を 調(しら)べます。

📖 ふりかえり

→ 漢字の 成り立ちや 形について 知っている。	はい ・	いいえ
→ 第4課で 勉強した 漢字を 読んだり、書いたりできる。	はい ・	いいえ

5課 自己紹介 Self-introduction

この課で学ぶこと ▶ 自己紹介で使う漢字について考えましょう。

書いて みましょう

①

初めまして。○○です。
タイの バンコクから 来ました。
留学の 目的は 日本の 技術を 学ぶことです。
妻と 子供と 一緒に 来ました。
しゅ味は 登山です。どうぞ よろしく。

①
紹介する
留学
目的
技術
妻
子供
一緒に
登山

② 初めまして。△△と 言います。
専門は 日本文学です。
日本の 大学を 卒業して 結婚しました。
夫は 日本人で、同じ 研究を しています。
よろしく おねがいします。

②
専門
卒業
結婚
夫

③

初めまして。□□と もうします。
この会社の 社員です。
仕事で 日本へ 来ました。独身です。
柔道を 習っています。日本語は 国で
勉強しましたから、読めますが、
会話は ちょっと 心配です。
どうぞ よろしく おねがいします。

名刺

③
名刺
独身
柔道
心配な

49

5課 381〜390

381 紹 11画 〔糸〕

〻 〻 〻 〻 糸 糸 糽 紹 紹 紹 紹

ショウ

mengantarai | ဖျန်ဖြေခြင်း | मध्यस्थता गर्नु | මැදිහත් වෙනවා

紹介する memperkenalkan | မိတ်ဆက်သည် | परिचय गराउनु | හඳුන්වාදෙනවා

382 介 4画 〔人〕

ノ 人 介 介

カイ

mengantarai | ဖျန်ဖြေခြင်း | मध्यस्थता गर्नु | මැදිහත් වෙනවා

紹介する memperkenalkan | မိတ်ဆက်သည် | परिचय गराउनु | හඳුන්වාදෙනවා

383 留 10画 〔田〕

〻 〻 𠂊 𠂎 𤴡 𤴤 𤴥 𤴦 𤴧 留

リュウ
ル
と-まる
と-める

tinggal, berhenti | နေခြင်း၊ ပိတ်ခြင်း၊ ရပ်ခြင်း | राख्नु, बस्नु, रोक्नु | තබා ගන්නවා, නවතිනවා, තතරකරනවා

留学する belajar di luar negeri | နိုင်ငံခြားပညာတော်သင်သွားသည် | विदेशमा अध्ययन गर्नु | විදේශ රටක අධ්‍යාපනය ලබනවා

留守 sedang meninggalkan tempat | အိမ်တွင်မရှိခြင်း | अनुपस्थिति | නිවසින් බැහැරව සිටීම

留守番 jaga rumah | အိမ်စောင့် | हेरचाह गर्ने | භාරකරු

留まる berhenti, tidak berpindah | ရပ်တန့်သည် | टाँसिनु,बाँध्नु | තතරවෙනවා

留める menghentikan, membatasi | ထားဆီးသည် | टाँस्नु,बाँध्नु | තතරකරනවා

書留 pos tercatat | မှတ်ပုံတင်ပြီးစာ | दर्ता चिठी | ලියාපදිංචි තැපෑල

384 的 8画 〔白〕

ノ 亻 亻 亻 白 白 的 的

テキ

sasaran, target, pembentuk kata sifat | ရည်မှန်းချက်၊ နာမဝိသေသနကောင်တွင်ဆက်သွယ်သောလုံး | लक्ष्य, विशेषण प्रत्यय | ඉලක්කය, විශේෂණයක් කිරීමේ පදයක්

目的 tujuan | ရည်ရွယ်ချက် | उद्देश्य | අරමුණ

〜的な akhiran pembentuk kata sifat | နာမဝိသေသနကောင်တွင်ဆက်သွယ်သောလုံး | विशेषण प्रत्यय | විශේෂණයක් කිරීමේ පදයක්

385 術 11画 〔行〕

ノ 彳 彳 亍 什 什 休 休 術 術 術

ジュツ

metode | နည်းလမ်း | विधि | ක්‍රමය

手術 operasi | ခွဲစိတ်မှု | शल्यक्रिया | ශල්‍යකර්මය

美術館 museum seni rupa | အနုပညာပြတိုက် | कला संग्रहालय | කලාගාරය

386 技 7画 〔手〕

一 十 扌 扩 扩 抃 技

ギ

keahlian | စွမ်းရည် | कौशल | කුසලතාවය

技術 teknologi | နည်းပညာ | प्रविधि | තාක්ෂණය

演技 akting | သရုပ်ဆောင်ခြင်း | प्रदर्शन | ඉදිරිපත්කිරීම

387 妻 8画 〔女〕

一 ⼕ ⼖ ⼐ 圭 妻 妻 妻

サイ
つま

istri | ဇနီး | पत्नी | යමෙකුගේ බිරිඳ

夫妻 Bapak dan Ibu, suami istri ... | ဇနီးမောင်နှံ | श्रीमान् र श्रीमती | ස්වාමියා සහ බිරිඳ

妻 istri | ဇနီး | श्रीमती | බිරිඳ

388 供 8画 〔人〕

ノ 亻 亻 亻 什 件 供 供

キョウ
とも

mempersembahkan | ကမ်းလှမ်းခြင်း | प्रस्ताव गर्नु | පිළිගන්නවා

供給する menyuplai | ထောက်ပံ့ပေးသည် | आपूर्ति गर्नु | සපයනවා

子供 anak | ကလေး | बच्चा | ළමයා

※「子供／子ども」両方の表記が使用されます。

389 緒 14画 〔糸〕

〻 〻 〻 〻 糸 糸 糽 糽 絆 絆 緒 緒 緒 緒

ショ

permulaan | အစ | शुरुवात | ආරම්භය

一緒に bersama | အတူတကွ | सँगै | එකට

5課（381〜390）

390 **登** 12画 〔癶〕 フ ヌ ダ ㇒癶 癶 癶 癶 癶 登 登 登 登

pendakian｜တက်ခြင်း｜चढ्नु｜တတ်တဝ

トウ
ト

登場する muncul｜ပေါ်ထွက်လာသည်｜प्रकट हुनु｜ပေါ်ပေါက်တဝ

とうじょう

登山 pendakian gunung｜တောင်တက်ခြင်း｜पर्वतारोहण｜ကုန္ တၢ်ကၢိမ

とざん

登録する mendaftar｜စာရင်းသွင်းသည်｜दर्ता गर्नु｜စိ-ွ-တဝ

とうろく

のぼ-る

登る mendaki｜တက်သည်｜चढ्नु｜တတ်တဝ

のぼ

🗣 **よみましょう** 漢字の 下に 読みを 書きなさい。

① イギリスへ 留学する 目的は 英語を 勉強する ことです。

② 石油の 供給が 止まって しまった。
きゅう

③ ご紹介します。こちらは 田中さん ご夫妻です。

④ しばらく 家を 留守に します。
す

⑤ あの 俳優は 演技が 上手だ。
はいゆう えん

⑥ 妻が 手術の ため 入院しました。

⑦ これは フランスの 代表的な 画家の 作品です。

⑧ 友達に 留守番を 頼んだ。
だち す たの

✏️ **かきましょう** 送りがなに 注意して、下線部の ことばを 漢字で 書きなさい。

① こどもたちが 木に のぼって あそんでい ます。

② みなさん、お待たせしました。今夜の スペシャルゲストの とうじょうです。

③ 青山先生の ごしょうかいで まいりました。

④ 指が 痛くて、ボタンが とめられない。
ゆび いた

⑤ つまと 美じゅつかんへ 絵を 見に 行く。
び え

⑥ あの人には ぎじゅつは あるが、それを 使う もくてきが ない。

⑦ 銀行の カードが かきとめで 送られてきた。

⑧ 今度、上田さんと いっしょに とざんを する よていです。

51

5課 391〜400

391 専 9画〔寸〕
一 ㇏ ㇏ ㇏ 百 宙 重 専 専

kekhususan | အထူး၊ သီးခြား | विशेष | පොදු නොවූ, විශේෂ

せんもん
専門 bidang keahlian | အထူးပြုနယ်ပယ်၊ အထူးပြုဘာသာရပ် | विशेष क्षेत्र, अध्ययनको विशेष विषय | විශේෂඥ ක්ෂේත්‍රය, විශේෂ විෂය

せんこう
専攻 jurusan studi | အထူးပြုယူထားသောဘာသာရပ် | प्रमुख विषय | හදාරනු ලබන ප්‍රධාන විෂය

392 卒 8画〔十〕
一 ㇒ ナ 六 オ 枣 卆 卒

lulus | ဘွဲ့ရခြင်း | स्नातक | උපාධියක් ලබාගන්නවා

そつぎょう
卒業する lulus dari | ဘွဲ့ဆည် | स्नातक गर्नु | උපාධියක් ලබාගන්නවා

393 結 12画〔糸〕
㇒ ㇒ ㇒ 幺 糸 糸 糸 紵 紵 結 結 結

mengikat, menyimpul | ချည်နှောင်ခြင်း၊ နိုင်းချုပ်ခြင်း | बाँध्नु, निष्कर्ष निकाल्नु | ගැටගසනවා, අවසන් කරනවා

けっか
結果 hasil | ရလဒ် | परिणाम | ප්‍රතිඵල

むす
結ぶ mengikat | ချည်နှောင်သည် | बाँध्नु | ගැටගසනවා

394 婚 11画〔女〕
㇒ 女 女 女' 女' 妖 娇 娇 婚 婚 婚

menikah | လက်ထပ်ခြင်း | विवाह गर्नु | විවාහ වෙනවා

けっこん
結婚 pernikahan | လက်ထပ်ခြင်း | विवाह | විවාහය

こんやく
婚約する bertunangan | စေ့စပ်သည် | सगाई गर्नु | විවාහ ගිවිසගන්නවා

395 夫 4画〔大〕
一 二 ナ 夫

suami | လင်ယောက်ျား | पति | යමෙකුගේ ස්වාමිපුරුෂයා

ふじん
夫人 Ibu, Nyonya | မစ္စစ်၊ အိမ်ထောင်ရှင်အမျိုးသမီး | श्रीमती, महिला | මහත්මිය

ふうふ
夫婦 pasangan suami istri | လင်မယား | दम्पती | අඹුසැමි යුවල

おっと
夫 suami | လင်ယောက်ျား | श्रीमान् | ස්වාමිපුරුෂයා

396 刺 8画〔刂〕
一 ㇏ ㇏ 币 束 束 刾 刺

menusuk | ထိုးခြင်း | चिप्ल्याउनु | අතිනවා

めいし
名刺 kartu nama | လုပ်ငန်းကဒ် | व्यापार कार्ड | ව්‍යාපාරික කාඩ්පත

さ
刺さる tertusuk | ထိုးဖိုင်သည် | छेड्नु | අතිනවා, හිතට කාවදිනවා

さ
刺す menusuk | ထိုးသည် | छेड्नु | අතිනවා

さしみ
刺身 sashimi | ဆာရှီမိ ငါးအစိမ်းသားလှာ | साशिमी, काँचो माछाको टुक्रा | සෂිමි, සිහින්ව කපන ලද මාළු

397 身 7画〔身〕
㇒ ㇒ ㇆ 冎 肖 身 身

tubuh | ခန္ဓာကိုယ် | शरीर | ශරීරය

しんちょう
身長 tinggi badan | အရပ်အမြင့် | उचाइ | උස

み
身 tubuh | ခန္ဓာကိုယ် | शरीर | ශරීරය

ぜんしん
全身 seluruh tubuh | ခန္ဓာကိုယ်တစ်ခုလုံး | सम्पूर्ण शरीर | මුළු ශරීරයම

みぶん
身分 status | လူမှုအဆင့်အတန်း | स्थिति, सामाजिक पद | තරාතිරම, සමාජ තත්ත්වය

398 独 9画〔犭〕
㇒ ㇒ ㇖ 犭 犭' 独 独 独 独

sendiri | တစ်ယောက်တည်း | एक्लै | තනිවම

どくしん
独身の singel, masih sendiri | လူလွတ်ဖြစ်သော | अविवाहित | අවිවාහක

ひと
独り sendiri | တစ်ကိုယ်တည်း | एक्लो | තනිවම

どくとく
独特の unik, khas | တမူထူးသော၊ ထူးခြားသော၊ အထူးပြုသော | अनौठो, विशेष | විශේෂ, ආවේණික

ひと ごと い
独り言を言う bicara sendiri | တကိုယ်တည်းကနေပြောသည် | आफैसँग कुरा गर्नु | තනිවම කතාකරනවා

52

5課（391〜400）

399 柔 9画〔木〕 フ マ ヌ 予 矛 圣 柔 柔 柔

lembut | ပျော့ပြောင်းခြင်း၊ နူးည့ံခြင်း | कोमलता | සිනිඳු, මෘදු

ジュウ 柔道 Judo | ဂျူဒို | 주도 | ජුඩෝ

やわ-らかい 柔らかい lembut | နူးည့ံပျော့ပျောင်းသော | नरम | මෘදු

---

400 配 10画〔酉〕 一 厂 厂 丙 西 西 酉 酉 酉 配 配

membagikan | ဖြန့်ဝေခြင်း | वितरण गर्नु | බෙදා හරිනවා

ハイ 心配する khawatir | စိတ်ပူသည် | चिन्तित हुनु | කරදර වෙනවා

心配な mengkhawatirkan | စိတ်ပူပန်သော၊ စိုးရိမ်သော | चिन्तित | සිතේ අවුල් සහගතවා, කරදරයෙන්

配達する mengantarkan | ပို့ဆောင်သည် | वितरण गर्नु | බෙදා හරිනවා

支配する mendominasi | ထိန်းချုပ်သည်၊ အုပ်ချုပ်သည် | नियन्त्रण गर्नु, शासन गर्नु | පාලනය කරනවා

くば-る 配る membagikan | ပေးကမ်းသည်၊ ဝေငှသည် | वितरण गर्नु | යොමු කරනවා, බෙදනවා

🗣 **よみましょう** 漢字の 下に 読みを 書きなさい。

① 選挙の 結果が どうなるか 心配している。

② 首相 夫人が 入院し、簡単な 手術を うけた。

③ 遠くに 柔らかい ボールを 投げました。

④ 日本料理は 好きですが、刺身は ちょっと 苦手です。

⑤ 結婚したら 独身の ときの ようには 自由に 遊べないでしょうか。

⑥ 夫婦で 一緒に いろいろな 所へ 旅行します。

⑦ 荷物を 配達する人は 雨の 日は 大変ですね。

⑧ 老人は よく 独り言を 言います。

✏️ **かきましょう** 送りがなに 注意して、下線部の ことばを 漢字で 書きなさい。

① 日本 どくとくの ぶんかを しょうかいする。

② 今から 試験の 問題用紙と かいとう用紙を くばります。

③ これは 私の おっとの めいしです。

④ つまは じゅうどうの せんしゅです。

⑤ 靴の ひもを むすぶ。

⑥ 学校を そつぎょうして、すぐ こん約しました。

⑦ 大学の せんもんの じゅぎょうは むずかしいです。

⑧ ここに しんちょうと 体重を 書いて ください。

53

5課 練習

問題1 { } の 正しい ほうに ○を つけ、( ) に 読みを 書きなさい。

例) 水曜日の 次の 日は { 金曜日 (木曜日) } です。
(もくようび)

① 私は 手紙を { 配達 支配 } する 仕事を している。
( )

② 一度 使った 水を もう一度 きれいに する { 手術 技術 } を 学ぶ。
( )

③ ただ今 { 留守 留守番 } に して おります。メッセージを お願い(ねが)します。
( )

④ 日本に 来た { 目的 目次 } は 日本語を 勉強することです。
( )

⑤ 私の { 身長 身分 } は 学生です。
( )

⑥「あちらは 奥さまですか。」「ええ、{ 夫 妻 } です。」
( )

問題2 習った 漢字を 使って 書き直しなさい。

せんせい、おげんきですか。わたしは
だいがくの さんねんせいに なりました。
さいきん、じゅうどうを ならって います。
たのしいです。せんしゅうは りゅうがくせいの
だいひょうとして スピーチを しました。
じょうずに できたと おもいます。
でも、せんもんの じゅぎょうが はじまって、
ちょっと たいへんです。ゼミの はっぴょうや
レポートは むずかしいです。だいがくを
そつぎょうしたら だいがくいんに いきたいので、
すこし しんぱいです。もっと べんきょう
します。もくてきに むかって がんばります。

二〇××年五月十日

やまだ せんせい

×× · ×××

📖 ふりかえり

→ 漢字を 使って 自己紹介の 文が 書ける。　　　　　　　　　はい ・ いいえ

→ 第5課で 勉強した 漢字を 読んだり、書いたりできる。　　　はい ・ いいえ

6課 私の 部屋 My Room

この課で学ぶこと ▶ 部屋にあるものを表す漢字について考えましょう。

絵を 見ながら、部屋の 説明を 読んで みましょう。

　私の 部屋は 畳の 部屋です。部屋の 真ん中に こたつ (a Japanese foot warmer (with a quilt over it)) が あります。その こたつで 勉強したり 食事を したりします。押入れ(おしいれ)が あるので 家具は ほとんど いりません。服も 本も 雑誌も 押入れの 中です。私の 専門は 児童文学なので、童話の 本が 何冊も あります。壁に 絵が かけて あります。部屋の 隅に ごみ箱が あります。部屋に 小さい 台所が ついて います。台所には 戸棚(だな)や 冷蔵庫が あります。食器は 戸棚にしまってあります。冷蔵庫の 中に 牛乳や 卵や 果物が 入って います。

　私は この 部屋が とても 気に入って います。

畳
家具
雑誌
児童文学
童話
冊
壁
絵
隅
ごみ箱
戸棚(だな)
冷蔵庫
食器
牛乳
卵
果物

6課 401〜410

---

401 畳 12画〔田〕

一 冂 冂 冃 冃 冃 冃 畧 畧 畳 畳 畳

tatami | ဖျာ | तातामी(परम्परागत जापानी चटाई) | තතමි (පැදුරු වර්ගයක්)

ジョウ
たたみ

6畳 luasnya 6 lembar tatami | ဖျာ ၆ချပ်စာအခန်း | ६ ट्यामीको कोठा | තතමි 6ක ප්‍රමාණයේ කාමරයක්

畳 tatami, satu jenis bahan lantai Jepang | ဖျာ | तातामी(परम्परागत जापानी चटाई) | තතමි පැදුර

---

402 具 8画〔八〕

一 冂 冂 月 目 且 具 具

alat, isi | ကိရိယာတန်ဆာပလာ | उपकरणहरू | උපකරණ

グ

家具 perabot rumah, furnitur | ပရိဘောဂ | फर्निचर | ගෘහ භාණ්ඩ

道具 peralatan | ပစ္စည်းကိရိယာ | उपकरण | උපකරණය

---

403 雑 14画〔隹〕

ノ 九 九 朹 朵 朵 架 杂 杂 杂 雑 雑 雑 雑

kasar, kurang rapi | ရှုပ်ထွေးခြင်း | विविध, मिश्रित | මිශ්‍ර

ザツ
ゾウ

雑誌 majalah | မဂ္ဂဇင်း | पत्रिका | සඟරාව

雑音 suara berisik | ဆူညံသံ | आवाज | කරදරකාරී ඔබිද

雑きん kain lap, kain pel | ဖုန်သုတ်ပဝါ | धूलो पुछ्ने कपडा | දූවිලි පිස්නය

---

404 誌 14画〔言〕

、 亠 亠 亖 言 言 言 計 計 計 誌 誌 誌 誌

tulisan, majalah | ချရေးခြင်း၊ မဂ္ဂဇင်း | लेख्नु, पत्रिका | ලියනවා, සඟරාව

シ

雑誌 majalah | မဂ္ဂဇင်း | पत्रिका | සඟරාව

---

405 童 12画〔立〕

、 亠 亠 亠 产 音 音 音 章 章 童

anak | ကလေး | बच्चा | කුඩා දරුවා

ドウ

童話 dongeng anak-anak | ကလေးပုံပြင် | परी कथा | දරුවන්ට කතාව

---

406 児 7画〔儿〕

I II 旧 旧 旧 児 児

anak | ကလေး | बच्चा | ළදරුවා

ジ

児童 kanak-kanak | လူငယ် ကလေး | विद्यार्थी, बच्चा | සිසුවා, දරුවා

---

407 冊 5画〔冂〕

I 冂 冂 冊 冊

hitungan untuk buku | အုပ်ရေ | किताबहरूको काउन्टर | පොත් ගණන් කිරීමේ යෙදුම

サツ

〜冊 ... buah buku | 〜အုပ် | पुस्तकहरूको गणना सूचक | පොත් ගණන් කිරීමේ යෙදුම

---

408 壁 16画〔土〕

一 コ ア ア 尸 居 居 辟 辟 辟 辟 辟 壁 壁 壁 壁

dinding | နံရံ | पर्खाल | බිත්තිය

かべ

壁 dinding | နံရံ | भित्ता | බිත්තිය

---

409 絵 12画〔糸〕

く 幺 幺 幺 糸 糸 糸 紒 紒 絵 絵 絵

gambar | ပုံ | चित्र | චිත්‍රය

カイ
エ

絵画 lukisan | ပန်းချီ | चित्र | චිත්‍රය

絵 gambar, lukisan | ပုံ | चित्र | චිත්‍රය

56

410 **隅** **12画** 〔阝〕 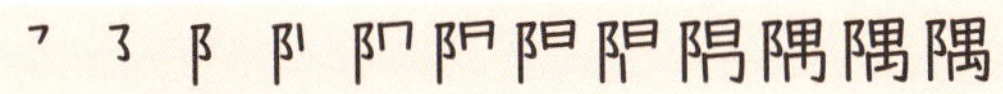

sudut | ထောင့် | कुनो | මුල්ල/කොණ

すみ　隅（すみ） sudut, pojok | ထောင့် | कुनो | මුල්ල/කොණ

よみましょう　漢字の 下に 読みを 書きなさい。

① この 雑誌は 毎月、世界の 絵画を 紹介して いる。

② アナウンサーの 声を 残（のこ）して、周（まわ）りの 雑音を 消す 作業を した。

③ 壁に 有名な 画家の 絵が かけて あります。

④ 図書館の 本は 何冊まで 借りられますか。

⑤ ヨーロッパの 家具が 畳の 部屋に 合うでしょうか。

⑥ 8畳の 部屋に 二人で 住んで います。

⑦ 古く なった タオルを 雑きんに する。

⑧ この 童話は 世界中の 子供たちに 読まれて います。

かきましょう　送りがなに 注意して、下線部の ことばを 漢字で 書きなさい。

① この テレビは うすいので <u>かべ</u>に かけられる。

② <u>ざっし</u>や 新聞を リサイクルに 出す。

③ 私の <u>せんもん</u>は <u>じどう</u>文学です。

④ 生け花に 使う <u>どうぐ</u>に きょう味が あります。

⑤ あの 学生は いつも 教室の <u>すみ</u>に すわっている。

⑥ 毎月 1<u>さつ</u>、何か <u>かんたん</u>な 日本語の 本を 読むことに しました。

⑦ 父の しゅ味は <u>え</u>を かくことです。

⑧ 新しい <u>たたみ</u>は いい においが しますね。

6課 411〜420

411 箱〔⺮〕15画
ノ ト ケ ゲ ゲ 竺 竺 竺 笁 笁 筲 筲 箱 箱 箱

kotak｜သေတ္တာ｜बाकस｜පෙට්ටිය

箱 kotak｜သေတ္တာ ပုံး｜बाकस｜පෙට්ටිය

ごみ箱 kotak sampah｜အမှိုက်ပုံး｜फोहोर फाल्ने बाकस｜කුණු කූඩය

412 床〔广〕7画
` 一 广 广 庐 床 床

lantai, ranjang｜အိပ်ယာ၊ ကြမ်းပြင်｜तल, ओछ्यान｜බිම, ඇඳ

起床する bangun｜အိပ်ယာထ၍|उठ्नु｜අවදි වෙනවා

床の間 tokonoma, ruang berlantai kayu di dalam ruang tatami｜တိုခိုးနိုမ၊ ဖရိုအခန်းရှိအစွန်းထဲတံ｜तोकोनोमा (जापानी कोठामा सजाउने ठाउँ)｜තොකොනොම

床屋 rumah pangkas rambut｜ဆံပင်ညှပ်ဆိုင်｜एक नाई पसल｜කොන්ඩ සාප්පුව

床 lantai｜ကြမ်းပြင်｜भुइँ｜බිම

413 戸〔戸〕4画
一 一 戸 戸

pintu｜တံခါး｜ढोका｜දොර

戸 pintu｜တံခါး｜ढोका｜දොර

雨戸 jendela paling luar｜မိုးကာတံခါး｜झ्यालको शटर｜අතරැස

戸棚 lemari｜ဗီရို｜अलमारी｜රාක්කය

414 庫〔广〕10画
` 一 广 广 广 庐 庐 盾 盾 庫

gudang｜ဂိုဒေါင်｜गोदाम｜ගබඩා කාමරය

金庫 peti uang, brankas｜မီးခံသေတ္တာ｜तिजोरी｜සේප්පුව

車庫 garasi｜ကားဂိုဒေါင်｜ग्यारेज｜ගරාජය

415 蔵〔⺾〕15画
一 十 艹 芦 芦 芹 芹 芦 芦 芦 蔵 蔵 蔵

gudang｜စတိုခန်း｜पसल｜ගබඩා කරනවා

冷蔵庫 lemari es｜ရေခဲသေတ္တာ｜फ्रिज｜ශීතකරණය

416 器〔口〕15画
丶 亅 口 口 吅 吅 吅 哭 哭 器 器 器 器

wadah, alat｜ထည့်စရာ တူရိယာ｜भाँडो, उपकरण｜භාජනය, මෙවලම

食器 alat makan｜ပန်းကန်ခွက်ယောက်｜भाँडाकुँडा｜පිඟන් හාණ්ඩ

器具 perkakas, alat｜ကိရိယာ တန်ဆာပလာ｜उपकरण, साधन｜උපකරණය, මෙවලම

417 乳〔乚〕8画
丶 亅 亇 亇 亐 孚 孚 乳

susu｜နို့｜दूध｜කිරි

牛乳 susu segar｜နွားနို့｜दूध｜කිරි

418 卵〔卩〕7画
丶 亅 亇 卵 卵 卵 卵

telur｜ဥ｜अण्डा｜බිත්තර

卵 telur｜ကြက်ဥ ဥ｜अण्डा｜බිත්තර

419 果〔木〕8画
一 冂 冂 曰 旦 甲 果 果

buah, hasil｜အသီး၊ ရလဒ်｜फल, परिणाम｜පලතුරු, ප්‍රතිඵල

果実 buah｜အသီး｜फल｜පලතුරු

果物 buah-buahan｜သစ်သီး｜फलफूल｜පලතුරු

結果 hasil｜ရလဒ်｜परिणाम｜ප්‍රතිඵල

6課 （411〜420）

420 庭 10画 〔广〕 ` 亠 广 广 庐 庐 庄 庭 庭 庭

kebun, halaman | ဥ ယံ | బగీచా, ఘర | ගෙවත්ත, නිවස

テイ　家庭 rumah tangga | ိ္ာ္ာ | ఘర | නිවස

にわ　庭 halaman | ဥဃ္နဲ | బగీచా | ගෙවත්ත

よみましょう　漢字の 下に 読みを 書きなさい。

① 雑きんは ありますか。床に 牛乳を こぼして しまったんです。

② 畳の 部屋には 床の間が あって、花が かざって あります。

③ その 戸棚に 果実で つくった お酒が 入って います。

④ 使い終わった 器具は この 箱の 中に 入れて ください。

⑤ 最近は 家庭用の 冷蔵庫も ずいぶん 大きく なりましたね。

⑥ 自動車を 車庫に 入れる。

⑦ 明日は 5時 起床です。早く 寝ましょう。

⑧ 髪の毛が 伸びてきたので、床屋に 行く。

かきましょう　送りがなに 注意して、下線部の ことばを 漢字で 書きなさい。

① 試験の けっかは どうでしたか。

② その とを 開けて ください。にわが 見えますよ。

③ れいぞうこに たまごと くだものが 入っています。

④ 高い しょっきですから、はこに しまって あります。

⑤ ゆかを みがいたら、ぴかぴかに なった。

⑥ 旅館では、お金や 時計を 部屋に ある きんこに 入れましょう。

⑦ 要らない 紙を ごみばこに 捨てた。

⑧ りゅうがくせいを 日本人の かていに ホームステイさせる。

6課 練習

問題1 { } の 正しい ものに ○を つけ、( ) に 漢字で 書きなさい。

例) 年上の 男の きょうだいは {(あに) あね} です。
（　　兄　　）

① 子供の ために 書かれた 話を { じどう　どうわ　ざっし} と 言います。
（　　　　　　　　）

② 教室の { した　すみ } に ごみ箱が あります。
（　　　　　）

③ バナナは { くだもの　たまご　さかな} です。
（　　　　　　　　）

④ 私の 部屋は 6{ さつ　じょう} です。
（　　　　　）

⑤ 茶わんや お皿は { しょっき　がっき} です。
（　　　　　　　）

⑥ { にわ　かべ　ゆか} に 池が あります。
（　　　　　）

⑦ { と　はこ　たたみ} の 中に きれいな 貝が 入って いた。
（　　　　　　　）

問題2 次の それぞれの □には 同じ 漢字が 入ります。その 漢字を 下から 選んで
（ ） に 書きなさい。下に 読みも 書きなさい。

例)（ 最 ）□初　　□近　　□後
→　さいしょ　さいきん　さいご

①（　）家□　　道□　　器□　　②（　）□実　　□物　　結□
→　　　　　　　　　　　　　　　　　→

③（　）□婦　　□人　　□妻
→

④（　）□分　　□長　　独□　　刺□
→

⑤（　）□屋　　□の間　　起□する　　コンクリートの□
→

最　果　具　夫　身　床　箱　本　事

📖 ふりかえり

→ 部屋にあるものを、漢字を使って表すことができる。　　　　　　はい　・　いいえ

→ 第6課で勉強した漢字を読んだり、書いたりできる。　　　　　　はい　・　いいえ

7課 自動詞・他動詞 Intransitive Verbs / Transitive Verbs

この課で学ぶこと ▶ 「自動詞」「他動詞」の漢字について考えましょう。

どちらが正しいですか

① りんごが（落ちる　落とす）。

② 店の前に人が（並ぶ　並べる）。

③ 予定を（決まる　決める）。

④ 紙を（折れる　折る）。

⑤ 勉強を（続く　続ける）。

⑥ ガラスが（割れる　割る）。

⑦ 水が（流れる　流す）。

⑧ 手紙を（渡る　渡す）。

⑨ 次の角(かど)を右に（曲がる　曲げる）。

⑩ 休日を（過ぎる　過ごす）。

⑪ 人を（助かる　助ける）。

⑫ 木が（倒れる　倒す）。

⑬ 体重が（増える　増やす）。

⑭ 人口が（減る　減らす）。

⑮ ひげが（伸びる　伸ばす）。

⑯ ふくろが（破れる　破る）。

⑰ 子供を（育つ　育てる）。

⑱ ごみを（燃える　燃やす）。

{ 落ちる / 落とす }
{ 並ぶ / 並べる }
{ 決まる / 決める }
{ 折れる / 折る }
{ 続く / 続ける }
{ 割れる / 割る }
{ 流れる / 流す }
{ 渡る / 渡す }
{ 曲がる / 曲げる }
{ 過ぎる / 過ごす }
{ 助かる / 助ける }
{ 倒れる / 倒す }
{ 増える / 増やす }
{ 減る / 減らす }
{ 伸びる / 伸ばす }
{ 破れる / 破る }
{ 育つ / 育てる }
{ 燃える / 燃やす }

61

421 **落** 12画 〔艹〕

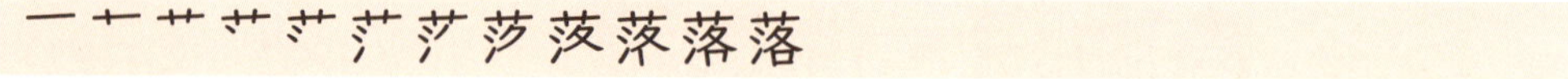

jatuh | ကျခြင်း၊ ပြုတ်ကျခြင်း | खस्नु | වැටෙනවා, පහත යනවා

ラク
落第(らくだい)する tidak naik kelas | စာမေးပွဲကျသည် | फेल हुनु | අසමත් වෙනවා

お-ちる
落(お)ちる jatuh | ကျသည်၊ ပြုတ်ကျသည် | खस्नु, झर्नु | වැටෙනවා
落(お)ち着(つ)く tenang, kalem | စိတ်ငြိမ်စေသည် | शान्त हुनु | සන්සුන් වෙනවා

お-とす
落(お)とす menjatuhkan | ချသည် | खसाल्नु | වට්ටනවා
落(お)とし物(もの) barang hilang | ပျောက်ဆုံးပစ္စည်း | हराएको सामान | නැතිවූ අයිතම

422 **並** 8画 〔立〕

baris, deret | စီတန်းခြင်း၊ ဘေးတိုက်ထားခြင်း | लाइन लगाउनु, छेउमा राख्नु | පෙළගැසෙනවා

なみ
並木(なみき) barisan pohon sepanjang jalan | သစ်ပင်တန်း | रूखहरूको पंक्ति | ගස් පෙළ

なら-ぶ
並(なら)ぶ berderet, berbaris | စီတန်းသည် | लाइनमा बस्नु | පෙළගැසෙනවා

なら-べる
並(なら)べる menderetkan | တန်းစီသည် | लाइनमा राख्नु | පෙළගස්සනවා

423 **決** 7画 〔氵〕

memutuskan | ဆုံးဖြတ်ခြင်း၊ ဆုံးဖြတ်ချက် | निर्णय गर्नु | තීරණය කරනවා, තීරණය

ケツ
決定(けってい)する memutuskan, menetapkan | ဆုံးဖြတ်ချက်ချသည် | निर्णय गर्नु | තීරණය කරනවා
決心(けっしん)する bertekad, membulatkan hati | စိတ်ပိုင်းဖြတ်သည် | मन बनाउनु | අධිෂ්ඨාන කරගන්නවා

き-まる
決(き)まる diputuskan | ဆုံးဖြတ်လိုက်သည် | निर्णय हुनु | තීරණය වෙනවා

き-める
決(き)める memutuskan | ဆုံးဖြတ်သည် | निर्णय गर्नु | තීරණය කරනවා

424 **折** 7画 〔扌〕

patah, melipat | ခွဲခြင်း၊ ချိုးခြင်း | छुटाउनु, फोल्ड गर्नु | කඩනවා, නවනවා

セツ
骨折(こっせつ)する patah tulang | အရိုးကျိုးသည် | हाड भाँच्नु | අස්ථි බිඳෙනවා

お-れる
折(お)れる patah | ကျိုးသည်၊ ကွေ့သည်၊ ခေါက်သည် | भाँचिनु, मोडिनु | කැඩෙනවා, හැරෙනවා, නැමෙනවා

お-る
折(お)る melipat, mematahkan | ချိုးသည် | भाँच्नु, मोड्नु | කඩනවා, නවනවා

425 **続** 13画 〔糸〕

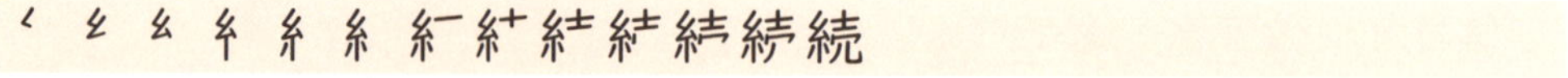

berlanjut | ဆက်ဖြစ်ခြင်း | जारी राख्नु | දිගටම කරගෙන යනවා

ゾク
接続(せつぞく)する menyambung | ချိတ်ဆက်သည် | जोड्नु | සම්බන්ධ කරනවා
連続(れんぞく) berkelanjutan, beruntut | ဆက်တိုက်ဖြစ်သော | निरन्तरता | අඛණ්ඩ, අනුපිළිවෙළින්

つづ-く
続(つづ)く bersambung | ဆက်ဖြစ်သည် | जारी रहनु | අඛණ්ඩව කෙරීගෙන යනවා
手続(てつづ)き prosedur | လုပ်ငန်းစဉ်အဆင့်ဆင့် | प्रक्रिया | ක්‍රියා පටිපාටිය

つづ-ける
続(つづ)ける melanjutkan | ဆက်လုပ်သည် | जारी राख्नु | අඛණ්ඩව කරනවා

426 **割** 12画 〔刂〕

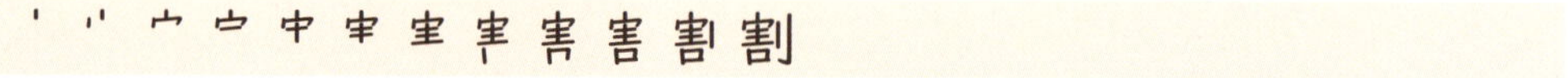

membelah, pecah, rata-rata | ခွဲခြင်း၊ ကွဲခြင်း၊ အချိုး | विभाजित गर्नु, तोड्नु, अनुपात | බෙදනවා, බිඳිනවා, අනුපාතය

わり
割合(わりあい) rata-rata | နှုန်းထား၊ အချိုး | अनुपात | අගය, අනුපාතය
～割(わり) 10 persen | ～၁၀ရာခိုင်နှုန်း | दश प्रतिशत | ප්‍රතිශතය

わ-れる
割(わ)れる pecah | ကွဲသည် | फुट्नु | බිඳෙනවා

わ-る
割(わ)る memecahkan, membagi | စားသည်၊ ခွဲသည် | विभाजन गर्नु, फुटाउनु | බෙදනවා, බිඳිනවා

427 **流** 10画 〔氵〕

aliran, trend | စီးဆင်းခြင်း၊ ခေတ်စားခြင်း | प्रवाह, हालको शैली | ගලායාම, වත්මන් ප්‍රවණතාව

リュウ
流行(りゅうこう) trend | ခေတ်စားခြင်း၊ ရေပန်းစားခြင်း | फैशन, प्रचलन | විලාසිතාව, වර්තමාන විලාසිතාව
交流(こうりゅう)する melakukan pertukaran | နှီးနှောဖလှယ်သည် | आदानप्रदान गर्नु | හුවමාරු කරගන්නවා

なが-れる
流(なが)れる mengalir | စီးဆင်းသည် | बग्नु | ගලනවා

なが-す
流(なが)す mengalirkan | လောင်းချသည် | खन्याउनु | වක්කරනවා

7課 (421〜430)

428 渡 12画 〔氵〕
丶 冫 氵 氵 沪 沪 沪 沪 沪 沪 渡 渡

menyeberang, menyerahkan | ကျော်ဖြတ်ခြင်း၊ လက်လွှဲခြင်း | पार गर्नु, सुम्पनु | මාරු වෙනවා, භාර දෙනවා

わた-る 渡る menyeberang | ဖြတ်ကျော်သည် | पार गर्नु | මාරු වෙනවා

わた-す 渡す menyerahkan | ကျော်ဖြတ်သည်၊ လက်လွှဲသည် | हातमा दिनु | පසුකර යනවා, භාර දෙනවා

429 曲 6画 〔曰〕
丨 冂 由 曲 曲 曲

lagu, belokan | ဂီတသွံး၊ အကွေး | नोट गर्नु, वक्र | ගීතය, වක්‍ර

キョク 曲 lagu | ဂီတသွံး၊ သီချင်း | धुन | ගීතය

曲線 garis lengkung | မျဉ်းကွေး | वक्ररेखा | වක්‍ර රේඛාව

ま-がる 曲がる melengkung, berbelok | ကွေးသွားသည်၊ ကွေးသည်၊ ကွေ့သည် | मोडिनु, वक्र हुनु, घुम्नु | තැමෙනවා, වක්‍ර වෙනවා, හැරෙනවා

ま-げる 曲げる menekuk, membelokkan | ကွေးအောင်လုပ်သည် | बाङ्ग्याउनु | නමනවා

430 過 12画 〔辶〕
丨 冂 冂 冎 冎 咼 咼 咼 咼 過 過 過

lewat, lalu, kesalahan | ကျော်လွန်ခြင်း၊ ပြုလွန်ခြင်း၊ မှားယွင်းခြင်း | पार गर्नु, पार गर्नु, गल्ती गर्नु | පසුකර යනවා, ඉක්මවා යනවා, වරද

カ 通過する melewati | ဖြတ်သန်းသွားသည် | पार गर्नु | පසුකර යනවා

過去 masa lalu | အတိတ် | अतीत | අතීතය

過失 kesalahan | အမှား | गल्ती | වැරද්ද

過半数 mayoritas | အများစု | आधा संख्या | බහුතරය

す-ぎる 過ぎる lewat, berlalu | ကျော်လွန်သည် | पार गर्नु | පසුකරනවා

〜過ぎ lewat ..., kebanyakan ... | 〜လွန်ခြင်း | ...भन्दा बढी | .....පසුවී, ඉක්මවා යනවා

す-ごす 過ごす melewatkan, menghabiskan | အချိန်ကုန်ဆုံးသည် | समय बिताउनु | ගතකරනවා , පසුකරනවා

✋ **よみましょう**　漢字の 下に 読みを 書きなさい。

① スキーに 行って 骨折しました。

② 特急は この 駅を 通過します。

③ グラフの 曲線は 何を 表して いますか。

④ インターネットに 接続する。

⑤ あの 人は いつも 流行の 服を 着ている。

⑥ 落第しないように 試験の 勉強を する。

⑦ 入学手続きを する ために 学生が 並んでいる。

⑧ この 国の 人口の 男女の 割合は どのぐらいですか。

✏️ **かきましょう**　送りがなに 注意して、下線部の ことばを 漢字で 書きなさい。

① のみすぎや たべすぎに 注意しましょう。

② 休みの よていは もう きまりましたか。

③ ボールが あたって、窓の ガラスが われた。

④ 地震が 起きたら、まず、おちついて ドアを 開けて ください。

⑤ ゼミの はっぴょうが ありますから、つくえを このように ならべて ください。

⑥ 強い 風で にわの 木の 枝が おれて しまった。

⑦ この 古い 町には 水の きれいな 川が ながれています。

⑧ 橋を わたって 左に まがると スーパーが あります。

63

7課 431～440

431 助	7画〔カ〕	一 𠂉 𠂉 𠂉 且 助 助

助 menolong｜ကူညီခြင်း｜मदत गर्नु｜උදව් කරනවා

ジョ 助手 asisten｜လက်ထောက်｜सहायक｜සහායක

たす-かる 助かる terbantu, tertolong｜အန္တရာယ်ကင်းသည်｜बच्चु｜උදව්වක් වෙනවා

たす-ける 助ける menolong, membantu｜ကူညီသည်၊ ပံ့ပိုးသည်｜मदत गर्नु｜උදව් කරනවා, උපකාර කරනවා

432 倒	10画〔イ〕	ノ イ 𠂉 𠂉 𠂉 佚 侄 倒 倒

倒 jatuh, roboh｜လဲကျခြင်း｜खस्, लडाउनु｜පහත වැටෙනවා, කඩා වැටෙනවා

トウ 面倒な menyusahkan｜စိတ်အနှောင့်အယှက်ပေးသော｜झन्झटिलो｜කරදරකාරී

たお-れる 倒れる roboh, jatuh｜လဲသည်｜ढल्नु｜කඩා වැටෙනවා

たお-す 倒す merobohkan, menumbangkan｜လှဲသည်｜ढाल्नु｜බිම හෙලනවා

433 増	14画〔土〕	一 十 土 𠮷 𠮷 𠮷 𡌶 増 増 増 増 増

増 meningkat｜တိုးပွားခြင်း｜वृद्धि गर्नु｜වැඩි වෙනවා/ඉහළ යනවා

ゾウ 増加する meningkat｜တိုးလာသည်｜वृद्धि गर्नु｜වැඩි වෙනවා

ま-す 増す bertambah｜တိုးလာသည်၊ တိုးအောင်လုပ်သည်｜बढ्नु｜වැඩි කරනවා, ලබාගන්නවා

ふ-える 増える bertambah, meningkat｜တိုးပွားလာသည်｜बढ्नु｜වැඩි වෙනවා

ふ-やす 増やす meningkatkan, menambah｜တိုးပွားအောင်လုပ်သည်၊ ပေါင်းထည့်သည်｜बढाउनु｜වැඩි කරනවා, එකතු කරනවා

434 減	12画〔氵〕	丶 冫 氵 氵 氵 汽 汽 汧 減 減 減 減

減 berkurang｜လျော့ကျခြင်း｜घटाउनु｜අඩු වෙනවා/පහළ යනවා

ゲン 増減する naik turun｜အတိုး အလျော့ပြုလုပ်သည်｜बढ्न र घट्न｜වැඩිවීම සහ අඩුවීම

へ-る 減る turun, berkurang｜လျော့ကျသည်｜घट्नु｜අඩු වෙනවා

へ-らす 減らす menurunkan, mengurangi｜လျော့ချသည်｜घटाउनु｜අඩු කරනවා

435 伸	7画〔イ〕	ノ イ 𠆢 𠆢 伂 但 伸

伸 memanjang, tumbuh｜ဆွဲဆန့်ခြင်း၊ ရှည်ထွက်ခြင်း၊ ကြီးထွားခြင်း｜तान्नु, फैलाउनु, बढ्नु｜දිගු කරනවා, දිර්ඝ කරනවා

の-びる 伸びる melar, memanjang, tumbuh｜ပြန့်ကားလာသည်၊ ရှည်ထွက်လာသည်၊ ကြီးလာသည်｜तन्किनु, फैलिनु, बढ्नु｜ඇදෙනවා, දික්වෙනවා, වැඩෙනවා

の-ばす 伸ばす memanjangkan, menunda｜ဆွဲဆန့်သည်၊ ပြန့်ကားသည်၊ ကြီးထွားအောင်လုပ်သည်｜तन्काउनु, फैलाउनु, बढाउनु｜දික් කරනවා, අදිනවා, වවනවා

436 破	10画〔石〕	一 丆 不 不 石 石 矿 矿 破 破

破 robek｜ပြဲခြင်း၊ မြဲခြင်း｜च्याल्, तोड्नु｜ඉරනවා, කඩනවා

ハ 破片 pecahan｜အပိုင်းအစ｜टुका｜කැබැල්ල

破産 kebangkrutan, pailit｜ဒေါ်လီဖြစ်ခြင်း｜दिवालिया｜බංකොලොත්

やぶ-れる 破れる robek｜ပြဲသည်၊ ဆုတ်ပြဲသည်｜च्यातिनु, फाट्नु｜ඉරෙනවා

やぶ-る 破る merobek｜ဆုတ်ပြဲသည်၊ ကတ်ပျက်သည်｜च्याल्, भत्काउनु｜ඉරනවා, කඩනවා

437 育	8画〔月〕	丶 亠 𠫓 𠫓 产 育 育 育

育 tumbuh｜ကြီးပြင်းခြင်း၊ ပြုစုပျိုးထောင်ရှောက်ခြင်း｜बढ्नु, हुर्काउनु｜හැදෙනවා, ඇති දැඩි කරනවා

イク 教育 pendidikan｜ပညာရေး｜शिक्षा｜අධ්‍යාපනය

育児 pengasuhan anak｜ကလေးထိန်းခြင်း｜बालबालिका हेरचाह｜දරුවන් රැකබලාගැනීම

そだ-つ 育つ tumbuh｜ကြီးပြင်းလာသည်｜हुर्किनु｜වැඩෙනවා

そだ-てる 育てる menumbuhkan, membesarkan｜ပြုစုပျိုးထောင်သည်၊ မွေးမြူသည်｜हुर्काउनु｜හදා වඩා ගන්නවා, පෝෂණය කරනවා

7課 (431〜440)

438 燃 16画 〔火〕
丶 丶 丬 火 火 灶 灶 灶 炒 燃 燃 燃 燃 燃 燃 燃

membakar | လောင်ကျွမ်းခြင်း | जलाउनु | පුච්චවනවා

も-える　燃える　terbakar | မီးလောင်သည် | जल्नु | පිච්චවෙනවා
も-やす　燃やす　membakar | မီးရှို့သည် | जलाउनु | පුච්චවනවා

439 残 10画 〔歹〕
一 丁 歹 歹 歹 歹 歼 残 残 残

tinggal, bersisa | ကျန်ရစ်ခြင်း | बाँकी रहनु, अवशेष | ඉතිරි වෙනවා, ඉතිරි කෑල්ල

ザン　残念な　disayangkan | စိတ်မကောင်းစရာ | दुखद | කණගාටුදායක
のこ-る　残る　tinggal, bersisa | ကျန်သည် ချန်ထားသည် | बाँकी रहनु | තහර වී සිටිනවා, ඉතිරි වෙනවා
のこ-す　残す　meninggalkan, menyisakan | ကျန်သည် ချန်သည် | छोड्नु | ඉතිරි කරනවා

440 片 4画 〔片〕
ノ 丿 广 片

yang sebelah | အချပ်၊ အလွှာ၊ တဖက်ဖက် | फलेक, दुईमध्ये एक | කෑල්ලක්, ද්විත්වයකින් එකක්

ヘン　破片　pecahan | အပိုင်းအစ | टुका | පුත්තුත්
かた　片仮名　Katakana | ခတခန | कातकाना | කතකත
　　　片付く　terberesan | လက်စယပ်သည် | सकिनु | අවසන් කරනවා
　　　片付ける　membereskan | သိမ်းဆည်းသည် | मिलाउनु | අස්පස් කරනවා
　　　片道　sekali jalan | အသွားတင်ကြောင်း | एकतर्फी | එක් ගමන් වාරයක්

😮 よみましょう　漢字の 下に 読みを 書きなさい。

① 生け花教室で 先生の 助手を する。　　② 割れた ガラスの 破片を 片付ける。

③ 火事で 家が 燃えて しまった。　　④ 育児で 疲れて いる 母親を 助ける。

⑤ 妹は 急に 背が 伸びて 体の あちこちが 痛いと 言っている。

⑥ 残念ですが、パーティーには 出席できません。

⑦ 面倒な 計算も コンピューターなら 速く 簡単に できる。

⑧ この グラフは この 町の 人口の 増減を 表して いる。

✏️ かきましょう　送りがなに 注意して、下線部の ことばを 漢字で 書きなさい。

① 私の せんもんは 英語きょういくです。　② あまり 入れすぎたら、やぶれますよ。

③ この 車の 後ろの シートは たおせます。　④ にわで ごみを もやした。

⑤ さいきん、けっこんして いる 人が へって、どくしんの 人が ふえて います。

⑥ 私は 通学に かたみち 2時間 かかります。

⑦ 電車で 座って いる 人が 足を のばしたら、じゃまです。

⑧ ご親切に 教えて いただいて ほんとうに たすかりました。

65

7課 練習

問題1 送りがなに 注意して、下線部の ことばを 漢字で 書きなさい。

例）でんきを けす。

　→ 電気　消す

① たいふうで にわのきが たおれた。

→

② 膝(knee)を ふかく まげることが できますか。

→

③ クラスの かはんすうの がくせいが 賛成した。

→

④ こどもを そだてる。

→

⑤ コップを おとして、わってしまいました。

→

⑥ あしの 骨を おって、なつやすみを びょういんで すごした。

→

問題2 下線部に 適当な 動詞を 漢字で 書いて、自動詞と 他動詞の ペアを 作りなさい。

例）終わる（自動詞）━━ ＿＿終える＿＿（他動詞）

① 　伸びる　━━ ＿＿＿＿＿＿

② 　増える　━━ ＿＿＿＿＿＿

③ 　落ちる　━━ ＿＿＿＿＿＿

④ ＿＿＿＿＿━━ 　流す

⑤ ＿＿＿＿＿━━ 　並べる

⑥ ＿＿＿＿＿━━ 　残す

📖 ふりかえり

→ 「自動詞」「他動詞」を漢字で書くことができる。　　　　　はい ・ いいえ

→ 第7課で勉強した漢字を読んだり、書いたりできる。　　　はい ・ いいえ

8課 私の 町 My Town

この課で学ぶこと ▶ 町にあるものを表す漢字について考えましょう。

①

① 引っ越す　空港　神社

② 美しい　偉い　芸術家　交番　交差点　市役所　公園　昔　城　警察署　消防署　橋　美容院　角

②
　駅の 前に 美しい 女の人の 像が あります。この 町の 偉い 芸術家が 作った そうです。駅の 右の 方に 交番が あります。交番の 前の 道を 少し 行くと、交差点が あります。そこを 左へ まっすぐ 行くと、市役所が あります。もう少し 行くと、大きい 公園が あります。昔は ここに 城が あった そうです。公園の 近くに 警察が あります。その 向こうに 消防署が 見えます。そのまま 行くと、橋が あります。その 橋を 渡ると、つきあたりに 美容院が あります。その 角を 左に 曲がると、私の 家が あります。

8課 441〜450

441 越 12画 〔走〕
一 十 土 耂 耂 走 走 起 起 越 越 越
melampaui | ကျော်တက်ခြင်း၊ ကျော်လွန်ခြင်း | बाहिर जानु, पार गर्नु | ඉක්මවනවා

こ-す 越す melampaui | ကျော်တက်သည် | पार गर्नु | පසුකරනවා (අකර්මක)
引っ越す pindah | အိမ်ပြောင်းသည် | सर्नु | තව තිවහනකට යනවා

こ-える 越える melebihi | ကျော်သွားသည် | पार गर्नु, नाघ्नु | පසුකරනවා (සකර්මක), ජයගත්නවා

442 港 12画 〔氵〕
丶 丷 氵 氵 汁 汁 洪 洪 港 港
pelabuhan, bandar | ဆိပ်ကမ်း | बन्दरगाह | වරාය

コウ 空港 bandar udara | လေဆိပ် | विमानस्थल | ගුවන්තොටුපොළ
〜港 pelabuhan ... | 〜ဆိပ်ကမ်း | ...को बन्दरगाह | .....වරාය

みなと 港 pelabuhan | ဆိပ်ကမ်း | बन्दरगाह | වරාය

443 神 9画 〔ネ〕
丶 ラ ネ ネ ネ 初 初 神 神
Tuhan, dewa | နတ်ဘုရား၊ စိတ်ဝိညာဉ် | भगवान, आत्मा | දෙවියන්, ආත්මය

シン 神話 mitologi | ဒဏ္ဍာရီ | मिथक | මිථ්‍යාව
ジン 神経 urat syaraf | အာရုံကြော | नस | ස්නායු
神社 kuil Shinto | ရှင်တိုးဝတ်ကျောင်း | शिन्तो मन्दिर | ශින්තෝ දේවස්ථානය

かみ 神 dewa, Tuhan | နတ်ဘုရား | भगवान | දෙවියන් වහන්සේ

444 美 9画 〔羊〕
丶 丷 丷 丷 羊 羊 羊 美 美
indah, keindahan | လှပခြင်း၊ အလှအပ | सुन्दर, सुन्दरता | ලස්සනයි, ලස්සන

ビ 美容院 salon kecantikan | အလှပြုပြင်ဆိုင် | सौन्दर्य पार्लर | රූපලාවණ්‍යාගාරය
美人 wanita cantik | မိန်းမလှ | सुन्दरी | ලස්සන කාන්තාව

うつく-しい 美しい cantik, indah | လှပသော | सुन्दर | ලස්සනයි

445 偉 12画 〔亻〕
丿 亻 亻 伃 佇 佇 佇 偉 偉 偉 偉
hebat | ကြီးမြတ်ခြင်း | महान | ශ්‍රේෂ්ඨ

イ 偉大な hebat | ကြီးမြတ်သော | महान | ඉතා විශාල
えら-い 偉い hebat | ကြီးမြတ်သော | महान | ශ්‍රේෂ්ඨ

446 芸 7画 〔艹〕
一 十 艹 芏 芸 芸 芸
seni, keahlian | အနုပညာ၊ ကျွမ်းကျင်မှု | कला, कौशल | කලාව, කුසලතාව

ゲイ 園芸 holtikultura, berkebun | ဥယျာဉ်စိုက်ပျိုးခြင်းဆိုင်ရာအတတ်ပညာ | बागवानी | ගෙවතු වැවීම් කලාව
芸術 kesenian | အနုပညာ | कला | කලාව
芸能 hiburan, pagelaran | ဖျော်ဖြေရေး၊ သရုပ်ဆောင်အနုပညာ | मनोरञ्जन, प्रदर्शन कलाहरू | විනෝදාස්වාදය, ප්‍රාසාංගික කලාව

447 交 6画 〔亠〕
丶 一 六 六 交 交
berinteraksi, berbaur | ဆက်ဆံရေး၊ အပြန်အလှန် | सम्पर्क, विनिमय | අන්තර් හුවමාරුව

コウ 交通 lalu lintas, transportasi | လမ်းပန်းဆက်သွယ်ရေး | यातायात, परिवहन | ගමනාගමනය, ප්‍රවාහනය
交番 pos polisi | ရဲကင်း | प्रहरी बुथ | පොලිස් මුරපොළ

ま-じる 交じる berbaur | ရောနှောသည် | मिसाउनु | මිශ්‍ර වෙනවා
ま-ざる 交ざる tercampur | ရောနှောသည် | मिसिनु | මිශ්‍ර කරනවා
ま-ぜる 交ぜる mencampur | ရောနှောသည် | मिसाउनु | මිශ්‍ර කරනවා

68

8課（441〜450）

448 差 10画〔エ〕 丶 丷 ヅ ヤ 羊 差 差 差 差
perbedaan, selisih | ကွာခြားမှု | फरक | වෙනස

差 selisih | ကွာခြားမှု | फरक | වෙනස
交差点 perempatan | လမ်းဆုံ | क्रसिङ,चौराह | හතරමං හංදිය
差別する mendiskriminasi | ခွဲခြားသည် | विभेद गर्नु | වෙනස් ලෙස සලකනවා
サ
さ-す 差し上げる memberikan (ucapan untuk merendah) | ပေးသည် (ယဉ်ကျေးသော) | प्रदान गर्नु | දෙනවා (යටහත් පහත්)

449 役 7画〔彳〕 ノ ク 彳 彳 役 役 役
peran, jasa | အလုပ်တာဝန်၊ ရာထူး | सेवा, कर्तव्य, भूमिका | සේවය, රාජකාරිය, කාර්යභාරය

市役所 kantor pelayanan umum kota | မြို့နယ်ရုံး | नगरपालिकाको कार्यालय | නගර සභා කාර්යාලය
ヤク 役に立つ bermanfaat | အသုံးကျသည်၊ အသုံးတည့်သည် | उपयोगी, सहयोगी | උපකාරී වෙනවා, ප්‍රයෝජනවත් වෙනවා
役 peranan, peran | အလုပ်တာဝန်၊ ရာထူး | कर्तव्य, भूमिका | රාජකාරිය, කාර්යභාරය
主役 pemeran utama | အဓိကအရုပ်ဆောင် | प्रमुख भूमिका | ප්‍රධාන චරිතය
役割 peran | တာဝန် | भूमिका | කාර්යභාරය

450 公 4画〔八〕 ノ 八 公 公
umum | အများနှင့်ဆိုင်ခြင်း၊ တရားမျှတခြင်း | सार्वजनिक, न्यायोचित | රාජ්‍ය, පොදු

公共の umum | အများနှင့်ဆိုင်သော | सार्वजनिक | පොදු
コウ 公平な adil | တရားမျှတသော | न्यायोचित | සාධාරණ
公務員 Pegawai Negeri Sipil | အစိုးရဝန်ထမ်း | सार्वजनिक सेवक | රාජ්‍ය සේවකයා

 よみましょう　漢字の 下に 読みを 書きなさい。

① 市役所の 近くには いろいろな 公共の 機関が 集まっている。

② ここは 交通事故が 多いですから、気をつけて ください。

③ 小学校で 交通安全教室が 開かれた。

④「病院」と「美容院」は 音が 似ていますから、注意しましょう。

⑤ 朝と 晩では 気温の 差が 大きい。　　⑥ 英語と 日本語を 交ぜて、話した。

かきましょう　送りがなに 注意して、下線部の ことばを 漢字で 書きなさい。

① 国の ために 働いた えらい 人の ぞうが、あちらに ならんで います。

② 多くの げいじゅつかが この うつくしい みなとを 作品の テーマに しました。

③ こうさてんを わたって まっすぐ 行くと じんじゃが あります。

④ 大学で 勉強した ことが 仕事で とても やくにたった。

⑤ くうこうの 近くに ひっこしました。遊びに 来て ください。

⑥ お金を 拾ったので、こうばんに 届けました。

69

8課 451～460

451 園 13画〔囗〕
一 冂 冂 门 肎 肎 園 周 周 園 園 園 園

kebun｜ပန်းခြံ｜बगैंचा｜ගෙවත්ත

エン

こうえん
公園 taman｜ပန်းခြံ｜पार्क｜උද්‍යානය

～えん
～園 taman ...｜~ပန်းခြံ｜...उद्यान｜.....උද්‍යානය

452 昔 8画〔日〕
一 十 土 廿 丑 丼 昔 昔

dulu｜အရင်က｜पुराना दिनहरू｜අතීතය

むかし

むかし
昔 dahulu｜အရင်က｜पुराना दिनहरू｜අතීතය

453 城 9画〔土〕
一 十 土 圹 圹 坊 城 城 城

kastil, benteng｜ရဲတိုက်｜किल्ला｜බලකොටුව

しろ

しろ
城 kastil, benteng｜ရဲတိုက်｜किल्ला,महल｜බලකොටුව

454 警 19画〔言〕
一 十 艹 艹 苛 苛 苛 苟 苟 苟 苟ˊ 苟ﾟ 敬ˊ 敬 敬 警 警 警 警 警

polisi, peringatan｜ရဲ၊ သတိပေးခြင်း｜प्रहरी, चेतावनी दिनु｜පොලීසිය, අවවාද කරනවා

ケイ

けいび
警備する menjaga｜ကာကွယ်သည့်၊ စောင့်ကြည့်သည်｜रक्षा गर्नु, पहरा दिनु｜වළක්වනවා, ආරක්ෂා කරනවා

けいこく
警告する memperingatkan｜သတိပေးတားမြစ်သည်｜चेतावनी दिनु｜අවවාද කරනවා

455 察 14画〔宀〕
' '' '宀 宀 宀 宀 宀 宀 家 宓 寀 察 察

membayangkan｜မှတ်ယူခြင်း｜अनुमान गर्नु｜උපකල්පනය කරනවා

サツ

けいさつ
警察 polisi｜ရဲ｜प्रहरी｜පොලීසිය

かんさつ
観察する mengamati｜ကြည့်ရှုလေ့လာသည်၊ စောင့်ကြည့်သည်｜अवलोकन गर्नु｜තීරික්ෂණය කරනවා, බලනවා

456 署 13画〔罒〕
一 冂 冂 罒 罒 罒 罘 罘 罢 罢 署 署 署

kantor, menulis｜အစိုးရရုံး၊ ရေးသားခြင်း｜सरकारी कार्यालय, लेखु｜රජයේ කාර්යාල, ලියනවා

ショ

しょうぼうしょ
消防署 pos pemadam kebakaran｜မီးသတ်ဌာန｜दमकल कार्यालय｜ගිනි නිවන ඒකකය

しょめい
署名 tanda tangan｜လက်မှတ်｜हस्ताक्षर｜අත්සන

457 防 7画〔阝〕
' ' 阝 阝' 阡 防 防

mencegah｜ကာကွယ်ခြင်း｜रक्षा गर्नु｜ආරක්ෂා කරනවා/වළක්වනවා

ボウ

よぼう
予防する mencegah｜ကြိုတင်ကာကွယ်သည့်｜रोकथाम गर्नु｜වළක්වනවා

ぼうし
防止する mencegah｜ကာကွယ်သည်｜रोकथाम गर्नु｜වළක්වනවා

ぼうはん
防犯 pencegahan kejahatan｜မှုခင်းကြိုတင်ကာကွယ်ခြင်း｜अपराध रोकथाम｜අපරාධ වැළක්වීම

ふせ-ぐ
防ぐ mencegah, menghadang｜ကာကွယ်သည်｜रोक्नु｜වළක්වනවා

458 橋 16画〔木〕
一 十 十 木 杧 栌 栌 杯 桥 桥 桥 橋 橋 橋 橋 橋

jembatan｜တံတား｜पुल｜පාලම

キョウ

てっきょう
鉄橋 jembatan besi｜သံဖြင့်တား ရထားပါသွားရှိရသောတံတား｜फलामको पुल｜යකඩ පාලම

はし
橋 jembatan｜တံတား｜पुल｜පාලම

459 容 10画〔宀〕
' '' '宀 宀 宀 宛 宛 容 容 容

isi｜အကြောင်းအရာ｜सामग्री｜අන්තර්ගතය

ヨウ

ないよう
内容 isi｜အကြောင်းအရာ｜सामग्री｜අන්තර්ගතය

ようき
容器 wadah｜ပုံးၣ ထည့်စရာ｜कन्टेनर, भाँडो｜භාජනය, බඳුන

70

8課 (451〜460)

460 角 7画
〔角〕 ノ ク ク 介 角 角 角

sudut, pojok | ထောင့် | कोन, कुनो | කෝණය, මුල්ල

カク
方角 ほうがく arah | လားရာ | दिशा | දිශාව
三角形 さんかくけい segitiga | တြိဂံ | त्रिकोण | ත්‍රිකෝණය

角度 かくど sudut | ထောင့် | कोण | කෝණය
四角形 しかくけい segiempat | စတုရန်း | वर्ग | සමචතුරස්‍රය

かど
角 かど segi, sudut | ထောင့် | कुनो | මුල්ල

😮 よみましょう　漢字の 下に 読みを 書きなさい。

① 家の 前に 防犯カメラ (security camera) を 取り付けた。

② 火事は 東の 方角に 広がった。

③ この 町の 美しい 鉄橋の 写真を とる ために 遠くから 来ました。

④ 風邪を 予防するために、外から 帰ったら うがいをして、手を 洗いましょう。

⑤ 困っている 留学生を 助ける ために 署名を 集める。

⑥ 夏から 秋にかけて どのような 花が 咲くか 観察する。

⑦ 定規を 使って 三角形と 四角形を かいてください。

⑧ 国境を 警備する 仕事は 危険が 多い。

✏️ かきましょう　送りがなに 注意して、下線部の ことばを 漢字で 書きなさい。

① この 旅行ざっしの ないようは 古くて あまり やくにたたない。

② はしの むこうに おしろが 見えます。

③ コンピューターウイルスを ふせぐ ソフトを パソコンに インストールする。

④ こうつう事故を ぼうしする ために 何を したら いいですか。

⑤ むかし、この こうえんで よく 遊んだ ものです。

⑥ 父は けいさつで、兄は しょうぼうしょで 働いて います。

⑦ つぎの かどを 右に まがって ください。

⑧ のこった 料理は プラスチックようきに 入れて れいぞうこに しまう。

71

8課 練習

問題1 {　　} の 正しい ほうに ○を つけ、(　　) に 読みを 書きなさい。

例) 野菜を つくるのは {⑭畑 田}です。
（　はたけ　）

① 次の { 隅　角 }を 左に 曲がって ください。
（　　　　　）

② 火事を 消すのは { 消防署　警察署 }の 仕事です。
（　　　　　　　）

③ 性別や 年齢で { 差別　送別 }しては いけない。
（　　　　　）

④ 髪の毛を 切る 店は { 美容院　病院 }です。
（　　　　　　　）

⑤ 川に かかって いる ものは { 橋　港 }です。
（　　　　　）

⑥ 信号が あるのは { 交差点　交番 }です。
（　　　　　　　）

問題2 (　　) に 入る 適当な ことばを 下から 選び、送りがなに 注意して、漢字で書きなさい。

例) この 薬は (苦い) です。

① 雨の 日も 風の 日も 休まずに ジョギングを して、(　　　　　) ですね。

② 私の 生まれた 町には (　　　　　) 神社が あります。

③ 先生に 国の お土産を (　　　　　)。

④ 来週 (　　　　　) 予定です。

⑤ これは 漢字を 勉強するのに (　　　　　) 本です。

⑥ 交通事故を (　　　　　) ため、運転に 疲れたら 休みましょう。

ふせぐ　~~にがい~~　ひっこす　うつくしい　やくにたつ　えらい　さしあげる

📖 ふりかえり

→ 町にあるものを、漢字を使って書くことができる。　　　　　はい　・　いいえ

→ 第8課で勉強した漢字を読んだり、書いたりできる。　　　　はい　・　いいえ

まとめ問題・1

問題1 何画目に 書きますか。（　）の 中に 数字を 書きなさい。　例）学（7）

1 並（　）　2 防（　）　3 独（　）　4 卵（　）

5 片（　）　6 式（　）　7 初（　）　8 馬（　）

問題2 漢字の 下に 読みを 書きなさい。

1 選挙運動に 参加する。

2 公平に 油を 供給する。

3 お金に 余裕が なく、生活が 大変だ。

4 博士課程で 環境科学に ついて 研究する。

5 筆記試験の 結果は まだ わかりません。

6 スピード違反を して、警官に 捕まった。

7 直ちに 入学の 手続きを した。

8 神経に ついての 本を 読む。

9 大学では 音楽教育を 専攻しました。

10 授業の とき、定規を 持って きて ください。

まとめ問題・1

11 組織を 変えることに 消極的に なっては いけない。

12 最初に 手を 消毒しましょう。次に 容器を 洗います。

13 安易に 考えては いけないと 警告した。

14 どのような 形式に するか 決定する。

15 芸術と 芸能の 意味の 違いが わかりますか。

問題3 送りがなに 注意して、下線部の ことばを 漢字で 書きなさい。

1 おんどの へんかを 観察して、ノートに すうじを きにゅうする。

2 京都に 着いたら、はじめに やどへ 行こうと 思って います。

3 おんだんな ところで すごしたい。

4 大きい いたに うつくしい えを かく。

5 友だちから もらった くだものを つめたいうちに 座って 食べたいんだけど、

どこか 空いている せきは ありませんか。

6 いろいろな 国の りゅうがくせいと こうりゅうする。

7 おっとが 会社を やめて、こまりました。

8 めを さましたとき、どこに いるのか わからなかった。

9 問題が とけません。どこが ちがうのか わかりません。

10 じゆうに 紙を おって、作品を 作る。

11 友だちに コップを わたそうと したら、おとして しまった。

12 まちがった ほうこう に まがって しまったらしい。

13 あの 車は こうそくで 走りつづけた。

14 写真を とる かくどを きめる。

15 会社に のこって、仕事を した。

問題4 例の ように、数字の あとに 適当な 漢字を 入れなさい。

例) 鉛筆を 1 (本) もらった。

1 田中さんの 部屋は 和室で、12 ( ) も あって、広い。

2 今日の テストは やさしかったので、100 ( ) だった。

3 ノートを 5 ( ) 買った。

問題5 音声を聞いて、例のように、ひらがなで書きましょう。
それから、漢字で書きましょう。

例) けさ、テレビで ニュースを みました。
(今朝)   (見ました)

1 _____ に _____ が たくさん いました。
( )( )

2 _____ を よく_____、_____ してください。
( ) ( )( )

まとめ問題・1

③ _____ の _____ は _____ _____ を _____ ことです。
(   )(   ) (   ) (   )(   )

④ _____ を _____ 、 _____ しまった。
(   )(   )(   )

問題6 どちらが 正しいですか。

① 新しい 商品を 企画する 仕事を している。 ………… **1.** けいかく   **2.** きかく

② 至急 ご連絡 ください。 ………………………………… **1.** しきゅう   **2.** ちきゅう

③ 私は その人の 容姿も 考え方も 好きです。 ………… **1.** ようし   **2.** ようき

④ その 棚を 雑きんで きれいに ふいてください。 ……… **1.** ゆか   **2.** たな

⑤ スマホ (smartphone) で、料理の 写真を とった。 ………… **1.** 撮った   **2.** 取った

⑥ 私の しゅみは、旅行です。 ……………………………… **1.** 意味   **2.** 趣味

⑦ 茶道は 日本文化を しょうちょうする ものの 一つです。
………………………………………………………………… **1.** 象徴   **2.** 像徴

⑧ このごろ 気温の 差が はげしい。 ……………………… **1.** 激しい   **2.** 涼しい

9課 駅 Station

この課で学ぶこと ▶ 駅にあるものや、表示で使う漢字について考えましょう。

なんと書いてありますか

① 切符売り場

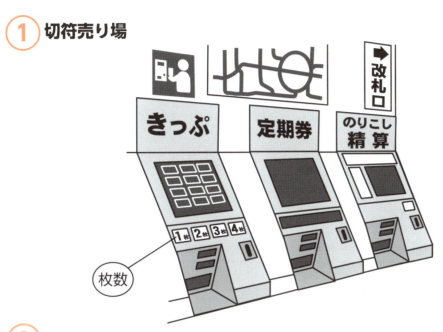

①
切符
定期券
枚数
改札口
精算

② ホーム

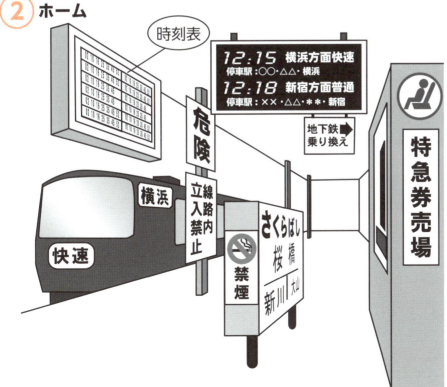

②
特急券
○○方面
停車駅
時刻表
快速
普通
乗り換え
禁煙
危険
線路
禁止

9課 461〜470

461 符 11画 〔⺮〕
ノ 个 个 大 欠 欠 竹 竹 竺 符 符
tanda｜သင်္ကေတ၊ အမှတ်အသား｜संकेत, चिन्ह｜සලකුණ
フ
きっぷ
切符 karcis｜လက်မှတ်｜टिकट｜ප්‍රවේශපත්‍රය
ふ ごう
符号 tanda｜သင်္ကေတ｜चिन्ह｜ලකුණ

462 券 8画 〔刀〕
丶 丷 龷 兰 羊 券 券
tiket, kupon｜လက်မှတ်၊ ကူပွန်｜टिकट, कुपन｜ප්‍රවේශපත්‍රය, කූපන්තිසිය
ケン
けん
券 tiket, kupon｜လက်မှတ်၊ ကူပွန်｜टिकट, कुपन｜ප්‍රවේශපත්‍රය, කූපන්තිසිය
てい き けん
定期券 tiket berlangganan, abonemen｜သတ်မှတ်ကာလသုံးရထားလက်မှတ်｜मासिक यात्रु पास｜මාසික යාත්‍රා පාස｜මගී ප්‍රවේශපත්‍රය

463 枚 8画 〔木〕
一 十 才 木 木' 朾 杕 枚
hitungan untuk lembaran｜ရွက်၊ ထည် (စာရွက်၊ အဝတ် စသဖြင့်)｜एक पाना (कागज, कपडा आदि)｜කඩදාසි, ඇඳුම් වැනි දෑ ගණන් කිරීමේ යෙදුම
マイ
まい
〜枚 ...lembar｜〜ရွက်၊ ထည်｜पातला चिजहरुको गणना｜පෑතලි දේවල් ගණන් කිරීමේ යෙදුම
まいすう
枚数 jumlah lembar｜အရွက်ရေ｜पन्नाहरुको संख्या｜කඩදාසි සංඛ්‍යාව

464 札 5画 〔木〕
一 十 才 木 札
tag, kertas｜ကတ်ပြား｜ट्याग｜බිල්පත
サツ
せんえんさつ
千円札 uang kertas seribu｜ယန်းတစ်ထောင်တန်｜हजार येनको नोट｜දාහෙ නෝට්ටුව

465 改 7画 〔攵〕
フ フ コ コ' コ° 改 改
reformasi｜အသစ်ပြန်လည်ပြုပြင်ဆောင်ရွက်ခြင်း၊ စစ်ဆေးခြင်း｜सुधार गर्नु, परीक्षा गर्नु｜ප්‍රතිසංස්කරණය කරනවා, පරීක්ෂා කරනවා
カイ
かいさつぐち
改札口 pintu tiket di stasiun｜လက်မှတ်စစ်ဂိတ်｜टिकट गेट｜ප්‍රවේශපත්‍ර කවුළුව
かいせい
改正する merevisi｜ပြင်ဆင်ပြင်ဆင်သည်｜संशोधन गर्नु｜සංශෝධනය කරනවා
あらた-める
あらた
改める memperbarui, mengubah｜ထပ်မံပြုပြင်သည်၊ အသစ်လဲသည်｜नवीकरण गर्नु, परिवर्तन गर्नु｜අලුත් කරනවා, වෙනස් කරනවා
あらた
改めて lagi, kembali｜ပြန်လည်၍｜अर्को पटक｜නැවත වරක්

466 算 14画 〔⺮〕
ノ 个 个 大 欠 欠 竹 竹 笛 笛 笪 笪 算 算
menghitung｜တွက်ချက်ခြင်း｜गणना गर्नु｜ගණනය කරනවා
サン
けいさん
計算する mengkalkulasi｜တွက်ချက်သည်｜गणना गर्नु｜ගණනය කරනවා
よ さん
予算 anggaran｜ဘတ်ဂျက်｜बजेट｜අයවැය

467 精 14画 〔米〕
丶 丷 丷 丷 半 米 米 米' 籵 精 精 精 精 精
jiwa｜စိတ်ဝိဉာဉ်｜आत्मा｜ආධ්‍යාත්මය
セイ
せいさん
精算 melunasi, membereskan｜ညှိနှိုင်းဆွေးနွေးသည်｜समायोजन｜ගණනය කිරීම
せいしん
精神 mental｜စိတ်ဝိဉာဉ်｜भावना｜ආත්මය

468 面 9画 〔面〕
一 一 ア 丆 而 而 而 面 面
wajah, arah｜မျက်နှာပြင်၊ လားရာ｜अनुहार, दिशा｜මුහුණත, දිශාව
メン
ひょうめん
表面 permukaan｜မျက်နှာပြင်｜सतह｜මතුපිට
ほうめん
方面 arah｜လားရာ၊ ဘက်｜दिशा｜දිශාව
ば めん
場面 situasi｜အခြေအနေ｜दृश्य｜අවස්ථාව
しょうめん
正面 depan｜ရှေ့တွင်မျက်နှာမူ｜अगाडि｜ඉදිරිපස
まじ め
真面目な serius, rajin, jujur｜အလေးအနက်ထားသော၊ တည်ကြည်သော၊ ရိုးသားသော｜गम्भीर, इमान्दार｜බැරෑරුම්, දැඩි උත්සාහවෙන්, අවංක

469 停 11画 〔亻〕
ノ イ 亻 亻' 广 广 停 停 停 停 停
berhenti｜ရပ်တန့်ခြင်း｜रोक्नु｜තවත්වනවා
テイ
てい し
停止する berhenti｜ရပ်နားသည်｜रोक्नु｜තවත්වනවා
ていしゃ
停車する menghentikan mobil｜ယာဉ်ရပ်သည်｜गाडी रोक्नु｜වාහනයක් තවත්වනවා
ていでん
停電 pemadaman listrik, mati lampu｜မီးပျက်ခြင်း｜विद्युत कटौती,लोडसेडिङ｜විදුලිය බිඳවැටීම
ていりゅうじょ
停留所 halte｜ဘတ်စ်ကားမှတ်တိုင်｜स्टप｜තවතුම්පල

78

9課 (461〜470)

470 **刻** 8画 〔刂〕 ' 一 ナ 歺 歺 亥 刻 刻

waktu, memahat | အချိန်၊ လှီးဖြတ်ခြင်း | समय, काट्नु | කාලය, කැටයම් කරනවා

コク
時刻 jadwal waktu | ｹ杺ﾃﾞ捲 | समय | කාලය
時刻表 tabel jadwal angkutan umum | အချိန်ဇယား | तालिका | කාලසටහන

深刻な (keadaan) serius | လေးနက်သော၊ ပြင်းထန်သော | गम्भीर | බැරෑරුම්

きざ-む
刻む merajang, mengukir | နုပ်နုပ်စဉ်းသည် | काट्नु, कुद्नु | කපනවා, සිහින්ඩවට කපනවා

😮 **よみましょう** 漢字の 下に 読みを 書きなさい。

① バスの 停留所で 時刻表を 見る。

② レポートを 書くときは 符号の 使い方にも 注意する。

③ 乗り越した 場合は 降りた 駅で 精算して ください。

④ 医者が 不足している ことは 深刻な 問題です。

⑤ 切符 売り場で 定期券を 買うことは できますか。

⑥ 東京方面行きの 電車は 2番線です。

⑦ その 枚数ボタンを 押して ください。

⑧ 駅に 着いたら、改札口で 待っていて ください。

✏ **かきましょう** 送りがなに 注意して、下線部の ことばを 漢字で 書きなさい。

① 野菜を こまかく きざみます。

② この 紙は ひょうめんが つるつるしている ほうが おもてです。

③ 自動かいさつに 特急けんと 乗車けんを 2まい いっしょに 入れて ください。

④ すごい かみなり ですね。あ、ていでんだ。

⑤ スポーツは 肉体も せいしんも 強くする。

⑥ ご主人は お留守ですか。では、また あらためて まいります。

⑦ せんえんさつを 入れて、ボタンを 押したが、何も 出てこない。

⑧ まちがって いないか、もう一度 けいさんする。

79

9課 471〜480

471 普 12画 〔日〕
`丶 ヽ 丷 屵 並 並 普 普 普 普`

secara luas, umum | ကျယ်ကျယ်ပြန့်ပြန့်၊ ပုံမှန်အားဖြင့် | व्यापक रूपमा, सामान्यत | පුළුල් ලෙස, සාමාන්‍යයෙන්

フ

普通の biasa, normal | ထုံးစံအတိုင်း၊ ပုံမှန်အတိုင်း | सामान्य | සුලබ, සාමාන්‍යයෙන්

普段の biasanya | ပုံမှန် | सामान्यतया | සාමාන්‍යයෙන්

472 快 7画 〔忄〕
`丶 ヽ 忄 忄 忙 快 快`

kesenangan, cepat | သက်တောင့်သက်သာရှိခြင်း၊ မြန်ဆန်ခြင်း | आनन्द, छिटो | සතුට, වේගවත්

カイ

快適な nyaman | သက်တောင့်သက်သာဖြစ်သော | आरामदायी | සුවපහසු

快速電車 kereta cepat | အမြန်ရထား | द्रुत ट्रेन | සීඝ්‍ර තැවතුම් දුම්රිය

473 換 12画 〔扌〕
`一 十 扌 扌 扩 护 护 拖 挽 換 換`

mengganti | လဲလှယ်ခြင်း | परिवर्तन | වෙනස් කරනවා

カン

交換する bertukaran | လဲလှယ်သည် | साटासाट गर्नु | හුවමාරු කරනවා

換気する mengganti udara, memventilasi | ဝေင်လေဝင်ကောင်းစေသည် | हावा पास गर्नु | වායු සංචරණය කරනවා

か-える

乗り換える berganti angkutan yang lain | ပြောင်းစီးသည် | परिवर्तन गर्नु, स्थानान्तरण गर्नु | මාරුවෙනවා

474 禁 13画 〔示〕
`一 十 才 木 村 村 杵 林 林 禁 梦 禁 禁`

larangan | တားမြစ်ခြင်း | निषेध गर्नु | තහනම්

キン

禁止する melarang | တားမြစ်သည် | निषेध गर्नु | තහනම් කරනවා

475 煙 13画 〔火〕
`丶 ヽ ⺌ 火 火 灯 炉 炉 煙 煙 煙 煙 煙`

asap | မီးခိုး | धुवा | දුම

エン

煙突 cerobong asap | မီးခိုးခေါင်းတိုင် | चिम्नी | විම්නිය/දුම් කවුළුව

禁煙 dilarang merokok | ဆေးလိပ်မသောက်ရ | धुम्रपान निषेध | දුම්බීම තහනම්

けむり

煙 asap | မီးခိုး | धुवाँ | දුම

けむ-い

煙い merasa asap, terganggu asap | မီးခိုးမွန်းသော | धुवाँले भरिएको | දුමෙන් වැසුණු

476 険 11画 〔阝〕
`フ ⺈ 阝 阝 阝^ 阶 阶 険 険 険 険`

curam | မတ်စောက်ခြင်း | खडा | ප්‍රපාතාකාර

ケン

冒険 petualangan | စွန့်စားခန်း | साहसिक यात्रा | ත්‍රාසජනක ක්‍රියාව

けわ-しい

険しい terjal, curam, menakutkan | မတ်စောက်သော | भिरालो, गम्भीर, कठोर | ප්‍රපාතාකාර, තියුණු, භයානක

477 危 6画 〔卩〕
`ノ ク ⺈ 产 乔 危`

bahaya | အန္တရာယ် | खतरा | අවදානම්

キ

危険な berbahaya | အန္တရာယ်များသော | खतरनाक | භයානක

あぶ-ない

危ない berbahaya, membahayakan | အန္တရာယ်များသော | खतरनाक | භයානකයි

あや-うい

危うい berbahaya, membahayakan | အန္တရာယ်နှင့်ကြုံတွေ့လုနီးပါးဖြစ်သော | खतरनाक | භයානකයි

478 路 13画 〔⻊〕
`丨 冂 冂 卩 严 罗 旦 足 趵 趵 路 路 路`

jalan | လမ်း၊ လမ်းကြောင်း | सडक, बाटो | පාර, මාර්ගය

ロ

道路 jalan | လမ်းမကြီး | सडक | පාර

線路 rel, trek | ရထားလမ်း | रेलमार्ग | ධාවන මාර්ගය, දුම්රිය මාර්ගය

通路 lorong | လျှောက်လမ်း | मार्ग,]बाटो | පටු මාර්ගය

9課 (471〜480)

479 側 【イ】11画 ノ イ 们 们 侧 侧 侧 侧 侧 侧 側

belah, tepi | ဘေးဘက် | পক্ষ | පැත්ත

がわ

両側 kedua belah, kedua tepi | နှစ်ဖက်လုံး | দুই পক্ষ | දෙපැත්තම　　　　～側 sebelah ... | ~ဘက် | ...কা ঔর | .....පැත්ත

480 窓 【ソウ】11画 ⺌ ⺌ 宀 宀 宇 宇 空 空 窓 窓 窓

jendela | ပြတင်းပေါက် | ঝ্যাল | ජනේලය

まど

窓 jendela | ပြတင်းပေါက် | ঝ্যাল | ජනේලය　　　　窓口 loket | ဝန်ဆောင်ရန်ဌာန | ঝ্যাল | කවුළුව

🗣 よみましょう　漢字の 下に 読みを 書きなさい。

① 4番線に 快速電車が 参ります。

② 工場の 煙突から 黒い 煙が 出て いる。

③ 窓側の 席 (window seat) が いいですか、通路側 (aisle seat) が いいですか。

④ 普段、着ている 服で パーティーに 行っても いいですか。

⑤ 部屋の 窓を 開けて 換気しましょう。

⑥ 危険ですから、線路に 入らないで ください。

⑦ 新幹線の 中は 禁煙です。

⑧ 険しい 山道を 登る。

✏ かきましょう　送りがなに 注意して、下線部の ことばを 漢字で 書きなさい。

① その つうろの りょうがわの かべには たくさんの えが かけてあった。

② いい 旅館だったので、かいてきに すごす ことが できました。

③ ちょっと サイズが 大きいので、こうかんして もらえませんか。

④ あぶないですよ。そこは 立ち入りきんしです。

⑤ 電車で「ふつう」と いうのは 全部の 駅に ていしゃする 電車です。

⑥ 私が 働かなければ、家族の 生活は あやうい。

⑦ こうそくどうろが できて、便利に なりました。

⑧ つぎの 駅で 地下鉄に のりかえましょう。

81

9課 練習

問題1 { } の 正しい ほうに ○を つけ、( ) に 読みを 書きなさい。

例） 試験の 結果、あなたは {上級 高級 }クラスに なりました。
　　　　　　　　　（じょうきゅう）

① { 冒険 危険 }ですから、入らないで ください。
　（　　　　　　　）

② { 快適 深刻 }な 空の 旅を お楽しみ ください。
　（　　　　　　　）

③ 降りた 駅で 不足料金を { 精算 予算 }して ください。
　　　　　　　　　　　　　（　　　　　　　）

④ 日本では、車は { 道路 通路 }の { 左側 窓側 }を 走ります。
　　　　　　　　（　　　　　　）（　　　　　　　）

⑤ ビルには { 正面 場面 }の 入り口から 入って ください。
　　　　　　（　　　　　　　）

⑥ { 改札口 市役所 }で 電車の { 切符 切手 }の 値段について 聞きました。
　（　　　　　　　）　　　　（　　　　　　　）

⑦ バスの { 遅刻 時刻 }表を 見る。
　　　　（　　　　　　　）

問題2 { } の 正しい ほうに ○を つけ、( ) に 漢字を 書きなさい。

例） 次の {かど すみ }を 右に 曲がって ください。
　　　　（　角　）

① あ、コップが 落ちそう。{ あやうい あぶない }！ 気を つけて。
　　　　　　　　　　　　（　　　　　　　）

② 次の 駅で { のりかえ とりかえ }ましょう。
　　　　　　（　　　　　　　）

③ 法律が { ていし かいせい }されて、高い 建物が 建てられなくなった。
　　　　　（　　　　　　）

④ 1万円を 千円 { さつ まい } 10 { さつ まい }に して くれませんか。
　　　　　　　　（　　　　）　　（　　　　　　）

⑤ パソコンを 買うんですか。{ よさん けいさん }は いくらぐらいですか。
　　　　　　　　　　　　　　（　　　　　　）

⑥ ここは 立ち入り { ていし きんし }です。
　　　　　　　　　（　　　　　　）

📖 ふりかえり

→ 漢字で 書いてある 駅に あるものや 表示が わかる。	はい ・	いいえ
→ 第9課で 勉強した 漢字を 読んだり、書いたり できる。	はい ・	いいえ

10課 サイン・広告 Sign / Advertisement

この課で学ぶこと ▶ サインや広告に使う漢字について考えましょう

なんと 書いて ありますか

①

① 受付 / 非常口 / 階段 / 営業 / 準備する / 清掃する / 会議

②

② 日本製 / 綿

③

教師 求む※2

③ 募集する / 時給 / 教師 / 求める / 修理する / 承る

※1：1時間の 給料　※2：「求める」の 古い 形

10課 481〜490

481 受 8画〔又〕

丆 爫 爫 爫 爫 爫 受 受

menerima | လက်ခံခြင်း | प्राप्त गर्नु, स्वीकार गर्नु | ලබාගන්නවා, පිළිගන්නවා

ジュ
う-ける

受験する (じゅけん) mengikuti ujian | စာမေးပွဲဖြေဆိုသည် | प्रवेश परीक्षा दिनु | විභාගයකට පෙනී සිටිනවා

受ける (う) menerima, mengikuti, mengambil | လက်ခံသည်၊ ရရှိသည်၊ ဖြေဆိုသည် | प्राप्त गर्नु | ලැබෙනවා, ලබාගන්නවා, ගන්නවා

受け取る (う・と) menerima | လက်ခံရရှိသည် | प्राप्त गर्नु | භාරගන්නවා

482 付 5画〔亻〕

ノ イ 仁 付 付

menempelkan | တွဲလျက်ပါခြင်း | जोड्नु | අමුණනවා

フ
つ-く
つ-ける

付近の (ふきん) dekat, sekitar | အနီးအနားရှိသော | छिमेकी | අවට

付属する (ふぞく) berafiliasi | တွဲလျက်ပါသည် | जोड्नु | අමුණනවා

付く (つ) melekat, menempel | တွဲလျက်ပါသည်၊ ကပ်နေသည် | टाँस्नु | අමුණනවා, අලවනවා, අතුගතවෙනවා

付ける (つ) memasang, memberi, mengoleskan | ပူးတွဲသည်၊ ထားသည် | टाँस्नु | අමුණනවා, දමනවා

受付 (うけつけ) resepsionis | ဧည့်ခံရန်ကောင်တာ | स्वागत डेस्क | පිළිගැනීමේ ස්ථානය

483 常 11画〔巾〕

丷 丷 丷 堂 堂 堂 堂 堂 常 常

normal, biasa | ပုံမှန်၊ မှန်မှန် | सामान्य, नियमित | සාමාන්‍ය, එදිනෙද

ジョウ

日常の (にちじょう) sehari-hari | နေ့စဉ် | दैनिक | දිනපතා

常識 (じょうしき) nalar, akal sehat, pengetahuan umum | ပုံမှန်အသိ | सामान्य ज्ञान | සාමාන්‍ය දැනීම

正常な (せいじょう) normal | ပုံမှန်ဖြစ်သော | सामान्य | සාමාන්‍ය

常に (つね) selalu | အမြဲတမ်း | सधैं | නිතරම

484 非 8画〔非〕

ノ ナ ヲ ヲ 争 非 非 非

tidak, non- | ~မဟုတ်ခြင်း | होइन, होइन, गैर-, अन-, बे- | නැත/සෘණාත්මක අරුතක්

ヒ

非〜 non ..., tidak | ~မဟုတ်ခြင်း | अ-, न- | නැත යන අර්ථය ගෙන දෙන පදයක්

非常の (ひじょう) darurat | အရေးပေါ် | आपातकालीन | හදිසි

非常口 (ひじょうぐち) pintu darurat | အရေးပေါ်ထွက်ပေါက် | आपातकालीन निस्कने बाटो | හදිසි පිටවීමේ දොරටුව

非常に (ひじょう) amat sangat | အရမ်း အသုတ် | धेरै, अत्यधिक | දැඩි, විශාල වශයෙන්, අතිශය

485 階 12画〔阝〕

⁊ ⁊ ⻖ ⻖ ⻖ 阼 阼 阼 階 階 階

lantai, tingkat | အထပ်၊ အဆင့် | तल, रैक | තට්ටුව, නිලය

カイ

〜階 (かい) lantai ... | ~ထပ် | ...तला | .....තට්ටුව

486 段 9画〔殳〕

丆 厂 广 F 卢 卢 卢 段 段

anak tangga | အဆင့် | कदम | පියවර

ダン

階段 (かいだん) tangga | လှေကား | भर्‍याङ | පඩිපෙළ

手段 (しゅだん) cara, jalan | နည်းလမ်း | साधन, उपाय | ක්‍රමය, මාර්ගය, පියවර

487 営 12画〔口〕

丶 丷 丷 丷 労 労 労 労 堂 堂 営 営

mengusahakan | စီမံခန့်ခွဲခြင်း | व्यवस्थापन गर्नु | කළමනාකරණය කරනවා

エイ

営業 (えいぎょう) usaha, sales | စီးပွားရေးလုပ်ငန်း၊ ကုန်သည်ရောင်းချခြင်း | व्यवसाय, व्यापार | ව්‍යාපාරය, වෙළඳාම, විකිණීම

営業中 (えいぎょうちゅう) (toko, restoran) buka, beroperasi | ဆိုင်ဖွင့်ထားခြင်း | खुला | ව්‍යාපාරය පවතිනවා

488 準 13画〔氵〕

丶 冫 冫 ⅋ ⅋ ⅋ 浐 浐 淮 淮 準 準 準

standar, menyiapkan | စံ၊ ကြိုတင်ပြင်ဆင်ခြင်း | मापदण्ड, तयारी गर्नु | ප්‍රමිතිය, සූදානම් කරනවා

ジュン

水準 (すいじゅん) taraf, standar | အဆင့်၊ စံချိန် | स्तर, मापदण्ड | මට්ටම, ප්‍රමිතිය

基準 (きじゅん) standar | စံချိန် | मापदण्ड | ප්‍රමිතිය

489 備 12画〔亻〕

ノ イ 仁 伫 伫 件 俌 俌 備 備 備 備

menyediakan | ထောက်ပံ့ခြင်း၊ ပြင်ဆင်ခြင်း | प्रदान गर्नु, तयारी गर्नु | සපයනවා, සූදානම් කරනවා

ビ
そな-える

準備する (じゅんび) mempersiapkan | ပြင်ဆင်သည် | तयारी गर्नु | සූදානම් කරනවා

設備 (せつび) fasilitas | ပစ္စည်းကိရိယာ | उपकरण | උපකරණ

備える (そな) menyiapkan | ပြင်ဆင်သည် | तयार गर्नु | සූදානම් කරනවා

84

10課（481〜490）

490 清 11画 〔氵〕 丶　丶丶　氵　氵ー　汁　洼　沣　清　清　清　清

jelas｜သန့်စင်ခြင်း｜স্পষ্ট｜පිරිසිදු

セイ
せいけつ
清潔な bersih｜သန့်ရှင်းသော｜সাফা｜පිරිසිදු

せいしょ
清書する menyalin bersih naskah｜အချောရေးသည်｜নিষ্কৃষ প্রতি বনাউন｜අත්පිටපතක් තැවත පිළිවෙලට සකස් කරනවා

きよ-い
きよ
清い bersih, suci｜သန့်ရှင်းသော၊ သန့်စင်သော｜সাফা, শুদ্ধ｜පිරිසිදු, පැහැදිලි

🗣 **よみましょう**　漢字の 下に 読みを 書きなさい。

① 新しく 建てられた 大学は 設備が いい。

② 目的の ためには 手段を 選ばないと いう 人も いる。

③ 今年は 大学を 受験します。

④ あなたが 出席できないのは 非常に 残念です。

⑤ トイレは 清潔に 使いましょう。

⑥ 1階の 食品売り場は 夜 11時まで 営業して います。

⑦ 受付で 手続きを して ください。

⑧ どういう 基準で 社員を 選んで いますか。

✏️ **かきましょう**　送りがなに 注意して、下線部の ことばを 漢字で 書きなさい。

① 試験に そなえて 勉強する。

② 機械は せいじょうに 動いています。

③ むかし、この ふきんに 住んで いた ことが あります。

④ 研究はっぴょうの じゅんびを する。

⑤ かいだんは こちら、ひじょうぐちは あちらです。

⑥ レポートを せいしょする。

⑦ 日本語で にちじょうの 会話は できますか。

⑧ 日本の きょういくすいじゅんは 高いですか。

10課 491〜500

491 掃 11画 〔扌〕
一 十 扌 扜 护 护 拐 掃 掃 掃 掃
menyapu ｜ သ့မြက်စည်းလှဲခြင်း ｜ सफा गर्नु ｜ අතුගාහවා
せいそう
清掃する membersihkan ｜ သန့်ရှင်းရေးလုပ်သည် ｜ सफा गर्नु ｜ පිරිසිදු කරනවා
ソウ
は-く
は
掃く menyapu ｜ တံမြက်စည်းလှဲသည် ｜ बढार्नु ｜ පිසදමනවා

492 議 20画 〔言〕
丶 亠 亖 言 言 言 訂 訃 訃 詳 詳 詳 詳 詳 詳 議 議 議
diskusi ｜ ဆွေးနွေးခြင်း ｜ छलफल गर्नु ｜ සාකච්ඡා කරනවා
かい ぎ
会議 rapat, pertemuan ｜ အစည်းအဝေး ｜ बैठक ｜ රැස්වීම, සමුළුව
ギ
ふ し ぎ
不思議な aneh, misterius ｜ ထူးဆန်းသော၊ ပဟေဠိဆန်သော ｜ अचम्मको ｜ අමුතු, අද්භූත

493 製 14画 〔衣〕
ノ ノ 仁 乍 乍 制 制 制 製 製 製 製 製
membuat ｜ ဖန်တီးခြင်း၊ ထုတ်လုပ်ခြင်း ｜ बनाउनु, ｜ සකස්කරනවා, නිෂ්පාදනය කරනවා
〜製 terbuat dari ..., buatan ... ｜ 〜နိုင်ငံထုတ် ｜ ...बाट बनेको, ...मा बनेको ｜ නිෂ්පාදනය කරන ලද
せい
せいひん
製品 produk ｜ ထုတ်ကုန် ｜ उत्पादन ｜ නිෂ්පාදනය
セイ
せいさく
製作する membuat, memproduksi ｜ ထုတ်လုပ်သည် ｜ बनाउनु ｜ නිෂ්පාදනය කරනවා

494 綿 14画 〔糸〕
ㄑ ㄠ 幺 乡 系 糸 糹 糸 紵 紵 綿 綿 綿 綿
katun ｜ ဝါဂွမ်း၊ ချည် ｜ कपास ｜ කපු
めん
綿 katun ｜ ဝါဂွမ်း၊ ချည် ｜ कपास ｜ කපු
メン
も めん
木綿 kain katun, kain kapas ｜ ဝါဂွမ်းပင် ｜ कपास ｜ කපු
めん
綿100% 100% katun ｜ ချည်သား 100% ｜ कपास १००% ｜ 100%ක් කපු
わた
わた
綿 kapas ｜ ချည်သား (သိုးမွှေး) ｜ कपास (ऊन) ｜ කපු (වූල්)

495 募 12画 〔力〕
一 艹 艹 芓 芦 苩 苩 草 莫 莫 募 募
mengumpulkan ｜ စုစည်းခြင်း ｜ जम्मा गर्नु ｜ එකතු කරනවා
ぼしゅう
募集する merekrut, mencari ｜ အလုပ်ခေါ်သည်၊ ကမ်းလှမ်းသည်၊ လူစုဝေါင်းသည် ｜ भर्ना गर्नु, निम्तो दिनु, संकलन गर्नु ｜
ボ
බඳවා ගන්නවා, ආරාධනා කරනවා

496 給 12画 〔糸〕
ㄑ ㄠ 幺 乡 系 糸 糹 給 給 給 給 給
menyuplai ｜ ထောက်ပံ့ခြင်း၊ ပေးခြင်း ｜ आपूर्ति गर्नु, दिनु ｜ සපයනවා, දෙනවා
きゅうりょう
給料 gaji ｜ လစာ ｜ तलब ｜ වැටුප
きょうきゅう
供給する menyuplai ｜ ထောက်ပံ့သည် ｜ आपूर्ति गर्नु ｜ සපයනවා
キュウ
きゅう よ
給与 upah, gaji ｜ ခံစားခွင့်၊ လစာ ｜ भत्ता, तलब ｜ දීමනාව, වැටුප
げっきゅう
月給 gaji bulanan ｜ လစာ ｜ मासिक तलब ｜ මාසික වේතනය

497 師 10画 〔巾〕
ノ ハ 戶 貞 貞 自 貞 師 師 師
guru ｜ ဆရာ ｜ गुरू ｜ ඇදුරුතුමා
きょう し
教師 guru ｜ ဆရာ၊ ဆရာမ ｜ शिक्षक ｜ ගුරුවරයා
シ
い し
医師 dokter ｜ ဆရာဝန် ｜ डाक्टर ｜ වෛද්‍යවරයා

498 求 7画 〔水〕
一 十 寸 求 求 求 求
meminta, mencari ｜ ရှာဖွေလင်ခြင်း၊ တောင်းဆိုခြင်း ｜ खोज्नु, अनुरोध गर्नु ｜ සොයනවා, ඉල්ලනවා
ようきゅう
要求する meminta, menuntut ｜ တောင်းဆိုသည် ｜ माग गर्नु ｜ ඉල්ලීම් කරනවා, ඉල්ලාසිටිනවා
キュウ
せいきゅう
請求する menagih ｜ တောင်းသည်၊ ငွေတောင်းခံသည် ｜ माग गर्नु ｜ ඉල්ලනවා, අයකරනවා
もと
もと-める
求める meminta, mencari ｜ တောင်းဆိုသည်၊ ရှာဖွေလင်သည် ｜ माग गर्नु, खोज्नु ｜ ඉල්ලනවා, සොයනවා, ඉල්ලාසිටිනවා

10課（491〜500）

499 修 10画〔イ〕

ノ 亻 亻 亻 仃 俏 俏 修 修 修

シュウ

memperbaiki ｜ ပြုပြင်းခြင်း၊ ပြင်ဆင်ခြင်း ｜ आत्म-शासन गर्नु, मर्मत गर्नु ｜ පාලනය කරනවා, අලුත්වැඩියා කරනවා

修理する　memperbaiki ｜ ပြုပြင်သည် ｜ मर्मत गर्नु ｜ අලුත්වැඩියා කරනවා

修正する　meralat, merevisi ｜ အမှား ပြင်သည်၊ တည်းဖြတ်သည် ｜ संशोधन गर्नु ｜ තිවැරදි කරනවා, සංශෝධනය කරනවා

500 承 8画〔手〕

フ 了 了 子 手 承 承 承

ショウ

menerima ｜ လက်ခံခြင်း ｜ स्वीकार गर्नु ｜ අනුමත කරනවා

承認する　menyetujui, mengesahkan, mengakui ｜ လက်ခံသဘောတူသည် ｜ स्वीकृत गर्नु ｜ අනුමත කරනවා

承知する　menyetujui ｜ သဘောတူသည် ｜ सहमत हुनु ｜ එකඟ වෙනවා

うけたまわ-る　承る　menerima ｜ လက်ခံသဘောတူသည် (ရိုသေစွာ) ｜ स्वीकार गर्नु ｜ අනුමත කරනවා

よみましょう　漢字の 下に 読みを 書きなさい。

① 今、トイレの 清掃を しています。

② 社員の 給料を 上げることが 会議で 承認されました。

③ 英語の 教師を 募集して います。

④ この 製品は インド綿 100％です。

⑤ 会社の 車ですから、修理代は 会社に 請求して ください。

⑥ だれが どうやって こんなものを ここに 作ったのか 不思議だ。

⑦ この 会社は 電力を みなさんの 家庭に 供給して います。

⑧ この 人形は 私が 作りました。中に 綿が 入って います。

かきましょう　送りがなに 注意して、下線部の ことばを 漢字で 書きなさい。

① ごみが たくさん おちて いますね。ゆかを はいて きれいに して ください。

② 靴の しゅうり、うけたまわります。

③ この 自動車が せいさくされたのは いつですか。

④ この もめんの シャツは 日本せいです。

⑤ その 国では いし不足が ますます しんこくに なっている。

⑥ ここは まちがって います。しゅうせいして ください。

⑦ 毎月 25 日に げっきゅうを うけとります。

⑧ お金を 支払うように 要きゅうされた。

10課 練習

問題1 { } の 正しい ほうに ○を つけ、( ) に 読みを 書きなさい。

例) { 山 (海) } で 泳ぐ。
（　　うみ　　）

① { 日常　非常 } ベルは 火事などの 場合に 押す。
（　　　　　　）

② ただ今、{ 営業中　準備中 } です。もう しばらく お待ちください。
（　　　　　　）

③ そこへ 行く ための 交通 { 階段　手段 } は 車か バスしか ありません。
（　　　　　　）

④ 日本の 中で 教育 { 基準き　水準 } が 高いところは どこですか。
（　　　　　　）

⑤ この スマホは { 修理　修正 } すれば まだ 使える。
（　　　　　　）

⑥「チェックアウトを お願ねがいします」「はい、{ 承知　承認にん } しました。
（　　　　　　）

問題2 送りがなに 注意して、下線部の ことばを 漢字で 書きなさい。

例) ほんを よむ。
　本　　読む

① 地震じしんに そなえて みずや たべものを じゅんびして おく。

② にほんごの じゅぎょうを うける。

③ つねに つくえの うえを かたづけて おく。

④ すうがくの きょうしを もとめています。

⑤ ほっかいどう・沖縄おきなわへの はいたつを、うけたまわります。

📖 ふりかえり

→ 漢字で 書いてある サインや 広告が わかる。	はい ・	いいえ
→ 第10課で 勉強した 漢字を 読んだり、書いたり できる。	はい ・	いいえ

88

11課 料理 Cooking

この課で学ぶこと ▶ 料理の作り方に使われる漢字について考えましょう。

読んで みましょう

「ロールキャベツ a stuffed cabbage roll」（4人分）の 作り方

材料
キャベツ cabbage	8枚
ひき肉 ground meat	200g
玉ねぎ	1/2 個
ベーコン bacon	8枚
塩・こしょう pepper	少々
パン粉 bread crumbs	1/2 カップ
牛乳	大さじ2杯

スープの 材料
玉ねぎ	1個
にんじん carrot	1本
セロリ celery	1本
固形スープ soup cube	1個
トマト缶(かん) canned tomato	1缶(かん)
水	2カップ

① スープの 野菜（玉ねぎ、にんじん、セロリ）を 細切りに して おきます。

② 大きい なべに 湯を 沸かし、キャベツ をゆでて 軟らかく して おきます。

③ 玉ねぎを 細かく 刻み、フライパンで 炒(いた)めます (to fry)。

④ ③に パン粉と 牛乳を 入れて 混ぜ、さらに ひき肉と 塩・こしょうを 入れて 混ぜます。

⑤ ④を 8等分し、丸めます。

⑥ ⑤を キャベツで 包み、ベーコンを 巻きます。

⑦ ⑥を スープの 材料と 一緒に なべに 入れ、火に かけます。最初は 強火で、その後、弱火で 30分 煮(に)たら できあがりです。

材料
玉ねぎ
〜個
塩
パン粉
〜杯
固形
湯
沸かす
軟らかい
混ぜる
〜等分
丸める
包む
巻く

11課 501〜510

501 材 7画〔木〕 一 十 オ オ 木 村 材
ザイ
bahan｜ကုန်ကြမ်း｜सामग्री｜ දුව්‍ය
材料（ざいりょう）bahan｜ကုန်ကြမ်း｜सामग्री｜ දුව්‍ය

502 玉 5画〔玉〕 一 丁 干 王 玉
たま
bola｜အလုံး｜बल｜බෝලය
玉（たま）bola, bulatan｜အလုံး｜बल｜බෝලය
玉（たま）ねぎ bawang bombai｜ကြက်သွန်နီ｜प्याज｜ළූණු

503 個 10画〔イ〕 ノ イ イ 们 们 们 佪 佪 佪 個
コ
individu, hitungan untuk benda kecil｜တစ်ဦးချင်း၊ ပစ္စည်းအသေးရေတွက်ခြင်း｜
व्यक्तिगत, सामान्य रूपमा स-साना वस्तुहरूको गन्ने एकाई｜ තනි, කුඩා දුව්‍ය ගණන් කිරීමේදී යෙදුම
個人（こじん）individu｜တစ်ဦးချင်း｜व्यक्ति｜ තනි පුද්ගලයා
〜個（こ）〜 butir/buah｜〜ခု｜...वटा｜කුඩා දුව්‍ය ගණන් ගණන් කිරීමේ පදය

504 塩 13画〔土〕 一 十 土 ナ ナ 圹 圹 圹 圹 坫 塩 塩 塩
エン
しお
garam｜ဆား｜नुन｜ලුණු
食塩（しょくえん）garam｜စားပွဲတင်ဆား｜नुन｜ලුණු
塩（しお）garam｜ဆား｜नुन｜ලුණු
塩辛（しおから）い asin｜ငန်သော｜नुनिलो｜ලුණු රසැති

505 粉 10画〔米〕 ヽ ヽ ヽ 丷 半 米 米 米 粉 粉
こ
こな
bubuk｜အမှုန့်｜धूलो｜ කුඩු
粉（こ）tepung｜အမှုန့်｜पाउडर｜ කුඩු
小麦粉（こむぎこ）tepung terigu｜ဂျုံမှုန့်｜पीठो｜ පිටි
粉（こな）bubuk｜အမှုန့်｜पाउडर｜ කුඩු

506 杯 8画〔木〕 一 十 オ オ 木 杯 杯 杯
ハイ
cangkir, gelas｜ခွက်｜कप, गिलास｜කෝප්පය, වීදුරු
乾杯（かんぱい）する bersulang｜ဆွတောင်းမင်္ဂလာပြုသည်｜कानपाइ, चियर्स｜සවිදිය පුරතවා
〜杯（はい）〜 gelas, 〜 cangkir｜〜ခွက်｜... कप, ...गिलास｜.....කෝප්පයක්, ...වීදුරුවක්

507 固 8画〔口〕 一 П П 用 同 同 周 固
コ
かた-い
keras, padat｜မာကြောခြင်း၊ အစိုင်အခဲ｜कडा, ठोस｜ තද, සත
固体（こたい）benda padat｜အစိုင်အခဲ｜ठोस｜ සත
固（かた）い keras｜မာသော｜कडा, ठोस｜ හයියයි, සත

508 厚 9画〔厂〕 一 厂 厂 厂 厈 戻 戻 厚 厚 厚
コウ
あつ-い
tebal｜ထူခြင်း｜बाक्लो｜ ඝනකම
厚生労働省（こうせいろうどうしょう）Kementerian Kesehatan, Tenaga Kerja dan Kesejahteraan｜ ကျန်းမာရေး၊ အလုပ်သမားနှင့်လူမှုဖူလုံရေး၀န်ကြီးဌာန｜स्वास्थ्य, श्रम र कल्याण मन्त्रालय｜ සෞඛ්‍ය කම්කරු සහ සුබසාධන අමාත්‍යංශය
厚（あつ）い tebal｜ထူသော｜मोटो｜ ඝනකම
厚（あつ）かましい lancang, tidak tahu malu｜အရှက်မရှိမျက်နှာပြောသော｜निर्लज्ज｜ ගරු සරු තැති

11課 (501〜510)

509 薄 16画 〔艹〕 一 十 艹 艹 艹 芊 芦 芦 芦 苒 蒲 蒲 蓮 蓮 薄 薄
tipis | ပါးသော | पातलो | සැහැකමින් අඩු

うす-い 薄い tipis | ပါးသော | पातलो | සැහැකමින් අඩු

510 量 12画 〔里〕 丨 冂 冃 旦 旱 昻 昌 昌 量 量 量 量
kuantitas | ပမာဏ အတိုင်းအတာ | परिमाण, मापन | ප්‍රමාණය, මනිනවා

リョウ 量 kuantitas | ပမာဏ | मात्रा | ප්‍රමාණය   分量 banyaknya | ပမာဏ | मात्रा | ප්‍රමාණය

はか-る 量る mengukur, menimbang | တိုင်းတာသည် | मापन गर्नु | මනිනවා

📖 よみましょう　漢字の 下に 読みを 書きなさい。

① これを 冷蔵庫で 冷やすと 固くなります。

② パーティーの 最初に 先生の あいさつが あり、それから、ジュースで 乾杯した。

③ 小麦粉の 量を 量る。　　　　④ この 肉は 厚すぎます。薄い 肉を 買いましょう。

⑤ 材料を 細かく 刻んで、料理の 本に 書いてある 分量の 塩を 入れます。

⑥ 朝食は 食パン 1枚と 卵 1個、それに コーヒー 1杯です。

⑦ 玉ねぎを 食べるのは 体に いいそうですよ。

⑧ 病気の 予防、食品の 安全管理、仕事の 紹介なども 厚生労働省の 仕事です。

✏️ かきましょう　送りがなに 注意して、下線部の ことばを 漢字で 書きなさい。

① あつかましい お願いですが、お庭を 見せて いただけませんか。

② この スープは 少し しお辛いですね。

③ 私の 服には 銀の うつくしい たまが たくさん ついて います。

④ 千円さつを 百円だま 10まいに して ください。

⑤ これは こじんの 問題では なく、社会全体の 問題です。

⑥ 空気も おんどを さげれば、こたいに なります。

⑦ スーパーで しょくえんを 買いました。

⑧ 飲みにくいので、私は こなの 薬が にがてです。

91

11課 511〜520

511 湯 12画 〔氵〕
丶 丶 氵 汧 沪 沪 沪 渇 渇 湯 湯 湯
air panas｜ရေနွေး၊ ရေချိုးခြင်း｜तातो पानी, उमालेको पानी, नुहाउने पानी｜උණු වතුර, තාත තටාකය

ゆ 湯 air panas, air mendidih｜ရေနွေး｜तातो पानी｜උණු වතුර, රත් කරන ලද වතුර

512 沸 8画 〔氵〕
丶 丶 氵 氵 沪 沸 沸 沸
mendidih｜ဆူပွက်ခြင်း｜उमालु｜උණු කරනවා

わ-く 沸く mendidih｜ဆူပွက်သည်｜उबालु｜උණු වෙනවා

わ-かす 沸かす mendidihkan｜ဆူပွက်စေသည်｜उबालु｜උණු කරනවා

513 軟 11画 〔車〕
一 ㄷ ㄇ ㄇ 百 亘 車 車 軒 軟 軟
lunak｜နူးညံ့ခြင်း｜नरम｜මෘදු

やわ-らかい 軟らかい lunak｜နူးညံ့ပျော့ပြောင်းသော｜नरम｜සිනිඳු, මොළොක්

514 混 11画 〔氵〕
丶 丶 氵 氵 沪 沪 沪 沪 混 混 混
campur｜ရောနှောခြင်း｜मिसाउनु｜මිශ්‍ර

コン 混雑する penuh｜လူစည်ကားသည်｜भीड हुनु｜තදබදය

ま-じる 混じる bercampur, berbaur｜ရောနှောသည်｜मिश्रण हुनु｜මිශ්‍ර වෙනවා

ま-ざる 混ざる tercampur｜ရောနှေးသည်｜मिश्रण हुनु｜මිශ්‍ර කරනවා

ま-ぜる 混ぜる mencampur｜ရောနှောသည်｜मिश्रण गर्नु｜මිශ්‍ර කරනවා

こ-む 混む penuh｜လူစည်ကားသည်｜भीड हुनु｜තෙරපිගෙන පිරී යනවා　※「込む」と書くときもあります。

515 等 12画 〔⺮〕
丿 ㇒ ㇒ ㇒ ㇒ 竻 竻 竻 竿 竿 等 等
sama, dan lain-lain｜ညီမှုခြင်း၊ အစရှိသတ်ခြင်း၊ ~အစရှိသည်တို့｜बराबर, वर्ग, ... र यस्तै｜සමාන, පංතිය, ...යනාදිය

トウ 〜等 ... dan lain-lain｜အစရှိသည်တို့｜...इत्यादि｜.....යනාදිය

等分する membagi sama banyak｜ညီမျှစွာခွဲဝေခြင်း｜बराबर भाग लगाउनु｜සමානව බෙදනවා

高等の (bertaraf) tinggi｜အဆင့်မြင့်｜उच्च वर्ग｜උසස්

平等な sama rata, sama｜ညီတူညီမျှခြင်းသော｜समान｜සමානාත්මතාව

ひと-しい 等しい sama｜ညီမျှသော｜समान｜සමාන

516 丸 3画 〔丶〕
丿 九 丸
lingkaran｜အဝိုင်း၊ လုံးခြင်း｜गोलो｜වෘත්තය, රවුම්

まる 丸 lingkaran｜အဝိုင်း｜वृत्त｜වෘත්තය

まる-い 丸い bulat｜လုံးဝန်းသော｜गोलो｜වෘත්තාකාර

517 包 5画 〔勹〕
丿 勹 勹 勹 包
bungkus｜ထုတ်ပိုးခြင်း｜बेर्नु｜ඔතනවා

ホウ 包装 pembungkusan, pengepakan｜ပါက်ထုတ်ပိုးခြင်း｜प्याकिङ｜ඔතනවා, ඇසුරුම

包帯 perban｜ပတ်တီး｜पट्टी｜වෙළුම් පටිය

つつ-む 包む membungkus｜ထုတ်ပိုးသည်｜प्याक गर्नु｜ඔතනවා

小包 bingkisan, paket｜ပါဆယ် အထုပ်｜पार्सल｜පාර්සලය, ඇසුරුම

518 巻 9画 〔㔾〕
丶 丶 丷 丷 ㇗ 关 关 巻 巻
gulung｜လိပ်ခြင်း｜गुड्नु｜රෝල් කරනවා

カン 〜巻 volume ...｜အတွဲ ~｜... खण्ड｜.....වෙළුම

ま-く 巻く menggulung｜ရစ်သည်၊ လိပ်သည်၊ ရစ်ပတ်သည်｜ချွေသည်｜घुमाउनु, मोड्नु｜අවුසන් කරනවා, රෝල් කරනවා, ඔතනවා

92

11課（511〜520）

519 麦 7画 〔麦〕 一 十 キ キ 丰 麦 麦
gandum | ဂျုံ | गहूँ | ဂုံဟု
むぎ 小麦 terigu | ဂျုံ | गेहूँ | ဂုံဟု
〇〇 蕎麦 soba | ဆန်းဘေါက်ဆွဲ | फापर | ဆောဘ

520 焼 12画 〔火〕 ' ' ' 火 火 灯 灶 炖 炖 焼 焼 焼
membakar | လောင်ကျွမ်းခြင်း | जलाउनु | ပူဝိဝတဝ၊
や-ける 焼ける terbakar | အပူလောင်ဆည် | पोल | ပိဠိ့ဆေတဝ၊
や-く 焼く membakar, memanggang, menumis | ကင်သည်၊ ဖုတ်သည်၊ လှော်သည်၊ ကြော်သည် | पोल, ग्रील गर्नु, भुट्नु | ပုဠ၊ပ်ဆေတဝ၊, ဗုံဝတဝ၊

よみましょう 漢字の 下に 読みを 書きなさい。

① 人間は みな 平等だ。　　　　② のりを 巻いた おにぎりが 好きです。

③ 歯が 痛いので、軟らかいものしか 食べられない。

④ あの 丸い メガネを かけて いる 人は どなたですか。

⑤ 小麦粉が 高くなると パンも ケーキも 高くなる。

⑥ きれいな 紙で プレゼントを 包装する。

⑦ 焼いたばかりの パンや 作ったばかりの 蕎麦は おいしい。

⑧ お湯が 沸いたら、この 粉を 入れて 混ぜてください。

かきましょう 送りがなに 注意して、下線部の ことばを 漢字で 書きなさい。

① ふろしき (traditional Japanese wrapping cloths) は 何でも つつめるし、軽いし 小さく たためるし、便利だ。

② この じしょは 全部で 10かん あります。

③ ずいぶん 日にやけましたね。どこへ 行って 来たんですか。

④ テーブルは しかくより まるのほうが 使いやすい。

⑤ ざいりょうが よく まざったら、6とうぶんします。

⑥ ゴールデンウィークは どこも こんざつするので 出かけたくない。

⑦ こづつみの 料金や かかる 日数を しらべる。

⑧ おゆを わかして お茶を 飲む。

11課 練習

問題1 { } の 正しい ほうに ○を つけ、( ) に 読みを 書きなさい。

例) 机の 上に 本が 1{本 ⓜ}ある。
（　さつ　）

① 卵を 10{個　固} 買いました。
（　　　　）

② スプーン 2{粉　杯}の さとうを 入れる。
（　　　　）

③ 切符を 1{券　枚} 買う。
（　　　　）

④ この 小説は 上・中・下、3{巻　券}ある。
（　　　　）

⑤ ビールが 1{箱　器}に 12{本　片} 入って いる。
（　　　　）　（　　　　）

⑥ この 部屋の 広さは 8{床　畳}です。
（　　　　）

問題2 送りがなに 注意して、下線部の ことばを 漢字で 書きなさい。

例) <u>あめ</u>が <u>ふる</u>。
　　雨　　降る

① <u>りょう</u>より <u>しつ</u>だ。

② <u>さいきん</u>は <u>あつい</u> ほんより <u>うすい</u> ほんが <u>うれて</u> いる そうだ。

③ これを それと <u>ひとしい</u> <u>ながさ</u>に <u>きって</u> ください。

④ <u>あさ</u>、<u>でんしゃ</u>は とても <u>こんで</u>います。

⑤ <u>にく</u>を <u>やいて</u> やさいで <u>まいて</u> たべます。

📖 ふりかえり

➔ 料理の 作り方に 使われる 漢字が わかり、料理を 作る ことが できる。	はい ・ いいえ	
➔ 第11課で 勉強した 漢字を 読んだり、書いたり できる。	はい ・ いいえ	

12課 コンピューター Computer

この課で学ぶこと ▶ コンピューターを使うときに出てくる漢字について考えましょう。

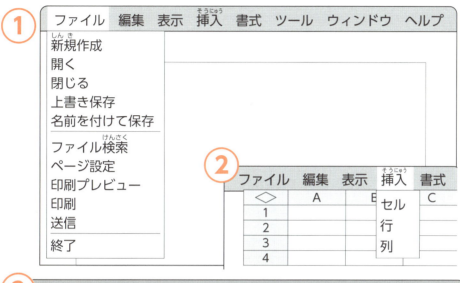

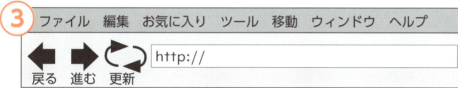

①
編集する
表示する
作成する
保存する
設定する
印刷する
送信する
終了する

②
列

③
戻る

④
変更する
移動する
削除する

⑤
機能
接続する

521 **編** 15画 〔糸〕

く 幺 幺 糸 糸 糸 紀 紀 紀 紀 編 編 編 編 編

merajut, menjalin | တည်းဖြတ်ခြင်း၊ ချည်ထိုးခြင်း | सम्पादन गर्नु, बुनाई गर्नु | සංස්කරණය කරනවා, ගොතනවා

ヘン
編集（へんしゅう）する mengedit | တည်းဖြတ်သည် | सम्पादन गर्नु | සංස්කරණය කරනවා
～編（へん） edisi . . . | ~ထုတ်ဝေခြင်း | ...द्वारा सम्पादित, ...संस्करण | ..... සංස්කරණය

あ-む
編（あ）む merajut, menjalin | ချည်ထိုးသည် | बुनाई गर्नु | ගොතනවා

522 **示** 5画 〔示〕

一 二 亍 亓 示

menunjukkan | ပြသခြင်း၊ မက်ဆေ့ချ်ပို့ခြင်း | देखाउनु, सन्देश | පෙන්වනවා, පණිවිඩය

ジ
指示（しじ）する menginstruksi, memberi petunjuk | ညွှန်ပြသည်၊ ညွှန်ကြားသည် | संकेत गर्नु, निर्देशन गर्नु | දක්වනවා, උපදෙස් දෙනවා
表示（ひょうじ）する menunjukkan, mengindikasi | ညွှန်ပြသည်၊ ဖော်ပြသည် | संकेत गर्नु | දක්වනවා, පෙන්වනවා

しめ-す
示（しめ）す menunjukkan | ဖော်ပြသည်၊ ပြသသည် | देखाउनु, प्रकट गर्नु | පෙන්වනවා, අනාවරණය කරනවා

523 **成** 6画 〔戈〕

丿 厂 万 成 成 成

bentuk, mencapai, menjadi | ဖွဲ့စည်းခြင်း၊ အောင်မြင်ခြင်း၊ ဖြစ်ပေါ်လာခြင်း | रूप दिनु, हासिल गर्नु, बन्नु | ළඟාකරගන්නවා, බවට පත්වෙනවා

セイ
成長（せいちょう）する tumbuh | ရင့်ကျက်လာသည် | विकास गर्नु | වර්ධනය වෙනවා
成人（せいじん） dewasa | အရွယ်ရောက်သူ | वयस्क | වැඩිහිටි පුද්ගලයා
作成（さくせい）する membuat | ဖန်တီးသည်၊ ရေးဆွဲပြုစုသည် | तयार गर्नु, खाका बनाउनु | සකසනවා

な-る
成田国際空港（なりたこくさいくうこう） Bandara Internasional Narita | နာရီတာအပြည်ပြည်ဆိုင်ရာလေဆိပ် | नारिता अन्तर्राष्ट्रिय विमानस्थल | නරිත ජාත්‍යන්තර ගුවන්තොටුපොළ

524 **存** 6画 〔子〕

一 ナ 𠂇 冇 存 存

ada | တည်ရှိခြင်း | अस्तित्वमा हुनु | පවතිනවා

ソン
存在（そんざい）する ada | တည်ရှိသည် | अस्तित्व हुनु | ජීවත් වෙනවා

ゾン
存（ぞん）じる tahu (bentuk merendah) | သိသည် | जान्नु (नम्र) | දන්නවා (යටහත් පහත්)

525 **保** 9画 〔亻〕

丿 亻 亻 亻 亻 亻 伻 保 保

menyimpan | ထိန်းသိမ်းခြင်း | राख्नु | තබාගන්නවා

ホ
保存（ほぞん）する menyimpan | သိုလှောင်ထိန်းသိမ်းသည် | संरक्षण गर्नु | සංරක්ෂණය කරනවා
保証（ほしょう）する menjamin | အာမခံသည် | ग्यारेन्टी गर्नु | සහතික කරනවා

526 **設** 11画 〔言〕

丶 亠 亠 亠 言 言 言 言 訙 設 設

menset, memasang | တပ်ဆင်ခြင်း | स्थापना गर्नु | සැලසුම් කරනවා

セツ
設計（せっけい）する mendesain, merancang | အစီအစဉ်ဆွဲသည်၊ ဒီဇိုင်းရေးဆွဲသည် | योजना बनाउनु, डिजाइन गर्नु | සැලසුම් කරනවා, නිර්මාණය කරනවා
建設（けんせつ）する membangun, mengkonstruksi | တည်ဆောက်သည်၊ ဆောက်လုပ်သည် | निर्माण गर्नु | තනනවා, ගොඩනගනවා
設定（せってい）する menset, menetapkan | သတ်မှတ်သည်၊ တပ်ဆင်သည် | सेट गर्नु, निर्धारण गर्नु | සකසනවා, සවිකරනවා

527 **印** 6画 〔卩〕

丿 𠂆 F E 𠨍 印

tanda | အမှတ်အသား | चिन्ह | සලකුණ

イン
印象（いんしょう） kesan | အသွင်အပြင်ခံစားမှု | छाप | හැඟීම

しるし
印（しるし） tanda | အမှတ်အသား | चिन्ह | සලකුණ
目印（めじるし） tanda untuk mengenali | အမှတ်အသား၊ သင်္ကေတ | पहिचान चिन्ह | සලකුණ, සංඥාව

528 **刷** 8画 〔刂〕

㇇ コ 尸 尸 屌 屌 刷 刷

mencetak | ပုံနှိပ်ခြင်း၊ ပရင့်ထုတ်ခြင်း | मुद्रण गर्नु | මුද්‍රණය කරනවා

サツ
印刷（いんさつ）する mengeprint | ပုံနှိပ်သည်၊ ပရင့်ထုတ်သည် | प्रिन्ट गर्नु | මුද්‍රණය කරනවා

す-る
刷（す）る mencetak | ပုံနှိပ်သည်၊ ပရင့်ထုတ်သည် | प्रिन्ट गर्नु | මුද්‍රණය කරනවා

12課（521〜530）

529 信 9画〔イ〕 ノ イ イ 广 厈 信 信 信 信

シン

percaya | ယုံကြည်ခြင်း။ မက်ဆေ့ချ်ပို့ခြင်း | বিশ্বাস গর্नु, মসাজ গर्नु | විශ්වාස කරනවා, පණිවිඩය

通信 korespondensi, komunikasi | ဆက်သွယ်ရေး | पत्राचार | සන්නිවේදනය

自信 rasa percaya diri | မိမိကိုယ်ကိုယုံကြည်မှု | आत्मविश्वास | විශ්වාසය

送信する mengirim pesan | မက်ဆေ့ချ်ပို့သည် | सन्देश पठाउनु | පණිවිඩයක් යවනවා

信じる mempercayai | ယုံကြည်သည် | विश्वास गर्नु | විශ්වාස කරනවා

信号 lampu lalu lintas | (မီးပွိုင့်) အချက်ပြမီး | सङ्केत | මාර්ග සංඥා පුවරුව

530 了 2画〔亅〕 ` 了

リョウ

selesai | ပြီးမြောက်ခြင်း | पूरा गर्नु | සම්පූර්ණ කරනවා

終了する selesai | ပြီးဆုံးသည်၊ သက်တမ်းကုန်သည် | समाप्त गर्नु | අවසන් කරනවා, කල්පිරෙනවා

完了する selesai, beres | ပြီးမြောက်သည် | सम्पूर्ण गर्नु | සම්පූර්ණ කරනවා

😲 **よみましょう** 漢字の 下に 読みを 書きなさい。

① 日本の 印象に ついて 話す。　　② 成田国際空港が 建設されたのは いつですか。

③ 私は あの方を 存じて います。　　④ 成人の 日は いつですか。

⑤ ファイルを 送信する 準備が 完了しました。

⑥ 保証できる 期間は 終わったので、修理は 有料です。

⑦ 雑誌の 編集の 指示を する。

⑧ 印を つけた ページを 50部 刷って ください。

✏️ **かきましょう** 送りがなに 注意して、下線部の ことばを 漢字で 書きなさい。

① 本日の えいぎょうは しゅうりょうしました。

② けいとで マフラーを あむ。

③ 駅の 前に ビルを けんせつするために、いくつか せっけいして みた。

④ プラスチックの ようきに 入れて ほぞんする。

⑤ いんさつの せっていを する。

⑥ あの 人は この 1年で しんじられないほど せいちょうした。

⑦ よく 勉強したのですから、じしんを もって 試験を うけて ください。

⑧ この グラフは 日本の 人口の ぞうげんを しめして いる。

12課 531～540

531 列 6画 〔刂〕
` ー ア 歹 歹 列 列 `

baris | လိုင်း | रेखा | පේළිය

レツ

列 deretan | အတန်း | रेखा | පේළිය
列車 kereta api | ရထား | रेल | දුම්රිය
列島 kepulauan | ကျွန်းစု | द्वीपसमूह | දූපත් සමූහය
行列 antrean, orang berbaris | လိုင်း | रेखा | පේළිය

532 戻 7画 〔戸〕
` ー 一 ヨ ヨ 戸 戸 戻 `

kembali | ပြန်လာခြင်း | फर्कनु | ආපසු

もど-る 戻る kembali | ပြန်လာသည် | फर्कनु | ආපසු පැමිණෙනවා
もど-す 戻す mengembalikan | ပြန်ထားသည် | फर्काउनु | ආපසු දෙනවා

533 更 7画 〔日〕
` ー 一 ┌ 戸 両 曳 更 `

ganti, lagi | လဲလှယ်ခြင်း၊ ဒါ့အပြင် | परिवर्तन, अलावा | වෙනස් වෙනවා, තවද/ට අමතරව

コウ
変更する berubah | ပြောင်းလဲသည် | परिवर्तन गर्नु | වෙනස් කරනවා
更新する memperbarui, memperpanjang | သက်တမ်းတိုးသည်၊ ပြုပြင်မွမ်းမံသည် | नवीकरण गर्नु, अपडेट गर्नु | අලුත් කරනවා, යාවත්කාලීන කරනවා

さら 更に selain itu, lagi | နောက်ထပ်၊ ပို၍ပြီးတော့ | अतिरिक्त, साथै | තවද, තවදුරටත්
ふ-ける 夜が更ける malam menjadi larut | ညနက်သည် | रात पर्नु | මධ්‍යම රාත්‍රියට ළඟා වෙනවා

534 移 11画 〔禾〕
` ー 二 千 千 禾 禾 利 移 移 移 移 `

pindah | ရွှေ့လျှားခြင်း | सर्नु | චලනය කරනවා

イ
移動する berpindah | ရွှေ့ပြောင်းသည် | सर्ने | ගමන් කරනවා
移転する pindah | နေရာပြောင်းသည် | स्थानान्तरण गर्नु | අලුත් තැනකට ගෙනයනවා
うつ-る 移る pindah | ရွှေ့သည် | सर्ने | චලනය වෙනවා
うつ-す 移す memindahkan | ရွှေ့သည် | सार्नु | ගමන් කරනවා

535 除 10画 〔阝〕
` ┐ ヲ 阝 阝 阝⸜ 除 除 除 除 除 `

kecuali, menghilangkan | ချန်ထားခြင်း၊ ဖယ်ရှားခြင်း | अपवाद गर्नु, हटाउनु | හැර, ඉවත්කරනවා

ジョ
ジ
削除する menghapus | ဖျက်သည် | मेटाउनु | මකනවා
掃除する membersihkan | သန့်ရှင်းရေးလုပ်သည် | सफा गर्नु | පිරිසිදු කරනවා
のぞ-く 除く mengecualikan, menghilangkan | ချန်လှပ်ထားသည်၊ ဖယ်ရှားသည် | हटाउनु | ඉවත් කරනවා

536 能 10画 〔月〕
` ㇉ ㄙ 仐 台 台 育 育 能 能 能 `

kemampuan | စွမ်းဆောင်ရည် | क्षमता | හැකියාව

ノウ
能力 kemampuan | စွမ်းဆောင်ရည် | क्षमता | හැකියාව
機能 fungsi | လုပ်ဆောင်ချက် | कार्य | කාර්යය
性能 kemampuan, spesifikasi | အရည်အသွေး၊ စွမ်းရည် | प्रदर्शन | කාර්ය සාධනය
有能な mampu | လုပ်နိုင်သော | सक्षम | හැකියාවෙන් යුත්

537 接 11画 〔扌〕
` 一 十 扌 扌 扩 扩 护 护 按 接 接 `

kontak, sentuh | ချိတ်ဆက်ခြင်း၊ ထိတွေ့ခြင်း | सम्पर्क गर्नु, छुनु | ගැටෙනවා, අල්ලනවා

セツ
面接 wawancara | အင်တာဗျူး | अन्तर्वार्ता | සම්මුඛ පරීක්ෂණය
接続する menyambung, mengakses | ချိတ်ဆက်သည်၊ ဝင်ကြည့်သည် | जोड्नु, पहुँच गर्नु | සම්බන්ධ වෙනවා, ප්‍රවේශ වෙනවා
直接の langsung | တိုက်ရိုက် | प्रत्यक्ष | කෙළින්ම
間接の tidak langsung | သွယ်ဝိုက်၍ | अप्रत्यक्ष | වක්‍රාකාරයෙන්

12課 (531〜540)

538 候 10画〔イ〕
ノ イ 亻 仆 伫 伫 伂 侠 候 候
cuaca, menunggu | ရာသီဥတု၊ ေဒၚဆိုင်းခြင်း | मौसम, परख्नु | සෘතුව/කාලගුණය, බලාසිටිනවා
コウ
気候 iklim | ရာသီဥတု | मौसम | දේශගුණය
天候 cuaca | မိုးလေဝသအခြေအနေ | मौसम | කාලගුණය

539 補 12画〔ネ〕
、 ⺈ 亠 亅 礻 礻 衤 衤 衤 袥 補 補
suplemen | ထောက်ပံ့ခြင်း | पूरक | අතිරේක
ホ
候補 kandidat, calon | ကြိုဆိုသူ | उम्मेदवार | අපේක්ෂකයා
おぎな-う
補う melengkapi | ဖြည့်စွက်သည် | पूरक गर्नु | අතිරේකයක් සපයනවා

540 囲 7画〔囗〕
丨 冂 冂 月 用 囲 囲
melingkari | အဝန်းအဝိုင်း | घेरिनु | අහුරනවා
イ
周囲 sekeliling | အဝန်းအဝိုင်း | परिधि | වටපිට
範囲 cakupan, ruang lingkup, batasan | အတိုင်းအတာ၊ နယ်ပယ် | दायरा | පරාසය, ප්‍රදේශය
かこ-む
囲む mengelilingi, melingkari | ဝန်းရံသည် | वरिपरि घेर्नु | වටකරනවා

よみましょう　漢字の 下に 読みを 書きなさい。

① この 半島は 気候が 温暖です。　　② 日本列島は 周囲を 海に 囲まれて いる。

③ いらない ものを 削除し、足りない ものを 補う。

④ 送料は 無料です。ただし、北海道と 沖縄県は 除きます。

⑤ 読み終わった 雑誌は 元の 場所に 戻して ください。

⑥ パスポートを 更新する 手続きを した。

⑦ ケーブルで 接続した 機械に 電気を 送る 機能が 付いて いる。

⑧ この 部屋は 狭いですから、会議室に 移動しましょう。

かきましょう　送りがなに 注意して、下線部の ことばを 漢字で 書きなさい。

① 先生の 指じで 教室の そうじを する。

② めんせつ試験の よていが へんこうに なりました。

③ 明日の 夜は 家に もどります。　　④ 安くて せいのうの いい 車を 買いたい。

⑤ 来週、せん挙が ありますね。こうほは だれですか。

⑥ 日本語のうりょく試験を うけます。

⑦ ここに あった 店は 駅の 中に うつりました。

⑧ あの 店は つねに 長い ぎょうれつが できて いる。

99

12課 練習

問題1 { }の 正しい ほうに ○を 付け、( )に 読みを 書きなさい。

例）大切な 手紙を {⦅金庫⦆ 車庫}に しまう。
(きんこ)

① 京都支店は 駅の 前の ビルに {移動 移転}しました。
( )

② この トイレは 今{掃除 削除}中で 使えません。
( )

③ 3月は 暖かかったり 寒く なったり{天候 気候}が 変わりやすい。
( )

④ 子供の 運動{知能 能力}が 低下している。
( )

⑤ パスポートの 有効期限が 切れるので 大使館で {更新 変更}した。
( )

問題2 送りがなに 注意して、下線部の ことばを 漢字で 書きなさい。

例）テスト用紙を くばる。
配 る

① すぐ もどります。　　　　② 日曜日を のぞく 毎日 行います。

③ 正しい 方を ○で かこむ。　④ 足りない 人を おぎなう。

⑤ セーターを あむ。　　　　⑥ 数字で しめす。

⑦ 年賀状 (New Year's card) を 100枚 する。　⑧ となりの 席に うつる。

⑨ 人を しんじる。　　　　⑩ 夜が ふける。

📖 ふりかえり

→ コンピューターを 使うときに 出てくる 漢字の 言葉の 意味がわかる。　　はい ・ いいえ

→ 第12課で 勉強した 漢字を 読んだり、書いたりできる。　　はい ・ いいえ

13課 アルバム Album

この課で学ぶこと ▶ 日本の生活を説明するときに使う漢字について考えましょう。

読んでみましょう

① 国を 出る とき

祖父母と 父と 母と 私と、ちょっと 怒った 泣きそうな 私の 彼女 girl friend。

① 祖父母 怒る 泣く 彼女

② ホストファミリー

お父さんと お母さん。恥ずかしそうな 大学生の 息子さん。
赤ちゃんを 抱いて いる 娘さん。ときどき、孫の ○○君を 見せに 来ます。○○君は 娘さんに よく 似て います。

② 恥ずかしい 息子 抱く 娘 孫 ～君 似る

③ 日本で 見た 珍しい もの

神社や お寺に ある「絵馬(えま)」。お願いしたいことを これに 書いて 神さまや 仏さまに お祈りします。
日本の 有名な 建築家が 建てた 新しい 美術館。

③ 珍しい 寺 仏 祈る 建築

④ 私の 仕事

私の 英語の 生徒たち。
将棋(ぎ)を している ところです。
毎日 いろいろな 経験を して、日本の 生活を 楽しんで います！

④ 生徒 将棋(ぎ) 経験 生活

101

13課 541-550

---

541 祖 9画 〔礻〕

丶 ﾌ ﾈ ﾈ ﾈl 初 初 祖 祖

nenek moyang | ဘိုးဘွား | पुरखा | මුතුන් මිත්තන්

祖先 nenek moyang | ဘိုးဘေး | पूर्वज | මුතුන් මිත්තන්　　先祖 nenek moyang | ဘိုးဘေး | पूर्वज | මුතුන් මිත්තන්

祖父 kakek | အဘိုး | हजुरबा | සීයා　　祖母 nenek | အဘွား | हजुरआमा | ආච්චි

ソ

---

542 怒 9画 〔心〕

ﾍ ﾏ 女 如 奴 奴 怒 怒 怒

kemarahan | ဒေါသ | रिस | කෝපය

怒る marah | စိတ်ဆိုးသည်၊ ဒေါသထွက်သည် | रिसाउनु | තරහ ගන්නවා

おこ-る

---

543 泣 8画 〔氵〕

丶 ﾆ ﾆ ﾆ' 氵 汁 汁 泣 泣

menangis | ငိုခြင်း | रुनु | ඇඬතාව

泣く menangis | ငိုသည် | रुनु | ඇඬතාව

な-く

---

544 彼 8画 〔彳〕

ﾉ ﾉ ﾉ 彳 彷 彷 彼 彼

dia (laki-laki), itu | သူ၊ ထို | ऊ, त्यो | ඔහු, එය

彼 dia (laki-laki) | သူ | उहाँ | ඔහු

彼女 dia (perempuan) | သူမ | उनि | ඇය

かれ
かの

---

545 恥 10画 〔心〕

一 丁 F F E 耳 耳 耻 恥 恥

malu | ရှက်ခြင်း | लाज, लाज मान्नु | ලැජ්ජාව, පැකිළීම

恥ずかしい malu | ရှက်သော | लाजमर्दो | ලැජ්ජයි

は-ずかしい

---

546 息 10画 〔心〕

ﾉ 亻 ⼎ 甶 自 自 自 息 息 息

nafas | အသက်ရှူခြင်း | श्वास | හුස්ම

休息する istirahat | အနားယူသည် | आराम गर्नु | විවේකගන්නවා

息 nafas | အသက်ရှူခြင်း | सास | හුස්ම

ソク
いき

ため息 keluh kesah | သက်ပြင်း | निश्वास | සුසුම් ලෑම

息子 anak kandung laki-laki | သား | छोरा | පුතා

---

547 抱 8画 〔扌〕

一 ﾅ ﾅ ﾅ' 扩 护 拘 抱

memeluk | ဖက်ခြင်း | समाउनु | වැළඳගන්නවා

抱く mendekap, memeluk | ဖက်သည် | अँगालो | වැළඳගන්නවා

抱く menyimpan | ပွေ့ချီပွေ့ချီမြွေ့သည် | मनमा राख्नु | පිහිටවනවා

抱える merangkul, menanggung | ဖက်သည် | बोक्नु | අල්ලගෙන සිටිනවා

だ-く
いだ-く
かか-える

---

548 娘 10画 〔女〕

ﾍ ﾏ 女 女' 女ﾌ 女ﾌ 女ﾌ 娘 娘 娘

anak perempuan | သမီး၊ မိန်းကလေး | छोरी, केटी | දියණිය, ගැහැණු දරුවා

娘 anak kandung perempuan | သမီး | छोरी | දියණිය

むすめ

13課 (541〜550)

549 孫 10画 〔子〕 フ了了孑孑孫孫孫孫孫

ソン
まご

cucu, keturunan | သားစဉ်မြေးဆက်၊ မြေး | सन्तान, नाति/नातिनी | පැවත එන්නා, මුනුපුර මිනිපිරියන්

子孫 (し そん) anak cucu, keturunan | သားစဉ်မြေးဆက် | सन्तान | පැවත එන්නන්, පසු පරම්පරාව

孫 (ま ご) cucu | မြေး | नाति | මුනුපුරු මිනිපිරියන්

550 君 7画 〔口〕 フラヲヲ尹君君

クン
きみ

kamu, memerintah | အုပ်ချုပ်သူ၊ မင်းတာ၊ သင် | शासक, श्रीमान, तपाई | පාලකයා, මහත්මා, ඔබ

〜君 (くん) 〜kun, sebutan di belakang nama seseorang | မောင် 〜 | ...ज्यू | පුද්ගලයෙකුගේ නමට පසුව යොදන යෙදුමක්

君 (き み) kamu | သင် | तिमी | ඔබ

🔰 **よみましょう** 漢字の 下に 読みを 書きなさい。

① 人間の 祖先が ２本の 足で 歩いたのは 何百万年も 前です。

② 私たちの 子孫に 美しい 地球を 残したい。

③ あんな ひどい 建物が この 町に あるなんて 恥ずかしい。

④ 高い 山に 登ると 息が 苦しく なるのは なぜですか。

⑤ 祖父は 難しい 問題を 抱えて いたと 祖母から 聞きました。

⑥ 彼女は 先祖を 大切に すべきだと 言って います。

⑦ 息子が 怒ったので 孫は 泣いて しまいました。

⑧ 娘は いつも 君の 話を して いますよ。

✏️ **かきましょう** 送りがなに 注意して、下線部の ことばを 漢字で 書きなさい。

① 一郎 (いちろう)くんは はずかしそうに 笑 (わら)った。　　② 私は そぼに そだてられました。

③ 何か しんぱいなことが あるのか、かれは ためいきを ついている。

④ むすめは にんぎょうを だいて 寝ます。

⑤ そふは 私が 悪いことを した とき、なきながら おこりました。

⑥ 働き過ぎだから、少し きゅうそくした ほうがいい。

⑦ かのじょは 有名な 文学者の しそんだ。

⑧ 私は 学生の ころ、ゆめを いだいて 東京へ 来ました。

103

13課 551〜560

551 似 7画〔イ〕
ノ ノ イ 仏 仏 似 似
mirip | ဆင်တူခြင်း | मिलु | සමාන
似る mirip | ဆင်တူသည် | समान देखिनु | සමාන
真似 meniru | အတုခိုးခြင်း၊ တုပခြင်း | पुतुलुकुံ | नक्कल | අනුකරණය කරනවා, කොපිකරනවා
似合う cocok | လိုက်ဖက်သည် | मिलाउनु | ගැළපෙනවා

552 珍 9画〔王〕
一 丁 王 王 王 玙 珍 珍 珍
jarang, langka | ရှားပါးခြင်း | दुर्लभ | දුර්ලභ
珍しい langka | ထူးဆန်းသော | अपरिचित | දුර්ලභ

553 寺 6画〔寸〕
一 十 土 キ 寺 寺
kuil (Buddha) | ဗုဒ္ဓဘုရားကျောင်း | गुम्बा | (බෞද්ධ) පන්සල
〜寺 Kuil ... | 〜ဘုရားကျောင်း | गुम्बा | .....පන්සල
寺 kuil Buddha | ဗုဒ္ဓဘုရားကျောင်း | बौद्ध गुम्बा | බෞද්ධ පන්සල
寺院 kuil, pura, masjid | ဘုရားကျောင်း | मन्दिर | පන්සල

554 仏 4画〔イ〕
ノ イ 仏 仏
Buddha | ဗုဒ္ဓ | बुद्ध | බුදුරජාණන් වහන්සේ
仏 Buddha | ဗုဒ္ဓ | बुद्ध | බුදුරජාණන් වහන්සේ

555 祈 8画〔ネ〕
丶 ラ ネ ネ ネ 祈 祈 祈
berdoa | ဆုတောင်းခြင်း | प्रार्थना गर्नु | යදිනවා
祈る berdoa | ဆုတောင်းသည် | प्रार्थना गर्नु | යදිනවා

556 築 16画〔⺮〕
ノ ト ゟ ゙ ゚゙ ゚゙ ゙ ゚゙ ゚゙ ゙ ゚゙ ゚゙ ゚゙ ゚゙ ゚゙ 築
membangun | ဆောက်လုပ်ခြင်း | बनाउनु | හදනවා, ගොඩනගනවා
建築 arsitek | ဗိသုကာလက်ရာ | वास्तुकला | ගොඩ නැගිල්ම ශිල්පය

557 徒 10画〔イ〕
ノ ク イ イ 彳 社 徉 徉 徒 徒
pengikut | နောက်လိုက် | अनुयायी | අනුගාමිකයා
生徒 murid | ကျောင်းသား | विद्यार्थी | සිසුවා

558 将 10画〔寸〕
丬 丬 丬 丬 丬 丬 丬 将 将 将
jenderal | ရွှေ့တိုးခြင်း | अघि बढ़नु | අගය කරනවා
将来 masa depan | အနာဂတ် | भविष्य | අනාගතය
将棋 catur Jepang | ရှော်ဂီ၊ ဂျပန်ကျားကုတ် | शोगी, जापानी चेस | ෂෝගී, ජපන් චෙස්

559 経 11画〔糸〕
ク ゟ ゟ 幺 糸 糸 紅 紅 経 経 経
lewat, mengelola | ဖြတ်သန်း၍၊ စီမံခန့်ခွဲခြင်း | पार गर्नु, व्यवस्थापन गर्नु | හරහා යනවා, කළමනාකරණය
経験する merasakan pengalaman, mencoba | အတွေ့အကြုံသည် | अनुभव गर्नु | අත්දැකීම් ලබනවා
経営する mengelola, menjalankan usaha | စီမံခန့်ခွဲသည် | व्यवस्थापन गर्नु | පාලනය කරනවා, පවත්වාගෙන යනවා

104

13課 (551〜560)

560 活	9画 〔氵〕	丶 丷 氵 氵 氵 汗 汗 活 活

カツ

aktif, hidup | ထက်ကြွခြင်း၊ ရှင်သန်ခြင်း | সক্রিয়, জীবিত | ක්‍රියාශීලී, සජීවී

生活 kehidupan | နေထိုင်မှုသာ | जीवन | ජීවිතය

活動 kegiatan | လှုပ်ရှားမှု | क्रियाकलाप | කාර්ය

活用 konjugasi, memanfaatkan | ကြိယာပြောင်းခြင်း၊ အကျိုးရှိရှိအသုံးပြုခြင်း | प्रयोग, व्यावहारिक उपयोग | වරනැඟීම, ප්‍රායෝගික භාවිතය

📖 よみましょう　漢字の 下に 読みを 書きなさい。

① 将棋を 教えて ください。

② この 鳥は 人の 言うことを 真似します。

③ 将来は 学校を 経営したいと 思って います。

④ 珍しい 寺院を 見に 行く。

⑤ 彼は 毎日 お祈りを します。

⑥ 生徒と 一緒に ボランティア活動を する。

⑦ 彼女の 専門は 建築です。

⑧「ホトケノザ」という 花は 仏さまが 座る 台 (pedestal) に 似ているらしい。

✏️ かきましょう　送りがなに 注意して、下線部の ことばを 漢字で 書きなさい。

① 新しい 年が よい 年で ありますよう、いのります。

② あの おてらの ほとけさまは たいへん うつくしい。

③ 日本の せいかつで、けいけんした ことは しょうらい やくに たつだろう。

④ あの 学校では、せいとを ぼしゅうして います。

⑤ いつも ちこくする かのじょが めずらしく 早く 来た。

⑥ この 建物は ヨーロッパの けんちくを まねて 建てられました。

⑦ むすこは 顔も 声も おっとに にて います。

⑧ この 服は むすめに よく にあう。

13課 練習

問題1 それぞれの □には 同じ 漢字が 入ります。下から 選んで＿＿＿に 書きなさい。読みも 書きなさい。

例）母 親 ・ 親 切… ＿＿親＿＿
　　　ははおや　　しんせつ

① ☐ 先・先 ☐ … ＿＿＿＿

② 息 ☐ ・ ☐ 孫… ＿＿＿＿

③ 生 ☐ ・ ☐ 動… ＿＿＿＿

④ 経 ☐ ・ ☐ 業… ＿＿＿＿

⑤ 将 ☐ ・ ☐ 週… ＿＿＿＿

| 活　来　子　徒　~~親~~　験　祖　営 |

問題2 送りがなに 注意して、下線部の ことばを 漢字で 書きなさい。

例）にくを やく
　　肉　　焼く

① みんなの まえで ないて はずかしかった。

② かのじょは なにか もんだいを かかえて いるようだ。

③ きみが おこるなんて めずらしい。

④ <ruby>制<rt>せい</rt></ruby>度が あらためられて、かつようしやすくなった。

📖 ふりかえり

→ 日本の生活について、漢字を使って文が書ける。　　　　　　　はい　・　いいえ

→ 第13課で勉強した漢字を読んだり、書いたりできる。　　　　　はい　・　いいえ

14課 作文 Composition

この課で学ぶこと ▶ 日本の生活について作文を書くときに使う漢字について考えましょう。

読んで みましょう

①
雪　寄る　末　猫　迷子　昨日
寝坊する　手伝う　痛い　凍る
苦労する　暮らす

②
通勤　慣れる　干す　泳ぐ
誤解する　家賃　貯金する

1

雪

アナ・ベル・ロサーノ

私はコンビニによく寄ります。先月の末、店の前に白くてきれいな猫がいました。迷子の猫のようでした。だれかが、「雪みたいに白いね」と言っていました。私は雪を見たことがなかったので見たいと思いました。

昨日は休みだったので寝坊をしました。外で何か音がしました。窓を開けると、真っ白でした。雪でした。大家さんが雪かきをしていたので手伝いました。体が痛くなりましたが、初めて雪にさわって、うれしかったです。

今朝は道が凍っていて歩くのに苦労しました。雪はきれいですが、雪が毎日降る所で暮らすのは大変だろうと思いました。

2

日本での生活

マイケル・スミス

日本へ来て半年になります。通勤ラッシュにも慣れたし、日本人のようにふとんも干します。週末はスポーツクラブで泳ぎます。ことばや文化の違いで誤解したりされたりすることはありますが、それもいい勉強です。

日本は家賃が高いですが、貯金もしています。

107

14課 561〜570

561 雪 11画 〔雨〕
一 一 一 一 一 雪 雪 雪 雪 雪 雪

salju | နှင်း | हिउँ | හිම

ゆき 雪 salju | နှင်း | हिउँ | හිම

562 寄 11画 〔宀〕
丶 丶 宀 宀 宇 宇 宝 宝 害 害 寄

mendekat | ချဉ်းကပ်ခြင်း | नजिक पुग्नु | ළඟාවෙනවා

キ 寄付する menyumbang | လှူဒါန်းသည် | योगदान गर्नु | පරිත්‍යාග කරනවා

よ-る 寄る mendekat, mampir | ချဉ်းကပ်သည်၊ လမ်းကြွင်းသည် | नजिक आउनु | ළඟට එනවා, ඇවිත් යනවා

（お）年寄り orang tua | သက်ကြီးရွယ်အို | वृद्ध व्यक्ति | මහළු පුද්ගලයා

よ-せる 寄せる mendekatkan, mengirimkan | ချဉ်းကပ်လာသည်၊ ချဉ်းကပ်စေသည် | नजिक ल्याउनु | ළං‍වෙනවා, තවතින්නවා

563 末 5画 〔木〕
一 二 キ オ 末

bagian terakhir, akhir | နောက်ဆုံးအပိုင်း၊ အဆုံး | अन्तिम भाग, अन्त | අවසාන කොටස, අවසානය

マツ 月末 akhir bulan | လကုန် | महिनाको अन्त्य | මාසයේ අග

すえ 末 akhir | အဆုံး | अन्त्य | අවසානය

末っ子 anak terakhir | အငယ်ဆုံးကလေး | साइँलो बच्चा | බාල ළමයා

564 猫 11画 〔犭〕
丿 丿 丿 丿 丿 丿 丿 猫 猫 猫 猫

kucing | ကြောင် | बिरालो | බළලා

ねこ 猫 kucing | ကြောင် | बिरालो | බළලා

565 迷 9画 〔辶〕
丶 丶 丷 丷 半 米 米 迷 迷

membingungkan | ‍ရှေ့ရှုပ်ခြင်း | अलमलमा पार्नु | ව්‍යාකූල

メイ 迷惑 kesusahan, gangguan | အနှောင့်အယှက် | झन्झट | කරදරය, බාධා

迷信 takhayul | အယူသီးခြင်း | अन्धविश्वास | අද්භූතය පිළිබඳ විශ්වාසය

まよ-う 迷う tersasar, bingung | မျက်စိလည်သည်၊ ‍ရှေ့ရှုသည် | बिग्रनु | අතරමං වෙනවා, පැකිළෙනවා

まいご 迷子 anak hilang | လမ်းပျောက်ကေ‍ောသောလေး | बिग्रेको बच्चा | අතරමං වූ දරුවා

566 昨 9画 〔日〕
｜ 冂 冃 日 日' 昨 昨 昨 昨

lalu | ပြီးခဲ့သော | अन्तिम | පසුගිය

サク 昨年 tahun lalu | မနှစ်က | गत वर्ष | ගිය අවුරුද්ද

昨日 kemarin | မနေ့က | हिजो | ඊයෙ

きのう 昨日 kemarin | မနေ့က | हिजो | ඊයෙ

567 坊 7画 〔土〕
一 十 土 土' 圹 坊 坊

biksu, tempat tinggal biksu | ဘုန်းကြီးကျောင်း | पुजारीको निवास | පූජකවරුන්‍ගේ වාසස්ථානය

ボウ （お）坊さん pendeta Buddha | ဘုရားသခင်္ဘုန်းကြီး | गुम्बाका लामा | ‍බෞද්ධ හික්ෂුව

寝坊する bangun kesiangan | အိပ်ရာထနောက်ကျသည် | ढिलो उठ्नु | ප්‍රමාදවතහතුරු නිදාගැනීම

ボッ 坊ちゃん anak laki-laki, putra | အ‍ခြေးသူငါသား | कसैको छोरा | යමෙකුගේ පුතා

568 伝 6画 〔亻〕
丿 ノ イ イ 仁 仁 伝 伝

menyampaikan | ထုတ်လွှင့်ခြင်း | प्रसारण गर्नु | සමිප්‍රේෂණය කරනවා

デン 伝記 biografi | ကိုယ်‍ရေးအတ္ထုပတ္တိ | जीवनी | චරිතාපදානය

伝言 pesan | တစ်ဆင့်အမှာစကား | सन्देश | පණිවිඩය

つた-わる 伝わる tersampaikan | ကူး‍ပြောင်းသွားသည်၊ ‍ပြန့်ပြားသွားသည် | सञ्चारित हुनु | දැනගැනීමට ලැ‍ෙබනවා, පැතිරෙනවා

つた-える 伝える menyampaikan | တစ်ဆင့်ပြောသည်၊ လွှဲ‍ပြောင်းသည်၊ သင်္ကြံကြံသည် | बताउनु, हस्तान्तरण गर्नु | පවසනවා, දන්වනවා, ‍ලබාදෙනවා

てつだ-う 手伝う membantu | ကူညီသည် | सहयोग गर्नु | උදව් කරනවා, සහය වෙනවා

14課 （561〜570）

569 痛 12画 〔疒〕 　 ` 一 亠 广 广 疒 疒 疒 痞 痞 痛 痛 痛

sakit | နာကျင်ခြင်း၊ ကိုက်ခဲခြင်း | பீடா, துக்கை | වේදනාව, කැක්කුම

ツウ 　頭痛 （ずつう） sakit kepala | ခေါင်းကိုက်ခြင်း | टाउको दुखाई | හිසරදය 　　苦痛 （くつう） penderitaan, kesakitan | နာကျင်မှု | पीडा | වේදනාව

いた-い 　痛い （いた） sakit | နာကျင်သော | पीडादायी | ව්දෙනාව

いた-む 　痛む （いた） sakit, terasa sakit | နာကျင်သည် | दुख्नु | වේදනා ගෙනදෙතවඃ

570 凍 10画 〔冫〕 　 ` 冫 冫 冫 冴 冴 冱 冱 凍 凍

beku | အေးခဲခြင်း | जम्नु | සිත වෙතවා

トウ 　冷凍する （れいとう） membekukan | အေးခဲသေည် | फ्रिज गर्नु | සීත කරනවා

こお-る 　凍る （こお） membeku | ရေခဲသည် | फ्रिज हुनु | සිත වෙතවා

こご-える 　凍える （こご） membeku | ခဲအောင်လုပ်သည် | चिसो हुनु | තද්න් සීතල වෙතවා

🗣 **よみましょう**　漢字の 下に 読みを 書きなさい。

① 私の 家の となりに 年寄り夫婦が 住んでいる。

② 図書館に 寄ってから 授業に 行きます。

③ 黒い 猫が 通ると 悪いことが 起こると いうのは 迷信でしょう。

④ 末の 娘は 偉い 人の 伝記を 読むのが 好きだ。

⑤ 昨年の 台風で 家が こわれて 困って いる 人々の ために 寄付する。

⑥ この パンは 冷凍して おけば、いつでも おいしく 食べられる。

⑦ 彼の 家は お寺ですから、彼も きっと 将来 お坊さんに なるのでしょう。

⑧ 昨年の 旅行では 迷子に なって みんなに 迷惑（わく）を かけて しまった。

✏ **かきましょう**　送りがなに 注意して、下線部の ことばを 漢字で 書きなさい。

① ゆきで 手も 足も 体も つめたく なった。寒くて こごえて しまいそうだ。

② きのうは 手が いたく なる くらい 漢字の れんしゅうを した。

③ ねぼうしたので、ご飯を 食べて いない。コンビニに よって 行こう。

④ 社長から 何か でんごんが ありましたか。

⑤ げつまつは 仕事が たいへんなので てつだって もらえませんか。

⑥ 駅からの 地図です。もし、道に まよったら 電話を ください。

⑦ 先生に よろしく おつたえ ください。

109

14課 571〜580

571 労 7画 〔力〕
丶 ⺌ ⺍ ⺥ ⺍ 学 労

jerih payah | အလုပ်သမား | श्रम | ශ්‍රමය

ロウ

労働（ろうどう）perburuhan, ketenagakerjaan | အလုပ်သမား | श्रम | ශ්‍රමය

苦労（くろう）penderitaan, jerih payah | ဒုက္ခ၊ ပင်ပန်းဆင်းရဲခြင်း | စိုးရိမ်ပူပန်ခြင်း | कष्ट | කරදරය, වේදනාව, කතෝහළ්ලේල

572 暮 14画 〔日〕
一 十 艹 艹 艹 苗 昔 苣 莫 莫 莫 幕 幕 暮

matahari terbenam, akhir, kehidupan | နေဝင်ခြင်း၊ အဆုံးသတ်၊ နေထိုင်ခြင်း | सूर्यास्त, अन्त्य, बाँच्नु | හිරු බැසීම, අවසානය, ජීවිත් වෙතවා

く-れる 暮れる berakhir | နေဝင်သည် | अँध्यारो हुनु | අඳුර වැටෙතවා

く-らす 暮らし kehidupan | နေထိုင်ခြင်း | जीवन | ජීවිතය

暮らす hidup, tinggal | နေထိုင်သည် | जीवन बिताउनु | ජීවත් වෙතවා

573 勤 12画 〔力〕
一 十 艹 艹 艹 芇 苎 苎 革 革 堇 勤 勤

kerja | အလုပ်လုပ်ခြင်း | काम गर्नु | වැඩ

キン 通勤（つうきん）する pulang pergi ke tempat kerja | အလုပ်သွားအလုပ်ပြန်လုပ်သည် | आउजाउ गर्नु | වැඩට යතවා

出勤（しゅっきん）する masuk kerja | အလုပ်သွားသည် | काममा जानु | වැඩට යතවා

つと-める 勤める bekerja | အလုပ်လုပ်သည် | काम गर्नु | වැඩ කරනවා

574 慣 14画 〔忄〕
丶 ⺊ ⺖ 忄 忄 忙 忄 忄 忄 慣 慣 慣 慣 慣

terbiasa, kebiasaan | ကျင့်သားရခြင်း၊ လေ့ထုံးစံ | बानी पर्नु, चलन | හුරුවෙනවා, වාරිත්‍ර

カン 習慣（しゅうかん）kebiasaan | လေ့ထုံးစံ၊ အလေ့အကျင့် | चलन | වාරිත්‍රය, පුරුද්ද

な-れる 慣れる terbiasa | ကျင့်သားရသည် | अभ्यस्त हुनु | හුරුවෙනවා

575 干 3画 〔干〕
一 二 干

jemur | ခြောက်သွေ့စေခြင်း | पोल्नु | වියළෙනවා

ほ-す 干す menjemur | အခြောက်လှန်းသည် | झुन्ड्याउनु | වේළනවා

576 泳 8画 〔氵〕
丶 丶 氵 氵 氵 汀 汾 泳 泳

renang | ရေကူးခြင်း | पौडिनु | පිහිනතවා

エイ 水泳（すいえい）renang | ရေကူးခြင်း | पौडी | පිහිනීම

およ-ぐ 泳ぐ berenang | ရေကူးသည် | पौडी खेल्नु | පිහිනතවා

577 誤 14画 〔言〕
丶 ⺊ 亠 言 言 言 言 訂 訂 誤 誤 誤 誤 誤

kesalahan, error | အမှား | गल्ती | වරද, දෝෂය

ゴ 誤解（ごかい）する salah paham | နားလည်မှုလွဲသည် | गलत बुझ्नु | වැරදි ලෙස තේරුම් ගත්තවා

あやま-る 誤り kesalahan | အမှား | गल्ती | වරද, දෝෂය

578 賃 13画 〔貝〕
丿 亻 亻 仁 仟 任 任 侟 侟 賃 賃 賃 賃

sewa | ငှားရမ်းခြင်း | भाडामा लिनु | කුලියට දෙතවා

チン 家賃（やちん）uang sewa rumah | အိမ်ငှားခ | घर भाडा | තිඵෙස් කුලිය

14課 (571〜580)

579 貯 12画〔貝〕 丿 亻 冂 爪 爪 目 貝 貝 貝' 貝' 貯 貯 貯
チョ
simpan | စုဆောင်းခြင်း | पसल | තැන්පත් කරනවා
ちょきん
貯金する menabung | ပိုက်ဆံစုသည် | पैसा बचत गर्नु | මුදල් ඉතිරි කරනවා
ちょぞう
貯蔵する menyimpan, menyetok | သိုလှောင်သည် | भण्डारन गर्नु | ගබඩා කරනවා

580 皿 5画〔皿〕 丨 冂 皿 皿 皿
さら
piring | ပန်းကန်ပြား | थाल | පිඟාන
さら
皿 piring | ပန်းကန်ပြား | थाल | පිඟාන

🗣 よみましょう　漢字の 下に 読みを 書きなさい。

① 一日の 労働時間は 何時間ですか。　　② 一人で 暮らしている 老人の 手伝いをする。

③ 狭くても 不便でも いいから、家賃の 安い アパートに 引っ越したい。

④ 日本の 習慣にも 通勤電車にも 慣れました。

⑤ 電力を 貯蔵する 技術を 研究する。

⑥ 末っ子は 水泳教室から 帰ると、自分で 水着を 洗って 干す。

⑦ 誤解です。お皿を 割ったのは 私では ありません。

⑧ 買いたい ものが あるので 貯金して います。

✏ かきましょう　送りがなに 注意して、下線部の ことばを 漢字で 書きなさい。

① つぎの 文の あやまりに せんを 引き、なおしなさい。

② おっとは けんせつ会社に つとめています。

③ 魚や くだものをほして ほぞん食品に する。

④ くろうして ちょきんしたが、使うのは かんたんだ。

⑤ この 鳥は 人に なれて いる。

⑥ 日が くれたから、およぐのを やめて 帰ろう。

⑦ 毎朝、何時に 会社に しゅっきんしますか。

⑧ やちんは げつまつに 大家さんに 払（はら）います。

14課 練習

問題1 送りがなに 注意して、下線部を 漢字で 書きなさい。また 同じ 意味の ことばを 右側に 漢字で 書きなさい。□に 漢字を 1字ずつ 入れること。

例) <u>てつ</u>の <u>はし</u>　　　　＝ 鉄 橋
　　鉄　　橋

① <u>あやまって</u> <u>りかい</u>する こと　＝ □ □

② <u>あたま</u>が <u>いたい</u>こと　　＝ □ □

③ <u>うつくしい</u> <u>ひと</u>　　　　＝ □ □

④ <u>つめたく</u>して <u>こおらせる</u>こと ＝ □ □

問題2 部首の 名前を 書きなさい。

例) 病 ＿やまいだれ＿　　苦 ＿くさかんむり＿

　　村 ＿きへん＿　　　　持 ＿てへん＿

① 雪 ＿＿＿＿＿＿　　② 猫 ＿＿＿＿＿＿

③ 寄 ＿＿＿＿＿＿　　④ 迷 ＿＿＿＿＿＿

⑤ 慣 ＿＿＿＿＿＿　　⑥ 伝 ＿＿＿＿＿＿

⑦ 泳 ＿＿＿＿＿＿　　⑧ 貯 ＿＿＿＿＿＿

⑨ 語 ＿＿＿＿＿＿　　⑩ 徒 ＿＿＿＿＿＿

📖 ふりかえり

→ 日本の生活について、漢字を使って作文が書ける。　　　　はい ・ いいえ

→ 第14課で勉強した漢字を読んだり、書いたりできる。　　はい ・ いいえ

15課 日記 Diary

この課で学ぶこと ▶ 日記を書くときに使う漢字について考えましょう。

読んで みましょう

１

○月×日（日）晴れ
　久しぶりの 休み、みんなを 水族館に 遊びに 連れて 行った。前から 約束して いたから、一郎も 春子も 喜んだ。春子は 海の 底に いる 魚が 気に 入った。記念に 写真も とった。帰りは 事故で 道が こんで いたので 疲れた。

２

○月×日（土）曇り
　今日は 春子の 誕生日。出張先から そのまま 帰宅。幼稚園に 一郎を 迎えに 行き、お祝いの ケーキと お菓子を 買った。料理は ママの 得意な カレー。おじいちゃん、おばあちゃんを 呼んで みんなで 夕食。にぎやかだった。

①
晴れる
久しぶり
遊ぶ
連れて行く
約束する
喜ぶ
底
記念
事故
疲れる

②
曇る
出張する
帰宅
幼稚園
迎えに行く
祝う
お菓子
得意
呼ぶ

15課 581〜590

581 晴 12画 〔日〕　丨 刀 月 日 旷 旷 旷 晴 晴 晴 晴 晴

cuaca cerah ｜ သာယာသောရာသီဥတု ｜ राम्रो मौसम ｜ යහපත් කාලගුණය

セイ　快晴 cuaca cerah ｜ ရာသီဥတုသာယာကောင်းမွန်သော ｜ सुन्दर मौसम ｜ යහපත් කාලගුණය

は-れる　晴れる cerah ｜ နေသာသည် ｜ घमाइलो ｜ අව්ව පායනවා

582 久 3画 〔ノ〕　丿 ク 久

abadi, panjang ｜ ထာဝရ၊ ရှည်ကြာခြင်း ｜ अनन्त, लामो ｜ සදාකල්, දීර්ඝකාලීන

キュウ　永久の abadi, kekal ｜ ထာဝရ၊ အမြဲ ｜ अनन्त, स्थायी ｜ සදාකාලික, ස්ථීර

ひさ-しい　久しぶりに setelah lama tidak ｜ မတွေ့ရတာကြာပြီးသော ｜ लामो समय पछि ｜ බොහෝ කලකට පසුව

583 遊 12画 〔辶〕　丶 亠 ち 方 が 斿 斿 斿 游 游 遊

main, kesenangan ｜ ဆော့ကစားခြင်း။ အချိန်ဖြုန်းခြင်း။ ဗျောပါးခြင်း ｜ खेलु, निष्क्रिय हुनु, आनन्द ｜ සෙල්ලම් කරනවා, ප්‍රීතිය

ユウ　遊園地 taman hiburan ｜ ကစားကွင်း ｜ मनोरञ्जन पार्क ｜ විනෝද උද්‍යානය

あそ-ぶ　遊ぶ bermain ｜ ကစားသည်။ လည်ပတ်သည် ｜ खेल ｜ සෙල්ලම් කරනවා

584 連 10画 〔辶〕　一 厂 厂 斤 亘 亘 車 車 連 連

hubungan, kelompok, rekan sesama ｜ ဆက်စပ်ခြင်း။ တစ်စုတစ်စုတစ်စု အုပ်စု ｜ जोड्नु, लगातार, समूह ｜ සම්බන්ධය, අනුපිළිවෙළින්, කණ්ඩායම

レン　連続 berkelanjutan, beruntut ｜ ဆက်တိုက်။ တစ်ခုပြီးတစ်ခု ｜ निरन्तरता, उत्तराधिकार ｜ දිගටම, අනුපිළිවෙළින්

つ-れる　連れて行く mengajak pergi ｜ ခေါ်သွားသည် ｜ कसैलाई लैजानु ｜ යමෙක් කැටුව යනවා　　連れて来る mengajak datang ｜ ခေါ်လာသည် ｜ कसैलाई ल्याउनु ｜ යමෙක් කැටුව එනවා

585 束 7画 〔木〕　一 厂 厂 戸 申 束 束

bundel, ikat ｜ ချည်နှောင်ခြင်း။ အစည်း ｜ बाँध्नु, गाँठो लगाउनु ｜ ගැටගහනවා, මිටිය/පොකුර

ソク　約束する berjanji ｜ ကတိပေးသည် ｜ प्रतिज्ञा गर्नु ｜ පොරොන්දු වෙනවා

たば　束 bundel, ikat ｜ အစည်း ｜ गुच्छा ｜ පොකුර

586 喜 12画 〔口〕　一 十 士 吉 吉 声 声 青 喜 喜 喜 喜

kebahagiaan ｜ ပျော်ရွှင်မှု ｜ खुशी ｜ සතුට, ප්‍රීතිය

よろこ-ぶ　喜ぶ gembira ｜ ဝမ်းမြောက်သည်။ ဝမ်းသာသည် ｜ खुशी हुनु ｜ සතුටු වෙනවා

587 底 8画 〔广〕　丶 亠 广 广 庐 庐 底 底

dasar, akhir ｜ အောက်ခြေ၊ အဆုံး ｜ तल, अन्त्य ｜ පතුල, අග

テイ　徹底的な menyeluruh ｜ အကုန်အစင်၊ ဒေစေစ်ဒေစ်ပ် ｜ गाहिरो ｜ ඉතාමත් පිළිවෙළට

そこ　底 dasar ｜ အောက်ခြေ ｜ तल्लो भाग ｜ පතුල

588 念 8画 〔心〕　丿 人 ㅅ 今 今 念 念 念

hasrat, gagasan ｜ အတွေး၊ ဆန္ဒ ｜ सोच, इच्छा ｜ සිතිවිලි, හැඟීම්

ネン　記念 peringatan, kenang-kenangan ｜ အမှတ်တရ ｜ स्मृति ｜ මතක අවර්ජනය

114

15課 (581〜590)

589 故 9画 〔攵〕 一 十 十 古 古 古 故 故 故
kejadian, mendiang | အဖြစ်အပျက်၊ ဟောင်းနွမ်းခြင်း | घटना, पुरानो | සිදුවීම, පැරණි
コ
事故 kecelakaan | မတော်တဆ | दुर्घटना | අනතුර   故障 kerusakan | ပျက်စီးခြင်း | विफलता | කැඩෙතවා

590 疲 10画 〔疒〕 ' 亠 广 广 广 疒 疒 疒 疲 疲
lelah | ပင်ပန်းခြင်း | थाकेको | මහත්සිය
つか-れる 疲れる capek | ပင်ပန်းသည် | थकान लागु | මහන්සි දැනෙතවා

🗣 **よみましょう**　漢字の 下に 読みを 書きなさい。

① この エレベーターは 故障して います。

② 川の 底に 石が あって、その 下に 魚が かくれて いました。

③ 息子が 孫を うちに 連れて 来た。

④ 約束を 忘れて、友人を 怒らせて しまった。

⑤ 事故の 徹底的な 調査が 始まった。

⑥ 今日は 快晴で 運動会には 最高の 天気だった。

⑦ 千円札を 束にする。

⑧ 永久に 存在する ものとは 何か。

✏ **かきましょう**　送りがなに 注意して、下線部の ことばを 漢字で 書きなさい。

① どうろに １万円さつの たばが おちて いた。

② ひさしぶりに はれたと よろこんで いたら、雨が 降って きた。

③ かのじょと 会えなくなって、心の そこから ざんねんに 思った。

④ ３日間 れんぞくで 同じ 場所で じこが 起きました。

⑤ こどもの ころ、よく ゆうえんちに つれていって もらいました。

⑥ 日本に 来たきねんに 日本の どうわの 本を 買った。

⑦ むすめは あそびすぎて つかれたのか すぐ 寝て しまいました。

⑧ やくそくした とおり、かれは 日本へ もどってきた。

115

15課 591〜600

591 曇 16画〔日〕
丨 冂 冂 但 早 早 旱 昌 昌 昌 暴 暴 曇 曇 曇 曇

berawan | တိမ်ထူ့ခြင်း | बादल लागेको | වලාකුළින් බර

くも-る
曇り berawan | တိမ်ထူ့ခြင်း | बादल लागेको | වලාකුළින් බර
曇る berawan | မိုးအုံ့သည်၊ တိမ်ထူ့သည် | बादल लागू | වලාකුළින් බර වෙනවා

592 張 11画〔弓〕
フ ユ 弓 引 引 弘 弘 張 張 張 張

regang | မပ်ခြင်း | तनाव | දැඩි ප්‍රයත්නය

チョウ
出張する pergi dinas kerja | အလုပ်ကိစ္စနှင့်ခရီးထွက်သည် | व्यापारिक यात्रा गर्नु | රාජකාරිමය චාරිකා
緊張する tegang | စိတ်လှုပ်ရှားသည် | तनाव अनुभव गर्नु | කලබල වෙනවා
は-る
張る meregang, mengencang | မပ်သည် | तान्नु | වෙහෙසෙනවා

593 宅 6画〔宀〕
丶 丷 宀 宀 宅 宅

rumah | အိမ် | आफ्नो घर | යමෙකුගේ නිවස

タク
お宅 rumah Anda, (bentuk hormat) rumah | မိမိအိမ်၊ တစ်ယောက်ယောက်အိမ် | तपाईको घर, कसैको घर | ඔබේ නිවස, යමෙකුගේ නිවස
自宅 rumah sendiri | ကိုယ်ပိုင်အိမ် | आफ्नो घर | තමන්ගේ නිවස
住宅 rumah | အိမ်ယာ | एक घर | නිවාස
帰宅する pulang ke rumah | အိမ်ပြန်သည်၊ အိမ်ပြန်လာသည် | घर फर्कनु | ගෙදර යනවා, නිවසට පැමිණෙනවා

594 幼 5画〔幺〕
く ∠ ∠∠ 幻 幼

kecil | ငယ်ရွယ်ခြင်း | शिशु | ළදරුවා

ヨウ
幼児 kanak-kanak, anak usia prasekolah | နို့စို့အရွယ်ကလေး | शिशु | ළදරුවා
幼稚園 taman kanak-kanak | မူကြို | बालकगृह | ළදර පාසල
幼稚な kekanak-kanakan | ကလေးဆန်သော | बालसुलभ | ළමා
おさな-い
幼い kecil | ငယ်ရွယ်သော | बालक | ළදරු විය

595 迎 7画〔⻌〕
ノ 个 口 巾 巾 迎 迎

bertemu, menyambut | တွေ့ဆုံခြင်း၊ ကြိုဆိုခြင်း | भेट्नु, स्वागत गर्नु | හමුවෙනවා, පිළිගන්නවා

ゲイ
歓迎する menyambut | ကြိုဆိုသည် | स्वागत गर्नु | පිළිගන්නවා
むか-える
迎える menjemput | တွေ့ဆုံသည်၊ ကြိုသည်၊ သွားကြိုဆင့်ကာဂ်သည် | भेट्नु, स्वागत गर्नु | හමුවෙනවා, පිළිගන්නවා, ආචාර කරනවා
迎えに行く pergi menjemput | သွားရောင်တွေ့ဆုံသည်၊ ကြိုရန်သွားသည် | कसैलाई भेट्न जानु, लिन जानु | කෙනෙක්ව කැටුව ඒමට යනවා

596 祝 9画〔ネ〕
丶 ラ ネ ネ 礻 礽 礽 祝 祝

merayakan | ဂုဏ်ပြုခြင်း | उत्सव मनाउनु | සමරනවා

シュク
祝日 hari libur nasional | ပွဲတော်ရက်၊ အစိုးရရုံးပိတ်ရက် | चाडपर्व, राष्ट्रिय बिदा | උත්සව දිනයක්, ජාතික නිවඩු දිනයක්
いわ-う
祝う memperingati, merayakan | ဂုဏ်ပြုသည် | उत्सव मनाउनु | සමරනවා

597 菓 11画〔艹〕
一 十 艹 芏 芇 苩 苩 莒 菫 菓 菓

buah, penganan | မုန့်၊ အသီး | फलफूल, मिठाई | පලතුර, රසකැවිලි

カ
（お）菓子 kue | မုန့် | मिठाई | රසකැවිලි

598 得 11画〔彳〕
ノ ク 彳 彳 彳 彴 彴 得 得 得 得

mendapat, memperoleh | ရယူခြင်း၊ ရရှိခြင်း | प्राप्त गर्नु | අත්කරගන්නවා

トク
得意な jago, kuat | တော်သော၊ ထူးချွန်တော် | राम्रो, बलियो | දක්ෂ, හැකියාවෙත් පිහි
損得 untung dan rugi | အရှုံးအမြတ် | घाटा र नाफा | පාඩු සහ ලාබ
え-る/う-る
得る mendapatkan | ရယူသည် | प्राप्त गर्नु | ලබාගන්නවා

15課 (591〜600)

599 呼 8画 〔口〕 丨 𠃋 𠃌 口 𠮥 𠮤 𠮥 呼

panggil, undang, hirup | ခေါ်ခြင်း၊ ဖိတ်ခေါ်ခြင်း၊ အသက်ရှူခြင်း | बोलाउनु, निम्त्याउनु, सास फेर्नु | ඇඬගසනවා, හුස්ම ගන්නවා

コ
よ-ぶ

呼吸する bernafas | အသက်ရှူသည် | सास फेर्नु | හුස්ම ගන්නවා

呼ぶ memanggil | ခေါ်သည် | बोलाउनु | ඇඬගසනවා　　　　呼び出す memanggil | ခေါ်သည် | बोलाउनु | ඇඬගසනවා

600 雲 12画 〔雨〕 一 𠃋 𠃌 币 币 雨 雨 雨 雲 雲 雲 雲

awan | တိမ် | बादल | වලාකුළ

くも

雲 awan | မိုး:တိမ် | बादल | වලාකුළ

🔊 よみましょう　漢字の 下に 読みを 書きなさい。

① あの 白い 雲は お菓子みたいだと 幼い 子が 言った。

② 呼吸が 苦しくなって 病院に 運ばれた 祖父は、もう 自宅で 元気に 生活しています。

③ 専門は 幼児教育です。将来は 幼稚園の 先生に なりたいです。

④ 留学生を 歓迎して、パーティーを 開いた。

⑤ 明日は 祝日で、会社は 休みだ。

⑥ 緊張して、得意な 歌も うまく 歌えなかった。

⑦ 曇って きましたね。雨が 降りそうですから、タクシーを 呼びましょう。

⑧ あなたが 試験に 落ちるなんて あり得ない。

✏️ かきましょう　送りがなに 注意して、下線部の ことばを 漢字で 書きなさい。

① となりの 家の 奥さんは 車で 駅まで まごを むかえにいった。

② これは、まるで おさない こどもが かいた ような えですね。

③ かれは おかしを 作るのが とくいだ。

④ 花子ちゃんの 誕生日を いわった。

⑤ 母は 毎日 おそくに きたくし、しゅっちょうも 多く、つかれて いるようだ。

⑥ 名前を よばれたら 大きい 声で 「はい」と 答えて ください。

⑦ 明日は はれのち くもりに なるでしょう。

⑧ ちきゅうが なくなって しまうと いうのは ありうることです。

117

15課 練習

問題1 送りがなに 注意して、下線部を 漢字で 書きなさい。

例）すうがくの 問題を とく。
　　　数学　　　　　　解く

① すえの むすめは まだ おさない。

② ひさしぶりの やすみは じたくで ゆっくり すごした。

③ そぼを びょういんへ つれていく。

④ ゆうめいな きょうじゅを だいがくに むかえる。

⑤ 友達に よびだされて、かれが つとめている かいしゃの ちかくで あうことに なった。

問題2 {　　}の 正しい ほうに ○を つけ、(　　) に 読みを 書きなさい。

例）{正直　直角}な 気持ちを 話す。
　　（しょうじき ）

① この トイレは { 事故　故障 }中で 使えません。
　　　　　　　　　　（　　　　　　）

② 空は { 雲　曇 }一つない { 快晴　快適 }です。
　　　（　　　　　　）　（　　　　　　　）

③ 入学を { 祈って　祝って }机を あげたら、孫は とても { 喜んだ　呼んだ }。
　　　　　　（　　　　　　）　　　　　　　　　　　（　　　　　）

④ 料理は { 苦手　苦労 }だが、掃除は { 得意　損得 }だ。
　　　　　（　　　　　　）　　　　（　　　　　　）

⑤ また、きっと 会いましょうね。{ 記念　約束 }ですよ。
　　　　　　　　　　　　（　　　　　　　）

📖 ふりかえり

→ 漢字を 使って、日記を 書くことが できる。	はい ・ いいえ
→ 第15課で 勉強した 漢字を 読んだり、書いたり できる。	はい ・ いいえ

16課 手紙・はがき　Letters and Postcards

この課で学ぶこと ▶ 手紙やはがきに使われる漢字について考えましょう。

① 年賀(が)状

明けましておめでとうございます
昨年は大変お世話になりました。
おかげさまで試験に合格できました。
本当にありがとうございました。
本年もよろしくお願い申し上げます。

二〇××年元旦

〒123-XXXX
年賀

○○市△△町一-三-五-七〇二

中山 順平 先生

△△市みどり町二-四-六
カー・シルビア

234-XXXX

① 年(が)賀状
　合格する
　願う

② 様　皆
　見舞い
　忙しい
　順(ちょう)調な
　伺う

③ 御中

④ 返事
　頂く
　幸い
　礼
　拝見する

② 暑(しょ)中(ちゅう)見舞い (summer greeting card)

暑中お見舞い申(もう)し上げます
暑い日が続いていますが、お元気ですか。
私は毎日忙しいですが、順調です。仕事も楽しみにしています。夏休みにまたお伺いするのを楽しみにしています。

令(れい)和(わ)××年七月三十日

〒345-XXXX

□□区○○町三丁目八の九

川村 礼子 様
　　　　皆 様

△△市ときわ台四の五の三
ウィー・ガブリエル

234-XXXX

③ 会社など

〒160-XXXX
東京都新宿区□□ x-x-x
○○会社　△△課　御中

④ いろいろな 表現

- お返事 頂ければ 幸いです
- 取り急ぎ お礼まで
- お手紙、拝見しました

※令(れい)和(わ)：日本の元(げん)号(ごう)（Inperial era name）

119

16課 601〜610

601 状 7画 〔犬〕
`丬 丬 丬 丬 丬 状 状`

ジョウ

syarat, surat | အခြေအေနေ၊ စာ | स्थिति, पत्र | තත්ත්වය, ලිපිය

状態 keadaan | အခြေအေနေ | अवस्था | ස්වභාවය, තත්ත්වය

年賀状 kartu ucapan Tahun Baru | နှစ်သစ်ကူးကတ် | नयाँ वर्षको कार्ड | අලුත් අවුරුදු සුබ පැතුම් පත

602 格 10画 〔木〕
`一 十 木 木 杉 杉 松 格 格 格`

カク

pangkat, kedudukan | သတ်မှတ်ချက်၊ ထုတ်ပြန်ချက် | मापदण्ड, स्थिति | සම්මතය, තත්ත්වය

合格する lulus | စာမေးပွဲအောင်သည် | पास हुनु | සමත් වෙනවා

性格 sifat, karakter | အကျင့်စရိုက် | चरित्र, व्यक्तित्व | චරිතය, පෞරුෂය

603 願 19画 〔頁〕
`一 厂 厂 厂 所 所 盾 盾 原 原 原 原 原 願 願 願 願 願 願`

ねが-う

memohon | ဆန္ဒ | इच्छा, कृपा | ප්‍රාර්ථනාව, පිළිසරණ

願う memohon, mengharapkan | တောင်းဆိုသည် | इच्छा गर्नु | ප්‍රාර්ථනා කරනවා

604 様 14画 〔木〕
`一 十 木 木 杉 杉 栏 栏 栏 样 样 样 様 様`

ヨウ
さま

gaya, bentuk formal untuk ~ san, seperti | အရှိပုံ၊ နာမည်ကိုယဉ်ကျေးစွာခေါ်ခြင်း၊ ကဲ့သို့ | तरिका, औपचारिक उपाधि, जस्तै | ආකාරය, "සන්" යන්තෙහෙහි ගෞරවාර්ථය, සමාන

様子 keadaan, suasana | အခြေအေနေ၊ အသွင်အပြင် | अवस्था, देखावट | තත්ත්වය, පෙනුම

模様 corak, motif | အဆင်တန်ဆာ | ढाँचा | රටාව

〜様 Bpk/Ibu ... | မောင်၊ မ၊ ဦး၊ ေဒါ် ~ | श्रीमान्, श्रीमती... | .....මහාත්මා, මහාත්මීය

様々な bermacam-macam | အမျိုးမျိုးသော | विभिन्न | විවිධ

605 皆 9画 〔白〕
`一 匕 匕 匕 毕 毕 毕 皆 皆`

みな

semua, sekalian, semua orang | အားလုံး၊ အရာအားလုံး၊ လူအားလုံး၊ | सबै, सबै कुरा, सबै जना | සියලු, සෑම දෙයක්ම, සියලු දෙනා

皆 semua orang, semua | အားလုံး၊ အရာအားလုံး၊ လူအားလုံး၊ | सबै | සියලු, සියලු දේ, සියලු දෙනා

606 舞 15画 〔舛〕
`丿 ㇀ ㇤ ㇤ 無 無 無 無 無 無 舞 舞 舞 舞 舞`

ブ
ま-う

tarian | ကခြင်း | नाच्नु | නටනවා

舞台 panggung | စင်မြင့် | मञ्च | වේදිකාව

見舞い jengukan, salam silaturahmi | လူနာမေးခြင်း | सोधपुछ | සොයා බැලීම

見舞う menjenguk orang sakit | လူနာမေးသွားသည် | अस्पतालमा भेटन जानु, कसैको स्वास्थ्यको बारेमा सोध्नु | රෝගියෙකු බැලීමට යනවා

振る舞う berperilaku | ပြုမူသည်၊ ဧည့်ခံသည် | व्यवहार गर्नु, कसैलाई स्वागत गर्नु | හැසිරෙනවා, සංග්‍රහ කරනවා

607 忙 6画 〔忄〕
`丶 丶 忄 忄 忙 忙`

いそが-しい

sibuk | အလုပ်ရှုပ်ခြင်း | व्यस्त | කාර්යබහුල

忙しい sibuk | အလုပ်ရှုပ်သော | व्यस्त | කාර්යබහුලයි

608 順 12画 〔頁〕
`丿 丿 川 川 川 川 川 順 順 順 順 順`

ジュン

urutan | အစဉ် | आदेश | අනුපිළිවෙළ

順番 urutan | အစဉ်လိုက် | क्रम | අනුපිළිවෙළ

順調な lancar | အဆင်ပြေချောမွေ့သော | अनुकूल, सहज | හොඳින්, ගැටලුවකින් තොරව

609 伺 7画 〔亻〕
`丿 亻 們 們 伺 伺 伺`

うかが-う

kunjung, tanya, dengar | အလည်လာခြင်း၊ မေးမြန်းခြင်း၊ နားထောင်ခြင်း၊ | भ्रमण गर्नु, सोध्नु, सुन्नु | බැහැ දැකීනවා, අසනවා, ඇහුම්කන්දෙනවා

伺う (bentuk merendah) mengunjungi, bertanya, mendengar | အလည်လာသည်၊ မေးမြန်းသည်၊ နားထောင်သည် (နှိမ့်ချသော) | भेटन जानु, सोध्नु, सुन्नु (नम्र) | බැහැ දැකීන්න යනවා, අසනවා (යටහත් පහත්)

16課 （601〜610）

610 平 5画 〔干〕 一 一 一 丁 立 平

rata | ြပး:ြခင်း: ညီ:ြခင်း: တူ:ြခင်း: ေြကာင်:ြဖစ်ြခင်း: | समतल, शान्त, समान, साधारण | පැතලි, සාමකාමී, සමතලා, තැනිතලා

ヘイ　平成 tahun Heisei | ေဟး:ေခတ်ေတာ် | हेस्सेई | ෙහයිෙසයි යුගය　　平和 perdamaian | ြငိမ်းချမ်းေရး | शान्ति | සාමය

　　　平日 hari kerja | ကြားရက် (တနင်္လာမှ သောကြာ) | हप्ताका दिनहरू | සතියේ දිත

ビョウ　平等な sama rata | တရား:မျှတေသာ | समान | සමානාත්මතාවය

たい-ら　平らな datar | ြပး:ေသာ | समतल | පැතලි

ひら　平仮名 Hiragana | ဟိရဂန | हिरागाना (जापानी वर्णमाला) | හිරගන

🗣 **よみましょう**　漢字の 下に 読みを 書きなさい。

① 年賀状や 暑中見舞いの 書き方を 習う。

② 仕事は 順調だが 非常に 忙しい。

③ 電車に かさを 忘れました。花の 模様の ある 赤い かさです。

④ 世界の 平和を 願って 歌を 歌う。

⑤ 病気の 友だちの 様子を 見に 行く。

⑥ 私は 演劇が 好きで、毎年、様々な 舞台を 見ている。

⑦ 平成は 1989 年 1 月 8 日から 2019 年 4 月 30 日までです。

⑧ ノートパソコンは 平らな 所に 置いて 使って ください。

✏️ **かきましょう**　送りがなに 注意して、下線部の ことばを 漢字で 書きなさい。

① みなさんに おねがいしたいことが あります。

② じゅんばんに ならんで お待ちください。

③ ちょっと、おうかがいしますが、しやくしょは どこですか。

④ 男女が びょうどうに 仕事が できる ように なると いい。

⑤ 奥さまに よろしく おつたえください。

⑥ ごうかくを いわって、先生から かばんを いただいた。

⑦ 花と くだものを 持って、病院に みまいに 行った。

⑧ 田中さんは どんな 性かくの 人ですか。

121

16課 611〜620

---

611 御 12画 〔彳〕

ノ ノ ノ 彳 彳 彳 彳 祥 祥 御 御 御

awalan bentuk hormat/sopan ｜ ယဉ်ကျေးသဖြင့်ရှေ့တွင်ထည့်ပြောသောစကားလုံး ｜ आदर सूचक उपसर्ग ｜
ගෞරවය දනවන උපසර්ගයක්

ゴ

おん

御飯 nasi, makan ｜ ထမင်း၊ အစာ ｜ भात, खाना ｜ බත්, කෑම වේල

御中 kepada Yth ｜ အဖွဲ့အစည်းအမည်များ၏နောက်တွင်သုံးသောစကား ｜ श्रीमानहरू ｜ වෙතට (කිහිප දෙනෙක් හට)

御家族 (bentuk sopan) keluarga ｜ မိသားစု (ယဉ်ကျေးသော) ｜ परिवार (आदरार्थी) ｜ පවුල (ගෞරවාර්ථය)

---

612 返 7画 〔辶〕

一 厂 万 反 反 返 返

kembali ｜ ပြန်သွားခြင်း ｜ फर्कनु ｜ ආපසු දෙනවා

ヘン

かえ-る

かえ-す

返事 balasan, jawaban ｜ ပြေကြားခြင်း၊ အကြောင်းပြန်ခြင်း ｜ उत्तर ｜ පිළිතුර

返る kembali ｜ ပြန်သွားသည်၊ ဖက်ကနု ｜ ආපසු යනවා

返す mengembalikan ｜ ပြန်ပေးသည်၊ ဖက်ကာတုန် ｜ ආපසු දෙනවා

引き返す kembali ｜ ပြန်လှည့်သည်၊ ဖက်ကနု ｜ ආපසු හැරෙනවා

---

613 頂 11画 〔頁〕

一 丁 丁 丁 顶 頂 頂 頂 頂 頂 頂

puncak ｜ ခေါင်း၊ ထိပ် ｜ टाउको, शीर्ष ｜ සිරස, මුදුන

チョウ

いただ-く

頂上 puncak ｜ ထိပ်ဆုံး၊ တောင်ထိပ် ｜ चुचुरो ｜ මුදුන, ගිරිහිස

頂く (bentuk merendah) menerima ｜ ရရှိသည်၊ လက်ခံရရှိသည် (နှိမ့်ချသော) ｜ प्राप्त गर्नु (नम्र) ｜ ගත්තවා, ලැබෙනවා (යටහත් පහත්)

---

614 幸 8画 〔干〕

一 十 土 キ 去 幸 幸 幸

kebahagiaan ｜ ပျော်ရွှင်မှု ｜ खुशी ｜ සතුට

コウ

しあわ-せ

さいわ-い

幸福 kebahagiaan ｜ ပျော်ရွှင်ရော ｜ खुशी ｜ සතුට

幸せ bahagia ｜ စိတ်ချမ်းသာမှုရော ｜ खुशी ｜ සතුට

幸い nasib baik, untungnya ｜ ကံကောင်း၍၊ ကံကောင်းယောဂ်မရှ ｜ भाग्यवश, खुशीका साथ ｜ වාසනාව, සතුට

不幸な malang, apes ｜ ကံမကောင်းသော ｜ दुर्भाग्यपूर्ण ｜ අවාසනාවන්ත

---

615 礼 5画 〔礻〕

丶 ㇇ ネ ネ 礼

etiket, ritual ｜ ကျေးဇူးတင်ခြင်း ｜ शिष्टाचार, विधि ｜ ආචාර සමාචාර විධි, ආගමික සිරිත් විරිත්

レイ

礼 penghormatan, rasa terima kasih ｜ ရိုသေပြုခြင်း၊ ကျေးဇူးတင်ခြင်း ဆုပေးခြင်း ｜ नमन, धन्यवाद, इनाम ｜ හිස්තමා ආචාර කරනවා, ස්තූතිසිදි, තෑග්ගය

礼儀 sopan santun, etiket ｜ ယဉ်ကျေးမှု အပြုအမူ လောကဝတ် ｜ शिष्टाचार ｜ කෘත්රඤ්ඤාව, යහ පුරුදු, ආචාර සමාචාර විධි

---

616 拝 8画 〔扌〕

一 寸 扌 扌 扩 扩 拝 拝

sembah ｜ ဝတ်ပြုဆုတောင်းခြင်း ｜ पूजा ｜ වඳිනවා

ハイ

おが-む

拝見する (bentuk merendah) melihat ｜ ကြည့်သည် (နှိမ့်ချသော) ｜ हेर्नु (नम्र) ｜ බලනවා (යටහත් පහත්)

拝む menyembah ｜ ဘုရားရှိခိုးသည် ｜ प्रार्थना गर्नु ｜ වඳිනවා/යාඥා කරනවා

---

617 殿 13画 〔殳〕

一 コ ㇈ ㇆ ㇆ ㇆ 屏 屏 屏 屏 展 殿 殿

istana, pria ｜ တိုက်ခန်း၊ နန်းတော် ｜ महल ｜ මන්දිරය, මාළිගය

どの

〜殿 Tuan/Nyonya ｜ ဦး၊ ဒေါ် 〜 ｜ श्रीमान, श्रीमती ｜ මහත්මා, මහත්මිය

---

618 談 15画 〔言〕

丶 ㇇ ㇒ 言 言 言 言 言 診 談 談 談 談

pembicaraan ｜ ပြောဆိုခြင်း ｜ कुरा गर्नु ｜ කතා කරනවා

ダン

冗談 candaan ｜ ဟာသ ｜ ठट्टा ｜ විහිළුව

122

16課 (611〜620)

619 相 9画〔目〕 一十十才木村村相相相
ソウ / ショウ / あい ○○
- bilateral, menteri
- 相談する berkonsultasi
- 首相 perdana menteri
- 相手 pihak lawan, lawan bicara
- 相撲 Sumo
- 相当 setara dengan

620 旧 5画〔隹〕 丨 丨丨 丨丨丨 丨日 旧
キュウ
- lama
- 旧〜 bekas..., mantan...
- 旧正月 Tahun Baru lama

🗣 よみましょう　漢字の 下に 読みを 書きなさい。

① あちらは 首相の 御家族です。　② 山の 頂上に 雪が つもって いる。

③ あの 学校の 生徒は 礼儀正しいです。　④ 皆さんは、相撲を 見たことが ありますか。

⑤「〜殿」は 主に 役所からの 手紙に 使われ、目上 (superior) の 人には 使わない。

⑥ 相談に のってくれた お礼に 昼御飯を ごちそうする (to treat)。

⑦ 今度 一緒に 仕事を する 相手について、資料 (document) が あれば 拝見できますか。

⑧ この 本は 駅の 前の 図書館で 借りた ものですね。借りた ところに 返して ください。

✏ かきましょう　送りがなに 注意して、下線部の ことばを 漢字で 書きなさい。

① 会社に 手紙を 送るとき、会社の 名前に「おんちゅう」を つける。

② 明日、とざんに 行きます。さいわい、天気は かいせいの ようです。

③ おへんじが おそくなり、すみません。

④ ひっこしの おてつだいを したら、おれいを いただきました。

⑤ じょうだんですよ。気に しないで ください。

⑥ おてらで ほとけさまを おがんで いる 人々の ようすを 写真に とりました。

⑦ みなさんの おしあわせを おいのり もうしあげます。

⑧ あの 学生は きゅうしょうがつで 帰国して います。

16課 練習

問題1 送りがなに 注意して、下線部の ことばを 漢字で 書きなさい。

例）<u>せんせい</u> <u>おひさしぶり</u>です。
　　　先生　　　久しぶり

① <u>せんせい</u>は <u>へいじつ</u>は <u>じゅぎょう</u>で <u>いそがしい</u>そうだ。

② メール は<u>いけん</u>いたしました。ご<u>ちゅうもん</u> <u>うけたまわり</u>ました。

③ <u>きゅう</u>に <u>くもって</u>きて、<u>あめ</u>が <u>ふり</u>そうなので、<u>ひきかえ</u>した。

④ <u>じこ</u>に あったが、<u>さいわい</u> けがは なかった。

⑤ <u>かじ</u>で <u>いえ</u>が <u>やける</u>という <u>ふこう</u>な ことが <u>おきた</u>。

問題2 {　　}の 正しい ものに ○を つけ、(　　　)に 読みを 書きなさい。

例）毎朝、牛乳を 1{ ⓑ本　冊　個 } 飲む。
　　　　　　　　 (　　ぽん　　)

① ここに、「○○会社 ××課 { 様　殿　御中 }」と 書きます。
　　　　　　　　　　　　 (　　　　　　　)

② ボランティアで 老人の 相談 { 相手　相撲　相当 }を する。
　　　　　　　　　　　　　 (　　　　　　　)

③ 私は { 平和　平成　平等 } 20 年に 生まれました。
　　　　 (　　　　　　　)

④ 貸した お金が { 返って　帰って　買って } きた。
　　　　　　　　　　 (　　　　　　　)

⑤ 国に よって 文化も 習慣も { 様子　様々　模様 }です。
　　　　　　　　　　　　 (　　　　　　　)

📖 ふりかえり

→ 漢字を 使って、手紙やはがきを 書くことができる。	はい ・ いいえ
→ 第 16 課で 勉強した 漢字を 読んだり、書いたりできる。	はい ・ いいえ

まとめ問題・2

問題1 何画目に 書きますか。（　）の 中に 数字を 書きなさい。　例）（4）私（　）

1 危（　）　　2 遊（　）　　3 （　）面　　4 彼（　）

5 （　）包　　6 求（　）　　7 （　）成　　8 様（　）

問題2 漢字の 下に 読みを 書きなさい。

1 ○○大学付属中学校の 入学試験を 受けた。

2 通信技術が 進歩する。

3 非常識で 礼儀を 知らない 人が 増えて いる ような 気が する。

4 タパさんの 来日を 歓迎して、ライさんの お宅に 集まった。

5 切符を 買うとき、窓口で 千円札を 出した。

6 損得を 考えないで 仕事を する。

7 手に 包帯を 巻く。

8 あの 人は 神の 存在を 信じて いる。

9 『幸福の 青い 鳥』という 小説を 読んだ。

10 「平成」というのは「平和な 時代に 成るように」という 意味でしょうか。

まとめ問題・2

11 これが ホテルの 地図です。赤い 屋根が 目印です。

12 更に いろいろな 書類(しょるい)を 作成しなければ ならなかった。

13 写真から 多くの 人々の 苦痛が 伝わって くる。

14 祖父は 危険な 状態(たい)では なくなった。

15 清書を しなければ いけない 範(はん)囲を 教えて ください。

問題3 送りがなに 注意して、下線部の ことばを 漢字で 書きなさい。

1 にほんせいの 機械(きかい)は のうりょくが 高い。

2 はこに 書いて ある ひょうじを 読む。

3 しんごうが 赤に なったので、ていしした。

4 社長に、ちょくせつ、ろうどう条件(じょうけん)を あらためる ように 要(よう)きゅうした。

5 この どうろは まがって いる ところが 多いので、じこが 起(お)きやすい。

6 大学では さまざまな かつどうが 行われて いる。

7 きょういく すいじゅんを 上げる ことは かんたんでは ない。

8 日本では、6月には しゅくじつが ありません。

9 かれは どんな 性(せい)かくですか。

10 文の あやまりを しゅうせいした。

11 かのじょは きよい 心を 持って いる。

12 しょくえんの りょうは 何グラムですか。

13 池の ひょうめんが こおって いる。

14 でんごんを おねがいします。

15 れつに もどってください。

問題4 例の ように、数字の あとに 適当な 漢字を 入れなさい。

例）鉛筆を　1（ 本 ）もらった。

1 この箱には丸いお菓子が12（　　　　）入っていた。

2 コーヒーを3（　　　　）飲んだ。

3 切手を10（　　　　）買った。

問題5 音声を聞いて、例のように、ひらがなで書きましょう。
　　　　それから、漢字で書きましょう。

例）けさ、テレビで ニュースを みました。
　　（今朝）　　　　　　　　　（見ました）

1 ＿＿＿＿＿＿が＿＿障して＿＿＿＿＿。
　（　　　　　）（　）（　　　　　）

127

まとめ問題・2

2 ＿＿＿＿＿を＿＿＿＿する＿＿＿＿をした。
　（　　　　）（　　　　）（　　　　）

3 ＿＿＿＿、＿＿＿は この＿＿＿の＿＿＿＿に＿＿＿＿いたらしい。
　（　　　）（　　　）　（　　　）（　　　）（　　　　）

4 ＿＿＿＿＿の＿＿＿＿＿の＿＿＿から、＿＿＿＿＿＿　＿＿＿＿＿
　（　　　　）（　　　　　）（　　　）　（　　　　　）（　　　　）

している。

問題6 どちらが 正しいですか。

1 この 製品は 5年間 保証されます。 ………………… **1.** ほしょう　　**2.** ほぞん

2 この 辞書は 説明が 詳しい。 ………………… **1.** けわしい　　**2.** くわしい

3 この 曲を 聞いていると、とても 愉快な 気持ちになる。

　　………………… **1.** よけい　　**2.** ゆかい

4 会社の 施設を 利用するには どうすれば いいですか。

　　………………… **1.** しせつ　　**2.** けんせつ

5 友だちを 食事に さそった。 ………………… **1.** 祝った　　**2.** 誘った

6 はいゆうに なって、映画や 舞台に 出たい。 ……… **1.** 拝優　　**2.** 俳優

7 実験で 得られた データを ぶんせきする。 ……… **1.** 分析　　**2.** 分祈

8 あの 教授の こうぎは おもしろい。 ……… **1.** 講義　　**2.** 講議

17課 買い物 Shopping

この課で学ぶこと ▶ 買い物のときに使われる漢字について考えましょう。

なんと書いてありますか

① 通信販売（インターネットで）

買い物のしかた

- 商品をカート(🛒)に入れます。
- 支払い方法を選びます。
  クレジットカード・銀行振込※1・代金引換(配達員に代金を支払う方法です)
- ご注文金額が5,000円を超える場合、送料は無料です。
- 注文内容を確認します。
- 領収書の必要な方はお知らせください。
- ご注文の翌日配達も承ります。

② オンライン・ショッピング

ご注文

お客様番号	
お届け先※2	

お名前	お電話番号

商品番号	商品名	色・サイズ	数量	金額
XXX-XX	財布	青	1	¥5,250
合　計				¥5,250
送　料				¥0
お支払い金額				¥5,250

※1　銀行振込：相手の銀行口座（bank account）にお金を送ること
※2　届け先：商品を届けてほしい場所

---

①
販売する

商品
支払う
方法
配達する
金額
超える
無料
確認する
領収書
翌日

②
客
届ける
財布

17課 621～630

621 販 11画 〔貝〕
丨 冂 冂 月 月 貝 貝 貯 貯 販 販
jual, dagang｜ရောင်းဝယ်ခြင်း｜ကုန်သွယ်ခြင်း｜बेच्नु, व्यापार गर्नु｜විකුණනවා, වෙළඳාම් කරනවා
ハン
販売する　berjualan, menjual｜ရောင်းချသည်｜बेच्नु｜විකුණනවා

622 商 11画 〔口〕
丶 亠 亠 产 产 产 商 商 商
perdagangan, komersil｜ကုန်သွယ်ခြင်း｜စီးပွားရေး｜व्यापार, व्यावसायिक｜වෙළඳාම, වාණිජ්‍යමය
ショウ
商業　perniagaan, perdagangan｜စီးပွားရေးလုပ်ငန်း｜वाणिज्य｜වාණිජ
商品　bahan dagangan, produk｜ကုန်ပစ္စည်း၊ လူသုံးကုန်｜सामान, वस्तु｜භාණ්ඩ, වෙළඳ භාණ්ඩ

623 支 4画 〔支〕
一 十 ち 支
menyangga, cabang｜ထောက်ပံ့ခြင်း၊ လှပ်ငန်းခွဲ｜समर्थन, शाखा｜උපකාර කරනවා, ශාඛාව
シ
支店　kantor cabang｜ဆိုင်ခွဲ｜शाखा कार्यालय｜ශාඛාව
支出　pengeluaran｜အသုံးစရိတ်｜खर्च｜වියදම
ささ-える
支える　menyangga｜ထောက်ပံ့သည်｜समर्थन गर्नु｜සහය වෙනවා
○○　差し支え　halangan, keberatan｜အဟန့်အတား၊ အတားအဆီး｜अवरोध, असुविधा｜බාධාව, අපහසුතාව

624 払 5画 〔扌〕
一 十 扌 払 払
bayar｜ပေးချေခြင်း｜तिर्नु｜ගෙවනවා
はら-う
払う　membayar｜ပေးချေသည်｜तिर्नु｜ගෙවනවා
支払う　membayar｜ပေးချေသည်｜तिर्नु｜ගෙවනවා

625 法 8画 〔氵〕
丶 冫 氵 氵 汁 汁 法 法
hukum, metode｜ဥပဒေ၊ နည်းလမ်း｜कानून, विधि｜නීතිය, ක්‍රමය
ホウ
方法　cara, metode｜နည်းလမ်း｜विधि, तरिका｜ක්‍රමය, මාර්ගය
文法　tata bahasa｜သဒ္ဒါ｜व्याकरण｜ව්‍යාකරණ

626 達 12画 〔辶〕
一 十 土 キ キ 去 去 幸 幸 達 達
mencapai, sampai｜ရယူခြင်း၊ ရောက်ရှိခြင်း｜प्राप्त गर्नु, पुग्नु｜ළඟාකරගන්නවා, ළඟාවෙනවා
タツ
発達する　berkembang｜ဖွံ့ဖြိုးသည်၊ တိုးတက်သည်｜विकास गर्नु｜සංවර්ධනය කරනවා, දියුණු කරනවා
達する　mencapai｜ရောက်ရှိသည်｜पुग्नु｜ළඟාකරගන්නවා
速達　pengiriman kilat｜အမြန်ပို့ဆောင်ခြင်း｜विशेष वितरण｜ඉක්මණ් බෙදාහැරීම
○○　友達　teman｜သူငယ်ချင်း｜मित्र｜යහළුවා

627 額 18画 〔頁〕
丶 冖 宀 宀 宀 咨 客 客 客 客 額 額 額 額 額 額 額
jumlah, dahi｜ပမာဏ၊ နဖူး｜परिमाण, निधार｜ප්‍රමාණය, නළල
ガク
金額　jumlah uang｜ငွေပမာဏ၊ ငွေပမာဏ｜रकम｜මුදල, අගය
額　jumlah uang, pigura｜ပမာဏ｜रकम, चौकोस｜මුදල, අගය, රාමුව
ひたい
額　dahi｜နဖူး｜निधार｜නළල

628 超 12画 〔走〕
一 十 土 キ キ 走 走 起 起 起 超 超
melebihi｜ကျော်လွန်ခြင်း｜नाघ्नु｜ඉක්මවා යනවා
チョウ
超過する　melebihi｜ကျော်လွန်သည်｜नाघ्नु｜ඉක්මවා යනවා
こ-える
超える　melebihi, melampaui｜ကျော်လွန်သည်｜नाघ्नु｜ඉක්මවා යනවා
こ-す
超す　melampaui, melewati｜ကျော်သည်｜समाप्त हुनु｜ඉක්මවා යනවා

130

17課 (621〜630)

629 無 12画 〔灬〕 ノ ヒ ヒ ヒ 午 缶 缶 無 無 無 無 無

tanpa, tidak ada, non- | မရှိခြင်း | बिना, केही छैन, गैर- | නොමැතිව, තැත

ム
無理な tak masuk akal, tidak mungkin, di luar kemampuan | အကျိုးအကြောင်းမဟုတ်လျော်သော၊ အလွာ်သာဖြစ်သော၊ မဖြစ်နိုင်သော | असंगत, अप्राकृतिक, असम्भव | අසාධාරණ, අස්වභාවික, නොහැකි

無料の gratis | အခမဲ့ | निशुल्क | තොමිලේ

ブ
無事な selamat | ဘေးကင်းသော | सुरक्षित | ආරක්ෂාකාරී

な-い
無い tidak ada | မရှိသော | छैन, कुनै पनि छैन | තැත, කිසිවක් තැත

630 確 15画 〔石〕 一 ア ア 石 石 石 矿 矿 矿 矿 碓 碓 確 確 確

pasti | သေချာခြင်း | निश्चित | සහතිකවම

カク
正確な tepat, benar | မှန်ကန်သော၊ တိကျသော | सही, सटीक | නිවැරදි, හරියටම

明確な jelas | ရှင်းလင်းပြတ်သားသော | स्पष्ट | පැහැදිලි

確実な pasti | သေချာသော | निश्चित, पक्का | නිසැකවම, සහතිකවම

たし-か
確かに dengan pasti | သေချာပေါက်၊ ကျိန်းသေ | अवश्य, पक्के | සහතිකවම, නිසැකවම

たし-かめる
確かめる memastikan | သေချာအောင်လုပ်သည်၊ အတည်ပြုသည် | सुनिश्चित गर्नु | නිසැකව දැනගන්නවා, තහවුරු කරගන්නවා

📖 よみましょう　漢字の下に読みを書きなさい。

① 手紙を書留速達で送れば、速く確実に届くでしょう。

② 新幹線のホームでおべんとうや飲み物を販売しています。

③ ルールで決まっている体重を超えたら、この試合には出られません。

④ 絵や写真を額に入れて、壁や机の上にかざります。

⑤ 頭が痛いときは、あまり無理をしないほうがいい。

⑥ 私の国は工業が発達していて、商業もさかんです。

⑦ 給料をもらったが、家賃や電気代を支払ったので、もうお金が無い。

⑧ この道路の最高速度は 80 キロです。速度を超過しないように注意してください。

✏️ かきましょう　送りがなに注意して、下線部のことばを漢字で書きなさい。

① こまったとき、家族が私をささえてくれました。

② きんがくをたしかめてからしょめいしてください。

③ ねつがあるかどうかこどものひたいに手をあててみた。

④ 研究のほうほうについて、議論する。

⑤ しょうひんの代金が 5,000 円以上の場合、送料はむりょうです。

⑥ 漢字はせいかくにおぼえて、何度もれんしゅうしましょう。

⑦ かれはぶんぽうはとくいだが、話すのがにがてだ。

⑧ ともだちがぶじに、国に帰ってきた。

631 **認** 14画 〔言〕

丶 亠 亠 亖 言 言 言 訁 訒 訒 訒 認 認 認

mengakui | အသိအမှတ်ပြုခြင်း | पहिचान गर्नु | තහවුරු කරනවා

ニン 確認(かくにん)する mengkonfirmasi, memastikan | အတည်ပြုသည် | पुष्टि गर्नु | තහවුරු කරනවා

みと-める 認(みと)める mengakui | အသိအမှတ်ပြုသည် | चिन्नु | අනුමත කරනවා

632 **収** 4画 〔又〕

丨 丩 収 収

memperoleh | ရယူခြင်း | प्राप्त गर्नु | ලබාගන්නවා

シュウ 収入(しゅうにゅう) pendapatan | ဝင်ငွေ | आय | ආදායම

おさ-める 収(おさ)める memasukkan, membayar, menyerahkan | ထည့်သွင်းသည်၊ ရယူသည် | राख्नु, प्राप्त गर्नु | අසුරනවා, ලබාගන්නවා

633 **領** 14画 〔頁〕

丿 人 𠆢 今 令 令 令 令 领 領 領 領 領 領

kawasan, menerima | ပိုင်နက်၊ ရရှိခြင်း | क्षेत्र, प्राप्त गर्नु | භූමිය, ලබාගන්නවා

リョウ 大統領(だいとうりょう) presiden | သမ္မတ | राष्ट्रपति | ජනාධිපති　領収(りょうしゅう) tanda terima | ပြေစာ | रसिद | බිල්පත

634 **翌** 11画 〔羽〕

𠃌 习 习 羽 羽 羽 羽 翌 翌 翌 翌

berikutnya | နောက် | अर्को | ඊළඟ

ヨク 翌日(よくじつ) hari berikutnya | နောက်ရက် | अर्को दिन | ඊළඟ දවස

翌年(よくねん／よくとし) tahun berikutnya | နောက်နှစ် | अर्को वर्ष | ලබන අවුරුද්ද

635 **客** 9画 〔宀〕

丶 丷 宀 宀 宊 安 客 客 客

tamu, langganan, klien | ဧည့်သည်၊ ဖောက်သည် | आगन्तुक, पाहुना, ग्राहक | සංචාරකයා, අමුත්තා, පාරිභෝගිකයා

キャク 客(きゃく) tamu, pengunjung, pembeli, pelanggan | ဧည့်သည်၊ ဖောက်သည် | पाहुना, ग्राहक | සංචාරකයා, අමුත්තා, පාරිභෝගිකයා

乗客(じょうきゃく) penumpang | ခရီးသည် | यात्रु | මගියා　観客(かんきゃく) penonton | ပရိသတ် | दर्शक | ප්‍රේක්ෂකයා

636 **届** 8画 〔尸〕

𠃌 コ 尸 尸 屆 届 届 届

mencapai, menyampaikan | ရောက်ရှိခြင်း၊ ပေးပို့ခြင်း၊ ပို့ဆောင်ခြင်း | पुग्नु, रिपोर्ट गर्नु, वितरण गर्नु | ලැබෙනවා, වාර්තා කරනවා, බෙදාහරිනවා

とど-く 届(とど)く sampai | ရောက်ရှိသည် | पुग्नु | ලැබෙනවා

とど-ける 届(とど)ける menyampaikan, mengantarkan | ပေးပို့သည်၊ ပို့ဆောင်သည် | रिपोर्ट गर्नु, वितरण गर्नु | වාර්තා කරනවා, බෙදාහරිනවා

637 **布** 5画 〔巾〕

ノ ナ 才 右 布

kain | ပိတ်စ၊ အဝတ်စ | कपडा | ඇඳුම්

フ 毛布(もうふ) selimut | စောင် | कम्बल | බ්ලැන්කට්ටුව/පොරෝනය

ぬの 布(ぬの) kain | ပိတ်စ၊ အဝတ်စ | कपडा | රෙදි

638 **財** 10画 〔貝〕

丨 冂 冃 目 目 貝 貝 貝 財 財

harta, kepunyaan | ပိုင်ဆိုင်မှု | भाग्य, सम्पत्ति | ධනය, දේපළ

ザイ 財産(ざいさん) harta benda, kekayaan | ပိုင်ဆိုင်မှု | सम्पत्ति | දේපළ

サイ 財布(さいふ) dompet | ပိုက်ဆံအိတ် | पर्स | මුදල් පසුම්බිය

17課 (631〜640)

639 値 10画 〔イ〕 ノ イ イ- イ⁺ 什 什 估 估 値 値

nilai, harga | တန်ဖိုး၊ ဈေးနှုန်း | मूल्य | අගය, මිල

チ
ね

価値 kachi nilai | တန်ဖိုး | मूल्य | අගය

値 ne harga | ဈေးနှုန်း | मूल्य | මිල

値段 nedan harga | ဈေးနှုန်း | मूल्य | මිල

640 費 12画 〔貝〕 ー ⼸ ⼸ 弗 弗 弗 费 費 費 費 費 費

mengeluarkan, menggunakan | ကုန်ကျစရိတ်၊ သုံးခြင်း | खर्च | වියදම, වියදම් කරනවා

ヒ

費用 hiyō biaya | ကုန်ကျစရိတ် | खर्च | වියදම

食費 shokuhi biaya makan | စားစရိတ် | भोजन खर्च | ආහාර පාන වියදම

〜費 hi biaya ... | ~ကုန်ကျစရိတ် | ...खर्च | .....වියදම

😮 **よみましょう** 漢字の下に読みを書きなさい。

① スポーツをした翌日は少し体が痛い。　　② 今年、大統領の選挙が行われる。

③ 国から荷物が届きました。

④ 彼女はこの仕事ですばらしい結果を収めました。

⑤ 食費が増えたのは野菜の値段が上がったからです。

⑥ 暖かくなってきたので毛布を洗濯した。

⑦ 乗客の安全を確かめてから電車のドアを閉める。

⑧ 土地も家もお金も無いが、丈夫な体と友達が私の財産だ。

✏️ **かきましょう** 送りがなに注意して、下線部のことばを漢字で書きなさい。

① さいふを拾ったら、こうばんにとどけます。

② りゅうがくするひようをちょきんしています。

③ このさらには100まんえんのかちがある。

④ 大学をそつぎょうしたよくねんにけっこんしました。

⑤ おきゃくさんに、りょうしゅう書(receipt)をわたす。

⑥ しゅうにゅうよりもししゅつが多いと赤字になるわけです。

⑦ 明るい色のぬので部屋のカーテンを作る。

⑧ しゅしょうは自分のまちがいをみとめた。

133

17課 練習

問題1 □に適当な漢字を1字入れて、反対のことばを作りなさい。（　）に読みを書きなさい。

例）　右手　　←→　　左 手
　　（　みぎて　）　　（ ひだりて ）

① 有料　　←→　　□料　　　　② 幸福　　←→　　□幸
（　　　　　）　（　　　　　　）　（　　　　　）　（　　　　　　）

③ 支出　　←→　　□入　　　　④ 得意な　←→　　□手な
（　　　　　）　（　　　　　　）　（　　　　　）　（　　　　　　）

問題2 { } の正しいほうに○をつけ、（　）に読みを書きなさい。

例）{ 刺身　名刺 } は生の魚です。
　　（ さしみ ）

① 彼女からは{ 明確　確認 }な答えはなかった。
　　　　　　（　　　　　）

② お金を入れるものは{ 財布　毛布 }です。
　　　　　　　（　　　　　）

③ あの映画は見る{ 価値　値段 }がある。
　　　　　　　（　　　　　）

④ 1時間でこの仕事を終わらせるのは{ 無理　無事 }です。
　　　　　　　　　　　（　　　　　）

⑤ 児童の心の{ 速達　発達 }について研究する。
　　　　　　（　　　　　）

⑥ 劇場にたくさんの{ 観客　乗客 }が劇を見に来た。
　　　　　　　（　　　　　）

⑧ { 費用　金額 }が正しければ{ 確認　確実 }ボタンを押す。
　（　　　　　）　　　　（　　　　　）

📖 ふりかえり

→ 漢字の意味がわかり、買い物ができる。　　　　　　　　　はい　・　いいえ

→ 第17課で勉強した漢字を読んだり、書いたりできる。　　　はい　・　いいえ

18課 空港 Airport

この課で学ぶこと ▶ 空港でよく見る漢字について考えましょう。

なんと書いてありますか

① フロアマップ／案内図

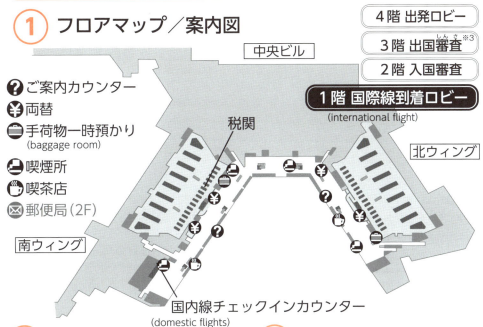

- 4階 出発ロビー
- 3階 出国審査(しんさ)※3
- 2階 入国審査
- 1階 国際線到着ロビー (international flight)
- 中央ビル
- ❓ご案内カウンター
- ¥ 両替
- 🧳 手荷物一時預かり (baggage room)
- 🚬 喫煙所
- ☕ 喫茶店
- ✉ 郵便局(2F)
- 税関
- 北ウィング
- 南ウィング
- 国内線チェックインカウンター (domestic flights)

①
中央
国際線
国内線
到着する
案内する
両替
喫煙所(きつえん)
喫茶店
郵便局
預かる
税関

② 税関の検査

携帯品(けいたいひん)・別送品申告書(べっそうひんしんこくしょ)

記入し、税関職員へ提出(ていしゅつ)してください。

搭乗機名(とうじょう)※1	
(出発地)	
入国日	年　　月　　日
氏名	フリガナ
住所(滞在先)(たいざい)	〒 tel.
職業	
生年月日	
旅券番号	
同伴家族(どうはん)※2	20歳以上　　　名

ご協力ありがとうございました

②
検査
搭乗機(とうじょう)
職業
協力する

③ 航空券の申し込み

名前	姓(漢字)	例：山田
	名(漢字)	例：太郎
	姓(ローマ字)	例：Yamada
	名(ローマ字)	例：Taro
性別	○男　○女	
生年月日	1980▼年 ▼月 ▼日	
住所	〒	
電話番号		
メールアドレス		

③
航空券
姓
性別

※1 乗る(乗って来た)飛行機　※2 一緒に来た家族　※3 くわしく調(しら)べ、決めること

18課 641〜652

641 央 5画〔大〕 ノ 冂 冂 央 央
オウ
tengah | အလယ် | बीच | මැද
ちゅうおう
中央 pusat, tengah-tengah | ဗဟို အလယ် | केन्द्र | මධ්‍යය, මැද

642 際 14画〔阝〕 ㄱ ㄋ ㅣ ㅏ ㅏ ㅏ ㅏ ㅏ 際 際 際 際 際
サイ
kesempatan, inter- | အခါ နိုင်ငံတကာ~ | अवसर, अन्तर- | අවස්ථාව, අන්තර්~
こくさいてき
国際的な internasional | နိုင်ငံတကာဆိုင်ရာ | अन्तर्राष्ट्रिय | ජාත්‍යන්තර
〜際 saat ..., waktu ... | ~အချိန် | गर्दा ..., को अवस्थामा | .....විට, අවස්ථාවේ

643 到 8画〔刂〕 一 ㄡ 云 匸 至 至 到 到
トウ
sampai | ရောက်ရှိခြင်း | आइपुग्नु | ළඟාවෙනවා
とうちゃく
到着する tiba | ဆိုက်ရောက်သည် | पुग्नु | ළඟාවෙනවා

644 案 10画〔木〕 丶 宀 宀 它 安 安 安 安 案 案
アン
proposal, rencana | အဆိုပြုချက်၊ အစီအစဉ် | प्रस्ताव, योजना | යෝජනාව, සැලැස්ම
あん
案 rancangan, proposal | အဆိုပြုချက်၊ အစီအစဉ် | प्रस्ताव | යෝජනාව, සැලැස්ම
あんない
案内する memandu | လမ်းညွှန်သည် | मार्गदर्शन गर्नु | මගපෙන්වනවා
あんがい
案外 di luar dugaan | မထင်မှတ်ဘဲ | अप्रत्याशित | නොසිතූ ලෙස

645 両 6画〔一〕 一 ㄒ ㄉ 币 両 両
リョウ
kedua | နှစ်ခုလုံး | दुवै | දෙකම
りょう
両 kedua ... | နှစ် ~ | दुबै ... | දෙකම

646 替 12画〔日〕 一 ニ ㅋ ㅌ ㅌ ㅌ ㅌ ㅌ 转 替 替 替
タイ
か-える
ganti | လဲလှယ်ခြင်း | परिवर्तन | මාරු කරනවා
こうたい
交替する bergantian, berganti | တလှည့်စီလုပ်သည်၊ အလှည့်ကျလုပ်သည် | पालैपालो गर्नु | මාරු වෙනවා, විකල්ප
とりか
取り替える menukar, mengganti | အစားထိုးလဲလှယ်သည် | साट्नु | මාරු කරනවා
きが
着替える berganti pakaian | အဝတ်လဲသည် | कपडा फेर्नु | ඇඳුම් මාරුකරනවා
りょうがえ
両替 penukaran uang | ငွေလဲခြင်း | साटासाट | මුදල් මාරු කරනවා
がいこくかわせ
外国為替 valuta asing | နိုင်ငံခြားငွေကြေးလဲလှယ်ခြင်း | विदेशी मुद्रा सटही | විදේශ විනිමය

647 喫 12画〔口〕 丨 冂 冂 冂 吁 吁 咿 唭 喫 喫 喫 喫
キツ
makan, minum | စားခြင်း၊ သောက်ခြင်း | खानु, पिउनु | කනවා, බොනවා
きっさてん
喫茶店 kafe | ကော်ဖီဆိုင် | कफी शप | කෝපි අවන්හල
きつえんじょ
喫煙所 area merokok | ဆေးလိပ်သောက်ရန်နေရာ | धुम्रपान क्षेत्र | දුම්පානයකරන ස්ථානය

648 郵 11画〔阝〕 一 ㄡ ㄣ 乐 乐 垂 垂 垂 郵 郵 郵
ユウ
pos | စာ | पत्राचार | තැපැල් කරනවා
ゆうびんきょく
郵便局 kantor pos | စာတိုက်ကြီး | हुलाक कार्यालय | තැපැල් කාර්යාලය
ゆうそう
郵送する mengeposkan, mengirim | စာပို့သည် | हुलाकबाट पठाउनु | තැපැල් කරනවා

649 荷 10画〔艹〕 一 十 ㅛ ㅛ ㅛ ㅛ 荷 荷 荷 荷
に
muatan | အထုပ် | बोझ | බඩු
にもつ
荷物 barang, bawaan, bagasi | အထုပ်အပိုး | सामान, लगेज | බඩු, ගමන් මලු

650 預 13画〔頁〕 ㄱ ㄥ ㄢ 予 予 予 孙 孙 預 預 預 預 預
あず-かる
あず-ける
menitip, menyimpan | အပ်နှံခြင်း | जिम्मा लगाउनु, निक्षेप गर्नु | භාර දෙනවා, තැන්පත් කරනවා
あず
預かる dititipkan | သိမ်းထားသည် | राख्नु | භාර ගන්නවා
あず
預ける menitipkan | အပ်နှံသည် | छोड्नु, जम्मा गर्नु | භාර දෙනවා, තැන්පත් කරනවා

136

18課　(641〜652)

651　関　14画〔門〕　丨 冂 冂 冃 冃 門 門 門 門 門 閂 閂 関 関

berkenaan | ပတ်သက်ဆက်နွယ်ခြင်း အတားအဆီး | চিন্তা, বাধা | සැලකිලිමත් වෙනවා, බාධකය

カン

関係する　berhubungan, berkaitan | ဆက်စပ်သည် | সম্বন্ধিত হুনু | සම්බන්ධ

機関　organisasi, lembaga | အဖွဲ့အစည်း | সংস্থা, সুবিধাহরু | အာယတနය, සේවාවත්

関する　terkait dengan | သက်ဆိုင်သည် | সম্বন্ধিত হুনু | අදාළ

関心　minat | စိတ်ဝင်စားခြင်း | চাসো | සැලකිල්ල

652　税　12画〔禾〕　丿 二 千 千 禾 禾 利 利 秒 秒 秒 税

pajak | အခွန် | কর | බදු

ゼイ

税関　pabean | အကောက်ခွန်ဌာန | भन्सार | රේගුව

税金　pajak | အခွန် | কর | බදු

課税する　mengenakan pajaki | အခွန်ကောက်သည် | কর লগাउनু | බදු අයකරනවා

消費税　pajak konsumsi | စားသုံးခွန် | उपभोग कর | පාරිභෝජන බද්ද

😮 **よみましょう**　漢字の下に読みを書きなさい。

① 荷物を預け、両替をし、喫茶店で休む。

② 国際線を利用する際の注意を読む。

③ 到着ロビーで父と母を待つ。

④ 中央口の近くに銀行や郵便局があります。

⑤ ここは禁煙ですから、たばこは喫煙所でお願いします。

⑥ 関係のある人以外、入ってはいけません

⑦ 一週間以内なら商品を取り替えることができます。

⑧ ときどき妻と運転を交替しながら、車で遠くまで行った。

✏️ **かきましょう**　送りがなに注意して、下線部のことばを漢字で書きなさい。

① あなたからあずかった にもつはきのう ゆうそうしました。

② これよりいいあんがあったら、教えてください。

③ くうこうのぜいかんで働いています。

④ 父と母が日本へ来たので、あちこちあんないする予定です。

⑤ この部屋に入るさいには、この特別な服にきがえてください。

⑥ 成田こくさいくうこうまでの交通きかんとしては JR や京成線、バスなどがあります。

⑦ ここで買えば、ぜいきんがかからないので安く買えます。

137

18課 653〜664

653 査 サ　9画〔木〕
一 十 オ 木 木 夲 夲 查 查
memeriksa | စုံစမ်းစစ်ဆေးခြင်း | अनुसन्धान गर्नु | සමීක්ෂණය කරනවා
調査する　melakukan riset, memeriksa | စုံစမ်းစစ်ဆေးသည် | अनुसन्धान गर्नु | සමීක්ෂණය කරනවා

654 検 ケン　12画〔木〕
一 十 オ 木 木 杧 杧 松 栌 栌 栌 検
memeriksa | စုံစမ်းစစ်ဆေးခြင်း | अनुसन्धान गर्नु | සමීක්ෂණය කරනවා
検査する　melakukan pemeriksaan, melakukan pengecekan | စစ်ဆေးသည် | जाँच गर्नु | පරීක්ෂා කරනවා

655 機 キ　16画〔木〕
一 十 オ 木 木 杧 杧 杧 杧 栌 栌 機 機 機
mesin, kesempatan | စက်၊ အခွင့်အရေး | मेसिन, अवसर | යන්ත්‍රය, අවස්ථාව
コピー機　mesin fotokopi | မိတ္တူစက် | प्रतिलिपि मेसिन | ඡායා පිටපත් කිරීමේ යන්ත්‍රය
機会　kesempatan | အခွင့်အရေး | अवसर | අවස්ථාව

656 職 ショク　18画〔耳〕
一 厂 F F E 耳 耴 耴 耴 耴 聇 聇 聇 暗 職 職 職
pekerjaan | အလုပ်၊ အလုပ်အကိုင် | जागिर, पेसा | රැකියාව
職業　pekerjaan, profesi | အလုပ်အကိုင် | जागिर, व्यवसाय | රැකියාව
就職する　mendapat pekerjaan | အလုပ်ရသည် | जागिर पाउनु | රැකියාවක් ලබාගන්නවා

657 協 キョウ　8画〔十〕
一 十 忄 忄 协 协 協 協
kerja sama | ပူးပေါင်းခြင်း | सहयोग गर्नु | සහයෝගය
協力する　bekerja sama | ပူးပေါင်းပါဝင်သည် | सहयोग गर्नु | සහයෝගය දෙනවා

658 航 コウ　10画〔舟〕
′ 丿 丿 月 月 舟 舟' 舟' 航 航
menyeberang, terbang | ရွက်လွှင့်ခြင်း၊ ပျံသန်းခြင်း | पानी जहाजमा यात्रा गर्नु, उड्नु | යාත්‍රා කරනවා, පියාසර කරනවා
航空便　pos udara, air mail | လေကြောင်းစာ | हवाई मेल | ගුවන් තැපෑල
航空会社　perusahaan penerbangan | လေကြောင်းကုမ္ပဏီ | एयरलाइन कम्पनी | ගුවන් සමාගම

659 姓 セイ　8画〔女〕
く 夂 女 女 女 妙 妙 姓
nama keluarga | မျိုးရိုးအမည် | थर | වාසගම
姓　marga, nama keluarga | မျိုးရိုးအမည်၊ မိသားစုအမည် | थर | වාසගම, පවුලේ නාමය

660 性 セイ　8画〔忄〕
′ ′ ′ ′ ′ 忄 忰 性 性
sifat, jenis kelamin, ke...an | သဘာဝ၊ လိင်၊ ~သဘာဝရှိသူ | प्रकृति, लिङ्ग | ස්වභාවය, ලිංගිකත්වය, ...භාවය
男性　pria | အမျိုးသား | पुरुष | පිරිමි පුද්ගලයා
女性　wanita | အမျိုးသမီး | महिला | ගැහැණු පුද්ගලයා
性別　jenis kelamin | လိင်အမျိုးအစား | लिङ्ग | ලිංගිකත්වය
〜性　ke ... an, bersifat | ~ သဘာဝရှိသူ | ...गुण, प्रकृति | .....භාවය, ස්වභාවය

661 齢 レイ　17画〔歯〕
丨 丄 丄 止 止 歩 歩 歩 車 車 車 歯 歯 歯' 齢 齢 齢
usia | အသက် | उमेर | වයස
年齢　usia | အသက် | उमेर | වයස

662 効 コウ　き-く　8画〔力〕
′ 亠 六 六 夳 交 刻 効
efek | ထိရောက်မှု | प्रभाव | බලපෑම
有効な　berlaku, efektif | အကျိုးဝင်သော၊ သက်တမ်းရှိသော | वैध, प्रभावकारी | වලංගු, ඵලදායි
無効な　tidak valid | အကျိုးသက်ရောက်မှုမရှိခြင်း | अमान्य | අවලංගු
効果　efek, manfaat, hasil | အကျိုးအာနိသင် | प्रभाव | බලපෑම
効く　berkhasiat, efektif | အကျိုးသက်ရောက်သည် | प्रभावकारी हुनु | ඵලදායි වෙනවා

18課 （653〜664）

663 飛 9画 〔飛〕 ⻜ ⺄ ⺄ ⺅ ⺅ 飛 飛 飛 飛

terbang | ပျံသန်းခြင်း | उड़नु | පියඹනවා

ヒ

と-ぶ 飛ぶ terbang | ပျံသန်းသည် | उड़नु | පියඹනවා

と-ばす 飛ばす menerbangkan | ပျံသန်းစေသည် | उडाउनु | පියසර කරවනවා

飛行機 pesawat terbang | လေယာဉ် | विमान | ගුවන්යානය

664 羽 6画 〔羽〕 ⼀ ⺄ ⺄ 羽 羽 羽

bulu, sayap | အမွေးအတောင်၊ တောင်ပံ | प्वाँख, पखेटा | පිහාටු, තටු

は

はね 羽 sayap | အမွေးအတောင်၊ တောင်ပံ | प्वाँख, पखेटा | පිහාටු, පියාපත්

羽根 bulu | အမွေးအတောင် | पंख | තටුව

〜羽 ... ekor (untuk menghitung burung) | 〜ကောင် (ငှက်ရေတွက်ရန်) | चरा गन्ने गणक | කුරුල්ලන් ගණන් කිරීමේ පදය

🗣️ **よみましょう** 漢字の下に読みを書きなさい。

① 鳥は一羽、二羽と数えます。　　② 大学の４年生は就職活動で忙しい。

③ 荷物の検査をしますから、ご協力ください。

④ コピー機が動きません。修理をお願いします。

⑤ もしも羽があれば自由に空が飛べるのに。

⑥ 申し込み用紙に住所、名前、性別、年齢、職業をご記入ください。

⑦ 航空券を申し込むときには、姓と名前の順番を間違えないでください。

⑧ このパスポートはいつまで有効ですか。

✏️ **かきましょう** 送りがなに注意して、下線部のことばを漢字で書きなさい。

① この薬は風邪にとてもよくきく。

② この会社はだんせいよりじょせいのほうが多い。

③ しょうひぜいについてのアンケートちょうさにきょうりょくした。

④ 私はひこうきに乗るきかいがあまりない。

⑤ ねんれいやせいべつにはかんけいなく好きなしょくぎょうをえらべるといいと思う。

⑥ このにもつをゆうそうしたいのですが、こうくうびんでいくらですか。

⑦ シートベルトの安全せいのこうかをたしかめる。

139

18課 練習

問題1 反対のことばを漢字で書きなさい。（　　）に読みを書きなさい。

例） 収入　　　⟷　　　　支出
（しゅうにゅう）　（　ししゅつ　）

① 安全な　　⟷　_____
（　　　　　　　）（　　　　　　　　　）

② 出発　　⟷　_____
（　　　　　　　）（　　　　　　　　　）

③ 先祖　　　⟷　_____
（　　　　　　　）（　　　　　　　　　）

④ 有効な　　⟷　_____
（　　　　　　　）（　　　　　　　　　）

問題2 {　　}の正しいほうに○をつけ、（　　）に読みを書きなさい。

例）{ 来年　(去年)} 大学に入りました。
　　（きょねん）

① 私は銀行にお金を { 預かった　預けた }。
　　　　　　　　　（　　　　　　　）

② テストは { 案外　案内 } 易しかった。
　　　　　（　　　　　　　）

③ 紙で作った飛行機を { 飛ぶ　飛ばす }。
　　　　　　　　　　　　（　　　　　　　）

④ お金を { 両替　交替 } する。
　　　　（　　　　　　　）

⑤ 私は日本の文化に { 安心　関心 } がある。
　　　　　　　　　　（　　　　　　　）

⑥ 交通 { 関係　機関 } を利用する。
　　　（　　　　　　　）

⑦ 父の { 職業　年齢 } は警官です。
　　　（　　　　　　　）

⑧ この車は安全 { 性　姓 } が高い。
　　　　　　（　　　　　　　）

⑨ 駅の { 中央　中心 } 口で待っていてください。
　　　（　　　　　　　）

⑩ よく耳が聞こえない。一度、病院で{ 検査　調査 }をしたほうがいいかもしれない。
　　　　　　　　　　　　　　（　　　　　　　）

📖 ふりかえり

→ 空港で使われる漢字がわかる。　　　　　　　　　　　はい　・　いいえ

→ 第18課で勉強した漢字を読んだり、書いたりできる。　はい　・　いいえ

19課 動画・映画 Video and Movie

この課で学ぶこと ▶ 動画や映画の広告に使われる漢字について考えましょう。

なんと書いてありますか

①

1 生活の知恵　賢い買い物
生活の知恵・5万回再生・1日前

2 お笑い劇場
お笑い劇場・10万回再生・2日前

3 夢レストラン★食欲の秋！
夢レストラン・2.5万回再生・3日前

4 演劇への招待
演劇への招待・1.5万回再生・3日前

① 知恵／賢い／笑う／劇場／夢／食欲／演劇／招待する

②
今夜9時
ドラマスペシャル「約束」
恋、突然の別れ、そして再び……。
今夜あなたに愛と感動のドラマを贈ります。
——涙なしには見られない——

② 恋／突然／再び／愛／感動する／贈る／涙

③

③ 武器／悲劇／王

19課 665〜676

665 恵 10画 〔心〕
一 厂 厂 芦 芦 亩 审 恵 恵 恵

rahmat, karunia | ကောင်းချီးမင်္ဂလာ ဉာဏ်တောင်းခြင်း | आशीर्वाद, चतुर | ආශිර්වාද, දක්ෂ

おんけい
恩恵 kebaikan, faedah | အကျိုးကျေးဇူး | लाभ, विशेषाधिकार | ප්‍රතිලාභය, වරප්‍රසාදය

ちえ
知恵 akal, kecerdasan | အသိဉာဏ် ဉာဏ်ပညာ | बुद्धि, ज्ञान | දැනුම, බුද්ධිය

めぐ
めぐ-まれる 恵まれる dikaruniai | ကောင်းချီးမင်္ဂလာရရှိသည် | धन्य हुनु | සැපිරි

666 賢 16画 〔貝〕
丨 厂 厂 臣 臣 臣 臣 臤 臤 賢 賢 賢 賢 賢 賢 賢

bijak | အသိဉာဏ်ရှိခြင်း | बुद्धिमान | ඥානවන්ත

かしこ
かしこ-い 賢い pintar, cerdas | ဉာဏ်ရှိသော ဉာဏ်ကောင်းသော | बुद्धिमान, चालाक | ප්‍රඥාවන්ත, දක්ෂ

667 笑 10画 〔⺮〕
丿 亇 ⺮ 竺 竺 竺 竿 笑

tawa, senyum | ပြုံးခြင်း၊ အပြုံး | हाँस्, मुस्कुराउनु | සිනාසෙනවා

わら
わら-う 笑う tertawa | ရယ်သည် | हाँस्नु | සිනාසෙනවා

え-む ほほ笑む tersenyum | ပြုံးသည် | मुस्कुराउनु | මද සිනහව

えがお
笑顔 wajah tersenyum | အပြုံးမျက်နှာ | मुस्कुराएको अनुहार | සිනාමුසු මුහුණ

668 劇 15画 〔刂〕
丶 亠 广 广 卢 卢 庐 虏 虏 虏 虏 豦 豦 劇 劇

drama, lakon | ပြဇာတ် | नाटक, खेल | නාටකය

げき
劇 sandiwara, drama | ပြဇာတ် | नाटक, ड्रामा | නාටකය

げきじょう
劇場 teater | ပြဇာတ်ရုံ | थिएटर | රංග ශාලාව

669 夢 13画 〔夕〕
一 十 艹 芒 芒 芦 苎 苗 莭 莭 夢 夢 夢

mimpi | အိပ်မက် | सपना | සිහිනය

むちゅう
夢中になる sedang asyik, tergila-gila | အလွန်အမင်းဖြစ်သည် | तल्लीन हुनु | ඇල්බැඳි වෙනවා

ゆめ
夢 mimpi | အိပ်မက် | सपना | සිහිනය

670 欲 11画 〔欠〕
丿 八 分 公 公 谷 谷 谷 谷 欲 欲

selera, hasrat | အလို၊ လောဘ | इच्छा, लोभ | බලාපොරොත්තුව, ආශාව

しょくよく
食欲 selera makan | စားချင်စိတ် | भोक | ආහාර රුචිය

よくば
欲張りな serakah, tamak | လောဘကြီးခြင်း | लोभी | කෑදර

ほ
ほ-しい 欲しい menginginkan, kepingin | လိုချင်သော | चाहनु | අවශ්‍යයි

671 福 13画 〔⺭〕
丶 ⼀ 礻 礻 礻 祁 福 福 福 福 福 福 福

keberuntungan | ကံကောင်းခြင်း | भाग्य | වාසනාව

こうふく
幸福 kebahagiaan | ပျော်ရွှင်စရာ | खुशी | සතුට

672 永 5画 〔水〕
丶 丬 永 永 永

kekal | ထာဝရ | अनन्त | සදාකල්

えいえん
永遠の abadi, kekal | ထာဝရ၊ အမြဲ | शाश्वत, स्थायी | සදාකාලික, නිත්‍යය

673 勇 9画 〔力〕
丶 マ 丙 丙 甬 甬 甬 勇 勇

keberanian | ရဲရင့်ခြင်း | बहादुरी | නිර්භීත

ゆうき
勇気 keberanian | ရဲရင့်မှု သတ္တိ | साहस | නිර්භීත, ධෛර්ය

いさ
いさ-む 勇ましい berani, bersemangat, gagah | ရဲရင့်သော သတ္တိရှိသော | साहसी | නිර්භීත, ධෛර්යවන්ත

19課 （665〜676）

674 情 11画 〔忄〕 ⺍ ⺍ 忄 忄 忙 忙 情 情 情 情 情

emosi, kondisi nyata | စိတ်အခြေအနေ၊ လက်တွေ့အခြေအနေ | भावना, वास्तविक स्थिति | හැඟීම්, සැබෑ තත්ත්වය

ジョウ

感情 perasaan, emosi | ခံစားမှု၊ စိတ်ခံစားမှု | भावना | හැඟීම්

友情 pertemanan | ခင်မင်ရင်းနှီးမှု | मित्रता | මිත්‍රත්වය

事情 keadaan, kondisi | အကြောင်းတရား၊ အကြောင်းကိစ္စ | परिस्थितिहरू, मामिलाहरू | තත්වයක්, කාරණයක්

675 演 14画 〔氵〕 ⺀ ⺀ 氵 氵 氵 氵 氵 氵 氵 演 演 演 演 演

memerankan, mengungkapkan | သရုပ်ဆောင်ခြင်း၊ ဖော်ပြခြင်း | प्रदर्शन गर्नु, अभिव्यक्त गर्नु |
රඟපානවා, ඉදිරිපත් කරනවා

エン

演習 seminar, latihan | လေ့ကျင့်မှု၊ လက်တွေ့လေ့လာခြင်း |
अभ्यास, अभ्यासहरू, सेमिनार | ප්‍රගුණ කිරීම, අභ්‍යාස, සම්මන්ත්‍රණය

講演 kuliah umum | ပို့ချမှု | व्याख्यान | දේශනය

演劇 drama, sandiwara | ပြဇာတ် | नाटक, ड्रामा | නාටකය

演説 ceramah, pidato | မိန့်ခွန်း | भाषण | කතාව, ඇමතීම

676 招 8画 〔扌〕 ⼀ ⼂ 扌 扌 扩 抈 招 招

mengundang | ဖိတ်ကြားခြင်း | आमन्त्रित गर्नु | ආරාධනා කරනවා

ショウ

招待する mengundang | ဖိတ်ကြားသည် | निमन्त्रणा गर्नु | ආරාධනා කරනවා

まね-く

招く mengundang | ဖိတ်ခေါ်သည် | बोलाउनु | ආරාධනා කරනවා

🗣 **よみましょう**　漢字の下に読みを書きなさい。

① 気分が悪くて、食欲もないので、何も欲しくありません。

② 私は様々な人から恩恵を受けている。

③ 近くの劇場で首相が演説をした。

④ 知恵と勇気と夢があれば、お金がなくても幸福に生きられると思う。

⑤ レオナルド・ダ・ヴィンチの『モナ・リザのほほ笑み』という絵は有名だ。

⑥ ご招待頂きましたが、事情があってお伺いできなくなりました。

⑦ 昔、あるところに欲張りなおじいさんと、正直なおじいさんがいました。

⑧ 運動会で勇ましい曲が流れた。

✏ **かきましょう**　送りがなに注意して、下線部のことばを漢字で書きなさい。

① 家族のえがおを見ると、つかれていることをわすれます。

② あの人はかしこくて、ゆうきのある人です。

③ かのじょはめぐまれた かていでそだった。

④ 高校生のころ、私はえんげきにむちゅうでした。

⑤ みなさん、写真をとりますよ。わらってください。

⑥ 私たちのゆうじょうはえいえんだ、とかのじょは言った。

⑦ きょうじゅが私をパーティーにまねいてくれた。

⑧ 先生の日本語についての講えんを聞きに行った。

143

19課 677〜688

677 恋 10画 〔⺖〕 丶 亠 ナ 亦 亦 亦 亦 恋 恋 恋

cinta, kasih | အချစ် | प्रेम | ආදරය

レン

こい
失恋する shitsuren suru patah hati | အသည်းကွဲသည် | प्रेममा निराश हुनु | ආදරය පිළිබඳ කළකිරෙනවා

恋 koi cinta | အချစ် | प्रेम | ආදරය

こい
恋しい koishii rindu, kangen | လွမ်းသော | सम्झनु, लालायित हुनु | ආසාවෙන් බලාහිඳිනවා

こいびと
恋人 koibito pacar, kekasih | ချစ်သူ | प्रेमी, प्रेमिका | ආදරවන්තයා, ආදරවන්තිය

678 然 12画 〔灬〕 ノ ク タ タ ダ 灯 灯 妖 然 然 然 然

keadaan, apa adanya | အခြေအနေ | स्थिति | තත්වය

ゼン

とうぜん
当然の touzen no sewajarnya | ဖြစ်သင့်သည့်အတိုင်း | स्वाभाविक, सही | සාමාන්‍ය, ඇත්ත වශයෙන්

ネン
てんねん
天然の tennen no alami | သဘာ | प्राकृतिक | ස්වභාවික

ぜんぜん
全然 zenzen sama sekali | လုံး၀ | पटक्कै | කොහෙත්ම නැත

679 突 8画 〔穴〕 丶 丷 宀 宁 空 空 穷 突

menyodok, menyerang | ထိုးစိုက်ခြင်း | धक्का, प्रहार | තල්ලු කිරීම, ගැටෙනවා

トツ

つ-く
突然 totsuzen tiba-tiba | ရုတ်တရက် | अचानक | හදිසියේම

っ
突く tsuku menusuk, menyerang, menyodok | ထိုးထည့်သည် | थिच्नु, धक्का दिनु | තල්ලු කරනවා

っ あ
突き当たる tsukiataru membentur, terantuk | ထိုးထည့်သည် | ठोक्किनु, ठक्कर खानु | ගැටෙනවා, හැප්පෙනවා

680 再 6画 〔冂〕 一 冂 冂 币 再 再

kembali, lagi | ထပ်မံ၍ | फेरि | නැවත

サイ

サ
再〜 sai ... ulang, ... kembali | တစ်ဖန် | पुन | නැවත

さらいしゅう
再来週 sairaishuu dua minggu akan datang | နောက်အပါတ်၏နောက်တစ်ပါတ် | अर्को हप्ता | ලබන සතියට පසු සතිය

ふたた
ふたた-び
再び futatabi lagi, kembali | တဖန် | फेरि | නැවත

681 愛 13画 〔⺖〕 一 ⺧ ⺪ ⺫ ⺈⺈ ⺤ ⺤ 恶 愛 愛 愛 愛

cinta | အချစ် | प्रेम | ආදරය

アイ

あい
愛 ai cinta | အချစ် | माया | ආදරය

あいじょう
愛情 aijou rasa cinta | အချစ်မေတ္တာ | माया | ආදරය

あい
愛する ai suru mencintai | ချစ်သည် | माया गर्नु | ආදරය කරනවා

682 感 13画 〔⺖〕 丿 厂 厂 厈 厈 咸 咸 咸 咸 感 感 感

rasa, indera | ခံစားမှု, ခံစားခြင်း | अहसास, महसूस गर्नु | දැනෙනවා, හැඟෙනවා

カン

かんどう
感動する kandou suru terharu | စိတ်လှုပ်ရှားသော | अत्यन्त प्रभावित हुनु, भावुक हुनु | පැහැදීමට/සතුටට පත්වෙනවා

かんしん
感心する kanshin suru kagum, terkesan | ချီးကျူးသည် | प्रशंसा गर्नु | අගය කරනවා

かん
感じる kanjiru merasa | ခံစားသည် | महसूस गर्नु | දැනෙනවා

683 贈 18画 〔貝〕 丨 冂 冂 冂 目 目 貝 貝 貝' 贈' 贈 贈 贈 贈 贈 贈 贈

menghadiahi | လက်ဆောင် | उपस्थित | තෑගි කරනවා

おく-る
おく
贈る okuru mengirim, menghadiahi | ပေးသည် လက်ဆောင်ပေးပို့သည် | दिनु, उपहार दिनु | දෙනවා, තෑග කරනවා

おく もの
贈り物 okurimono kiriman, hadiah | လက်ဆောင် | उपहार | තෑගග

684 涙 10画 〔⺡〕 丶 丶 氵 氵 汀 汀 沪 沪 浿 涙

air mata | မျက်ရည် | आँसू | කඳුළු

なみだ
なみだ
涙 namida air mata | မျက်ရည် | आँसू | කඳුළු

144

19課 (677〜688)

685 武 8画 〔止〕

一 ニ テ チ 疔 正 武武

militer | စစ်တပ် | सैनिक | හමුදාව

武士 samurai, ksatria | ဆာမူရိုင်း ရဲဘော် | समुराई, योद्धा | සමුරායිවරයා, රණශූරයා   武器 senjata | လက်နက် | हतियार | ආයුධ

686 悲 12画 〔心〕

ノ ナ ヺ ヺ 斗 非 非 非 非 悲 悲 悲

sedih | ဝမ်းနည်းခြင်း | दुखी | දුක

悲劇 tragedi | အလွမ်းဇာတ် | त्रासदी | බේදවාචකය

悲しい sedih | ဝမ်းနည်းသော | दुखी | දුකයි

悲しむ bersedih | ဝမ်းနည်းသည် | दुखी हुनु | දුක් වෙනවා

687 王 4画 〔王〕

一 丁 千 王

raja | ဘုရင် | राजा | රජතුමා

王 raja | ဘုရင် | राजा | රජතුමා   女王 ratu | ဘုရင်မ | रानी | රැජින

王子 pangeran | မင်းသား | राजकुमार | කුමාරයා

688 想 13画 〔心〕

一 十 才 木 村 机 机 相 相 相 想 想 想

pikir, imajinasi | တွေးတောခြင်း စိတ်ကူးခြင်း | सोच्नु, कल्पना गर्नु | සිතාපොහනවා, මවාගන්නවා

感想 kesan | ထင်မြင်ချက် | छाप | අදහස්   思想 pemikiran | အတွေး | विचार | සිතිවිලි

😲 **よみましょう**　漢字の下に読みを書きなさい。

① 愛情のこもった贈り物に感動しました。

② これは失恋した女の人が作った悲しい歌です。

③ 突然 起こった悲劇に人々は涙を流した。　④ 家族が恋しいので再来週帰国します。

⑤ 思想が違っても、武器を持たずに話し合いたい。　⑥ イギリスの女王が来日した。

⑦ 天然のこの魚はなかなか売っていない。値段が高いのは当然だ。

✏️ **かきましょう**　送りがなに注意して、下線部のことばを漢字で書きなさい。

① シェイクスピアのげきを見て、かんどうした。

② これは、ある国のおうがむすこのおうじが死んで、とてもかなしんだというばめんだ。

③ こいびとやともだち、あいする家族におくりものをします。

④ ぶ士がさまざまな人と戦う小説を読んで、かんそうを書いた。

⑤ リサイクルによって、ごみがふたたび使えるものとして生き返る。

⑥ ニュースで使われる日本語はむずかしくて ぜんぜんわかりません。

⑦ まっすぐ行って、つきあたったら、右にまがってください。

19課 練習

問題1 { }の正しいほうに○をつけ、( ) に読みを書きなさい。

例）母は { 旅行 ⑭銀行 } で働いています。
　　　（　ぎんこう　）

① 映画の { 紹介　招待 } 券が2枚あるので一緒に見に行きませんか。
　　　（　　　　　　　　）

② 賢い犬ですね。{ 感心　関心 } しました。
　　　　　　　（　　　　　　　　）

③ 勉強しなかったのだから、試験に落ちたのは { 突然　当然 } だ。
　　　　　　　　　　　　　　　　　　　（　　　　　　　　）

④ 話をしていて、彼女の優しさを { 感じた　閉じた }。
　　　　　　　　　　　　　　　（　　　　　　　　）

⑤ 彼が欠席とは { 珍しい　勇ましい } ですね。何か { 劇場　事情 } があるのでしょう。
　　　　　　　（　　　　　　）　　　　　（　　　　　　　）

⑥ 誕生日プレゼントに何が { 恋しい　欲しい } ですか。
　　　　　　　　　　　　　（　　　　　　）

⑦ 悲しいときだけでなく、うれしいときにも { 涙　泣 } が出る。
　　　　　　　　　　　　　　　　　　　（　　　　　　　）

⑧ 母の日の { 贈り物　送り物 } に花はいかがですか。
　　　　　（　　　　　　　）

問題2 ( ) に読みを書き、下線部の読みが同じほうに○をつけなさい。

例）男性（だんせい）　┌ ⑭男子（ だんし ）
　　　　　　　　　　└ 長男（ちょうなん）

① 再入国（　　　　　）　┌ 再利用（　　　　　　　）
　　　　　　　　　　　└ 再来週（　　　　　　　）

② 全然（　　　　）　┌ 天然（　　　　　）
　　　　　　　　　└ 当然（　　　　　）

③ 無料（　　　　）　┌ 無事（　　　　　）
　　　　　　　　　└ 無理（　　　　　）

④ 工夫（　　　　）　┌ 夫婦（　　　　　）
　　　　　　　　　└ 夫妻（　　　　　）

📖 ふりかえり

→ 動画や映画の広告の漢字がわかり、内容が紹介できる。　　　　はい　・　いいえ

→ 第19課で勉強した漢字を読んだり、書いたりできる。　　　　はい　・　いいえ

20課 注意書き Instructions

この課で学ぶこと▶ 注意書きに使われる漢字について考えましょう。

なんと書いてありますか

1

○○ランド 入園料

大人	中人	小人
18才※1以上	12才～17才 (中学・高校生)	4才～11才 (幼児・小学生)
5,800 円	5,000 円	3,900 円

3歳未満のお子様はご利用になれません

① 才 歳 未満

2 銀行

現金自動支払機／通帳／カード／紙幣／硬貨／防犯カメラ稼働中／整理券をお取りになってお待ち下さい／案内係

② 整理券 係 現金 硬貨 防犯

3 看板・はり紙

お駐車断り／鈴木一郎／本日中にお召し上がりください／家庭のゴミを捨てないでください／燃える／燃えない／ビン・缶

盗難にご注意ください！／作品(artwork)に触れないでください／ここに物を置かないでください

③ 駐車する 断る 召し上がる 捨てる 盗難 触れる 置く

※1 才:「歳」の代わりに使われることがある。　※2 稼働中(かどうちゅう):動いている

20課 689〜700

689 才 3画〔扌〕 一 十 才
サイ
kemampuan, bakat | စွမ်းရည်၊ ပါရမီ | क्षमता, प्रतिभा | හැකියාව, දක්ෂතාවය
才能 さいのう bakat | အရည်အချင်း၊ စွမ်းဆောင်ရည် | क्षमता, प्रतिभा | හැකියාව, දක්ෂතාවය

690 歳 13画〔止〕 丨 ㇐ 屵 屵 广 广 声 岸 岸 岸 歳 歳 歳
サイ ∞
tahun, umur | နှစ်၊ အသက် | वर्ष, उमेर | වර්ෂය, වයස
〜歳 さい ... tahun (untuk umur) | 〜နှစ် | ... वर्ष | අවුරුදු... ※年齢を書く場合は「才」を使わず「歳」と書きましょう。
二十歳 はたち umur 20 tahun | အသက် ၂၀ | बीस वर्ष | අවුරුදු විස්සයි

691 満 12画〔氵〕 丶 ㇀ 氵 汁 汁 汁 洪 浩 満 満 満
マン
み-ちる
mengisi | ပြည့်ခြင်း | भर्नु | සම්පූර්ණ වෙතවා
満員 まんいん penuh (dengan orang) | လူအပြည့် | भरिएको (मानिसले) | සම්පූර්ණයෙන් පිරී ඇත (මිනිසුන්ගෙන්)
満足する まんぞく puas | ကျေနပ်သည် | सन्तुष्ट हुनु | සෑහීමට පත්වෙතවා
満ちる み penuh | ပြည့်သည် | भरिएको हुनु | පිරෙනවා

692 未 5画〔木〕 一 二 キ 才 未
ミ
belum | မပြည့်ခြင်း | अझै समय छैन | තවම
未〜 み belum ... | မ〜 | अझै ..., न- | .....අවු, තො.....
未来 みらい masa depan | အနာဂတ် | भविष्य | අනාගතය
未満 みまん di bawah | မပြည့်ခြင်း၊ အောက်လျော့နေခြင်း | मुनि | සම්පූර්ණ තොල, ...අවු

693 整 16画〔攵〕 一 ㇕ ㇕ ㇒ 束 束 束 敕 敕 敕 敕 敕 整 整 整
セイ
ととの-う
mengatur | အစီအစဉ်တကျထားခြင်း | व्यवस्थित गर्नु | පිළිවෙළ කරතවා
整理する せいり mengatur | အမျိုးအစားခွဲသည် | क्रमबद्ध गर्नु | පිළිවෙළට පසකස් කරතවා
整数 せいすう bilangan bulat | ကိန်းပြည့် | पूर्णांक संख्या | පූර්ණ සංඛ්‍යා
準備が整う じゅんび ととの persiapannya sudah beres | အသင့်ပြင်ဆင်သည် | तयार हुनु | සූදානමව සිටිතවා

694 係 9画〔亻〕 ノ 亻 亻 仁 仔 仔 任 係 係
ケイ
かかり
hubungan, yang bertugas | ဆက်စပ်ခြင်း၊ တာဝန်ခံ | संयोग, जिम्मेवार | සම්බන්ධ වෙතවා, භාරව සිටිත පුද්ගලයා
関係する かんけい berhubungan, berkaitan | ဆက်ဆိုင်သည် | सम्बन्धित हुनु | සම්බන්ධ
係 かかり yang bertugas | တာဝန်ခံ | जिम्मेवार व्यक्ति | භාරව සිටිත පුද්ගලයා

695 現 11画〔王〕 一 ㇒ 王 王 王 玑 玑 珇 珇 珇 現
ゲン
あらわ-れる
あらわ-す
aktual, muncul | လက်တွေ့၊ ပေါ်ပေါက်ခြင်း | वास्तविक, देखिनु | ඇත්ත, දිස්වෙතවා
現在 げんざい saat ini | လက်ရှိအချိန် | वर्तमान | වර්තමානය
現金 げんきん uang tunai | လက်ငင်းငွေသား | नगद | මුදල්
現れる あらわ muncul | ပေါ်ပေါက်လာသည် | देखा पर्नु | පෙනීසිටිතවා
現す あらわ memunculkan | ဖော်ပြသည် | देखाउनु | පෙන්වතවා

696 貨 11画〔貝〕 ノ 亻 イ 化 化 代 貨 貨 貨 貨 貨
カ
kepemilikan | ပိုင်ဆိုင်မှု | सम्पत्ति | දේපළ
貨物 かもつ kargo, muatan | ပို့ကုန်၊ ကုန်စည် | माल | භාණ්ඩ ප්‍රවාහනය

697 硬 12画〔石〕 一 ㇒ 丆 石 石 石 砈 砈 砈 砈 硬 硬
コウ
かた-い
keras | မာကြောခြင်း၊ တင်းကြပ်ခြင်း | कठिन, कठोर | තද, දැඩි
硬貨 こうか koin, uang logam | အကြွေစေ့ | सिक्का | කාසි
硬い かた keras | မာကြောသော၊ တင်းကျပ်သော | कडा | තද, දැඩි

148

20課 （689〜700）

698 犯 5画 〔犭〕

ノ 丿 犭 犭 犯

kejahatan, melanggar | ရာဇဝတ်မှု၊ ကျူးလွန်ခြင်း | अपराध, अपराध गर्नु | අපරාධය, නීති විරෝධී යමක් කරනවා

ハン

犯人（はんにん） pelaku | တရားခံ | अपराधी | අපරාධකරු

犯罪（はんざい） kejahatan | ရာဇဝတ်မှု | अपराध | අපරාධය

防犯（ぼうはん） pencegahan kejahatan | ရာဇဝတ်မှုကိုကာကွယ်ခြင်း | अपराध रोकथाम | අපරාධ වැළැක්වීම

おか-す

犯す（おか）melakukan (kejahatan), melanggar | ကျူးလွန်သည် | अपराध गर्नु | නීති විරෝධී යමක් කරනවා

699 駐 15画 〔馬〕

丨 厂 厂 厂 FF FF 馬 馬 馬 馬 馬 馬` 馬- 馬T 駐

parkir, tinggal | ပါကင်ထိုးခြင်း၊ နေခြင်း | पार्क, बस्नु | රථ ගාල, තවතිතවා

チュウ

駐車する（ちゅうしゃ） parkir | ကားပါကင်ထိုးသည် | पार्क गर्नु | වාහන තතර කරනවා

700 断 11画 〔斤〕

丶 丷 丷 ㇇ ¥ ¥ ¥ 迷 迷´ 断 断 断

memutus, memutuskan | ဖြတ်တောက်ခြင်း၊ ဆုံးဖြတ်ချက်ချခြင်း | काट्नु, निर्णय गर्नु | විසන්ධි කරනවා, තීරණය කරනවා

ダン

判断する（はんだん） memutuskan, menyimpulkan | ဆုံးဖြတ်ချက်ချသည် | निर्णय गर्नु | නිගමනය කරනවා, තීරණය කරනවා

断水（だんすい） mati air (ledeng) | ရေပြတ်ခြင်း | पानी आपूर्ति निलम्बन | ජල සැපයුම අත්හිටුවනවා

ことわ-る

断る（ことわ） menolak, memutus | ငြင်းပယ်သည် | अस्वीकार गर्नु | ප්‍රතික්ෂේප කරනවා

🗣️ **よみましょう**　漢字の下に読みを書きなさい。

① 貨物列車が鉄橋を渡る。

② その男と犯人との関係を調（しら）べる。

③ 月は満ちたり欠けたりする。

④ 係の人が判断（はん）しますから、少しお待ちください。

⑤ 12 歳未満の人は子供料金です。

⑥ 深夜から翌日の朝にかけて断水するそうです。

⑦ 出口の前に駐車しないでください。

⑧ 音楽の才能は彼が 3 歳のときに現れたという。

✏️ **かきましょう**　送りがなに注意して、下線部のことばを漢字で書きなさい。

① パーティーのじゅんびがととのった。

② 五百円こうかを発行する。

③ まんいんで 入場を ことわられた。

④ かのじょがこの事件（じけん）にかんけいしていることは明らかだ。

⑤ つくえの上にある資料（し）をせいりします。

⑥ 日本でははたちからお酒を飲むことができます。

⑦ げんざいのせいかつにまんぞくしている。

⑧ みらいはこの映画のようになるだろうか。

20課 701〜712

701 捨 11画 〔扌〕
一 十 扌 扌 扩 扩 拎 拎 捨 捨 捨
membuang | စွန့်ပစ်ခြင်း | फेक्नु | විසිකරනවා

シャ
四捨五入する membulatkan | ဒသမနောက်တွင် ၅နှင့်အထက်ဖြစ်လျှင်တစ်ထိုးခြင်း | गोलो पार्नु | වටයනවා

す-てる
捨てる membuang | စွန့်ပစ်သည် | फाल्नु | විසිකරනවා

702 召 5画 〔口〕
ク ク 刀 召 召
memanggil, memakai | ခေါ်ခြင်း | कोर, बोलाउनु | අමතනවා

め-す
召し上がる (bentuk hormat) makan, minum | စားသောက်သည် (ယဉ်ကျေးသော) | खानु, पिउनु (आदरात्मक) | කතවා, බොතවා (ගෞරවාන්විත)

703 盗 11画 〔皿〕
丶 冫 氵 汃 汄 次 次 盗 盗 盗 盗
mencuri | ခိုးယူခြင်း၊ ဓါးပြတိုက်ခြင်း | चोरी गर्नु | සොරකම් කරනවා

トウ
強盗 perampok | ဓားပြ | लुटेरा | සොරා
盗難 pencurian | ဓားပြတိုက်ခြင်း၊ ခိုးယူမှု | चोरी | සොරකම

ぬす-む
盗む mencuri | ခိုးယူသည် | चोर्नु, लुट्नु | සොරකම් කරනවා

704 触 13画 〔角〕
ノ ク グ 角 角 角 角 角 角 角 触 触 触
menyentuh | ထိခြင်း | स्पर्श गर्नु | අල්ලනවා

さわ-る
触る menyentuh, meraba | ထိသည် | छुनु | ස්පර්ශ කරනවා

ふ-れる
触れる mengenai, menyentuh | ထိသည်၊ ထိတွေ့သည် | छुनु, पुग्नु | ඇඟවෙනවා, ළඟා වෙනවා

705 置 13画 〔罒〕
一 冂 冂 罒 罒 罒 罒 罝 罝 罝 置 置 置
menaruh | ထားခြင်း | राख्नु | තබනවා

チ
装置 peralatan | ကိရိယာပစ္စည်း | उपकरण | උපකරණ
位置 letak | နေရာ | स्थिति | තත්ත්වය

お-く
置く menaruh, meletakkan | ထားသည် | राख्नु | තබනවා

706 眠 10画 〔目〕
| 冂 冃 目 目 盰 盰 眒 眠 眠
tidur | အိပ်စက်ခြင်း | सुत्नु | නිදනවා

ミン
睡眠 tidur | အိပ်စက်ခြင်း | निद्रा | නින්ද

ねむ-い
眠い mengantuk | အိပ်ငိုက်သော | निन्द्रा लाग्ने | නිදිමතයි

ねむ-る
眠る tidur | အိပ်စက်သည် | सुत्नु | නිදාගන්නවා

707 袋 11画 〔衣〕
ノ イ 仁 代 代 代 伐 伐 袋 袋 袋
kantung | အိတ် | झोला | බෑගය/කවරය

ふくろ
袋 kantung | အိတ် | झोला | කවරය
手袋 sarung tangan | လက်အိတ် | पञ्जा | අත්වැසුම්

⦿⦿
足袋 kaus kaki tradisional Jepang | ဂျပန် ဂျပန်ခြေအိတ် | तबी | සාම්ප්‍රදායික ජපන් මේස්

708 挟 9画 〔扌〕
一 十 扌 扌 扩 折 挟 挟 挟
menjepitkan | ညှပ်ခြင်း | ... बीचमा राख्नु | මැදීම

はさ-まる
挟まる terjepit | ညှပ်သည် | बीचमा पर्नु | මැදිවෙනවා

はさ-む
挟む menjepitkan, menyelipkan | ညှပ်သည် | बीचमा राख्नु | මැදිත් තබනවා

709 械 11画 〔木〕
一 十 才 木 木 材 栌 栌 械 械 械
peralatan | စက်ကိရိယာ | यान्त्रिक योजना | යන්ත්‍ර

カイ
機械 mesin | စက် | मेसिन | යන්ත්‍රය

150

20課（701〜712）

710 任 6画 〔イ〕 ノ イ イ 仟 仟 任

mempercayakan ｜ အပ်နှံခြင်း၊ တာဝန်ယူခြင်း ｜ सौंपु, अनुमान गर्नु ｜ පවරනවා, භාර ගන්නවා

ニン　責任 tanggung jawab ｜ တာဝန်၊ တာဝန်ခံခြင်း ｜ जिम्मेवारी ｜ වගකීම, වගවීම

まか-せる　任せる menyerahkan, mempercayakan ｜ တာဝန်ပေးအပ် ｜ जिम्मा दिनु ｜ භාර කරනවා

711 責 11画 〔貝〕 一 十 土 丰 丰 韦 青 青 青 責 責

menyalahkan ｜ အပြစ်တင်ခြင်း ｜ दोष लाग्नु ｜ බනිනවා

セキ　責任 tanggung jawab ｜ တာဝန်၊ တာဝန်ခံခြင်း ｜ जिम्मेवारी ｜ වගකීම, වගවීම

せ-める　責める menyalahkan ｜ စွပ်စွဲသည်၊ အပြစ်တင်သည် ｜ दोष लगाउनु ｜ චෝදනා කරනවා, බනිනවා

712 担 8画 〔扌〕 一 十 扌 扣 扣 扣 担 担

memikul ｜ ထမ်းခြင်း ｜ कान्धा मा ल्याउनु ｜ වගකීමක් ගන්නවා

タン　担当する bertanggung jawab, menangani ｜ တာဝန်ယူဆောင်ရွက်သည် ｜ जिम्मा लिनु ｜ භාරව සිටිනවා

かつ-ぐ　担ぐ memikul ｜ ထမ်းသည် ｜ काँधमा राख्नु ｜ වගකීමක් භාර ගන්නවා

よみましょう　漢字の下に読みを書きなさい。

① 睡眠時間が短いので、いつも眠い。　　② 盗難にご注意ください。

③ これは病気の人の呼吸を助ける装置です。

④ 危険ですから触らないでください。

⑤ 1.5も2.4も四捨五入すると2になる。

⑥ サンタクロースはプレゼントの袋を担いで煙突から入ってくる。

⑦ 自分が悪いと責めるのはやめましょう。　⑧ 手袋をすると暖かい。

かきましょう　送りがなに注意して、下線部のことばを漢字で書きなさい。

① 店で売っているしょうひんにはふれないようにおねがいします。

② 料理なら、私にまかせてください。　　③ ごみはこのごみばこにすててください。

④ 店で起きたじこのせきにんをとって、会社をやめた。

⑤ おきゃくさまをたんとうさせていただきます。

⑥ 物がはさまるとこのきかいは自動的に止まる。

⑦ ここにおいてあったげんきんがぬすまれた。

⑧ ねむれないなら、ワインでもめしあがったら、どうですか。

151

20課 練習

問題1 送りがなに注意して、下線部のことばを漢字で書きなさい。

例）次の<u>かど</u>を左に<u>まがる</u>。
　　　　角　　　曲がる

① こちらで<u>おめしあがり</u>ください。　　　② <u>じゅんび</u>が<u>ととのう</u>まで<u>まつ</u>。

③ <u>りょうがえ</u>は、<u>おことわり</u>します。　　　④ このくすりは<u>のむ</u>と<u>ねむく</u>なる。

⑤ <u>かべ</u>にかかっている<u>え</u>に<u>ふれ</u>ないでください。

⑥ <u>いま</u>、どこにいるか、<u>位ち</u>を<u>かくにん</u>する。　　⑦ <u>かんり</u>を<u>まかせる</u>。

⑧ <u>こうふく</u>に<u>みちた</u> <u>じかん</u>をすごす。

⑨ ドアに<u>からだ</u>を<u>はさまれ</u>ないように<u>ごちゅうい</u>ください。

⑩ <u>げんきん</u>とカードの<u>はいった</u> <u>さいふ</u>を<u>ぬすまれる</u>。

問題2 ｛　　｝の正しいほうに○をつけ、（　　　）に読みを書きなさい。

例）ふるさとが｛ 久しい　(恋しい) ｝。
　　　　　　（ こ い し い ）

① あそに｛ 防犯　犯罪 ｝カメラがある。　　② 五百円｛ 硬貨　貨物 ｝は使えません。
　　　（　　　　　　　）　　　　　　　　　　（　　　　　　　　　）
③ 私がこのクラスを｛ 責任　担当 ｝します。　④ 彼には絵の｛ 才能　性能 ｝がある。
　　　　　　　　（　　　　　　　）　　　　　　　　　（　　　　　　　）
⑤ 着物には靴下ではなく｛ 手袋　足袋 ｝をはきます。
　　　　　　　　　　　（　　　　　　　）
⑥ なかなか日本語を使う｛ 機械　機会 ｝がない。
　　　　　　　　　　（　　　　　　　）
⑦ 荷物はここに｛ 置いて　突いて ｝ください。
　　　　　　　（　　　　　　　）
⑧ 自分の考えを文に｛ 表す　犯す ｝。
　　　　　　　　（　　　　　　　）
⑨ ｛ 将来　未来 ｝からやって来たロボットの漫画を読んだ。
　（　　　　　　　）
⑩ あの銀行に｛ 強盗　盗難 ｝が入ったそうだ。
　　　　　　　（　　　　　　　）

📖 ふりかえり

→ 漢字で書かれた注意書きを読んで、書いてあることができる。	はい　・　いいえ
→ 第20課で勉強した漢字を読んだり、書いたりできる。	はい　・　いいえ

21課 ガイダンス Guidance

この課で学ぶこと ▶ ガイダンスで使われる漢字について考えましょう。

なんと書いてありますか

1

日本語クラス受講（じゅこう）

姓 _____　　名 _____

姓 フリガナ _____　　名 フリガナ _____

生年月日
[　▼]年[　▼]月[　▼]日　　年齢[　▼]歳　国籍（こくせき）[　▼]

学部 [_____▼]　　学生証（しょう）番号 _____

指導（し）教員 _____

連絡先　住　所 〒_____
　　　　電話番号 _____　メールアドレス _____

希望するコース
□ a.初級1　□ b.初級2　□ c.初級3　□ d.中級

2

この大学に在学している人だけが受けることができます。
申し込みに必要なパスワードは、この封筒の中に入っている書類に書いてあります。
わからないことがあったら、事務の人（office worker）に聞いてください。
期限を守ってください。

① 指導（し）する
　連絡する
　希望

② 在学する
　申し込む
　必要な
　書類
　封筒
　事務室
　期限
　守る

※受講（じゅこう）：授業、講義（ぎ）を受けること

153

21課 713〜724

713 講 17画〔言〕
丶 亠 冫 冫 言 言 言 言 許 許 許 講 講 講 講 講

menjelaskan, mempelajari｜ရှင်းပြခြင်း၊ သင်ယူခြင်း｜समझाना, सिखना｜විස්තර කරනවා, ඉගෙන ගන්නවා

コウ

講義 kuliah｜ပို့ချမှု｜व्याख्यान｜දේශනය

講師 dosen｜ကထိက｜प्राध्यापक｜කතිකාචාර්ය

714 申 5画〔田〕
丨 冂 冂 日 申

mengatakan, melaporkan｜ပြောဆိုခြင်း｜रिपोर्ट गर्नु, भन्नु｜වාර්තා කරනවා, කියනවා

シン
もう-す

申請する mendaftar, mengajukan aplikasi｜လျှောက်ထားသည်｜आवेदन गर्नु｜අයදුම් කරනවා

申す (bentuk merendah) berkata｜ပြောဆို (နှိမ့်ချသော)｜भन्नु (नम्र)｜කියනවා (යටහත් පහත්)

申し上げる (bentuk merendah) berkata, bicara｜ပြောဆို (နှိမ့်ချသော)｜भन्नु, भन्नु (नम्र)｜කියනවා (යටහත් පහත්)

申し訳ない merasa bersalah, maaf｜တောင်းပန်ပါယ်｜माफ गर्नुहोस्｜මට කණගාටුයි

715 込 5画〔辶〕
ノ 入 入 込 込

bergerak｜ပါဝင်ခြင်း｜हल्लाउनु｜ගමන් කරනවා

こ-む
こ-める

込む menjadi penuh, ramai orang｜ပါဝင်သည်၊ လူစည်ကားသည်｜हल्लु, भिड हुनु｜තෙනගින් පිරී යනවා

申し込む mendaftar｜လျှောက်ထားသည်｜आवेदन गर्नु｜අයදුම් කරනවා

込める memasukkan, mengisi｜ပါဝင်သည်｜हल्लु｜ඇතුල් කරනවා

716 導 15画〔寸〕
丶 丷 丷 丷 产 芍 芍 首 首 道 道 道 道 導 導

membimbing｜လမ်းညွှန်ခြင်း｜गाइड गर्नु｜මග පෙන්වනවා

ドウ

指導する membimbing｜ညွှန်ကြားသည်၊ နည်းပြသည်၊ လမ်းညွှန်သည်｜निर्देशन गर्नु, प्रशिक्षित गर्नु｜මග පෙන්වනවා

717 絡 12画〔糸〕
乀 幺 幺 乡 糸 糸 糸 紓 絞 絡 絡 絡

terjalin｜ချိတ်ဆက်ခြင်း၊ ရစ်ပတ်ခြင်း｜अन्तर्दृष्टि गर्नु, एन्टिन गर्नु｜එකට යා කරනවා, එතෙනවා

ラク

連絡する menghubungi｜ဆက်သွယ်သည်｜सम्पर्क गर्नु｜දැනුම් දෙනවා

718 望 11画〔月〕
丶 亠 七 七 切 切 朌 胡 望 望 望

mengharap｜မျှော်လင့်ခြင်း၊ ကြည့်ခြင်း｜आशा गर्नु, देख｜බලාපොරොත්තුව, බලනවා

ボウ
のぞ-む

望遠鏡 teleskop｜အဝေးကြည့်မှန်ပြောင်း｜दूरबीन｜දුරදක්ෂය

失望する putus harapan｜စိတ်ပျက်ကျသည်｜निराश हुनु｜බලාපොරොත්තු සුන් වෙනවා

望む berharap｜မျှော်လင့်သည်｜आशा गर्नु, चाहनु｜බලාපොරොත්තු වෙනවා

望み harapan｜မျှော်လင့်ချက်｜आशा, चाहना｜බලාපොරොත්තුව

719 希 7画〔巾〕
ノ メ ナ 矛 矛 希 希

harapan｜မျှော်လင့်ခြင်း｜आशा｜බලාපොරොත්තුව

キ

希望 harapan｜ဆန္ဒ｜आशा｜බලාපොරොත්තුව

720 在 6画〔土〕
一 ナ 才 右 存 在

ada｜တည်ရှိခြင်း｜अस्तित्वमा हुनु｜ජීවත් වෙනවා

ザイ

在学する terdaftar di sekolah｜ကျောင်းတက်သည်｜स्कूल जानु｜පාසැල් යනවා

滞在する tinggal｜နေထိုင်သည်｜बस्नु｜තවාතැත් ගන්නවා

721 可 5画〔口〕
一 丆 冂 可 可

mungkin, bisa｜ဖြစ်နိုင်ခြေ၊ ခွင့်ပြုချင်း｜सम्भावित, स्वीकृत｜හැකි, අනුමත කරනවා

カ

可能な mungkin｜ဖြစ်နိုင်ခြေသော｜सम्भव｜හැකි

不可 tidak bisa｜ခွင့်မပြုခြင်း｜अस्वीकृति｜නොහැකි

722 許 11画〔言〕
丶 冫 冫 冫 言 言 言 許 許 許 許

izin｜ခွင့်ပြုခြင်း｜अनुमति｜අවසර දෙනවා

キョ
ゆる-す

許可する mengizinkan｜ခွင့်ပြုသည်｜अनुमति दिनु｜අවසර දෙනවා

許す mengizinkan, memaafkan｜ခွင့်လွှတ်သည်｜अनुमति दिनु｜අවසර දෙනවා

154

21課 （713〜724）

---

723 要 9画 〔覀〕

一 一 戸 戸 戸 両 両 西 要 要 要

penting, perlu | အရေးကြီးသော လိုအပ်သော | महत्त्वपूर्ण, आवश्यक | වැදගත්, අවශ්‍ය

ヨウ

い-る

重要な（じゅうよう） penting | အရေးကြီးသော | महत्त्वपूर्ण | වැදගත්

要点（ようてん） garis besar, pokok | အဓိကအချက် | मुख्य कुरा | වැදගත් කරුණ

要る（い-る） memerlukan | လိုအပ်သည် | आवश्यक हुनु | අවශ්‍යයයි

---

724 必 5画 〔心〕

丶 ソ 必 必 必

perlu, pasti | လိုအပ်သော သေချာပေါက် | आवश्यक, निश्चित | අත්‍යවශ්‍ය, නිසැකවම

ヒツ

かなら-ず

必要な（ひつよう） perlu, yang diperlukan | လိုအပ်သော | आवश्यक | අත්‍යවශ්‍ය

必死の（ひっし） mati-matian | အပြင်းအထန် | हताश | ඉතා දැඩ්ලෙස බීතෑ කරත

必ず（かなら-ず） pasti | သေချာပေါက် | पक्का | අනිවාර්යයෙන්

🗣 **よみましょう**　漢字の下に読みを書きなさい。

① 希望の大学をめざして必死で勉強する。　② 講義（ぎ）の要点を黒板に書く。

③ ホームステイに申し込むには指導教員の許可が要ります。

④ パスポートを申請（せい）するのに必要なものを準備する。

⑤ 望遠鏡（きょう）があれば遠くのものを見ることが可能です。

⑥ 試験のとき、辞書の持ち込み (bringing in) は不可です。

⑦ 更に税金を上げるのは許せない。

⑧ 首相の演説の内容に失望する。

✏ **かきましょう**　送りがなに注意して、下線部のことばを漢字で書きなさい。

① よろしく おねがい もうしあげます。　② 心を こめて 手紙を 書く。

③ おくれる場合はかならず れんらくしてください。

④ あなたの部屋をのぞみどおりにリフォームします。

⑤ 私は田中ともうします。

⑥ 妹はさくら大学にざいがくしています。

⑦ 世界のへいわを強くのぞみます。

⑧ 名前をまちがえて、もうし訳（わけ）ない。

155

725 **類** 18画 〔頁〕

jenis, macam | အမျိုးအစား၊ အုပ်စု | प्रकार, बाटो, समूह | වර්ග, වර්ග කරනවා, කාණ්ඩය

ルイ
書類（しょるい） dokumen, berkas | စာရွက်စာတမ်း | कागजात | ලිය කියවිලි
分類する（ぶんるいする） mengklasifikasi | အမျိုးအစားခွဲခြားသည် | वर्गीकरण गर्नु | වර්ගීකරණය කරනවා

726 **筒** 12画 〔⺮〕

silinder, pipa | ပြွန် | ट्यूब | නළය

トウ
水筒（すいとう） termos air minum | စစ်သုံးရေဘူး | क्यान्टिन | වතුර බෝතලය

727 **封** 9画 〔寸〕

segel | တံဆိပ် | छाप | මුද්‍රාව

フウ
封筒（ふうとう） amplop | စာအိတ် | खाम | ලියුම් කවරය

728 **務** 11画 〔力〕

kewajiban | တာဝန်၊ ထမ်းဆောင်ခြင်း | कर्तव्य, सेवा गर्नु | රාජකාරිය, සේවය කරනවා

ム
事務所（じむしょ） kantor administrasi | ရုံးခန်း | कार्यालय | කාර්යාලය
義務（ぎむ） kewajiban | တာဝန်၊ ဝတ္တရား | कर्तव्य | රාජකාරිය, වගකීම

つと-める
務める（つとめる） bertindak, bertugas | တာဝန်ထမ်းဆောင်သည် | सेवा गर्नु | සේවය කරනවා

729 **期** 12画 〔月〕

jangka, harapan | အချိန်ကာလ၊ ဆန္ဒ | अवधि, इच्छा | කාල පරිච්ඡේදය, පැතුම

キ
学期（がっき） tahun ajaran | စာသင်နှစ် | कार्यकाल | වාරය
期間（きかん） periode | ကာလတဖြတ်၊ အချိန်ကာလ | अवधि | කාලපරිච්ඡේදය
期待する（きたいする） mengharapkan | မျှော်လင့်သည် | आशा गर्नु | බලාපොරොත්තු තබාගත්තවා
長期（ちょうき） jangka panjang | ကာလရှည် | लामो अवधि | දීර්ඝ කාලයක්

730 **限** 9画 〔阝〕

batas | ကန့်သတ်ခြင်း | सीमा | සීමාව

ゲン
期限（きげん） batas waktu | နောက်ဆုံးသတ်မှတ်ရက်၊ ကာလသတ်မှတ်ချက် | समय सीमा | නියමිත කාල සීමාව
制限する（せいげんする） membatasi | သတ်မှတ်သည်၊ ကန့်သတ်သည် | सीमित गर्नु, रोक्नु | සීමා කරනවා
限界（げんかい） batas, keterbatasan | အကန့်အသတ် | सीमा | සීමාව
限度（げんど） batas | အတိုင်းအတာ | सीमा | සීමාව

かぎ-る
限る（かぎる） membatasi | ကန့်သတ်သည် | सीमित गर्नु | සීමා කරනවා
限り（かぎり） batas | အကန့်အသတ် | सीमा | සීමාව

731 **守** 6画 〔宀〕

melindungi | ကာကွယ်ခြင်း | संरक्षण गर्नु | ආරක්ෂා කරනවා

ス
留守（るす） sedang meninggalkan tempat | အိမ်တွင်မရှိခြင်း | अनुपस्थिति | නිවසින් බැහැරව සිටිනවා

まも-る
守る（まもる） menjaga, melindungi | စောင့်ရှောက်သည်၊ ကာကွယ်သည် | रक्षा गर्नु | ආරක්ෂා කරනවා

732 **進** 11画 〔辶〕

maju | ရှေ့တိုးဆောင်ရွက်ခြင်း | अगाडि बढ्नु | ඉදිරියට යනවා

シン
進学する（しんがくする） melanjutkan pendidikan | ကျောင်းဆက်တက်သည် | अघि बढ्नु | උසස් අධ්‍යාපනය සඳහා යොමුවෙනවා
進歩する（しんぽする） mengalami kemajuan/perkembangan | တိုးတက်သည် | प्रगति गर्नु, अगाडि बढ्नु | දියුණුව, වර්ධනය

すす-む
進む（すすむ） maju | တိုးတက်သည် | अगाडि बढ्नु | වර්ධනය වනවා

すす-める
進める（すすめる） memajukan, menjalankan | ရှေ့တိုးဆောင်ရွက်သည် | अगाडि बढाउनु | ඉදිරියට යනවා

21課 （725〜736）

733 採 11画 〔扌〕
一 十 才 扩 扩 扩 扩 抨 抨 採 採
mengambil, mengumpulkan ｜ ယူခြင်း၊ စုခြင်း ｜ चुन्नु, जम्मा गर्नु ｜ තෝරනවා, එකතු කරනවා

サイ
と-る
採点する memberi nilai ｜ အမှတ်ပေးသည်၊ အဆင့်သတ်မှတ်သည် ｜ चिन्ह लगाउनु ｜ උත්තර පත්‍ර පරීක්ෂා කරනවා
採る mengambil, menerima ｜ လက်ခံသည်၊ အလုပ်ခန့်သည် ｜ अपनाउनु, रोज्नु ｜ අනුගත වෙනවා, යොදවනවා

734 価 8画 〔亻〕
ノ 亻 亻 仁 价 価 価 価
nilai, harga ｜ တန်ဖိုး၊ ဈေးနှုန်း ｜ मूल्य, मुल्य ｜ අගය, මිල

カ
物価 harga barang-barang ｜ ကုန်ဈေးနှုန်း ｜ (वस्तु) मूल्य ｜ බඩු මිල
価格 harga ｜ ဈေးနှုန်း ｜ मूल्य ｜ මිල

735 評 12画 〔訁〕
丶 ニ 三 言 言 言 言 訂 訂 評 評 評
menilai ｜ တန်ဖိုးဖြတ်ခြင်း ｜ मूल्यांकन गर्नु ｜ ඇගයීමට ලක් කරනවා

ヒョウ
評価 evaluasi, penilaian ｜ အကဲဖြတ်ခြင်း ｜ मूल्यांकन ｜ ඇගයීම
評判 reputasi ｜ ဂုဏ်သတင်း ｜ प्रतिष्ठा ｜ ජනප්‍රියත්වය
評論 ulasan, komentar ｜ ဝေဖန်ခြင်း၊ သုံးသပ်ခြင်း ｜ आलोचना, समीक्षा ｜ විවේචනය, සමාලෝචනය

736 績 17画 〔糹〕
く ㄠ ㄠ ㄠ 糸 糸 糸 糺 紂 紂 綪 綪 綪 綪 綪 績 績
prestasi ｜ ကြိုးစားမှုရလဒ် ｜ प्रदर्शन ｜ කාර්ය සාධනය

セキ
成績 prestasi, hasil, nilai ｜ ရလဒ် ｜ नतिजा ｜ ප්‍රතිඵල
実績 hasil nyata ｜ လက်တွေ့ရလဒ် ｜ वास्तविक नतिजा ｜ සැබෑ ප්‍රතිඵල

😮 **よみましょう** 漢字の下に読みを書きなさい。

① 許可された滞在期間は１年です。

② 最近、採った社員の評判はどうですか。

③ 進学するか就職するか決めなければならない。

④ 書類は封筒に入れて、事務所に出してください

⑤ 評価は出席と宿題と試験で決まります。

⑥ 今学期は期待以上の成績だった。

⑦ 劇の主役を務める。

⑧ 制限時間内に解答できるように練習する。

✏️ **かきましょう** 送りがなに注意して、下線部のことばを漢字で書きなさい。

① かぎられた よさんをゆうこうに使う。

② さいてんにまちがいがあった。

③ 本をないようによってぶんるいし、せいりする。

④ 自分ののうりょくのげんかいまでがんばりました。

⑤ 私の国はぶっかが高く、こまっている人がたくさんいる。

⑥ 世界のすすんだ ぎじゅつを学ぶ。

⑦ おべんとうとすいとうを持って遠足に行く。

⑧ さらいしゅうまでるすにします。

157

21課 練習

問題1 { } の正しいほうに○をつけ、( ) に読みを書きなさい。

例) この部屋は {(狭い) 挟い}。
(せまい)

① { 講義 講議 } に出る。
( )

② { 予期 長期 } にわたって、日本に滞在する。
( )

③ 電話で { 練絡 連絡 } する。　　　④ 学生を { 指導 指道 } する。
( )　　　　　　　　　　　( )

⑤ 私は { 講師 講演 } として学校で働いている。
( )

⑥ この大学に { 存学 在学 } している。
( )

⑦ あの病院は { 評論 評判 } がいい。　⑧ { 申し訳 由し訳 } ない。
( )　　　　　　　　( )

⑨ 珍しい切手を { 集める 進める }。
( )

⑩ このクレジットカードで支払うことができる { 限度 現度 } はいくらですか。
( )

⑪ { 入らない 要らない } 雑誌を捨てる。　⑫ すばらしい { 成積 成績 } で卒業した。
( )　　　　　　　　　　( )

問題2 { } の正しい読みに○をつけなさい。

例) 京都へ旅行 {(りょこう)・りょうこう・りょうこ} に行く。

① 留守 { るしゅ・るす・りゅうしゅ } にだれか来た。
② 中級クラスを希望 { きぼ・きぼう・きっぽ } する。
③ 水筒 { すいとう・すいどう・すいと } にお茶を入れる。
④ 大切な書類 { しゅるい・しょうるい・しょるい } をなくした。
⑤ あなたの入学を許可 { きょか・きょうか・きょっか } します。

📖 ふりかえり

→ 勉強した漢字を使って、申し込みをしたり、質問したりできる。　　はい　・　いいえ

→ 第21課で勉強した漢字を読んだり、書いたりできる。　　はい　・　いいえ

22課 旅行 Travel

この課で学ぶこと ▶ 旅行のポスターやお知らせに使われる漢字について考えましょう。

読んでみましょう

①

社員旅行のお知らせ

△△の紅葉を楽しみましょう！

日　　時：○年○月○日（土）～○日（日）
集合場所：本社前 7:50 集合 ＊**絶対に遅れないでください。**
行き先　：○○県○○温泉
宿泊先　：○○旅館

《日 程》
○月○日（土）8:00 本社出発——10:30 △△歴史館——12:30 昼食
——14:00 □□寺——……17:30 旅館到着——夕食
○月○日（日）7:30 朝食——8:30 旅館出発——10:00 △△灯台
——12:00 昼食——13:30 □□寺——……本社到着 17:00 ごろ

＊歩きやすい靴、動きやすい服装で、ご参加ください。帽子もあると便利です。
＊お土産があります。

① 紅葉 絶対に 宿泊する 日程 歴史 灯台 靴 服装 参加する 帽子 土産

②

夏祭り

8月○日（日）
午後3時～9時
・盆踊り※大会
　ぼん
・カラオケ大会
・浴衣コンテスト

※盆踊り：the *Bon* festival dance
　ぼん

② 祭り 踊り 浴衣

22課 737〜748

---

737 紅 9画 〔糸〕

く ㄠ ㄠ ㄠ ㄠ 糸 糸 糽 紅 紅

gincu, merah ｜ ကြင်ဆွေးရောင် ｜ क्रिम्सन ｜ තද රත් පැහැති

コウ
べに

こうちゃ
紅茶 teh hitam/merah ｜ လက်ဖက်ရည်ကြမ်း ｜ कालो चिया ｜ තේ

くちべに
口紅 lipstik ｜ နှုတ်ခမ်းနီ ｜ लिपस्टिक ｜ තොල් ආලේපන

---

738 葉 12画 〔艹〕

一 十 十 艹 苎 苎 苹 荁 荁 葺 葶 葉 葉

daun ｜ သစ်ရွက် ｜ पत्ता,पात ｜ ශාක පත්‍ර

ヨウ
は
◌◌

こうよう
紅葉 daun yang memerah, daun gugur ｜ ရွှေရောင်ဝါ ｜ रङ्गीन पातहरु ｜ පැහැය වෙනස්වූ ශාක පත්‍ර

は
葉 daun ｜ သစ်ရွက် ｜ पात ｜ ශාක පත්‍ර

もみじ
紅葉 momiji, daun yang memerah ｜ ရွှေရောင်မေပယ်လ်ရွက် ｜ रङ्गीन पातहरु, म्यापल (रुख) ｜ මේපල් ගස් වල ශාක පත්‍ර

ことば
言葉 kata, bahasa ｜ စကားလုံး၊ ဘာသာစကား ｜ शब्द, भाषा ｜ වචන, භාෂාව

---

739 対 7画 〔寸〕

丶 ㇒ ナ ㇇ 文 対 対

lawan ｜ ဆန့်ကျင်ဘက် ｜ उल्टो ｜ විරුද්ධ

タイ

たいしょう
対象 obyek, sasaran ｜ ရည်ရွယ်သည့်အရာ ｜ वस्तु ｜ අනුගාමිය

〜に対して terhadap 〜 ｜ 〜အပေါ် 〜 ｜ 〜 နှင့်ဆန့်ကျင်၍ ｜ तिर, विरुद्ध ｜ සඳහා, විරුද්ධව

---

740 絶 12画 〔糸〕

く ㄠ ㄠ ㄠ ㄠ 糸 糸 糽 紹 紹 絶 絶

memutus ｜ ပြတ်တောက်ခြင်း ｜ काट्नु ｜ අත්හරිනවා

ゼツ
た-える

ぜったい
絶対に mutlak, absolut ｜ လုံးဝ ｜ पक्का ｜ නියත වශයෙන්ම

た
絶えず konstan, terus menerus ｜ အဆက်မပြတ် အမြဲတမ်း ｜ निरन्तर ｜ නිතැතින්ම, නිරන්තරයෙන්ම

ぜつめつ
絶滅する punah ｜ မျိုးသုဉ်းသည် ｜ नाश गर्नु ｜ වඳවී යනවා

---

741 泊 8画 〔氵〕

丶 ㇀ ⺡ ⺡ 泊 泊 泊 泊

menginap ｜ တည်းခိုခြင်း ｜ रातभर बस्नु,बास गर्नु ｜ රැයක් ගතකරනවා

ハク
と-まる
と-める

しゅくはく
宿泊する menginap ｜ တည်းခိုသည် ｜ रातभर बस्नु ｜ ရာත্রী တည်းခိုသည် ｜ රාත්‍රී නවාතැන් ගන්නවා

と
泊まる menginap ｜ တည်းခိုသည် ｜ रातभर बस्नु ｜ රාත්‍රී නවාතැන් ගන්නවා

と
泊める menginapkan ｜ တည်းခိုခွင့်ပြုသည် ｜ बास बसाउनु ｜ නවාතැන් ගන්නවා

〜泊 menginap 〜 malam ｜ 〜အိပ် ｜ 〜 रात ｜ රාත්‍රී.....

---

742 程 12画 〔禾〕

一 二 千 千 禾 禾 秆 秆 秤 秤 秤 程

kira-kira, batas ｜ အတိုင်းအတာ ｜ हद,विस्तार ｜ ප්‍රමාණය

テイ

ていど
程度 derajat, level, tingkat ｜ အတိုင်းအတာ အဆင့် ပမာဏ ｜ डिग्री, स्तर, श्रेणी, हद ｜ ප්‍රමාණය, මට්ටම

にってい
日程 jadwal ｜ အချိန်ဇယား ｜ तालिका ｜ කාර්‍ය සටහන

かてい
過程 proses ｜ အစီအစဉ် ｜ प्रक्रिया ｜ ක්‍රියාවලිය

---

743 史 5画 〔口〕

丶 冂 口 史 史

sejarah ｜ သမိုင်း ｜ इतिहास ｜ ඉතිහාසය

シ

にほんし
日本史 sejarah Jepang ｜ ဂျပန်သမိုင်း ｜ जापानी इतिहास ｜ ජපානයේ ඉතිහාසය

せかいし
世界史 sejarah dunia ｜ ကမ္ဘာ့သမိုင်း ｜ विश्व इतिहास ｜ ලෝක ඉතිහාසය

---

744 歴 14画 〔止〕

一 厂 厂 厈 厈 厤 厤 厤 麻 厤 歴 歴 歴 歴

riwayat ｜ နောက်ကြောင်း အတွေ့အကြုံ ｜ व्यक्तिगत इतिहास, आफ्नो अनुभव ｜ ඉතිහාසය, අත්දැකීම්

レキ

れきし
歴史 sejarah ｜ သမိုင်း ｜ इतिहास ｜ ඉතිහාසය

---

745 灯 6画 〔火〕

丶 ⺊ ⺌ 火 灯 灯

lampu, pelita ｜ မီးအလင်းရောင် ｜ प्रकाश ｜ ආලෝකය

トウ
ひ

とうゆ
灯油 minyak tanah ｜ ရေနံဆီ ｜ मट्टितेल, पैराफिन तेल ｜ භූමිතෙල්, පැරෆින් ඔයිල්

とうだい
灯台 mercusuar ｜ မီးပြွန် ｜ प्रकाश स्तम्भ ｜ ප්‍රදීපාගාරය

ひ
灯 lampu, pelita ｜ မီးအလင်းရောင် ｜ बत्ती ｜ ආලෝකය

160

22課 (737〜748)

746 靴 13画 〔革〕 一 十 廿 廿 甘 芦 苫 苫 草 革 勒 靯 靯 靴

sepatu | ၹိနၹ် | जूता | සපත්තු

靴 sepatu | ၹိနၹ် | जूता | සපත්තු　　　靴下 kaus kaki | ြ ေ ြ ိ ် | मोजा | මේස්

くつ

747 装 12画 〔衣〕 ｜ ｨ ｨ ｨ ｨ 壮 壮 壮 壮 装 装 装

busana | ဝတ်ၹံ | पोशाक | ඇඳුම

服装 pakaian, busana | အဝတ်အထည်၊ ဝတ်ၹံ | लुगा, पोशाक, स्वरूप | ඇඳුම් විලාසිතාව　　　装置 peralatan | ကိရိယာ | उपकरण | උපකරණ

ソウ

748 加 5画 〔力〕 フ カ カ 加 加

tambah, gabung | ပေါင်းထည့်ြ ်း၊ ပါဝင်ြ ်း | थप, जोड्नु | එකතු කරනවා, එක් කරනවා

力　　　加熱する memanaskan | အပူပေးသည် | तताउनु | රත් කරනවා

くわ-わる　　加わる ikut serta, bertambah | ထပ်ပေါင်းသည်၊ ပါဝင်သည် | थपिनु, सामेल हुनु | එකතු වෙනවා, සම්බන්ධ වෙනවා

くわ-える　　加える menambahkan | ပေါင်းထည့်သည် | थप्नु | එකතු කරනවා

参加する berpartisipasi | ပါဝင်သည် | भाग लिनु | සහභාගීවෙනවා

🔊 **よみましょう**　漢字の下に読みを書きなさい。

① これは小学生を対象とした歴史の本です。

② パンダ (panda) は絶滅するのではないかと心配されていますか。

③ ヨーロッパの城のようなホテルに泊まりました。

④ 山の上から見える白い灯台に行ってみたい。

⑤ 言葉は絶えず変化していくものです。　　⑥ 去年の灯油は使わないほうがいいですよ。

⑦ 寒いので厚い靴下をはいたほうがいいですよ。

⑧ 紅茶の葉を入れ過ぎてしまったので、おいしくない。

✏️ **かきましょう**　送りがなに注意して、下線部のことばを漢字で書きなさい。

① もう試合のにっていはきまりましたか。

② さいごにしおを少々くわえればできあがりです。

③ めんせつにはどんなふくそうで行ったらいいですか。

④ ぜったいにおくれないように早めに行きます。

⑤ 山の中の旅館にしゅくはくする。

⑥ そんなことばは目上の人にたいして使ってはいけません。

⑦ 2はく3日ていどの旅行ならさんかできます。

⑧ うつくしいこうようを見に行こう。

22課 749〜760

749 帽 12画〔巾〕
丨 冂 巾 巾 帕 帕 帕 帕 帽 帽 帽 帽
topi | ဦးထုပ် | टोपी, टोपी | තොප්පිය
ボウ
帽子 topi | ဦးထုပ် | टोपी | තොප්පිය

750 産 11画〔生〕
丶 亠 文 产 产 产 产 产 斉 産 産
memproduksi, melahirkan | ထုတ်လုပ်ခြင်း, မွေးဖွားခြင်း | उत्पादन गर्नु, जन्म दिनु | නිෂ්පාදනය කරනවා, බිහිකරනවා
サン
産業 industri | ကုန်ထုတ်လုပ်ငန်း | उद्योग | කර්මාන්තය
生産する memproduksi | ကုန်ထုတ်လုပ်သည် | उत्पादन गर्नु | නිෂ්පාදනය කරනවා
⊙⊙
土産 oleh-oleh | အမှတ်တရလက်ဆောင်ပစ္စည်း | स्मारिका | සිහිවටනය

751 祭 11画〔示〕
丿 ク タ タ ク ク 奴 奴 祭 祭 祭
festival | ပွဲတော် | उत्सव | උත්සවය
サイ
大学祭 festival kampus | တက္ကသိုလ်ပွဲတော် | विश्वविद्यालय उत्सव | විශ්වවිද්‍යාලයේ පවත්වන උත්සවයක්
まつ-る
祭り festival, perayaan tradisional | ပွဲတော် | चाड | උත්සවය

752 踊 14画〔足〕
丨 冂 口 戸 ア 呀 足 足' 跀 跀 跀 踊 踊 踊
tarian | အက | नाच | නැටුම්
おど-る
踊る menari | ကသည် | नाच्नु | නටනවා
おど-り
踊り tarian | အက | नाच | නර්තනය

753 衣 6画〔衣〕
丶 亠 ナ ヤ 衣 衣
baju, sandang | အဝတ်အထည် | वस्त्र | ඇඳුම්
イ
衣服 pakaian | အဝတ်အစား | कपडा | ඇඳුම්
衣食住 sandang pangan papan | စားဝတ်နေရေး | खाना, लुगा, र आश्रय | ආහාර, ඇඳුම් පැළඳුම් සහ නවාතැන්

754 浴 10画〔氵〕
丶 丷 氵 汐 汐 汋 浴 浴 浴 浴
mandi | ရေချိုးခြင်း | नुहाउनु | නාතවා
あ-びる
シャワーを浴びる mandi dengan shower | ရေချိုးသည် | नुहाउनु | නාතවා
⊙⊙
浴衣 yukata, kimono tipis dari katun | ယုကတ, ချည်ကိုပါးပါးဝတ်စုံ | युकाता, अनौपचारिक किमोनो | යුකතා, සරල කිමොනො විශේෂයක්

755 緑 14画〔糸〕
く 幺 幺 糸 糸 糸 紀 糿 紑 紑 緑 緑 緑 緑
hijau | အစိမ်း | हरियो | කොළ පාට
みどり
緑 hijau | အစိမ်း | हरियो | කොළ පාට

756 指 9画〔扌〕
一 十 扌 扌 扩 拧 指 指 指
jari, menunjuk | လက်ချောင်း, ညွှန်ပြခြင်း | औंला, संकेत गर्नु | ඇඟිල්ල, පෙන්වනවා
シ
指定の sudah direservasi, sudah ditentukan | သတ်မှတ်ထားသော | သီးသန့်ယူထားသော | लापरवाही | වෙන් කළ, තෝරන ලද
ゆび
指 jari | လက်ချောင်း | औंला | ඇඟිල්ල

757 約 9画〔糸〕
く 幺 幺 糸 糸 糸 約 約 約
janji, kontrak, kira-kira | ကတိပေးခြင်း၊ စာချုပ်ချုပ်ခြင်း၊ ခန့်မှန်းခြေ | वाचा, सम्झौता, लगभग | පොරොන්දුව, ගිවිසුම, දළ වශයෙන්
ヤク
約束する berjanji | ကတိပြုသည် | वाचा गर्नु | පොරොන්දුව
予約する memesan, membooking | ကြိုတင်မှာကြားပေးသည် | आरक्षण गर्नु, बुक गर्नु | වෙන් කර තබනවා
約〜 sekitar ... | ~ ခန့်၊ ဝန်းကျင် | लगभग ... | දළ වශයෙන්

162

22課（749〜760）

758 拾 9画〔扌〕 一 十 才 扚 扚 拾 拾 拾 拾

memungut｜ကောက်ယူခြင်း｜उठाउनु｜ඇහිඳිනවා

ひろ-う 拾う mengambil, memungut｜ကောက်ယူသည်｜उठाउनु｜ඇහිඳිනවා

759 景 12画〔日〕 一 ⼝ ⺌ 日 旦 旱 显 昺 景 景 景

pemandangan｜ရှုခင်း｜दृश्य｜දර්ශනය

ケイ 景気がいい kondisi ekonomi yang baik, usahanya makmur｜စီးပွားရေးကောင်းသော｜समय राम्रो छ, व्यापार राम्रो छ｜ආර්ථිකය යහපත්

風景 pemandangan｜ရှုခင်း၊ မြင်ကွင်း｜दृश्य, परिदृश्य｜දර්ශනය

○○ 景色 pemandangan｜ရှုခင်း｜दृश्य, दृष्यावली｜දර්ශනය

760 詰 13画〔言〕 丶 ⼀ 亠 ≡ 言 言 言 計 計 詰 詰 詰 詰

isi｜သိပ်ထည့်ခြင်း｜सामग्री｜පුරවනවා

つ-まる 詰まる tersumbat｜ပြည့်နေသည်｜ठासिनु｜හිරවෙනවා

つ-める 詰める mengisi, memasukkan｜သိပ်ထည့်သည်｜ठूस्नु｜පුරවනවා 缶詰 makanan kalengan｜စည်သွပ်ဘူး｜डिब्बा｜ටින් එක

🗣️ **よみましょう** 漢字の下に読みを書きなさい。

① 衣食住の今と昔について考える。　② 指定席を予約する。

③ 町の産業を紹介するイベントを行う。　④ 大学祭で国の踊りを皆に見せた。

⑤ バブルと呼ばれる非常に景気のいいときがあった。

⑥ 缶詰のような長期の保存ができる食品は便利だ。

⑦ 約100人の学生が浴衣を着て、踊った。

⑧ 日本のお土産に扇子はどうですか。

✏️ **かきましょう** 送りがなに注意して、下線部のことばを漢字で書きなさい。

① かばんにきがえをつめる。　② こうえんでもみじのはをひろった。

③ やくそくしたことをわすれないでください。

④ きたくして、すぐ、シャワーをあびた。

⑤ この町はみどりが多くて、うつくしい。

⑥ 私の国はこむぎをたくさんせいさんしている。

⑦ おてらの中ではぼうしをぬいでください。

⑧ となりの町のふうけいをえにかく。

163

22課 練習

問題1 { } の正しいほうに○をつけ、（ ）に読みを書きなさい。

例）{ 荷物 ⓐ貨物 } 列車。
　　（ か も つ ）

① シャワーを { 欲びる　浴びる }。
　　　　　　　（　　　　　　　）

② 雪の { 景気　風景 } を写真にとる。
　　　　　（　　　　　　　）

③ ダンスを { 通る　踊る }。
　　　　　　（　　　　　　　）

④ { 予約　約束 } を守る。
　　（　　　　　　　）

⑤ { 大学祭　大学察 } で歌を歌う。
　　（　　　　　　　）

⑥ { 帽子　様子 } をかぶる。
　　（　　　　　　　）

⑦ 友達の家に { 泊めて　詰めて } もらう。
　　　　　　　（　　　　　　　）

⑧ 停留所でバスの { 日程表　時刻表 } を見る。
　　　　　　　　　（　　　　　　　）

⑨ 水をきれいにする { 服装　装置 } を作る。
　　　　　　　　　　（　　　　　　　）

⑩ 火を止めてから、塩を { 加わる　加える }。
　　　　　　　　　　　（　　　　　　　）

問題2 送りがなに注意して、下線部のことばを漢字で書きなさい。

例）きょかがいります。
　　許可　要ります

① はっぴょうでは実験のかていをこまかいところまでせつめいした。

② ゆびをおって、かずをかぞえる。

③ ちちとははにはたえず れんらくをしている。

④ このやどにはふるい れきしがある。

⑤ ゆかたをきて、くつをはいてもいいですか。

📖 ふりかえり

→ 旅行のポスターやお知らせに書いてあることがわかる。　　　　はい　・　いいえ

→ 第22課で勉強した漢字を読んだり、書いたりできる。　　　　はい　・　いいえ

23課 発表 Presentation

この課で学ぶこと ▶ 発表やレポートのときに使う漢字について考えましょう。

なんと書いてありますか

1

日本語教育の諸問題
1 敬 語
　1.1 尊敬語
　1.2 XXX
2 副 詞
　2.1 副詞の XX
　2.2 XXX
3 動 詞
　3.1 意志動詞
　3.2 XXXXXX

xx についての説明は省略させていただきます。

発表者
司会者
資料

① 諸問題
敬語
尊敬語
副詞
意志
司会
資料
省略する

2

○○大学・生命科学研究所共同研究
「生命の○×」調査報告
・目的
・実験方法

② 生命
共同研究
調査報告
実験

3 その他の表現

- レポートの構成を考える
- データを処理する

③ 構成
処理

165

23課 761〜772

761 諸 15画〔言〕
、ナ亠亖言言言言計計詳詳諸諸諸

bermacam | အမျိုးမျိုးသော | विभिन्न | විවිධ

ショ

諸国 (しょこく) beberapa negara | နိုင်ငံအသီးသီး | विभिन्न देशहरू | විවිධ රටවල්

諸問題 (しょもんだい) beberapa persoalan | ပြဿနာအမျိုးမျိုး | विभिन्न समस्याहरू | විවිධ ප්‍රශ්න

762 敬 12画〔攵〕
一十艹艹芍芍苟苟苟敬敬敬

hormat | လေးစားခြင်း | सम्मान गर्नु | ගෞරවය

けい

敬語 (けいご) bahasa sopan/hormat | ယဉ်ကျေးသောအသုံးအနှုန်း | आदरभाषा | ගෞරවාර්ථය දතවත පද

うやま-う

敬う (うやまう) menghormati | လေးစားသည် | आदर गर्नु | ගෞරව කරනවා

763 尊 12画〔寸〕
、ソ艹广芍芍酋酋酋尊尊

hormat | လေးစားခြင်း | आदर गर्नु | ගෞරවය

ソン

尊敬する (そんけい) menghormati | လေးစားသည် | आदर गर्नु | ගෞරව කරනවා

尊重する (そんちょう) menghargai, menghormati | လေးစားသည် | सम्मान गर्नु | ගෞරව කරනවා

764 詞 12画〔言〕
、ナ亠亖言言言訂訂訶詞詞

kata | စကားလုံး | शब्द | වචන

シ

名詞 (めいし) kata benda | နာမ် | संज्ञा | නාම පදය

動詞 (どうし) kata kerja | ကြိယာ | क्रिया | ක්‍රියා පදය

形容詞 (けいようし) kata sifat | နာမဝိသေသန | विशेषण | විශේෂණ පදය

代名詞 (だいめいし) kata ganti | နာမ်စား | सर्वनाम | සර්වනාමය

765 副 11画〔刂〕
一ㄷㅌㅌ戸戸畐畐畐副副

wakil, sampingan | ဒုတိယမြို့သော | माध्यमिक | ද්විතීයක

フク

副〜 wakil ... | ဒု- | सह-, उप- | උප....., ද්විතීයක

副詞 (ふくし) kata keterangan | ကြိယာဝိသေသန | क्रियाविशेषण | ක්‍රියා විශේෂණය

766 志 7画〔心〕
一十士士志志志

kemauan | ဆန္ဒ | इच्छा | අධිෂ්ඨානය

シ

意志 (いし) kemauan, kehendak | ဆန္ဒ၊ ရည်ရွယ်ချက် | इच्छा, मनसाय | අභිප්‍රාය, වේතනාව

767 司 5画〔口〕
フㄱㄱ司司

pengurus | စီမံခန့်ခွဲအုပ်ချုပ်သူ | प्रशासन गर्नु | පාලනය කරනවා

シ

司会 (しかい) pembawa acara, pemandu acara | အခမ်းအနားမှူး၊ သဘာပတိ | सभा अध्यक्ष | උත්සවයක් භාරව සිටින්නා, සභාපති

768 資 13画〔貝〕
、ソ冫冫次次次咨咨咨資資資

sumber alam | အရင်းအမြစ် | स्रोतहरू | සම්පත්

シ

資料 (しりょう) data, materi | အချက်အလက်၊ ဒေတာ | सामग्री, डेटा | ලේඛනය, දත්ත

資源 (しげん) sumber daya | သဘာဝသယံဇာတ | स्रोतहरू | සොබාවික සම්පත්

769 省 9画〔目〕
丿丷小少少省省省省

kementerian, hemat, introspeksi | ဝန်ကြီးဌာန၊ ချွေတာခြင်း၊ သုံးသပ်ခြင်း | मन्त्रालय, बचत गर्नु, आत्मनिरीक्षण | අමාත්‍යංශය, පිරිමැස්ම

ショウ / セイ

〜省 (しょう) Kementerian ... | 〜ဝန်ကြီးဌာန | मन्त्रालय | .....අමාත්‍යංශය

省エネ (しょう) penghematan energi | စွမ်းအင်ချွေတာခြင်း | ऊर्जा बचत | බලශක්ති සංරක්ෂණය

反省する (はんせい) berintrospeksi diri | ပြန်လည်သုံးသပ်သည်၊ ပြန်လည်ဆန်းစစ်သည် | आत्मनिरीक्षण गर्नु | ජීවිතය අධ්‍යනය

はぶ-く

省く (はぶく) memotong, menghemat | ဖယ်ထုတ်သည်၊ ချုံ့သည် | हटाउनु, बाहिर राख्नु | ඉවත් කරනවා, බැහැර කරනවා

770 略 11画〔田〕
丨冂冂田田田町畋畋略略

mempersingkat | အတိုချုံ့ခြင်း | हटाउनु | පිට කරනවා

リャク

略す/する (りゃく) mempersingkat | အတိုချုံ့သည် | छोट्याउनु | අත හරිනවා

省略する (しょうりゃく) menyingkat, memendekkan | အတိုချုံ့သည် | संक्षेप गर्नु | කෙටි කරනවා

23課（761〜772）

771 命 8画〔口〕 ノ 人 人 人 合 合 命 命

nyawa, perintah ｜ အသက်၊ အမိန့် ｜ जीवन, आदेश ｜ ජීවිතය, නියෝග

メイ
ミョウ
いのち

生命 jiwa, nyawa ｜ အသက်၊ဇီဝဆဲ ｜ जीवन ｜ ජීවිතය
寿命 batas usia, ajal ｜ သက်တမ်း ｜ मानव जीवनकाल ｜ ආයු කාලය
命 nyawa ｜ အသက် ｜ जीवन ｜ ජීවිතය

命令する memerintah ｜ အမိန့်ပေးသည် ｜ आदेश गर्नु ｜ නියෝග කරනවා

772 共 6画〔八〕 一 十 卄 丱 井 共

gabung, bersama ｜ အသက်၊ အတူတူ ｜ संयुक्त, संगी ｜ ඒකාබද්ධ, එක්ව

キョウ
とも

共通の persamaan ｜ ဘုံ၊တူညီသော ｜ सामान्य, साझा ｜ පොදු
共に bersama-sama ｜ အတူတူ ｜ संगी, दुवै ｜ එකට, දෙකම

共同の bersama ｜ အတူတကွ ｜ सामान्य, संयुक्त ｜ පොදු, හවුල්
共産主義 komunisme ｜ ကွန်မြူနစ်ဝါဒ ｜ साम्यवाद ｜ කොමියුනිස්ට්වාදය

🤎 **よみましょう** 漢字の下に読みを書きなさい。

① 漢字の一部を省略して書いた。

② 自分の意志の弱さを反省する。

③ 限りある資源を大切に使おう。

④ アジアの諸問題について話し合う。

⑤ 私は副社長の中川さんを尊敬しています。

⑥ 祖母に先祖を敬うようにと言われました。

⑦ 医学の進歩と共に寿命が長くなった。

⑧ 共通の友人を通して私たちは知り合った。

✏️ **かきましょう** 送りがなに注意して、下線部のことばを漢字で書きなさい。

① ゼミのしかいをたんとうする。

② こうせいろうどうしょうにつとめています。

③ さんこう しりょうの説明ははぶきます。

④ けいごについてきょうどうで研究する。

⑤ ちきゅう以外のところにもせいめいをもったものはそんざいするのでしょうか。

⑥ 日本語のめいし、どうし、けいようし、ふくしについて説明します。

⑦ いのちを大切にしましょう。

⑧ しょうエネにごきょうりょくください。

167

23課 773～784

773 調 15画 〔言〕
丶 亠 亖 言 言 訂 訂 訂 調 調 調 調 調 調
ritme, investigasi, penyesuaian | သဘောလက္ခဏာ၊ ရာဖွေခြင်း၊ ညှိနှိုင်းခြင်း | स्वर, अनुसन्धान गर्नु, समायोजन गर्नु | හඬ, විමර්ශනය කරනවා

チョウ
強調する menekankan, mengeraskan | အထူးပြုသည် | जोड दिनु | අවධාරණය කරනවා
調整する mengatur | ညှိနှိုင်းသည်၊ ထိန်းညှိသည် | समायोजन गर्नु, नियमन गर्नु | පිළිවෙලට සකස් කරනවා

しら-べる
調べる mencari tahu, menyelidiki, memeriksa | စုံစမ်းစစ်ဆေးသည် | अनुसन्धान गर्नु, जाँच गर्नु | අධීක්ෂණය කරනවා, තොරා බලනවා

774 報 12画 〔土〕
一 十 土 ナ 夫 夫 幸 幸 幸 幸 報 報
melaporkan, menginformasikan | အကြောင်းကြားခြင်း၊ အစီရင်ခံခြင်း | जानकारी दिनु, प्रतिवेदन | දැනුවත් කරනවා, වාර්තා කරනවා

ホウ
予報 prakiraan | ကြိုတင်ခန့်မှန်းချက် | पूर्वानुमान | අනාවැකිය
情報 informasi | သတင်းအချက်အလက် | जानकारी | තොරතුරු

775 告 7画 〔口〕
ノ ⺧ ⺧ 生 牛 告 告
melapor, memberitahukan | အကြောင်းကြားခြင်း | सूचित गर्नु | දන්වනවා

コク
報告する melaporkan | သတင်းပို့သည် | रिपोर्ट गर्नु | වාර්තා කරනවා
広告 iklan, reklame | ကြော်ငြာ | विज्ञापन | වෙළඳ දැන්වීම

776 実 8画 〔宀〕
丶 丷 宀 宀 宇 宇 実 実
nyata, buah | အစစ်အမှန်၊ အသီး၊ လက္ခဏ္ | वास्तविक, फल, व्यावहारिक | සත්‍යය, පලතුරු, ප්‍රායෝගික

ジツ
事実 fakta, kenyataan | အမြဲမှန် | तथ्य | ඇත්ත
実験 percobaan | လက္ခဏ္စမ်းသပ်ချက် | प्रयोग | අත්හදාබැලීම

み
実 buah, isi | အသီး၊ အဒေအမ္ | फल, गेडा, नट | පලතුර, ඇට වර්ග, බෙරි

みの-る
実る berbuah | သီးပွင့်သည် | फलफूल फल्नु | පලතුරු හටගන්නවා

777 構 14画 〔木〕
一 十 十 木 杧 杧 枦 枦 枦 構 構 構 構 構
struktur, menggubris | ဖွဲ့စည်းခြင်း၊ ပြင်ဆင်ခြင်း | निर्माण गर्नु, ध्यान दिनु | ගොඩනගනවා, මතය

コウ
結構な baik, cukup | တော်တော်လေး | राम्रो | හොඳින්
構成する menyusun, mengkomposisi | ဖွဲ့စည်းသည် | गठन गर्नु | සකස් කරනවා

かま-う
構わない tidak peduli, tidak ambil pusing | ဂရုမစိုက်ပါဘူး | मलाई वास्ता छैन (मन नपर्नु) | කමක් නැහැ

778 処 5画 〔几〕
ノ ク 夂 処 処
memperlakukan, tempat | စီမံဖြေရှင်းခြင်း | उपचार गर्नु | ක්‍රියාකරනවා

ショ
処理する mengurus, membereskan | ဖြေရှင်းသည်၊ စီမံသည် | सम्हाल्नु, व्यवस्था गर्नु | හසුරුවනවා, කළමනාකරණය කරනවා

779 肯 8画 〔月〕
一 ⺊ ⺊ ⺊ 牛 告 肯 肯
membenarkan | အခိုင်အမာပြောဆိုခြင်း | पुष्टि गर्नु | අනුමත කරනවා

コウ
肯定する membenarkan | အခိုင်အမာပြောဆိုသည် | प्रमाणित गर्नु | අනුමත කරනවා

780 否 7画 〔口〕
一 プ オ 不 不 否 否
menyangkal | ငြင်းပယ်ခြင်း | अस्वीकार गर्नु | ප්‍රතික්ෂේප කරනවා

ヒ
否定する menyangkal, membantah | ငြင်းဆိုသည် | अस्वीकार गर्नु | බැහැර කරනවා

781 令 5画 〔人〕
ノ 人 亼 今 令
perintah | အမိန့် | आदेश | නියෝග කරනවා

レイ
命令する memerintah | အမိန့်ပေးသည် | आदेश गर्नु | නියෝග කරනවා
令和 era Reiwa | ရေးဝအော် | रेवा (युगको नाम) | රේවිව (යුගයක නමක්)

168

23課 (773～784)

782 基 11画 〔土〕　一 十 十 艹 艹 艹 其 其 其 基 基

dasar | အခြေခံ | आधार | පදනම

基本 dasar | အခြေခံ | आधारभूत | පදනම, මූලික　　　　基礎 dasar, fondasi | အခြေခံ | आधार | මූලික, පදනම

基 dasar | အခြေခံ | आधार | මූලික, පදනම

キ
もと

783 則 9画 〔刂〕　丨 冂 冂 月 目 貝 貝 貝 則

peraturan, hukum | စည်းမျဉ်း၊ ဥပဒေ | नियम, कानून | නියමය, නීතිය

法則 hukum | ဥပဒေ | कानून | නීතිය

ソク

784 規 11画 〔見〕　一 二 キ 夫 扪 扪 却 却 却 規 規

peraturan | စည်းကမ်း | विनियम | නියාමතය

規則 peraturan | စည်းမျဉ်း၊ စည်းကမ်း | नियम | නීති, රීති　　　不規則な tidak teratur | စည်းကမ်းမလိုက်နာသော | अनियमित | අක්‍රමවත්

キ

🗣 **よみましょう**　漢字の下に読みを書きなさい。

① 実験をして法則を発見する。　　　　② 発表の構成を考える。

③ コンサートの中止を命令した。

④ 個人情報 (a personal information) を守る規則をつくる。

⑤ 日本語では、肯定するときは「はい」、否定するときは「いいえ」と言います。

⑥ 建物でも学習でも基礎が大切だ。　　⑦ 広告の効果に関する調査の結果を報告する。

⑧ このコンピューターはデータを処理する能力が低い。

✏ **かきましょう**　送りがなに注意して、下線部のことばを漢字で書きなさい。

① けっこうなおにわですね。

② かれは自分が正しいことを何度もきょうちょうした。

③ じゅうようなのはきほんをしっかり学習することです。

④ 木にまるくて赤いみがみのっていますが、これは何ですか。

⑤ スケジュールをちょうせいする。　　⑥ てんきよほうがあたって雨がやんだ。

⑦ どのようなことになってもかまわない。しんぱいしないでください。

⑧ いくらしらべても、じじつがどうなのかはわからなかった。

169

23課 練習

問題1 送りがなに注意して、下線部のことばを漢字で書きなさい。

例）おちついて こうどうする。

　　落ち着いて　行動

① パーティーでしかいをつとめる。　　② イギリスのことを「英」とりゃくす。

③ きそくをあらためる。　　　　　　　④ じょうほうをしょりする。

⑤ じじつをちょうさする。　　　　　　⑥ ろうじんをうやまう。

⑦ じぶんのいしでしごとをやめる。　　⑧ かいしゃのめいれいでしてんへうつる。

⑨ れいわは 2019 年 5 月 1 日にはじまりました。

⑩ いけんをそんちょうする。

⑪ こうこくのひようがたかくても かまわない。

問題2 □に入る漢字を下から選んで書きなさい。読みも書きなさい。

例）　第　一課
　　だいいっか

① □大統領^{とう}　　② 厚生労働□　　③ □問題　　④ 代名□

⑤ □常口　　⑥ □規則な　　⑦ □定的　　⑧ □来週

⑨ 三歳□満　　⑩ 共産□義^ぎ　　⑪ 天気□報　　⑫ 可能□

| 不 | 予 | ~~第~~ | 副 | 最 | 省 | 翌 | 詞 | 主 | 再 | 非 | 未 | 諸 | 否 | 性 | 料 |

📖 **ふりかえり**

→ 正しい漢字を使って、発表したりレポートを書いたりできる。　　　はい　・　いいえ

→ 第 23 課で勉強した漢字を読んだり、書いたりできる。　　　はい　・　いいえ

24課 論文 Thesis

この課で学ぶこと ▶ 論文で使われる漢字について考えましょう。

読んでみましょう

① グラフ

- Aが80%（8割）／大半を占めている
- AがBを大幅に上回っている

- 横ばい（上下の変化がほとんどないこと）
- 縦軸（たてじく）は△△、横軸（よこじく）は××を示している

年少・高齢人口比率の推移

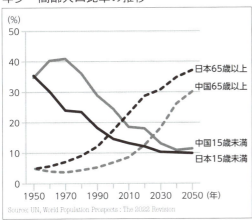

例）日本では1990年代後半を境に14歳以下の人口と65歳以上の人口の構成比率が逆になっている。これは出生率の低下が原因と思われる。その他の原因としては……があげられる。日本と他の国を比較すると……。第1章で述べたように、日本の平均寿命（じゅみょう）は年々長くなる傾向にある。

② 図・表

例）本実験は〜の条件のもとで、温度を一定と仮定し、計算を行った。
表1から、〜には〜という傾向があることがわかった。

表1　××における××の××

	ア	イ	ウ	エ
A	0.5	13.5	49.6	88.2
B	3.4	27.0	35.2	94.1
C	13.5	33.6	19.9	7.1

図2-2は図2-1を5倍に拡大した図である。

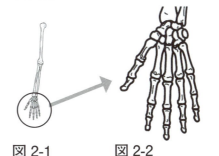

図2-1　　図2-2

③ 参考文献（ぶんけん）

・著者、本の題、出版社、出版年の四つは必ず書かなければならない。

例）東京花子（1997）『都市の緑地環境における諸問題』○×出版

※これは一つの例です。書き方はいろいろあります。

論文

① 占める　大幅に　横　境　比率　逆　他　比較　章　述べる　平均　傾向

② 条件　仮定する　倍　拡大する

③ 著者　出版社　環境

24課 785〜796

---

785 論 15画 〔言〕

丶 亠 亠 亖 訁 訁 訃 訃 訃 訃 論 論 論

argumen, teori ｜ ြင်းခုြင်း၊ သီအိုရီ ｜ बहस गर्नु, सिद्धान्त ｜ වාද කරනවා, න්‍යාය

ロン

論文 tesis, disertasi, makalah ilmiah ｜ ဘွဲ့ရစာတမ်း ｜ थेसिस ｜ නිබන්ධනය, පත්‍රිකාව

結論 kesimpulan ｜ နိဂုံးချုပ် ｜ निष्कर्ष ｜ නිගමනය

議論する berdebat, berdiskusi ｜ ြင်းခုံြင်းသည် ｜ बहस गर्नु ｜ විවාද කරනවා, සාකච්ඡා කරනවා

---

786 占 5画 〔卜〕

丨 卜 卜 占 占

menduduki ｜ နေရာယူြင်း၊ ဗေဒင် ｜ कब्जा गर्नु, दिव्य ｜ අත්කරගතනවා, දිවැසමය

し-める

占める menduduki ｜ နေရာယူသည် ｜ ओगट्नु ｜ අවකාශය ගන්නවා

うらな-う

占う meramal ｜ ဗေဒင်ဟောသည် ｜ भाग्य बताउने,भविष्यवाणी गर्नु ｜ සාත්තර කියනවා

---

787 幅 12画 〔巾〕

丨 冂 巾 帄 帄 帄 帄 帄 幅 幅 幅 幅

lebarnya, bidang ｜ အကျယ် ｜ चौडाई ｜ පළල

はば

幅 lebarnya, bidang ｜ အကျယ်ြင် ｜ चौडाई ｜ පළල

大幅な luar biasa, besar-besaran ｜ အတိုင်းအတာအလွန်ကြီးမားသော ｜ उल्लेखनीय रूपमा पर्याप्त ｜ සැලකියයුතු ප්‍රමාණයක්

---

788 横 15画 〔木〕

一 十 才 木 村 村 桴 桴 桴 梻 梻 横 横 横 横

sebelah, samping ｜ ဘေး ｜ छेउ, पक्ष ｜ පැෙදකින්, පැත්ත

オウ

横断する menyeberang ｜ ြဖတ်ကူးသည် ｜ पार गर्नु ｜ මාරු වෙනවා

横断歩道 zebra cross ｜ လူကူးမျဉ်းကျား ｜ एक पैदल यात्री क्रसिंग ｜ පදික මාරුව

よこ

横 sebelah, samping ｜ ဘေး ｜ एक पक्षको पक्ष ｜ පැෙදකින්

横切る melintas, memotong ｜ ဘေးတိုက်ြဖတ်သည် ｜ पार गर्नु ｜ මාරු වෙනවා

---

789 境 14画 〔土〕

一 十 土 圵 圵 圹 圻 坮 垮 培 培 境 境 境

batas ｜ နယ်စပ် ｜ सीमा ｜ මායිම

キョウ

国境 garis perbatasan negara ｜ နယ်နိမိတ်၊ အြပည်ြပည်ဆိုင်ရာနယ်နိမိတ် ｜ एक (राष्ट्रिय) सीमा, एक सीमा ｜ ෙද්ශ සීමාව

さかい

境 batas ｜ နယ်နိမိတ်၊ နယ်စပ်ေသာ ｜ एक सीमा ｜ මායිම, බෝඩරය

---

790 逆 9画 〔辶〕

丶 丷 丷 屰 屰 屰 逆 逆

kebalikan ｜ ြပောင်းြပန်ြဖစ်ြင်း၊ ဆန့်ကျင်ြင်း ｜ उल्टाउनु, विरुद्ध जानु ｜ විරුද්ධ, යමකට විරුද්ධව යනවා

ギャク

逆の kebalikan, terbalik ｜ ြပောင်းြပန်ြဖစ်ေသာ၊ ဆန့်ကျင်ဘက်ြဖစ်ေသာ ｜ उल्टो, विपरीत ｜ විරුද්ධ පැත්ත, විරුද්ධ

さか

逆さの terbalik ｜ အေပါ်ေအာက်ေြပာင်းြပန်ြဖစ်ေသာ ｜ उल्टो ｜ විරුද්ධ පැත්ත, මුණිත් අටට

逆さまの terbalik ｜ အေပါ်ေအာက်ေြပာင်းြပန်ြဖစ်ေသာ ｜ उल्ट्याउने ｜ විරුද්ධ පැත්ත, මුණිත් අටට

さか-らう

逆らう melawan, membantah ｜ ဆန့်ကျင်သည်၊ မလိုက်နာသည် ｜ विरुद्ध जानु ｜ විරුද්ධව යනවා, එකඟ නොවෙනවා

---

791 率 11画 〔玄〕

丶 亠 亠 玄 玄 玆 玆 玆 玆 率 率

rata-rata ｜ နှုန်းထား ｜ दर ｜ අනුපාතය

ソツ

率直な jujur, terus terang ｜ ပွင့်လင်းေသာ ｜ स्पष्ट ｜ අවංක

リツ

率 rata-rata ｜ နှုန်းထား၊ အချိုး ｜ दर ｜ අනුපාතය, සමානුපාතය

確率 kemungkinan ｜ ြဖစ်နိုင်ေြ ｜ प्रासंगिकता ｜ සම්භාවිතාව

---

792 比 4画 〔比〕

一 匕 匕 比

membandingkan ｜ နှိုင်းယှဉ်ြင်း၊ အချိုး ｜ तुलना गर्नु, अनुपात ｜ සසඳනවා, අනුපාතය

ヒ

比例する berbanding ｜ အချိုးညီညွတ်သည် ｜ अनुपातमा हुनु ｜ සමානුපාතික වීම

比率 perbandingan, bandingan ｜ အချိုး ｜ तुलना गर्नु ｜ අනුපාතය, සමානුපාතය

くら-べる

比べる membandingkan ｜ နှိုင်းယှဉ်သည် ｜ अनुपात ｜ සසඳනවා

172

24課 (785〜796)

793 他 5画 〔イ〕 ノ イ 仁 仲 他
タ
ほか
他の yang lain | အခြား | अन्य | වෙනත්
他の yang lain | အခြား | अन्य | වෙනත්
他人 orang lain | အခြားလူ | अरू | වෙනත් පුද්ගලයින්

794 較 13画 〔車〕 一 厂 厂 戸 百 亘 車 車 軒 軒 軒 較 較
カク
比較する membandingkan | နှိုင်းယှဉ်သည် | तुलना गर्नु | සන්සන්දනය කරනවා

795 章 11画 〔立〕 ' 一 十 立 产 产 音 音 音 童 章
ショウ
章 bab | အခန်း (သင်ခန်းစာ) | अध्याय | පරිච්ඡේදය
文章 tulisan, wacana | စာကြောင်း | वाक्य | ඡේදය

796 述 8画 〔⻌〕 一 十 オ ホ ボ ボ 述 述
ジュツ
の-べる
述語 predikat | ဝါစင်္ဂ | प्रधान | ආඛ්‍යාතය
述べる menyatakan, mengutarakan | ဖော်ပြသည်၊ တင်ပြသည် | व्यक्त गर्नु | දක්වනවා, ප්‍රකාශ කරනවා

よみましょう 漢字の下に読みを書きなさい。

① 乗っている時間が長いと、それに比例して、料金も高くなりますか。

② 日本の将来を占う。

③ 実験を行ったところ、予測していたこととは違って、逆の結果になった。

④ 二つの論文を比較して、率直に考えたことを言ってください。

⑤ 第一章で述べたように、就職率は低下している。

⑥ 彼らは国境を越えて世界中どこへでも行き、広く活動している。

⑦ 左右をよく見て道路を横断する。

⑧ この質問に「はい」と答えた人が約七割を占めた。

かきましょう 送りがなに注意して、下線部のことばを漢字で書きなさい。

① 川のながれにさからって すすむ。

② ほかの学生が書いた日本語のぶんしょうはどれも上手だ。

③ かのじょが作ったあんはおおはばにしゅうせいされた。

④ むかしにくらべて、さいきんはへんかがはやい。

⑤ ぜいきんを上げるべきかどうかぎろんする。

⑥ あぶないですから、広い道をよこぎるときは注意してください。

⑦ けつろんをさいしょに書くとわかりやすい。

⑧ たにんがどのように言おうと、私は考えをかえない。

24課 797〜808

---

797 均 7画 〔土〕
一 十 土 圵 圴 均 均 均
sama | ညီမျှခြင်း | सम | සමාන
キン
平均 へいきん rata-rata | ပျမ်းမျှ | औसत | සාමාන්‍යය

---

798 傾 13画 〔亻〕
ノ 亻 亻 化 佢 価 価 佰 傾 傾 傾 傾 傾
condong | တိမ်းစောင်းခြင်း | झुकाउनु | තැඹුරුව
ケイ
傾向 けいこう kecenderungan | အလားအလာ | प्रवृत्ति | ප්‍රවණතාවය
かたむ-く
傾く かたむく condong, miring | မိုသည်၊ တိမ်းစောင်းသည် | झुक्‍नु | තැඹුරු වෙනවා

---

799 件 6画 〔亻〕
ノ 亻 亻 仁 件 件
hal, urusan | အကြောင်းအရာ၊ အမှုကိစ္စ | मुद्दा, मामला | කාරණය, සිද්ධිය
ケン
事件 じけん kejadian, peristiwa | မြင်ရပုံ၊ မှုခင်း | घटना | සිද්ධිය, කාරණය

---

800 条 7画 〔木〕
ノ ク ク 夂 冬 条 条
pasal, artikel | အချက် | लेख | පතත
ジョウ
条件 じょうけん syarat, kondisi | သတ်မှတ်ချက် | अवस्था | කොන්දේසි

---

801 仮 6画 〔亻〕
仮 一 十 才 木 木
sementara | ယာယီ | अस्थायी | තාවකාලික
カ
仮定する かてい mengandaikan, memisalkan | ထွေးဆသည်၊ ယူဆသည် | कल्पना गर्नु | උපකල්පනය කරනවා, අනුමාන කරනවා
⊚⊚
仮名 かな huruf Kana | ၁၄ (စာလုံး) | काना | කත අක්ෂර

---

802 倍 10画 〔亻〕
ノ 亻 亻 什 位 位 倅 倅 倍 倍
kali lipat | အဆ | समयहरू | ගුණය
バイ
倍 ばい kali lipat | အဆ၊ ပုံဆ | गुणा | .....ගුණයක්, දෙගුණයක්

---

803 拡 8画 〔扌〕
一 十 扌 扌 扩 扩 拡 拡
perluasan | ကျယ်ပြန့်ခြင်း | विस्तार गर्नु | ප්‍රසාරණය
カク
拡大する かくだい memperluas, memperbesar | ကျယ်ပြန့်သည်၊ ကြီးထွားလာသည် | बढाउनु | පුළුල් කරනවා
拡張する かくちょう memperluas, memperlebar | ကျယ်ပြန့်သည်၊ တိုးချဲ့သည် | फैलाउनु | පුළුල් කරනවා, දීර්ඝ කරනවා

---

804 著 11画 〔艹〕
一 十 艹 艹 芏 芏 莱 芋 著 著 著
menulis | ရေးသားခြင်း | लेख्‍नु | ලියනවා
チョ
著者 ちょしゃ pengarang, penulis buku | စာရေးသူ၊ စာရေးဆရာ | लेखक | ලේඛකයා
あらわ-す
著す あらわす menulis, mengarang | ရေးသားသည် | लेख्‍नु | රචනා කරනවා

---

805 版 8画 〔片〕
ノ 丿 丬 片 片 版 版 版
menerbitkan | ထုတ်ဝေခြင်း | प्रकाशित गर्नु | ප්‍රකාශයට පත්කරනවා
ハン
出版する しゅっぱん menerbitkan | ထုတ်ဝေသည် | प्रकाशित गर्नु | ප්‍රකාශයට පත් කරනවා

---

806 環 17画 〔王〕
一 丁 干 王 王 玎 玑 珂 珥 瑻 瑻 瑻 瑔 環 環 環 環
lingkaran, keliling | အဝိုင်း၊ ဝိုင်းရံခြင်း | घेरा, घेर्नु | රවුම්, වටපිටාව
カン
環境 かんきょう lingkungan | ပတ်ဝန်းကျင် | पर्यावरण | පරිසරය

24課（797〜808）

807 **判** 7画 〔刂〕 ` ´ ´´ 匕 丷 半 判 判

menilai ｜ တရားစီရင်ခြင်း ｜ न्यायाधीश ｜ විනිශ්චය කරනවා

判断する memutuskan, menyimpulkan ｜ ဆုံးဖြတ်သည် ｜ निर्णय गर्नु ｜ විනිශ්චය කරනවා

判子 stempel nama ｜ တံဆိပ်တုံး ｜ छाप ｜ පොද්ගලික මුද්‍රාව

裁判 persidangan, pengadilan ｜ တရားခွင် ｜ न्यायिक परीक्षण ｜ නඩු විභාගය

評判 reputasi ｜ ဂုဏ်သတင်း ｜ प्रतिष्ठा ｜ ජනප්‍රියත්වය

808 **批** 7画 〔扌〕 一 十 扌 扌一 批 批一 批

mengkritik ｜ ဝေဖန်ခြင်း ｜ आलोचना गर्नु ｜ විවේචනය කරනවා

批評する mengulas, mengomentari ｜ ဝေဖန်သည်၊ မှတ်ချက်ပေးသည်၊ သုံးသပ်သည် ｜ आलोचना गर्नु ｜ විවේචනය කරනවා, අදහස් දක්වනවා

批判する mengkritik, mengomentari ｜ ဝေဖန်သည်၊ မှတ်ချက်ပေးသည်၊ အကဲဖြတ်သည် ｜ आलोचना गर्नु ｜ විවේචනය කරනවා, අදහස් දක්වනවා

😮 よみましょう　漢字の下に読みを書きなさい。

① 道路を拡張する工事が続いている。

② 先週、盗難事件の裁判が行われた。

③ 書留です。判子かサインをお願いします。

④ 平仮名と片仮名は初級クラスで習う。

⑤ アジア諸国の平均寿命は延びる傾向にある。

⑥ 参考にした本の著者の名前、本の題、出版した会社の名前、出版された年を必ず書いて
ください。

⑦ この条件で、温度が一定だと仮定して、実験を行った。

✏️ かきましょう　送りがなに注意して、下線部のことばを漢字で書きなさい。

① 地震で家がかたむいた。

② ぎじゅつのしんぽとともに、しぜんかんきょうが悪くなってきた。

③ 電子マネーの利用がかのうな地域がおおはばにかくだいされた。

④ ちきゅうのへいきん気温は百年前より 0.7 度、東京はその 3 ばいも上がっている。

⑤ A先生はきびしくひひょうすることで有名です。また、多くの本をあらわしています。

⑥ このほうほうで問題ないとはんだんした。

⑦ かれのいけんをひはんする。

175

24課 練習

問題1 ｛　｝の正しいほうに○をつけ、（　　）に読みを書きなさい。

例）パンを ｛ 薄く　熱く ｝ 切る。
（　うすく　）

① 歴史の本を ｛ 著す　略す ｝。
（　　　　　　　）

② 全体の6割を ｛ 占める　覚める ｝。
（　　　　　　　）

③ 結論を ｛ 泊める　述べる ｝。
（　　　　　　　）

④ 国境を ｛ 越える　抱える ｝。
（　　　　　　　）

⑤ 流れに ｛ 逆らう　占う ｝。
（　　　　　　　）

⑥ ｛ 条件　事件 ｝ が起こる。
（　　　　　　　）

⑦ 道路を ｛ 横断　判断 ｝ する。
（　　　　　　　）

⑧ 台風で建物が ｛ 傾く　省く ｝。
（　　　　　　　）

⑨ 国民が首相を ｛ 批判　評判 ｝ する。
（　　　　　　　）

⑩ ｛ 率直な　余計な ｝ 意見をお願いします。
（　　　　　　　）

問題2 下線部を漢字で書きなさい。

例）増減はなく＿横＿ばいとなっている。
　　　　　　　　よこ

① 昨年に＿＿＿＿べて、＿＿＿＿＿に減少している。
　　　　　くら　　　　　おおはば

② 資料を2＿＿＿に＿＿＿＿＿＿コピーする。
　　　　　　ばい　　　かくだい

③ ＿＿＿＿＿＿問題について＿＿＿＿＿＿する。
　　かんきょう　　　　　　　　ぎろん

④ 雨の降る＿＿＿＿＿＿は30％です。
　　　　　　かくりつ

⑤ ＿＿＿＿＿＿気温は高くなる＿＿＿＿＿＿にある。
　　へいきん　　　　　　　　　　けいこう

⑥ ＿＿＿＿＿年、＿＿＿＿＿＿名などを書く。
　　しゅっぱん　　　ちょしゃ

📖 ふりかえり

→ 論文に出てくる漢字がわかり、論文を読むことができる。	はい ・ いいえ
→ 第24課で勉強した漢字を読んだり、書いたりできる。	はい ・ いいえ

まとめ問題・3

問題1 何画目に書きますか。（ ）の中に数字を書きなさい。

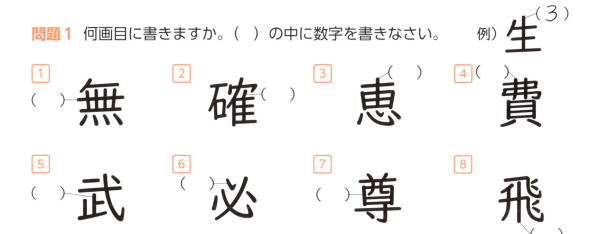

問題2 漢字の下に読みを書きなさい。

1 盗難にあって、現金と重要な書類を盗まれた。

2 差し支えがなければ、住所と電話番号を教えてください。

3 子供のとき、「幸せの王子」という映画を近くの劇場で見た。

4 計画を進めることができず、申し訳ない。

5 航空会社の社員は昼過ぎに交替した。

6 近くの銀行の支店では外国為替を扱っている。どのぐらいの比率で替えられるのだろうか。

7 笑顔で恋人を迎えた。

8 古い硬貨の値が上がった。

9 彼女は罪を犯して、裁判を受けることになった。

10 指を挟まないように気をつけてください。

まとめ問題・3

11 この大学に在学している留学生は評判がいい。

12 「それは義務(ぎ)だから、しなければならない」と強調して言った。

13 この評論では、彼の実績を評価している。

14 生で食べても加熱して食べても構いません。

15 家族の意見だけではなく、他人の意見も尊重すべきだ。

問題3 送りがなに注意して、下線部のことばを漢字で書きなさい。

1 35どをこす暑さがつづいている。

2 ごうとうの顔がぼうはんカメラに写っていた。

3 アフリカしょこくにきょうつうの問題についてぎろんする。

4 じけんを起こした人をみなでせめた。

5 彼のすばらしい働きにはかんしんする。

6 いらないので、せかいしの本をすてた。

7 努力がみのらなかったことをかなしんだ。

8 ぎじゅつがしんぽした恩(おん)けいをうける。

9 きゃくからおれいの手紙がとどいた。

10 げんざい、このレストランはよやくでまんいんです。

11 持っていくひつようがないものをあずける。

12 たしかに問題をかいけつするのには、それはいいほうほうかもしれない。

13 仲間にくわわることをのぞんだ。

14 このことはじじつであるとはんだんした。

15 人口のぞうかにひれいして、かんきょうが悪くなる。

問題4 例のように、数字のあとに適当な漢字を入れなさい。

例）鉛筆を　１（　本　）もらった。

1 枝に鳥が2（　　　）とまっている。

2 友だちと3（　　　）4（　　　）の旅行に出かけた。

3 18（　　　）の誕生日にパソコンを買ってもらった。

問題5 音声を聞いて、例のように、ひらがなで書きましょう。
それから、漢字で書きましょう。

例）けさ、テレビで ニュースを みました。
　（今朝）　　　　　　　　　（見ました）

1 ＿＿＿＿＿で ＿＿＿＿＿ ＿＿＿＿＿の ＿＿＿を ＿＿＿＿＿。
　（　　　　　）（　　　　　）（　　　　　）（　　　）（　　　　　　）

2 ＿＿＿＿＿＿の ＿＿＿＿＿を
　（　　　　　　　）（　　　　　）

　＿＿＿＿＿してください。
　（　　　　　）

まとめ問題・3

③ ＿＿＿＿＿を＿＿＿＿＿して、＿＿＿＿＿する。
（　　　　）（　　　　）　（　　　　　　）

④ ＿＿＿＿＿＿に＿＿＿＿＿する＿＿＿＿で
（　　　　　　）（　　　　　）（　　　　　）

＿＿＿＿＿がしたい。
（　　　　　）

問題6　どちらが 正しいですか。

① 貴重なご意見をありがとうございました。 …………　1. きちょう　　2. そんちょう

② 質のよい睡眠が大切です。 ………………………　1. しみん　　　2. すいみん

③ 防犯カメラに怪しい人が映っていた。 …………　1. あやしい　　2. めずらしい

④ 次のオリンピックはどこで開催されますか。 …………　1. けいさい　　2. かいさい

⑤ 私は東京にあるきぎょうに就職が決まりました。 ……　1. 起業　　　　2. 企業

⑥ 試験のはんいはどこからどこまでですか。 …………　1. 範囲　　　　2. 判囲

⑦ 失敗を重ね、ついにせいこうした。 ………………　1. 成功　　　　2. 成効

⑧ 各地でさまざまなもよおしがある。 ………………　1. 催し　　　　2. 祭し

25課 健康 Health

この課で学ぶこと ▶ 体に関する漢字について考えましょう。

読んでみましょう

① さくら市 健康管理センターからのお知らせ

健康な毎日のための
さくらちゃんのワンポイントアドバイス

❶ 毎日、簡単な体操をしましょう。

首や肩をゆっくり回します。

体を前後左右に曲げます。

背中や腰を伸ばします。

両腕を上に伸ばします。

最後に鼻から息を大きく吸って胸を広げ、口からゆっくり吐きます。

❷ 栄養のバランスを考えた食事をしましょう。

❸ 骨を強くするためにカルシウムをとり、よく歩きましょう。

❹ たばこの吸い過ぎ、お酒の飲み過ぎ、食べ過ぎに注意しましょう。

❺ 悩み事があると胃が痛くなったり髪が抜けたりすることがあります。明るい気持ちで生活しましょう。

❻ 健康に関して心配なことがあれば医療機関に相談しましょう。

① 健康　体操　肩　背中　腰　腕　鼻　吸う　胸　栄養　骨　悩む　胃　髪　抜ける　医療

② ほけんだより
みどり小学校 保健室

健康な体を作るために

食事の後は歯を磨きましょう

汗をかいたら水かお茶を飲みましょう

② 歯　磨く　汗

25課 809〜820

809 健 〔イ〕 11画
ノ イ イ⁻ イ⁼ イ⁼ イ⁼ イ⁼ 律 律 健 健
ケン
kesehatan | ကျန်းမာခြင်း | स्वस्थ | තිරෝගී
保健 (pemeliharaan) kesehatan | ကျန်းမာရေးအမှတ် | स्वास्थ्य | සෞඛ්‍ය තත්ත්වය (ආරක්ෂා කරගත්තවා)

810 康 〔广〕 11画
' 二 广 广 户 户 户 庚 康 康 康
コウ
kesehatan | ကျန်းမာခြင်း | स्वस्थ | තිරෝගී
健康 kesehatan | ကျန်းမာရေး | स्वास्थ्य | සෞඛ්‍ය

811 操 〔扌〕 16画
一 十 扌 扌 护 护 护 护 护 护 掃 掃 掃 操 操 操
ソウ
memanipulasi | ကိုင်တွယ်ထိန်းချုပ်ခြင်း | चलाउनु | හැසුරවනවා
操作する mengoperasikan | ကိုင်တွယ်သည်၊ ထိန်းချုပ်သည် | प्रयोग गर्नु | ක්‍රියාත්මක කරනවා
体操 senam | ကိုယ်လက်လှုပ်ရှားမှု၊ လေ့ကျင့်ခန်း | व्यायाम | පිමිතැස්ටික්, ව්‍යායාම

812 肩 〔月〕 8画
一 一 ラ 戸 户 肩 肩 肩
かた
bahu | ပခုံး | काँध | උරහිස
肩 bahu, pundak | ပခုံး | काँध | උරහිස

813 背 〔月〕 9画
一 一 土 北 北 背 背 背 背
せ / せい
punggung, tinggi (badan) | နောက်ကျော၊ အရပ်အမြင့် | पछाडि, उचाइ | පිට, උස
背 punggung, tinggi (badan) | နောက်ကျော၊ အရပ်အမြင့် | पीठ | යමෙකුගේ පිට, උස
背中 punggung | နောက်ကျော | पीठ | යමෙකුගේ පිට
背 punggung, tinggi (badan) | နောက်ကျော၊ အရပ်အမြင့် | पीठ | යමෙකුගේ පිට, උස

814 腰 〔月〕 13画
丿 刀 月 月 肝 肝 胛 胛 腭 腰 腰 腰 腰
こし
pinggang | ခါး | तल्लो कम्मर, कम्मर, नितम्ब | කොන්ද, ඉණ, උකුල
腰 pinggang | ခါး | कम्मर | කොන්ද, ඉණ, උකුල
腰掛ける duduk | ထိုင်သည် | बस्नु | වාඩිවෙනවා

815 腕 〔月〕 12画
丿 刀 月 月 肝 肝 肝 腑 腑 腑 腑 腕
うで
lengan | လက်မောင်း | बाहु | අත
腕 lengan | လက်မောင်း | बाहु | බාහුව

816 鼻 〔鼻〕 14画
' ｒ 宀 白 白 自 自 鳥 鳥 鼻 畠 畠 鼻 鼻
はな
hidung | နှာခေါင်း | नाक | නාසය
鼻 hidung | နှာခေါင်း | नाक | නාසය

817 吸 〔口〕 6画
丨 冂 口 叨 叨 吸
キュウ / す-う
menghisap, menghirup | အသက်ရှုခြင်း | सास फेर्नु | හුස්ම ගන්නවා
吸収する menyerap | စုပ်ယူသည် | शोषण गर्नु | උරාගන්නවා
呼吸する bernafas | အသက်ရှုသည် | श्वास लिनु | හුස්ම ගන්නවා
吸う menghirup, menghisap | ရှူသည် | श्वास लिनु | දුම් කුඩු උරනවා

818 胸 〔月〕 10画
丿 刀 月 月 胪 胪 胸 胸 胸 胸
むね
dada | ရင်ဘတ် | छाती | පපුව
胸 dada | ရင်ဘတ် | छाती | පපුව

182

25課 (809〜820)

819 栄 9画 〔木〕 ` ` ` ` ` ` ` ` ` ` ` ` ` ` ` ` ` ` 栄
エイ
makmur | အပင်များ၊ ရှင်သန်ခြင်း | 繁榮 | စമ္မည္ဓိမတ္
栄養 えいよう gizi | အာဟာရ | पोषण | පෝෂණය

820 骨 10画 〔骨〕 ` ` ` ` ` ` ` ` ` ` 骨 骨 骨
コツ
tulang | အရိုး | 骨頭 | ඇට කටු
骨折する こっせつ patah tulang | အရိုးကျိုးသည် | 骨折 දදනු | අස්ථියක් බිඳෙනවා
ほね
骨 ほね tulang | အရိုး | 骨頭 | අස්ථි

よみましょう 漢字の下に読みを書きなさい。

① このタオルは水分をよく吸収する。

② 事故で骨折して、入院した。

③ 長時間パソコンを使うと目が疲れ、肩や背中が痛くなる。

④ いすに腰掛けて腕を組む。

⑤ 胸が痛くて、呼吸ができません。

⑥ 鼻から吸った息を口から出します。

⑦ 日本の中学校と高校では保健という授業があります。体のことや病気のことを勉強します。

⑧ 好きなものだけを食べていると栄養のバランスが悪くなる。

かきましょう 送りがなに注意して、下線部のことばを漢字で書きなさい。

① たばこのすいすぎに注意しましょう。

② この魚はほねが多くて、食べにくい。

③ 重いにもつを運んだら、こしが痛くなった。

④ ごみをもやす きかいをそうさします。

⑤ そふはせが高いです。

⑥ 有名なたいそうのせんしゅがけんこうについて語る。

⑦ 風邪をひいて、はながつまって、うまくしゃべれない。

183

25課 821〜832

821	悩	10画〔忄〕	丶 丶 忄 忄 忄 忄 忄 忱 悩 悩

masalah, pikiran | ပူပန်ခြင်း | दुख पाउनु | වේදනා විඳිනවා

なや-む 悩む punya masalah, bergalau | စိတ်ညှစ်တွယ် | चिन्ता गर्नु | වද වෙනවා, වේදනා විඳිනවා

822	胃	9画〔月〕	丶 冂 冂 冂 田 甲 胃 胃 胃

lambung | အစာအိမ် | पेट | උදරය

イ 胃 lambung | အစာအိမ် | पेट | උදරය

823	髪	14画〔髟〕	丨 厂 F F E E 툥 髟 髟 髣 髣 髮 髮 髪

rambut | ဆံပင် | कपाल | කෙස්

かみ 髪 rambut | ဆံပင် | कपाल | කෙස් ／ 髪の毛 rambut | ဆံပင်မွေး | कपाल | කෙස්

824	抜	7画〔扌〕	一 十 才 扌 扩 抜 抜

mencabut | နုတ်ခြင်း | तान्नु | අදිනවා

ぬ-ける 抜ける terlepas, tanggal, rontok | ကျွတ်သည်၊ ထွက်သည် | खस्नु | ගැලවෙනවා, එලියට එනවා

ぬ-く 抜く mencabut, melepaskan | နုတ်သည်၊ ဆွဲသည် | खिच्नु | ගලවනවා, එලියට අදිනවා

825	療	17画〔疒〕	丶 亠 广 广 广 广 疒 疒 疒 疒 痄 痦 痦 痦 痦 療 療

mengobati | ကုသခြင်း | उपचार गर्नु | ප්‍රතිකාර කරනවා

リョウ 医療 medis | ဆေးကုသမှု | चिकित्सा | වෛද්‍ය ප්‍රතිකාර

826	歯	12画〔歯〕	丨 一 ト 止 止 止 朱 歩 歩 歯 歯

gigi | သွား | दाँत | දත්

は 歯 gigi | သွား | दाँत | දත ／ 歯磨き pasta gigi | သွားတိုက်ခြင်း | दाँत माझ्ने | දත් මැදිනවා

827	磨	16画〔石〕	丶 亠 广 广 广 广 庐 庐 麻 麻 麻 麻 磨 磨 磨 磨

menggosok, menyikat | တိုက်ချွတ်ခြင်း | पालिस गर्नु | මදිනවා

みが-く 磨く menggosok | တိုက်ချွတ်သည် | पोलिस माझ्नु | පොලිෂ් කරනවා, මදිනවා

828	汗	6画〔氵〕	丶 丶 氵 氵 汗 汗

keringat | ချွေး | पसिना | දහඩිය

あせ 汗 keringat | ချွေး | पसीना | දහඩිය

829	汚	6画〔氵〕	丶 丶 氵 氵 汚 汚

kotor | အညစ်အကြေး | फोहोर | අපිරිසිදු

オ 汚染 polusi | ညစ်ညမ်းမှု | प्रदूषण | දූෂණය

きたな-い 汚い kotor | ညစ်ပတ်သော | गन्दा | අපිරිසිදුයි

よご-れる 汚れる kotor, bernoda | ညစ်ပေသည် | गन्दा पर्नु | අපිරිසිදු වෙනවා

よご-す 汚す mengotori | ညစ်ပေစေသည် | गन्दा गर्नु | අපිරිසිදු කරනවා

830	局	7画〔尸〕	一 ㄱ 尸 尸 局 局 局

biro, dinas, agen | အစိုးရဌာန၊ သီးသန့်အပိုင်း | ब्यूरो, सीमित भाग | කාර්යාංශය, සීමිත කොටස

キョク 薬局 apotek | ဆေးဆိုင် | फार्मेसी | ඖෂධ හල ／ 結局 akhirnya | နောက်ဆုံးမှာတော့ | अन्ततः | අවසානයේ

184

25課（821〜832）

831 **看** 9画〔目〕 一 二 三 手 禾 看 看 看 看
カン
melihat, menjaga | ကြည့်ခြင်း၊ ပြုစုခြင်း | हेर्नु, हेरचाह गर्नु | බලාගන්තවා, සත්කාර කරතවා
看病する merawat orang sakit | သူနာပြုသည် | नर्स गर्नु | හෙදකම් කරනවා
看護師 perawat | သူနာပြု | नर्स | හෙදිය/හෙද තිලධාරියා
看板 papan nama, spanduk | ဆိုင်းဘုတ် | साइनबोर्ड | දැන්වීම් පුවරුව

832 **血** 6画〔血〕 ノ ⺊ 冖 冋 血 血
ケツ
darah | သွေး | रगत | රුධිරය
血液 darah | သွေး၊ သွေးရည် | रक्त | රුධිරය
輸血 transfusi darah | သွေးသွင်းခြင်း | रक्त संचारण | ලාරුධිරයට
血圧 tekanan darah | သွေးဖိအား | रक्तचाप | රුධිර පීඩනය
ち
血 darah | သွေး | रगत | රුධිරය

 よみましょう 漢字の下に読みを書きなさい。

① 手術のとき、輸血をしました。

② 髪の毛を切ったら、印象が変わったと言われます。

③ 自動車のタイヤから空気が抜けてしまった。

④ 血液の検査をしたら、病気が見つかった。

⑤ 仕事を休んで、祖母を看病した。

⑥ 作家になりたかったが、結局、なれなかった。

⑦ 川の水の汚染について調査する。

⑧ 部屋の中を汚してしまったら、必ず、掃除してください。

かきましょう 送りがなに注意して、下線部のことばを漢字で書きなさい。

① めん100%のシャツはあせをよくきゅうしゅうする。

② 毎朝、かみと顔を洗って、はをみがきます。

③ いりょう きかんでけんこうについてそうだんする。

④ 母はいしゃで、兄はかんごしだ。父はやっきょくで働いている。

⑤ きたない手でさわると服がよごれますよ。

⑥ いろいろなことでなやむといがいたくなる。

⑦ はいしゃではをぬいた。ちがなかなか止まらない。

⑧ いろいろなかんばんを見て、漢字を勉強する。

185

25課 練習

問題1 { }の正しいほうに○をつけ、( )に読みを書きなさい。

例）彼は {(身長) 体重} が2メートルある。
　　　（ しんちょう ）

① 弟は {背　背中} が高い。
　　　（　　　　　）

② いすに {肩　腰} 掛ける。
　　　　　（　　　　　）

③ 息を {吸う　迷う}。
　　　　（　　　　　）

④ ガラスを {磨く　傾く}。
　　　　　　（　　　　　）

⑤ {歯　血} が生える。
　（　　　　）

⑥ {髪　頭} を伸ばす。
　（　　　　）

⑦ {浴　汗} をかく。
　（　　　　）

⑧ {血圧　皿圧} が上がる。
　　（　　　　）

⑨ 毛が {抜ける　空ける}。
　　　（　　　　　）

⑩ 鼻が {詰まる　泊まる}。
　　　（　　　　　）

⑪ 泳ぐ前に {操作　体操} をする。
　　　　　（　　　　　）

⑫ 将来について {悩む　刻む}。
　　　　　　　（　　　　　）

⑬ {腕　胃} に時計をする。
　（　　　　）

⑭ {保健　健康} な体を作る。
　（　　　　　）

問題2 送りがなに注意して、下線部のことばを漢字で書きなさい。

例）じかんがあまる。
　　時間　余る

① かのじょはははおやのかんびょうでつかれている。

② このくすりをのんだあとは、きかいのそうさやくるまのうんてんはしないでください。

③ いりょうにおけるしょもんだいについてぎろんする。

④ まいにち、わすれずにはみがきをしてください。

📖 ふりかえり

→ 体に関する漢字を使って、自分の体のことが説明ができる。　　　　はい　・　いいえ

→ 第25課で勉強した漢字を読んだり、書いたりできる。　　　　はい　・　いいえ

26課 地理 Geography

この課で学ぶこと ▶ 日本の地理に関する漢字について考えましょう。

読んでみましょう

日本は北海道、本州、四国、九州の四つの大きい島からなります。温帯気候で四つの季節があります。夏は湿度が高く、蒸し暑いです。冬は大陸から北西の風が吹き、日本海側は大量の雪が降ります。太平洋側は乾燥した晴れの日が多いです。日本は地震が多いです。温泉があちこちにあります。日本で最も高い山は富士山で、最も大きい湖は琵琶湖です。日本は自然の豊かな国です。

湾や湖をゴミや土や砂などで埋めて造られた人工的な陸地を埋め立て地といいます。東京湾の海岸に多く、また、大阪湾の海上に浮かぶ関西国際空港も埋め立てて (to reclaim) 造られた人工の島です。

本州
九州
温帯
季節
湿度
蒸し暑い
大陸
吹く
乾燥する
地震
温泉
富士山
湖
琵琶湖
豊かな
湾
砂
埋める
海岸
浮かぶ

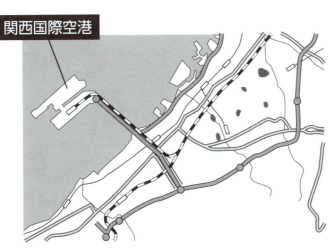

26課 833〜844

833 州 6画 〔川〕
ノ ナ 少 州 州 州
negara bagian, propinsi | ပြည်နယ် | अवस्था | ප්‍රාන්තය

シュウ
州 propinsi, negara bagian | ပြည်နယ်၊ တိုင်း၊ ဒေသ |
エउटा राज्य, एक प्रान्त, एक क्षेत्र | ප්‍රාන්තය, පළාත, ప్రదేశය

九州 Kyushu | ကျူးရှူးပြည်နယ် | क्युशु | කියුෂු

834 帯 10画 〔巾〕
一 十 卅 卅 世 世 世 帯 帯 帯
sabuk | ခါးပတ် | पेटी | පටිය

タイ
地帯 zona, wilayah | နယ်မြေ/ဧရိယာ | एक क्षेत्र | කලාපය, ప్రదేశය
温帯 daerah beriklim sedang | သမပိုင်းဇုန် | समशीतोष्ण क्षेत्र | සමශීතෝෂ්ණ කලාපය
熱帯 daerah tropis | အပူပိုင်းဇုန် | उष्ण कटिबन्ध | නිවර්තන කලාපය
携帯電話 telepon seluler, telepon genggam | လက်ကိုင်ဖုန်း | मोबाइल फोन |
ජංගම දුරකථනය

おび
帯 obi, sabuk | ခါးပတ်၊ ဂျပန်ခါးစည်း | ओबी, एक पेटी | ඔබි, බඳ පටිය

835 節 13画 〔⺮〕
ノ ⺮ ⺮ ⺮ ⺮ ⺮ 笫 笫 笞 笞 節 節 節
sendi | အဆစ် | जोड | සන්ධිය

セツ
調節する mengatur | ထိန်းညှိသည်၊ ချိန်ညှိသည် | समायोजन गर्न, नियन्त्रण गर्न | සකස්කරතවා, පාලනය කරතවා
節約する berhemat | ချွေတာသည်၊ ခြိုးခြံသည် | बचत गर्नु, मितव्ययी गर्नु | ඉතිරිකරනවා, අරපිරිමැස්ම

ふし
節 sendi | အဆစ် | जोड, संधि | සන්ධිය

836 季 8画 〔子〕
一 二 千 チ 禾 季 季 季
musim | ရာသီဥတု | ऋतु | ඍතු

キ
季節 musim | ရာသီဥတု | ऋतु | ඍතු
四季 empat musim | လေးရာသီ | चार ऋतु | ඍතු හතර

837 湿 12画 〔氵〕
丶 丶 氵 氵 汀 汩 汩 湿 湿 湿 湿 湿
lembab | စိုထိုင်းခြင်း | भिजेको | තෙත්

シツ
湿度 kelembaban | စိုထိုင်းဆ | आर्द्रता | ආර්ද්‍රතාවය
湿気 kelembaban | စိုထိုင်းဆ | आर्द्रता | ආර්ද්‍රතාවය

しめ-る
湿る menjadi lembab | စိုထိုင်းသည် | भिज्नु | තෙත් වෙනවා

838 蒸 13画 〔⺾〕
一 十 卄 艹 艹 芽 芽 茅 茭 茏 蒸 蒸 蒸
uap | ပေါင်းခြင်း၊ အငွေ့ပျံခြင်း | बाफ | තම්බනවා

ジョウ
蒸気 uap | ရေငွေ့ | वाफ | වාෂ්ප
蒸発する menguap | အငွေ့ပျံသည် | वाष्पीकरण गर्नु | වාෂ්ප වෙනවා

む-す
蒸す mengukus | ပေါင်းသည် | वाफमा पकाउनु |
හුමාලයෙන් තැම්බෙන්න හරිනවා
蒸し暑い panas gerah | အိုက်စပ်စပ်ဖြစ်သော | नमी भएको, चिपचिपे |
දැඩි උණුසුම

839 陸 11画 〔⻖〕
フ 丁 阝 阝 阝⁺ 陆 陆 陆 陸 陸 陸
daratan | ကုန်းမြေ | भूमि | පොළොව

リク
陸 daratan | ကုန်းမြေ | भूमि | පොළොව
陸地 daratan | ကုန်းမြေ | जमीन | පොළොව
大陸 benua | တိုက်ကြီး | महादेश | මහද්වීපය

840 吹 7画 〔口〕
丨 冂 口 ロ⁻ 吖 吩 吹
tiup | မှုတ်ခြင်း | हान्नु | පිඹිනවා

ふ-く
吹く bertiup, menghembus | မှုတ်သည် | फुक्नु | පිඹිනවා/හමනවා
吹雪 badai salju | နှင်းမုန်တိုင်း | हिम आँधी | හිම කුණාටුව

841 乾 11画 〔乙〕
一 十 十 古 古 吉 吉 卓 卓 乾 乾
kering | အခြောက်ခံခြင်း | सुक्खा | වියළි

カン
乾電池 batu baterai | ဘက်ထရီ | सुक्खा ब्याट्री | වියළි කෝෂ්
かわ-く/かわ-かす
乾く kering | ခြောက်သွေ့သည် | सुक्नु | වේලෙනවා
乾かす mengeringkan | အခြောက်လှန်းသည်၊ အခြောက်ခံသည် | सुकाउनु |
වේලනවා

188

26課（833〜844）

842 燥 17画〔火〕
丶 丷 ゾ 火 火 炒 炉 炉 炉 焊 焊 焊 焊 燥 燥 燥 燥
kering｜အခြောက်ခံခြင်း။ ခြောက်လာခြင်း｜सुकाउनु｜විය‍ළෙනවා
ソウ
乾燥（かんそう）する kering｜ခြောက်သွေ့အောင်လုပ်သည်｜सुक्खा｜විය‍ළෙනවා

843 震 15画〔雨〕
一 亠 一 雨 雨 雨 雨 雨 雪 雪 震 震 震 震 震
getar｜လှုပ်ရှားခြင်း｜भूकम्प｜ගැ‍හෙනවා
シン
地震（じしん）gempa bumi｜လှုင်｜भूकम्प｜භූමිකම්පාව
ふる-える 震える bergetar, berguncang, menggigil｜ခါ‍ရမ်းသည်၊ လှုပ်ခါသည်၊ တုန်သည်｜काम्नु, थर्किनु｜වෙවු‍ලනවා, ගැ‍හෙනවා, කම්පාවනවා

844 泉 9画〔水〕
丶 ノ 白 白 白 宇 身 身 泉
air mancur｜ရေပန်း｜फोहरा｜උල්පත
セン
温泉（おんせん）pemandian air panas｜ရေပူ‍မ်း｜तातोपानी｜උණු දිය ත‍ටාකය/උල්පත
いずみ 泉（いずみ）air mancur｜ရေပန်း｜फोहरा｜උල්පත

よみましょう　漢字の下に読みを書きなさい。

① 室内の温度を調節する。　　② 日本の夏は蒸し暑い。

③ 熱帯に住む魚はきれいな色をしている。　④ 浴衣に帯を結ぶ。

⑤ その泉にコインを投（な）げ入れると、再びここに来られるという。

⑥ アフリカ、ユーラシア、アメリカ、南極（なんきょく）、オーストラリアを5大陸という。

⑦ 北西の風が強く吹き、夜には吹雪になるでしょう。

⑧ 日本は地震が多いのは困るが、温泉が多いのはうれしい。

かきましょう　送りがなに注意して、下線部のことばを漢字で書きなさい。

① このタオルはしめっています。よくかわかしたほうがいいです。

② コップの中の水がじょうはつしてしまった。

③ ひこうきできゅうしゅうへあそびに行きます。

④ 東京は、冬はしつどが低く、かんそうしている日が多い。

⑤ 寒さで体がふるえる。　　⑥ 時計のかんでんちをとりかえる。

⑦ りくの上も、水の中も走れる車をせっけいする。

⑧ せつやくしてちょきんする。

26課 845～856

845 富 12画 〔宀〕
丶丶宀宀宀宁宁宵宵富富富
kaya | ပေါကြွယ်ဝခြင်း | धनी | පොහොසත්
フ
豊富な kaya, banyak | ပေါကြွယ်ဝသော | धनी, प्रशस्त | පොහොසත්/සමෘද්ධ බව
富士山 Gunung Fuji | ဖူဂျီတောင် | फ़ूजी पर्वत | ෆූජි කන්ද

846 湖 12画 〔氵〕
丶丶氵氵汁汁沽沽沽湖湖湖湖
danau | ရေကန် | ताल | වැව
コ
琵琶湖 Danau Biwa | ဘီဝကန် | बिवा ताल | බිවා තැමැති විල
みずうみ
湖 danau | ကန် | ताल | විල

847 豊 13画 〔豆〕
丶冂冊冊曲曲曲曲豊豊豊豊豊
kaya, banyak | ပေါကြွယ်ဝခြင်း | प्रशस्त | බහුල
ホウ
豊富な kaya, banyak | ပေါကြွယ်ဝသော | धनी, प्रशस्त | පොහොසත්/සමෘද්ධ බව
ゆた-か
豊かな kaya | ပေါကြွယ်ဝသော | धनी, प्रशस्त | පොහොසත්/බහුල

848 湾 12画 〔氵〕
丶丶氵氵汁汁汴汴湾湾湾湾
teluk | ပင်လယ်ကွေ့၊ ပင်လယ်ကွေ့၊ | खाड़ी | මුහුද බොක්ක
ワン
湾 teluk | ပင်လယ်ကွေ့၊ ပင်လယ်ကွေ့၊ | खाड़ी | මුහුද බොක්ක

849 砂 9画 〔石〕
一丆丆石石矴矴砂砂
pasir | သဲ | बालुवा | වැලි
サ
砂漠 gurun pasir | သဲကန္တာရ | मरुभूमि | කාන්තාරය
すな
砂 pasir | သဲ | बालुवा | වැලි
砂糖 gula | သကြား | चीनी | සීනි

850 埋 10画 〔土〕
一十土土圹圹坦坦埋埋
mengubur | မြေမြှုပ်ခြင်း | गाड़नु | වළලනවා
う-める
埋める mengubur | မြေမြှုပ်သည် | गाड़नु | වළලනවා

851 岸 8画 〔山〕
丶丶屮屮岸岸岸岸
tepi | ကမ်းစပ် | किनार | වෙරළ
ガン
海岸 pantai | ပင်လယ်ကမ်းခြေ၊ ကမ်းစပ် | समुद्री किनार | මුහුද වෙරළ
きし
岸 tepi | ကမ်းစပ် | किनार | වෙරළ

852 浮 10画 〔氵〕
丶丶氵氵氵汵汵浮浮浮
mengapung | ပေါလောပေါ်ခြင်း | तैरिनु | පාවෙනවා
う-く
浮く mengapung | ပေါလောပေါ်သည် | तैरिनु | පාවෙනවා
う-かぶ
浮かぶ mengapung, mengambang | ပေါလောပေါ်သည် | तैरिनु | පාවෙනවා
う-かべる
浮かべる mengapungkan | ပေါလောပေါ်သည် | तैराउनु | පාකරනවා

853 欧 8画 〔欠〕
一丆ㄡ区区欧欧欧
Eropa | ဥရောပ | यूरोप | යුරෝපය
オウ
欧州 Eropa | ဥရောပ | यूरोप | යුරෝපය
欧米 Eropa dan Amerika | ဥရောပနှင့်အမေရိကန် | यूरोप र अमेरिका | යුරෝපය සහ ඇමරිකාව

26課 (845〜856)

854 積 16画 〔禾〕
一 二 千 禾 禾 利 利 秆 秸 秸 積 積 積 積 積 積

memuat, menumpuk | စုပုံခြင်း | जम्मा गर्नु | කුමයෙන් වැඩි වෙනවා

セキ
面積 luasnya, area | ဧရိယာ | क्षेत्रफल | වර්ගඵලය
体積 volume kubik | ထုထည် | आयतन | (සන) පරිමාව
容積 volume | ထုထည် | मात्रा | පරිමාව
積極的な aktif | အကောင်းမြင်တတ်သော | सकारात्मक | ධනාත්මක

つ-もる
積もる menumpuk | စုပုံသည်၊ ရှိနေသည် | जम्मा गर्नु, थुपार्नु | කුමයෙන් වැඩි වෙනවා

つ-む
積む memuat, mengangkut | စုဆောင်းသည်၊ ကုန်တင်သည်၊ ပုံသည် | लोड गर्नु, थुपार्नु | පටවනවා, ගොඩගසනවා

855 沈 7画 〔氵〕
丶 丶 氵 氵 沪 沙 沈

tenggelam | နစ်မြုပ်ခြင်း | डुब्नु | ගිලෙනවා

しず-む
沈む tenggelam, terbenam | နစ်မြုပ်သည် | डुब्नु | ගිලෙනවා

856 泥 8画 〔氵〕
丶 丶 氵 沪 沪 沪 沪 泥

lumpur | ရွှံ့ | हिलो | මඩ

どろ
泥 lumpur | ရွှံ့ | हिलो | මඩ
泥棒 pencuri | သူခိုး | चोर | සොරා

🗣️ **よみましょう** 漢字の下に読みを書きなさい。

① 白い砂の海岸が遠くまで続いている。

② 三角形の面積を計算する方法を知っていますか。

③ 富士山の頂上に雪が積もっている。　④ 紙で作った舟を浮かべて遊んだ。

⑤ 鉄は水に沈むのに、どうして鉄の船は水に浮くのだろう。

⑥ 欧米化した食生活を反省し、日本の食文化を見直す。

⑦ 日本で一番大きい湖は琵琶湖です。

⑧ 砂漠は雨の降る量よりも蒸発する量のほうが多い。

✏️ **かきましょう** 送りがなに注意して、下線部のことばを漢字で書きなさい。

① あの人はひょうげんする力がゆたかだ。　② くつにどろがついている。

③ 青い空に白いくもがうかんでいる。　④ うちの犬はにわに食べ物をうめる。

⑤ せっ極てきにけいけんをつんだ。

⑥ 川のきしにたくさんボートがならんでいる。

⑦ この店はきせつの野菜やくだものがほうふだ。

⑧ 東京わんをおうだんするどうろがありますか。

26課 練習

問題1 送りがなに注意して、下線部のことばを漢字で書きなさい。

例）はをみがく。
　　歯　磨く

① おうべいのたびでゆたかなれきしとぶんかにふれた。

② しめったタオルをかんそうきでかわかす。

③ このいえはしっけがおおくて、からだによくない。

④ じしんにそなえて みずやほぞんできるたべものなどをよういする。

⑤ テキサスしゅうはせきゆがほうふだ。

問題2 {　　}の正しいほうに○をつけ、（　　）に読みを書きなさい。

例）友達と {（一緒） 一諸 } に映画を見る。
　　　　　　（ いっしょ ）

① 竹には { 節　橋 } がある。
　　　（　　　　　　）

② { 四季　四季 } の中で春が好きだ。
　　　（　　　　　　）

③ { 砂　粉 } の海岸を歩く。
　（　　　　　　）

④ { 泥　汚 } だらけになって遊ぶ。
　（　　　　　　）

⑤ 室内の温度を { 節約　調節 } する。
　　　　　　（　　　　　　）

⑥ 風が { 吹く　浮く }。
　　　　（　　　　　　）

⑦ 日が { 積む　沈む }。
　　　（　　　　　　）

⑧ { 泉　湖 } の岸にボートがある。
　（　　　　　　）

⑨ 東京 { 湾　腕 } で泳いだ。
　　　（　　　　　　）

⑩ この土地の { 容積　面積 } は 100㎡だ。
　　　　　　（　　　　　　）

📖 ふりかえり

→ 日本の地理について、漢字を使って文が書ける。　　　　　　はい　・　いいえ

→ 第26課で勉強した漢字を読んだり、書いたりできる。　　　　はい　・　いいえ

27課 植物 Plants

この課で学ぶこと ▶ 植物に関する漢字について考えましょう。

読んでみましょう

 やさしい植物学

① 植物 虫 甘い 液 群れ 根

② 巨大な 針 枝 辺り

③ 咲く 香り 草 耕す 種 皮 含む

① 先　生：植物と虫にはどんな関係があると思いますか。
　　A　君：虫は木から出る甘い液が好きです。群れを作って集まります。
　　Bさん：お母さんがプランターに植え替えたら、根に虫がついていました。だから、虫は根が好きだと思います。でも、植物は困ると思います。

②
　　先　生：スギという木を知っていますか。世界遺産(The World Heritage)の屋久島(やくしま)というところには高さ30m、周囲(しゅう)16mの巨大なスギがあります。スギは葉が針のように細長くて、枝全体も上に向かって針を並べたような形をしています。
　　A　君：はい、その木を見るとお父さんは目がかゆくなって、くしゃみをします。
　　先　生：そうですね、スギの花粉(かふん)(pollen)は辺りに飛び散ります(to fly around)。

③ 先　生：植物は人間にとって大切ですか。
　　Bさん：はい、花が咲いたら、きれいだし、香りもいいし。
　　A　君：草は牛や馬の食べ物になるし、人間は畑を耕して、種をまいて、野菜や果物を作れば食べられるし。
　　先　生：そうですね。野菜や果物の皮は人間の体に役に立つ成分を含んでいます。

193

27課 857〜868

857 植 12画〔木〕 一 十 才 木 朾 栌 栌 梢 梢 梢 植 植
tanaman | အပင် | बिरुवा | පැළ
ショク 植物 tanaman | အပင် | बिरुवा | පැළ
う-える 植える menanam | စိုက်ပျိုးသည် | रोप्नु | පැළ සිටුවතawa

858 虫 6画〔虫〕 丨 ㄇ 口 中 虫 虫
serangga | ပိုးမွှား | कीरा | කෘමියා
むし 虫 serangga | ပိုးမွှား | कीरा | කෘමියා
虫歯 gigi berlubang | သွားပိုးပေါက် | किराले खाएको दाँत | තරක් වූ දත

859 甘 5画〔甘〕 一 十 廿 廿 甘
manis | ချိုခြင်း၊ သက်ညှာခြင်း | मिठो, सहनशील | පැණිරස, සානුකම්පිත
あま-い 甘い manis | ချိုသော | गुलियो | පැණි රසයි
あま-やかす 甘やかす memanjakan | အလိုလိုက်သည် | बिगार्नु | හුරතල් කරතawa

860 液 11画〔氵〕 丶 丷 冫 氵 汸 沏 沏 泑 液 液 液
cairan | အရည် | तरल | දුව
エキ 液体 cairan | အရည် | तरल पदार्थ | දියර
血液 darah | သွေး၊ သွေးရည် | रगत | රුධිරය

861 群 13画〔羊〕 フ ㄱ ヨ 尹 尹 君 君 君 君' 君' 群' 群' 群
kelompok | အုပ်စု | समूह | කණ්ඩායම
む-れ 群れ gerombolan, kerumunan | အုပ်စု၊ လူအုပ် | समूह | කණ්ඩායම, කැණ්ඩය

862 根 10画〔木〕 一 十 才 木 朾 杧 杧 柏 柏 根
akar | အမြစ် | जरा | මුල
ね 根 akar | အမြစ် | जरा | මුල

863 巨 5画〔工〕 丨 匚 匚 叵 巨
besar sekali | ကြီးမားခြင်း | विशाल | විශාල
キョ 巨大な besar sekali, raksasa | အလွန်ကြီးမားသော | विशाल | අති විශාල, දැවැන්ත

864 針 10画〔金〕 ノ 𠆢 𠆢 ⺀ 牟 伞 全 金 金 針
jarum | အပ်၊ တွယ်ချွန်၊ ချွန် | सुई, पिन, बिँड | ඉඳිකටුව, තුඩ, කොක්ක
シン 方針 arah, kebijakan | လမ်းစဉ်၊ မူဝါဒ | नीति | ප්‍රතිපත්තිය
はり 針 jarum | အပ်၊ सुई | ඉඳිකටුව, තුඩ, කොක්ක

865 枝 8画〔木〕 一 十 才 木 朴 村 枝 枝
cabang | သစ်ကိုင်း | हाँगा | අත්ත
えだ 枝 cabang | သစ်ကိုင်း | हाँगा | අත්ත

866 辺 5画〔⻌〕 フ 刀 辺 辺 辺
sekitar | အနီးအနား | वरिपरिको | වටපිටාව
ヘン 辺 sekitar | အနီးအနား | छिमेक, एक छेउ | අවට, පැත්ත
周辺 keliling, sekitar | ဆင်ခြေဖုံး | परिधि, वरिपरि | වටපිටාව
あた-り 辺り sekitar | အနားတဝိုက် | वरिपरि | වටපිටාව

194

27課 (857〜868)

867 散 12画 〔攵〕 一 十 卄 芋 芊 昔 昔 昔 背 散 散 散
gugur, berserakan | ပြန့်ကြဲခြင်း | ฉรินา | විසිරෙනවා

サン 散歩する jalan cari angin | လမ်းထွက်လျှောက်သည် | हिड्न जानु, फिर्ता गर्नु | ඇවිදින්ත යනවා

ち-る 散る berguguran | ကြွေကျသည်၊ ပြန့်ကြဲသည် | खस्नु, झर्नु | හැලෙනවා, විසිරෙනවා

ち-らす 散らす menaburkan, membuyarkan | ပြန့်ကြဲစေသည် | झर्नु | හැළ්දරනවා

ち-らかる 散らかる berserakan, berantakan | ပြန့်ကြဲသည် | छरिएको हुनु | හැළ්වෙනවා

ち-らかす 散らかす menyerakkan | ပြန့်ကြဲစေသည် | झर्नु | හැළ්දරනවා

868 咲 9画 〔口〕 I 冂 口 口' 口゛ 叮 咝 呕 咲
mekar | ပန်းပွင့်ခြင်း | फुल्नु | පිපෙනවා

さ-く 咲く berkembang, mekar | ပန်းပွင့်သည် | फुल्नु | පිපෙනවා

🗣 **よみましょう** 漢字の下に読みを書きなさい。

① 毎食後に歯を磨いて虫歯を予防する。　② 水は液体、氷は固体(こおり)である。

③ 犬を連れて毎朝この辺りを散歩します。　④ 欧米の植物に関する本を読んだ。

⑤ スギは枝も葉も針のような形をしている。

⑥ 小さい魚の群れが、まるで巨大な魚のように見える。

⑦ 桜(さくら)の花が散って、葉が多くなっている。

⑧ 花が咲くと、甘い蜜(みつ)(nectar)を求めて虫が飛んでくる。

✏ **かきましょう** 送りがなに注意して、下線部のことばを漢字で書きなさい。

① つくえの上のちらかった しょるいをかたづける。

② きょうじゅがこのへんに有名なじんじゃがあると言っていました。

③ かいしゃのほうしんが気に入ってにゅうしゃした。

④ この野菜はおもにねの部分を食べます。

⑤ けつえき けんさをうける。

⑥ むすめやむすこには厳(きび)しいが、まごをあまやかす人は多いそうだ。

⑦ みずうみの周(しゅう)へんにめずらしい動物がいる。

⑧ そつぎょうのきねんに学校のにわに木をうえる。

195

27課 869〜880

869 香 9画 〔香〕
一 二 千 千 禾 禾 香 香 香
wangi ┃ အမွှေးနံ့သာ ┃ सुवास ┃ සුවඳ
香水 parfum ┃ ရေမွှေး ┃ इत्र ┃ සුවඳ විලවුන්
香り wangi ┃ အမွှေးနံ့သာ ┃ सुवास, बासना ┃ සුවඳ

870 草 9画 〔艹〕
一 艹 艹 芝 芎 芦 苩 草 草
rumput ┃ မြက် ┃ घाँस ┃ තණකොළ
草 rumput ┃ မြက် ┃ घाँस ┃ තණකොළ

871 耕 10画 〔耒〕
一 二 三 丰 丰 未 耒 耒 耕 耕
menggarap ┃ ထွန်ယက်ခြင်း ┃ खेती गर्नु ┃ වගාකරවා
耕地 tanah garapan ┃ စိုက်ပျိုးမြေ ┃ खेतीयोग्य भूमि ┃ වගා කළ හැකි බිම
耕す menggarap ┃ လယ်ထွန်ယက်သည် ┃ जोत्नु, खेती गर्नु ┃ වගාකරවා

872 種 14画 〔禾〕
一 二 千 千 禾 禾 秆 秆 秆 稍 稍 種 種 種
jenis, macam, biji ┃ မျိုးစေ့ အမျိုးအစား ┃ बीउ, प्रकार ┃ බීජ, වර්ගය
種類 jenis ┃ အမျိုးအစား ┃ प्रकार ┃ වර්ගය, ප්‍රභේදය
人種 ras manusia ┃ လူမျိုး ┃ जाति ┃ ජාතික
種 biji ┃ အစေ့ ┃ बीउ ┃ බීජ

873 皮 5画 〔皮〕
丿 厂 广 皮 皮
kulit ┃ အရေပြား ┃ छाला ┃ පොත්ත
皮膚 kulit ┃ အရေပြား ┃ छाला ┃ සම
皮肉 ironi ┃ ထေ့ငေါ့ခြင်း၊ ခနဲ့ခြင်း ┃ व्यंग्य, विडम्बना ┃ උපහාසය, වපුංගාර්ථය
毛皮 selimut ┃ သားရေ အမွေး အလွာပါ။ ┃ छाला, बोक्रा ┃ හම, ලේල්ල

874 含 7画 〔口〕
丿 人 ハ 今 今 含 含
termasuk ┃ ပါဝင်ခြင်း ┃ समावेश गर्नु ┃ ඇතුළත් කරනවා
含む termasuk ┃ ပါဝင်သည် ┃ समावेश गर्नु, समाविष्ट हुनु ┃ ඇතුළත්ව තිබෙනවා, අන්තර්ගත වෙනවා
含める menyertakan, memasukkan ┃ ထည့်သွင်းသည် ┃ समावेश गर्नु ┃ ඇතුළත් කරනවා

875 辛 7画 〔辛〕
一 二 立 立 辛 辛
pedas ┃ စပ်ခြင်း ┃ तातो, पिरो, नुनिलो ┃ සැරයි, කුළුබඩු වලින් රසගැන්වූ, ලුණු රසැති
辛い pedas ┃ စပ်သော ┃ पिरो, नुनिलो ┃ සැරයි (කැමක්), ලුණු අධික

876 照 13画 〔灬〕
丨 冂 月 日 日' 旷 旷 昭 昭 昭 照 照 照
nyala, sinar ┃ တောက်ပခြင်း ┃ चम्किनु ┃ දිලිසෙනවා
対照の kontras ┃ ဆန့်ကျင်ဘက်ဖြစ်သော ┃ विरोधाभास, विपरीत ┃ පරස්පර
照る menyala, bersinar ┃ တောက်ပသည်၊ လင်းထိန်သည် ┃ चम्किनु, बलेको ┃ දිලිසෙනවා, බැබෙලෙනවා
照らす menerangi ┃ မီးထွန်းသည် ┃ उज्यालो पार्नु, प्रकाश गर्नु ┃ ආලෝකමත් කරනවා

877 鳴 14画 〔鳥〕
丨 冂 口 口 口' 口' 叩 咘 咘 鳴 鳴 鳴 鳴 鳴
gonggong, suara ┃ အော်ခြင်း။ အသံမြည်ခြင်း ┃ रुनु, आवाज ┃ නාද කරනවා, හඬ
鳴く (binatang) bersuara, menggonggong ┃ အော်မြည်သည် ဟောင်သည် ┃ कराउनु, भुकू ┃ හඬගානවා, බුරනවා
鳴る berbunyi ┃ အသံမြည်သည် ┃ बज्नु ┃ ශබ්දයක් ඇසෙනවා, නාද වෙනවා
鳴らす membunyikan ┃ အော်မြည်စေသည် ┃ बजाउनु ┃ පැද්ද කරනවා, නාද කරනවා

27課 (869〜880)

878 谷 〔谷〕	7画	ノ ハ 分 父 父 谷 谷
たに		lembah, jurang | တောင်ကြား | उपत्यका | නිම්නය

谷 lembah, jurang \| တောင်ကြား \| उपत्यका \| නිම්නය

879 坂 〔扌〕	7画	一 十 土 圦 圢 坂 坂
さか		dakian | ဆင်ခြေလျှော | ढलान | බෑවුම

坂 dakian \| တောင်ကုန်း \| ढलान \| බෑවුම

880 域 〔扌〕	11画	一 十 土 圹 圹 圹 坷 域 域 域 域
イキ		area | နယ်မြေ | क्षेत्र | ప్రదేశය

地域 area, kawasan \| ဒေသ \| क्षेत्र, इलाका \| ప్రదేశය, కలాపය, దిస్త్రిక్కය

流域 daerah aliran \| ရိုင်းဝှမ်း \| बेसिन \| ద్రోణිය

よみましょう　漢字の下に読みを書きなさい。

① あの谷には香りのいい花が咲いている。　② 深夜に電話が鳴った。

③ お寺はこの坂の上にあります。　④ 種をまく前に畑を耕します。

⑤ 日が照ると暖かいが、日陰は寒い。

⑥ 著者は皮肉を込めて、この文章を書いた。

⑦ 耕地に生えた草を刈る。

⑧ 月の明かりが夜の道を照らしている。

かきましょう　送りがなに注意して、下線部のことばを漢字で書きなさい。

① もめんのシャツの上にけがわのコートを着る。

② ちいきによってガスのしゅるいがちがうので、使うきぐに注意する。

③ このきんがくにはしょうひぜいがふくまれている。

④ じんしゅで人をさべつしてはいけない。

⑤ ひ膚がかんそうしないようにクリームをつけます。

⑥ この川のりゅういきには田んぼが多い。

⑦ このしょくぶつのみはからい料理を作るときに使われます。

⑧ いろいろなしゅるいの鳥がないています。

27課 練習

問題1 { }の正しいほうに○をつけ、（ ）に読みを書きなさい。

例）この町の{ 人エ　(人口) }は年々減っている。
　　　　　（　じんこう　）

① 鳥が木の{ 技　枝 }に止まって、{ 鳴る　鳴く }。
　　　　　（　　　　）　　　　　（　　　　）

② 魚が{ 群れ　連れ }になって泳ぐ。　③ 水が凍ると、{ 液体　固体 }の氷になる。
　　　　　（　　　　）　　　　　　　　　　　　　　（　　　　）

④ { 虫歯　皮膚 }を予防する。　　　⑤ 月が辺りを明るく{ 照る　照らす }。
　　　（　　　　）　　　　　　　　　　　　　　　　（　　　　）

⑥ { 針　鉄 }と糸を貸してください。　⑦ バナナは{ 種　皮 }をむいて食べる。
　　（　　　　）　　　　　　　　　　　　　　　　（　　　　）

⑧ この町は{ 坂　域 }が多い。　　　⑨ { 皮肉　毛皮 }を言う。
　　　　　（　　　　）　　　　　　　　　（　　　　）

⑩ 小麦には多くの{ 種類　書類 }がある。　⑪ 記念に木を{ 震える　植える }。
　　　　　　　　（　　　　）　　　　　　　　　　　（　　　　）

⑫ { 砂糖　塩 }は辛い。
　　（　　　　）

問題2 反対のことばをかきなさい。（ ）に下線部の読みを書きなさい。

例）出発　　←→　　到着
（しゅっぱつ）　（とうちゃく）

① 沈む　←→ ＿＿＿＿＿　　　② 甘い　←→ ＿＿＿＿＿
（　　　）（　　　）　　　　　（　　　）（　　　）

③さくらの花が 散る ←→ さくらの花が＿＿＿＿
　　　　　　（　　　）　　　　　　　（　　　）

④ 清い　←→ ＿＿＿＿＿
（　　　）（　　　）

📖 ふりかえり

→ 植物について、漢字を使って文が書ける。　　　　　　はい　・　いいえ

→ 第27課で勉強した漢字を読んだり、書いたりできる。　はい　・　いいえ

28課 地球 The Earth

この課で学ぶこと ▶ 地球に関する漢字について考えましょう。

読んでみましょう

わたしたちの星——地球

① **太陽と月と地球**：地球は太陽の周りを回っています。これを公転といいます。1周するのに約365日かかります。地球は北極と南極を結んだ線を軸※1にして、自分自身も回転しています。これを自転といいます。約24時間で1回転します。そして、この地球の周りを月が回っています。月も自転しています。月の自転と公転の周期が同じため、地球から見える月はいつも同じ側で、裏側は見えません。

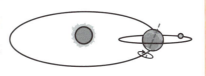

② **星**：宇宙には何億もの星が集まってできている銀河※2があります。夜空に見える光の帯「天の河※3」は銀河の一部です。

③ **地球温暖化**：地球は太陽から光をもらって温度を上げています。温度が上がりすぎるといけないので、地球は熱を外に逃がしてバランスをとっています。ところが、最近 CO_2 が増えすぎて熱を外に逃がすことができなくなっています。これが地球温暖化です。今、世界中でこの温暖化による異常気象が観測されています。気圧配置※4が変わり、北極の氷が溶け※5始め、このままではホッキョクグマ※6が絶滅する恐れがあるといわれています。各国で解決法を探っています。日本では気象庁のホームページなどで地球温暖化についての情報が見られます。

※1 軸 axis　　※2 銀河 galaxy　　※3 天の河 the Milky Way
※4 気圧配置 a pressure pattern　　※5「氷や雪が溶ける」は「解ける」とも書きます。
※6 ホッキョクグマ：北極にいる白いクマ (polar bear)

---

① 星
太陽
周り
北極
裏側

② 宇宙
億
河

③ 光
逃がす
異常
観測
氷
溶ける
恐れ
気圧
探る
気象庁

28課 881～892

881 星 9画 〔日〕
丶 丶 丶 旦 曱 旦 早 早 星
bintang | ကြယ် | तारा | තරු
星 ほし bintang | ကြယ် | तारा | තරුව

882 陽 12画 〔阝〕
了 了 阝 阝 阝 阝 阡 阡 阻 陽 陽 陽
matahari | နေ | सूर्य | සූර්යයා
太陽 たいよう matahari | နေမင်း | सूर्य | සූර්යයා
陽気な ようき riang | ဖျာကြွလန်းဆန်းသော | हर्षित, उल्लासमय | ප්‍රීතිමත්, ක්‍රියාශීලී

883 周 8画 〔口〕
丿 冂 冂 月 月 用 周 周
putaran | အစွန်းအဖျား | परिधि | වටපිටාව
円周 えんしゅう keliling lingkaran | စက်ဝန်းပတ်လည် | परिधि | පරිධිය
周囲 しゅうい sekeliling, sekitar | အဝန်းအဝိုင်း | परिधि | වටපිටාව
周り まわり sekitar, seputar | အနားတဝိုက် | वरिपरि | අවට

884 極 12画 〔木〕
一 十 才 才 村 村 朾 柯 柯 極 極 極
ekstrem, kutub | အလွန်၊ ဝင်ရိုးစွန်း | चरम, ध्रुव | අන්තය, කලාපය
北極 ほっきょく Kutub Utara | မြောက်ဝင်ရိုးစွန်း | उत्तरी ध्रुव | උත්තරඬ්‍රැවය
南極 なんきょく Kutub Selatan | တောင်ဝင်ရိုးစွန်း | दक्षिणी ध्रुव | දක්ෂිණඬ්‍රැවය
積極的な せっきょくてき (sikap) aktif | အကောင်းမြင်သော၊ | सकारात्मक | ධනාත්මක
消極的な しょうきょくてき (sikap) pasif | မကောင်းမြင်သော | नकारात्मक | ඍණාත්මක

885 裏 13画 〔衣〕
丶 亠 亠 亠 亩 亩 审 車 重 裏 裏 裏 裏
bagian belakang | ကျောဘက် | पछाडि, उल्टाउनु | පිටුපස, විරුද්ධ පැත්ත
裏 うら bagian belakang | ကျောဘက် | उल्टो, पछाडि | පිටුපස
裏口 うらぐち pintu belakang | နောက်ဖေးပေါက် | पछाडि ढोका | පිටුපස දොරටුව
裏返す うらがえす membalikkan | ပြောင်းပြန်လှန်သည် | उल्ट्याउनु | අනෙක් පැත්ත හරවනවා
裏切る うらぎる mengkhianati | သစ္စာဖောက်သည် | धोका दिनु | පාවාදෙනවා

886 宇 6画 〔宀〕
丶 丶 丶 宀 宀 宇 宇
angkasa luar | စကြာဝဠာ | ब्रह्माण्ड | විශ්වය
宇宙 うちゅう angkasa luar, antariksa | စကြာဝဠာ | ब्रह्माण्ड | විශ්වය

887 宙 8画 〔宀〕
丶 丶 宀 宀 宀 宙 宙 宙
udara, awang-awang | အာကာသ | अन्तरिक्ष | අහස්අවකාශය
宇宙 うちゅう angkasa luar, antariksa | စကြာဝဠာ | ब्रह्माण्ड | විශ්වය

888 億 15画 〔亻〕
丿 亻 亻 亻 忊 忊 俨 倍 倍 倍 倍 億 億 億 億
ratus juta | တစ်ရာသန်းပေါင်း | एक अर्ब | මිලියන සියය
～億 おく ... miliar | ~တစ်ရာသန်းပေါင်း | करोड | මිලියන සියය
一億 いちおく seratus juta | တစ်ရာသန်းပေါင်း | एक करोड | මිලියන සියයක්

889 河 8画 〔氵〕
丶 丶 氵 氵 沪 沪 沪 河
sungai | မြစ် | नदी | ගඟ
河 かわ sungai | မြစ် | नदी | ගඟ

890 光 6画 〔儿〕
丨 丬 丬 半 兴 光
cahaya | အလင်းရောင် | प्रकाश | ආලෝකය
光線 こうせん sinar, cahaya | အလင်းတန်း | किरण | ආලෝක කිරණ
光景 こうけい pemandangan | မြင်ကွင်း | दृश्य | දර්ශනය
光 ひかり cahaya | အလင်းရောင် | प्रकाश | ආලෝකය
光る ひかる bersinar | တောက်ပသည်၊ ဖိတ်ဖိတ်တောက်သည်၊ လျှပ်ပြက်သည် | चम्किनु | බැබලෙනවා, දිලිසෙනවා

28課（881〜892）

891 逃 9画 〔⻌〕 ノ ノ ノ 丬 丬 北 兆 兆 逃 逃
melarikan diri | ထွက်ပြေးခြင်း၊ လွတ်မြောက်ခြင်း | भाग्नु | පලායනවා
に-げる 逃げる melarikan diri | ထွက်ပြေးသည် | भाग्नु | පලායනවා
に-がす 逃がす melepaskan, melewatkan | လွှတ်သည် | स्वतन्त्र छोड्नु | නිදහස් කරනවා

892 異 11画 〔田〕 一 ㄇ 帀 巾 甲 甲 甲 畀 畀 異 異
berbeda | ကွဲပြားခြင်း | फरक | වෙනස්
イ 異常な（いじょうな）tidak biasa, tidak normal | ပုံမှန်မဟုတ်သော | असामान्य | අසාමාන්‍ය
こと 異なる（ことなる）berbeda | ကွဲပြားသည် | फरक हुनु | වෙනස් වෙනවා

よみましょう　漢字の下に読みを書きなさい。

① 円周の計算式を教わる。　　　② 強盗は裏口から逃げた。

③ 検査の結果、異常なところは見られなかった。

④ 会議で積極的に意見を言う。

⑤ 試験が始まるまで問題は裏返しておいてください。

⑥ 月は地球の周りを回っている。

⑦ 星が集まってまるで光る河のように見える。

⑧ 南極は大陸だが、北極は大陸ではない。

✏️ かきましょう　送りがなに注意して、下線部のことばを漢字で書きなさい。

① たいようはやく45おく年前に生まれたという。

② ひかりのそくどは音のそくどよりはやい。

③ しょうらいはうちゅうにかんけいする仕事をしたい。

④ マリーさんはようきなせいかくで、ともだちが多いです。

⑤ 日本れっとうはしゅういを海にかこまれている。

⑥ 紙のうらとおもてをまちがえないようにしてください。

⑦ 文化やしゅうかんのことなる人々がこうりゅうする。

⑧「にがした魚は大きい」というひょうげんがある。

201

28課 893〜904

---

893 測 12画 〔氵〕　丶 丶 冫 冫 汀 汈 沪 沪 浿 浿 測 測

mengukur｜တိုင်းတာခြင်း｜मापन गर्नु｜මැනීම

ソク
- 測定する　mengukur｜တိုင်းတာသည်｜नाप्नु｜මැනීම
- 測量する　mengukur｜တိုင်းတာသည်｜नाप, मापन गर्नु｜මැනීම

はか-る
- 測る　mengukur, menimbang｜တိုင်းတာသည်｜नाप्नु｜මැනීම

予測する　memprediksikan｜ခန့်မှန်းသည်, မှန်းဆသည်｜अनुमान गर्नु｜අනුමාන කරනවා, අනාවැකි පළකරනවා

---

894 観 18画 〔見〕　ノ ト ヒ ヶ 午 午 午 斧 斧 雀 観 観 観 観 観 観

pemandangan, melihat｜ကြည့်ရှုခြင်း၊ တွေ့မြင်ကြည့်ခြင်း｜दृश्य, अवलोकन गर्नु｜බලනවා, පරීක්ෂා කරනවා

カン
- 観察する　mengamati｜ကြည့်ရှုလေ့လာသည်၊ တွေ့မြင်ကြည့်သည်｜अवलोकन गर्नु｜නිරීක්ෂණය කරනවා
- 観測する　mengamati｜တွေ့မြင်ကြည့်လေ့လာသည်｜अवलोकन गर्नु｜නිරීක්ෂණය කරනවා
- 観光　wisata, jalan-jalan｜လည်ပတ်ကြည့်ရှုခြင်း｜पर्यटन｜සිරි තරඹනවා

---

895 氷 5画 〔水〕　ノ 刂 斗 水 氷

es｜ရေခဲ｜बरफ｜අයිස්

こおり
- 氷　es｜ရေခဲ｜बरफ｜අයිස්

---

896 溶 13画 〔氵〕　丶 丶 冫 冫 氵 沪 沪 浐 浐 溶 溶 溶 溶

meleleh｜အရည်ပျော်ခြင်း｜घुल्नु, पग्लिनु｜දියවෙනවා

ヨウ
- 溶岩　lahar｜ချော်ရည်｜ज्वालामुखी लावा｜ලාවා

と-ける
- 溶ける　meleleh, mencair, lebur｜အရည်ပျော်သည်｜पग्लनु｜දියවෙනවා

と-かす
- 溶かす　mencairkan｜အရည်ပျော်အောင်လုပ်သည်｜पगाल्नु｜දියකරනවා

と-く
- 溶く　mencairkan｜ပျော်ဝင်သည်｜घोल्नु｜දියකරනවා

---

897 恐 10画 〔心〕　一 T 工 刃 巩 巩 巩 恐 恐 恐

takut｜ကြောက်ရွံ့ခြင်း｜डर｜බිය

キョウ
- 恐縮する　berterima kasih, maaf｜ကျေးဇူးတင်သည်၊ တောင်းပန်သည်｜धन्यवाद दिनु, माफी माग्नु｜ස්තුතිවන්ත වෙනවා

おそ-ろしい
- 恐ろしい　mengerikan, seram｜ကြောက်ရွကောင်းသော｜डर लाग्दो, भयानक｜හයානකයි

おそ-れる
- 恐れる　merasa takut｜ကြောက်ရွံ့သည်｜डराउनु｜බිය වෙනවා
- 恐れ　rasa takut, ketakutan｜ကြောက်ရွံ့မှု｜डर｜බිය

---

898 圧 5画 〔土〕　一 厂 厂 圧 圧

tekanan｜ဖိအား｜दबाब｜පීඩනය

アツ
- 気圧　tekanan udara｜လေဖိအား｜हावाको दबाव｜වායුගෝලීය පීඩනය

---

899 探 11画 〔扌〕　一 十 扌 扩 扩 扩 押 押 探 探 探

mencari｜ရှာဖွေခြင်း｜खोजी गर्नु｜සොයනවා

さぐ-る
- 探る　mencari, menelusuri｜စုံစမ်းရှာဖွေသည်｜खोज्नु｜සොයනවා

さが-す
- 探す　mencari｜ရှာဖွေသည်｜खोज्नु｜සොයනවා

---

900 庁 5画 〔广〕　丶 宀 广 庁 庁

kantor, badan (pemerintahan)｜အစိုးရရုံး｜सरकारी कार्यालय｜රජයේ කාර්යාල

チョウ
- 気象庁　Badan Meteorologi｜မိုးလေဝသဌာန｜मौसम विज्ञान विभाग｜කාලගුණ විද්‍යා දෙපාර්තමේන්තුව
- 官庁　kantor pemerintahan｜အစိုးရရုံး｜सरकारी कार्यालय｜රජයේ කාර්යාලය

202

28課 (893〜904)

901 怖	8画〔忄〕	丶 丶 忄 忄 忄 忄 怖 怖

フ
こわ-い

怖 takut｜ကြောက်ရွံ့ခြင်း｜ डर｜ ฉัว

恐怖 rasa takut, kengerian｜ကြောက်လန့်ခြင်း｜डर, आतंक｜ ฉัว
（きょうふ）

怖い takut, menakutkan｜ကြောက်စရာကောင်းသော၊ ဆိုးရွားသော၊ ထိတ်လန့်ဖွယ်ကောင်းသော｜डर लग्दो, भयानक｜ ฉะนากฉัย
（こわ）

902 波	8画〔氵〕	丶 丶 氵 氵 沪 沪 波 波

ハ
なみ

波 gelombang｜လှိုင်း｜तरंग｜ ฉอ

電波 gelombang radio, sinyal｜လျှပ်စစ်လှိုင်း｜रेडियो तरंग｜ วิฉ๑ษต ตรวงๆ
（でんぱ）

波 gelombang, ombak｜လှိုင်း｜लहर｜ ตรวฉขย
（なみ）

903 零	13画〔雨〕	一 一 一 声 雨 雨 雨 雨 雫 雫 雫 零 零

レイ

nol｜သုည｜शून्य｜ ฉ๐ฉ๑ฃ

零 nol｜သုည｜शून्य｜ ฉ๐ฉ๑ฃ （れい）

零点 nilai nol｜သုညမှတ်｜शून्य अंक｜ ฉ๐ฉ๑ฃ （れいてん）

904 兆	6画〔儿〕	丿 丿 丿 兆 兆 兆

チョウ

biliun｜ထရီလီယံ｜खरब｜ ฏริฉยฺฉยฺ

〜兆 ...triliun｜〜ထရီလီယမ်｜खरब｜ ฏริฉยฺฉ..... （ちょう）

一兆 satu biliun｜တစ်ထရီလီယံ｜एक खरब｜ ฏริฉยฺฉยฺ （いっちょう）

😮 **よみましょう** 漢字の下に読みを書きなさい。

① 水は零度で氷になる。 ② 仕事を探す。

③ 地震の強さを機械で測定する。 ④ 自然を観察する会に参加する。

⑤ この辺りは携帯電話の電波が届かない。
（けい）

⑥ とても親切にされて、かえって私のほうが恐縮してしまった。
（しゅく）

⑦ 火山から流れ出る溶岩を見て怖かった。

⑧ その国の借金は数百兆円あるらしい。

✏️ **かきましょう** 送りがなに注意して、下線部のことばを漢字で書きなさい。

① しけんはれいてんだった。 ② うちゅうのなぞをさぐる。

③ じしんをよそくする研究をする。 ④ 土地のめんせきをそくりょうする。

⑤ きしょうちょうはかんそくけっかをほうこくした。

⑥ おそろしいゆめを見て、目がさめた。 ⑦ きあつのへんかで耳がいたくなる。

⑧ 来日のもくてきはかんこうです。

203

28課 練習

問題1 送りがなに注意して、下線部のことばを漢字で書きなさい。

例）とりがなく。
　　　鳥　鳴く

① きょうのうみはなみがたかい。　　　② こおりがわれる。

③ ポケットのなかをさぐる。　　　④ ほしのかずをかぞえる。

⑤ おおくのひとのよそうをうらぎった。

⑥ ごみのだしかたはちいきによってことなる。

問題2 {　　}の正しいほうに○をつけ、（　　）に読みを書きなさい。

例）{ 種類　書類}を封筒に入れる。
　　（ しょるい ）

①{ 観光　観察 }バスで旅行する。　　②{ 非常　異常 }気象が心配される。
　（　　　　　　　）　　　　　　　　　　　（　　　　　　　　　）

③ ニュースを見て、{ 恐縮　恐怖 }を感じた。④ 彼は { 陽気　勇気 }な人です。
　　　　　　　　　（　　　　　　　　　）　　　　（　　　　　　　　）

⑤ 万の次は億、億の次は { 光　兆 }です。
　　　　　　　　　　　　（　　　　　　　）

⑥ 気象{ 庁　広 }によると今年の夏は暑いそうだ。
　　　（　　　　　　）

問題3 □に適当な漢字を1字入れて、反対のことばを作りなさい。また（　　）に読みを書きなさい。

例）肯定 ⟷ 否定
　（ こうてい ）（ ひてい ）

① 積極的 ⟷ □極的　　② 正常な ⟷ □常な　　③ 表 ⟷ □
　（　　　　　）（　　　　　　）（　　　　　）（　　　　　　）（　　　）（　　　）

📖 ふりかえり

→ 地球について、漢字を使って文が書ける。　　　　　　　はい　・　いいえ

→ 第28課で勉強した漢字を読んだり、書いたりできる。　　はい　・　いいえ

29課 いろいろなニュース・1 News 1

この課で学ぶこと ▶ 事件や事故の記事に使われる漢字について考えましょう。

どんなニュースでしょう

① 自転車歩道走行
死亡事故に発展
少年を逮捕(たい)

② 指輪など約90点
宝石店に泥棒
約500万円相当が盗まれる

③ 作業員の操作ミスが
爆発事故の原因か

④ **捜していた登山グループを発見**
救助された4人のうち3人が意識不明の重体

⑤ 居眠り運転の疑いで……運転手は道路交通法違反の罪に問われた。

⑥ ……叫び声を聞いたと言っており、○○署は現場の状況から強盗殺人事件とみて、逃げた男の行方を追っている。

---

① 死亡 発展 逮捕(たい)
② 宝石 泥棒 指輪
③ 爆発 原因
④ 捜す 救助する 意識
⑤ 居眠り 疑う 違反する 罪
⑥ 叫ぶ 状況 殺人 追う

205

29課 905〜916

905 亡 3画 〔亠〕
`丶 亠 亡`
wafat, hilang | သေဆုံးခြင်း, ဆုံးရှုံးခြင်း | मर्नु, हार्नु | මැරෙනවා, නැතිවෙනවා

ボウ
死亡する meninggal | သေဆုံးသည် | मर्नु, बित् | මිය යනවා

な-い
亡くなる meninggal dunia, wafat | သေဆုံးသည် | मर्नु, बित् | මිය යනවා
亡くす menghilangkan, kehilangan | ဆုံးရှုံးသည် | गुमाउनु | නැති වෙනවා

906 展 10画 〔尸〕
`フ 丁 尸 尸 尼 屉 屉 屏 展 展`
mengembangkan, lihat | ဖွံ့ဖြိုးခြင်း, ပြခြင်း | विकास गर्नु, हेर्नु | සංවර්ධනය කරනවා, බලනවා

テン
発展する berkembang, maju | ကျယ်ပြန့်လာသည်, ဖွံ့ဖြိုးတိုးတက်သည် | विस्तार गर्नु | දියුණු වෙනවා, සංවර්ධනය වෙනවා
展覧会 pameran | ပြပွဲ | प्रदर्शनी | ප්‍රදර්ශනය

907 捕 10画 〔扌〕
`一 十 扌 扌 扩 折 折 捐 捕 捕`
tangkap | ဖမ်းဆီးခြင်း | समात्नु | අල්ලගන්නවා

ホ
逮捕する menangkap | ဖမ်းဆီးသည် | पक्राउ गर्नु | අත්අඩංගුවට ගන්නවා

と-らえる
捕らえる menangkap | ဖမ်းသည် | समात्नु | අල්ලගන්නවා

と-る
捕る menangkap | ဖမ်းမိသည် | समात्नु | අල්ලගන්නවා

つか-まる
捕まる tertangkap | အဖမ်းခံရသည် | समातिनु | අහුවෙනවා

つか-まえる
捕まえる menangkap | ဖမ်းဆီးသည် | समात्नु | අල්ලගන්නවා

908 宝 8画 〔宀〕
`丶 丷 宀 宀 宁 宇 宝 宝`
harta | ရတနာ | खजाना | සම්පත්

ホウ
宝石 batu permata | ကျောက်မျက်ရတနာ | गहना | මැණික

たから
宝 harta | ရတနာ | खजाना | වස්තුව

909 棒 12画 〔木〕
`一 十 才 木 木 木 杵 捧 捧 棒 棒 棒`
tongkat | တုတ် | लट्ठी | පොල්ල

ボウ
棒 tongkat | တုတ် | लट्ठी | පොල්ල
泥棒 pencuri | သူခိုး | चोर | හොරා

910 輪 15画 〔車〕
`一 厂 厅 日 旦 車 車 軒 軒 輪 輪 輪 輪`
lingkaran, roda | အဝိုင်း | चक्का | වළල්ල

リン
車輪 roda | ဘီးလုံး | पाङ्ग्रा | රෝදය

わ
輪 lingkaran, roda | ကွင်း | चक्का, पर्खाल | වළල්ල
指輪 cincin | လက်စွပ် | औंठी | මුද්ද

911 爆 19画 〔火〕
`丶 丷 少 火 火 炉 炉 炉 焊 焊 煜 煜 爆 爆 爆 爆`
meledak | ပေါက်ကွဲခြင်း | विस्फोट हुनु | පුපුරනවා

バク
爆発する meledak | ပေါက်ကွဲသည် | विस्फोट हुनु | පුපුරනවා

912 原 10画 〔厂〕
`一 厂 厂 厅 斤 斤 盾 盾 原 原`
asal | မူလ | उत्पत्ति, साधारण | කාරණය, තැතිතලාව

ゲン
原料 bahan dasar | မူရင်းပစ္စည်း | कच्चा पदार्थ | අමු ද්‍රව්‍ය

はら
秋葉原 Akihabara | အာခီဟာဘရှ | अकिहाबारा | අකිහබාර

913 因 6画 〔口〕
`丨 冂 冂 囚 因 因`
sebab | အကြောင်းအရင်း | कारण | හේතුව

イン
原因 sebab, penyebab | အကြောင်းအရင်း | कारण | හේතුව

29課（905〜916）

914 捜 10画〔扌〕 一 十 才 扌 扌 护 护 护 捜 捜
mencari | ရှာဖွေခြင်း | खोज्नु | සොයනවා
さが-す 捜す mencari | ရှာဖွေသည် | खोज्नु | සොයනවා

915 救 11画〔攵〕 一 十 才 ず 才 求 求 求 求 救 救
menyelamatkan | ကယ်တင်ခြင်း | बचत गर्नु | බේරගන්නවා
キュウ 救助する menyelamatkan, menolong | ကယ်တင်သည် | उद्धार गर्नु, बचाउनु | බේරගන්නවා
すく-う 救う menyelamatkan, menolong | ကယ်တင်သည် | बचाउनु | බේරගන්නවා

916 識 19画〔言〕 ` 丶 亠 亖 言 言 言 言 訓 訓 諳 諳 諳 諳 識 識 識
rasa, kepekaan | အသိ | इन्द्रिय | අවබෝධය
シキ 知識 pengetahuan | အသိပညာ | ज्ञान | දැනුම   意識 kesadaran | အသိ သတိ | चेतना, जागरूकता | විඥානය, අවබෝධය

🗣 **よみましょう** 漢字の下に読みを書きなさい。

① 宝石を盗んだ女が逮捕された。　② この工場では電車の車輪を生産している。

③ 秋葉原で地下鉄に乗り換える。　④ 美術の知識がある友人と展覧会に行く。

⑤ 多くの人が原因がわからない恐ろしい病気で死亡した。

⑥ 犯人を捕らえて、警察に連れて行った。

⑦ 操作を間違えてしまったため、機械が爆発した。

⑧ 犯人を捜したり、人を救助したりするために犬を使う。

✏ **かきましょう** 送りがなに注意して、下線部のことばを漢字で書きなさい。

① 人のいのちをすくう仕事をする。

② かんきょうについてのいしきをちょうさする。

③ ニュースできょうじゅのスミス先生がなくなったことを知った。

④ プラスチックのげんりょうはせきゆです。

⑤ じしんでビルがたおれて、中にいた父親をなくした。

⑥ ともだちや家族、けんこうな体は私のたからだ。

⑦ くうこうができて、町がはってんする一方、みどりがげんしょうした。

⑧ ゆびわをぬすんだ どろぼうがつかまった。

207

29課 917〜928

917 居 8画〔尸〕

一 コ コ 尸 尸 尹 尽 居 居

ada | တည်ရှိခြင်း၊ နေထိုင်ခြင်း | अस्तित्वमा रहनु, बाँच्नु | පවතිනවා, ජීවත් වෙනවා

キョ
い

住居 rumah, tempat tinggal | အိမ်၊ အိမ်ရာ | आवास, घर | නිවස

居間 ruang keluarga, ruang duduk | ဧည့်ခန်း | बैठक कोठा | විසිත්ත කාමරය

居眠り ketiduran | အိပ်ငိုက်ခြင်း | झम्कनु | නිදා වැටෙනවා

918 疑 14画〔疋〕

一 ヒ ヒ ヒ 旨 矣 矣 矣 矣 疑 疑 疑 疑 疑

ragu | သံသယ | शंका | සැකය

ギ
うたが-う

疑問 pertanyaan, tanda tanya | မေးခွန်း | प्रश्न | ප්‍රශ්නය

疑う meragukan | သံသယဖြစ်သည် | शंका गर्नु | සැක කරනවා

919 反 4画〔又〕

一 厂 厉 反

lawan, bertentangan | ဆန့်ကျင်ခြင်း၊ မလိုက်နာခြင်း | विरोध गर्नु, अवज्ञा गर्नु | විරුද්ධ වෙනවා, පිළිතොළපදිනවා

ハン

反対する bertentangan | ဆန့်ကျင်သည် | विरोध गर्नु | විරුද්ධ වෙනවා

違反する melanggar | ကျူးလွန်သည် | उल्लंघन गर्नु | උල්ලංඝණය කරනවා

920 罪 13画〔罒〕

丨 冂 冂 冚 罒 罒 罪 罪 罪 罪 罪 罪 罪

kejahatan, kesalahan | ပြစ်မှု၊ အပြစ် | अपराध, पाप | අපරාධය, පව

ザイ
つみ

犯罪 kejahatan, kriminal | ရာဇဝတ်မှု | अपराध, अपराध | අපරාධය, වරද

罪 dosa, kejahatan, kesalahan | ပြစ်မှု၊ အပြစ် | अपराध, पाप | අපරාධය, පව

921 叫 6画〔口〕

丨 冂 口 叩 叩 叫

teriak | အော်ဟစ်ခြင်း | रुनु | කෑගසනවා

さけ-ぶ

叫ぶ berteriak, menjerit | အော်ဟစ်သည် | कराउनु, चिच्याउनु | කෑගසනවා

922 況 8画〔氵〕

丶 冫 氵 氵 沪 沪 沪 況

kondisi | အခြေအနေ | अवस्था | තත්වය

キョウ

状況 keadaan | အခြေအနေ | अवस्था, परिस्थिति | තත්වය

923 殺 10画〔殳〕

ノ 乂 杀 杀 杀 杀 杀 殺 殺 殺

membunuh | သတ်ခြင်း | मार्नु | මරනවා

サツ
ころ-す

自殺する bunuh diri | သတ်သေသည် | आत्महत्या गर्नु | සියදිවි නසාගන්නවා

殺す membunuh | သတ်သည် | मार्नु | මරනවා

924 追 9画〔辶〕

ノ イ イ 乍 乍 自 自 追 追

mengejar | နောက်မှလိုက်ခြင်း | पछ्याउनु | ලුහුබඳිනවා

ツイ
お-う

追加する menambahkan | ထပ်ပေါင်းသည် | थप्नु | එක් කරනවා

追う mengejar, mengikuti | နောက်မှလိုက်သည် | पछ्याउनु | ලුහු බඳිනවා, හඹා යනවා

追い越す mendahului, melewati | ကျော်တက်သည် | पार गर्नु, उछिन्नु | අභිබවා යනවා, ඉස්සර කරනවා

追いつく mencapai, menyalip | မိသည် | पुग्नु, पछ्याउनु | ඉස්සර කරනවා, අල්ලගන්නවා

追いかける mengejar | နောက်မှလိုက်သည် | पछ्याउनु | පස්සෑ හඹා යනවා

925 婦 11画〔女〕

く 女 女 妒 妒 妒 妒 婦 婦 婦 婦

wanita, istri | အမျိုးသမီး | महिला | කාන්තාව

フ

婦人 wanita | အမျိုးသမီး | महिला | කාන්තාව

主婦 ibu rumah tangga | အိမ်ရှင်မ | गृहिणी | ගෘහණිය

208

29課（917〜928）

926 途 10画〔⻌〕 ノ 八 ハ 公 余 余 余 途 途

ト

jalan｜လမ်းကြောင်း｜बाटो｜ⲙⲁⲣ⳪ⲅ⳪

途中で di tengah perjalanan, di tengah-tengah｜လမ်းခုလတ်၊ လုပ်လက်စ｜बीचमा｜ⲁⲑⲣⲁ ⲙⲅⲁ, ⲁⲑⲣⲁ ⲙⲉⲇⲟ

用途 penggunaan｜အသုံးပြုရည်ရွယ်ချက်｜प्रयोग｜ⲁⲣⲙⳮⲛ

927 灰 6画〔火〕 一 ⺁ ⺁ ⺁ 灰 灰

はい

abu｜ပြာ｜खरानी｜ⲁⲗⲟ

灰 abu｜ပြာ｜खरानी｜ⲁⲗⲟ

灰皿 asbak｜ဆေးလိပ်ပြာခွက်｜खरानीदानी｜ⲁⲗⲟ ⲃⲇⲟ⳪

灰色 warna abu-abu｜မီးခိုးရောင်｜खरानी रङ｜ⲁⲗⲟ ⲡⲁⲧ

928 暴 15画〔日〕 亅 冂 ⺊ 旦 昌 昌 昌 昴 暴 暴 暴 暴 暴

ボウ

あば-れる

kekerasan｜ကြမ်းတမ်းရှိင်းပြခြင်း｜हिंसात्मक｜ⲣⲟⲱ⳩ⲇⲕⲁⲣⲟ

乱暴な kasar｜ကြမ်းတမ်းရှိင်းပြသော｜हिंसक, उग्र｜ⲣⲟⲱ⳩ⲇ

暴れる mengamuk｜အကြမ်းဖက်သည်｜हिंसात्मक व्यवहार गर्नु｜ⲣⲟⲱ⳩ⲇ ⲗⲟⲉⲟ ⲏ⳩ⲋⲓⲑⲓⲙ

😮 よみましょう　漢字の下に読みを書きなさい。

① 工事がどのぐらい進んだか、その状況を報告する。

② このパソコンには新しい機能が追加された。

③ 居眠り運転が原因で起こる事故を防ぐ。　④ 会社の方針に反対した。

⑤ この法律に違反すると逮捕されます。

⑥ 昔は結婚すると主婦になって、仕事をしていない女の人が多かった。

⑦ 子供が真似をするから、乱暴な言葉は使わないようにしよう。

⑧ 猫を捜しています。灰色の毛で首に赤い輪をつけています。

✏️ かきましょう　送りがなに注意して、下線部のことばを漢字で書きなさい。

① じかんにおわれる せいかつをしている。

② 彼ははんにんではないかとうたがわれて じさつした。

③ お金をはらわずに店の品物を持っていくのははんざいだ。

④「ころされる！ たすけて！」とさけぶ声が聞こえた。

⑤ 子供はいろいろなことにぎもんを持つものだ。

⑥ 火山がばくはつし、はたけがはいで覆われる。

⑦ 男は酒を飲んで、たにんのじゅうきょに入りあばれた。

⑧ 彼女は用事ができて、かいぎのとちゅうで帰った。

29課 練習

問題1 送りがなに注意して、下線部のことばを漢字で書きなさい。

例) <u>たいよう</u>の<u>まわり</u>を<u>まわる</u>。
　　太陽　　周り　　回る

① <u>どろぼう</u>を<u>つかまえる</u>。　　　　② <u>けいさつ</u>に<u>おわれる</u>。

③ <u>まえ</u>を<u>はしる</u>オートバイを<u>おいこした</u>。　④ <u>いま</u>で<u>ちち</u>が<u>いねむり</u>をしている。

⑤ ここに<u>くるま</u>を<u>とめる</u>と<u>ちゅうしゃ いはん</u>になる。

⑥ この<u>きかい</u>の<u>ようと</u>とはなんですか。

⑦ <u>うたがわれる</u>ようなことはしないほうがいい。

⑧ <u>きゅうじょ</u>のヘリコプターに<u>すくわれる</u>。

問題2 {　　}の正しいほうに○をつけ、(　　)に読みを書きなさい。

例) 青い空に白い {㊀雲　曇} が浮かんでいる。
　　　　　　　(　くも　)

① 事故の { 原因　原料 } を調査する。　② { 婦人　夫人 } 服の売り場は2階です。
　　　　　(　　　　　)　　　　　　　　　(　　　　　　)

③ 友人を家に { 叫ぶ　呼ぶ }。　　　④ 注文を { 参加　追加 } する。
　　　　　　(　　　　　)　　　　　　　 (　　　　　)

⑤ 犯人を { 捕まえる　捕まる }。　　⑥ ガスが { 乱暴　爆発 } する。
　　　　　(　　　　　)　　　　　　　 (　　　　　)

⑦ 長い { 棒　束 } で枝を支える。
　　　 (　　　)

⑧ 本当だろうか、と { 疑問　質問 } に思う。
　　　　　　　　　(　　　　　)

📖 ふりかえり

→ 勉強した漢字の言葉を使って、事件や事故の記事について説明ができる。	はい　・　いいえ
→ 第29課で勉強した漢字を読んだり、書いたりできる。	はい　・　いいえ

30課 いろいろなニュース・2 News 2

この課で学ぶこと▶ スポーツに関する記事に使われる漢字について考えましょう。

どんなニュースでしょう

① 市民 記録 ～位 秒 優勝する
② 引退する 大勢 仲間 打つ 投げる 信頼
③ ～戦 延長する 勝負
④ 賞金 争う
⑤ 団体 失敗する
⑥ 委員会 訪問

① ××市民マラソン
スミス大会新記録 田中2位
アメリカのスミスが2時間07分23秒で優勝。日本の田中は2時間8分40秒で2位に。

② **〇〇優勝**
△△選手 引退
大勢のファンと仲間に見送られて
打っても投げても一流の△△、チームメイトからの信頼も厚く、チームを優勝へ……

③ **日本代表PK戦に泣く**
延長戦でも勝負がつかずPK戦に

④ 女子ゴルフ **賞金女王争いに一歩前進**

⑤ スキージャンプ **団体で金メダル！**
優勝候補の××ジャンプ失敗

⑥ 国際オリンピック委員会（IOC）会長 パリを訪問

211

30課 929〜940

---

929 民 5画 〔氏〕 一 コ 尸 戶 民

orang, rakyat | နိုင်ငံသူနိုင်ငံသား | मानिसहरू | පුරවැසියන්

国民（こくみん） rakyat, warga negara | နိုင်ငံသူနိုင်ငံသား | जनता | මහජනතාව

民主主義（みんしゅしゅぎ） demokrasi | ဒီမိုကရေစီ | लोकतन्त्र | ප්‍රජාතන්ත්‍රවාදය

市民（しみん） rakyat, warga kota | မြို့သူမြို့သား | नागरिक | පුරවැසියා

ミン

---

930 録 16画 〔金〕 ノ ㇏ ㇷ ㇻ 牟 余 余 金 釒 釒 釒 鉮 鈼 鈼 録 録

rekam | မှတ်တမ်းတင်ခြင်း | रेकर्ड | සටහන් කරනවා

記録（きろく）する mencatat, merekam | မှတ်တမ်းတင်သည် | रेकर्ड गर्नु | සටහන් කරනවා

録音（ろくおん）する merekam (suara) | အသံသွင်းသည် | रेकर्ड गर्नु | පටිගත කරනවා

ロク

---

931 位 7画 〔亻〕 ノ 亻 亻 仁 什 付 位 位

rangking, tingkat, posisi | အဆင့်၊ ရာထူး၊ နေရာ | श्रेणी, स्थिति, स्थान | නිලය, තත්ත්වය, ස්ථානය

単位（たんい） satuan kredit semester | ယူနစ်၊ ခရက်ဒစ် | एकाई, क्रेडिट | ඒකකය

地位（ちい） status, posisi | ရာထူးရာခံ၊ ရာထူး | स्थिति, स्थान | තරාතිරම

〜位 peringkat 〜 | အဆင့် 〜 | ... स्थान | ..... වෙනි ස්ථානය

位（くらい） peringkat, rangking | အဆင့် | स्तर, श्रेणी | නිලය, ශ්‍රේණිය

イ

くらい

---

932 秒 9画 〔禾〕 一 ニ 千 千 禾 利 利 秒 秒

detik | စက္ကန့် | दोस्रो | තත්පර

秒（びょう） detik | စက္ကန့် | दोस्रो | තත්පර

ビョウ

---

933 優 17画 〔亻〕 ノ 亻 亻 亻 仿 仿 俨 俨 傻 傻 傻 傻 傻 優 優 優

unggul | သာလွန်ခြင်း၊ ထူးချွန်ခြင်း၊ နူးညံ့ခြင်း | उत्कृष्ट, उत्कृष्ट, सभ्य | උත්කෘෂ්ඨ, විශිෂ්ඨ, කරුණාවන්ත

優秀（ゆうしゅう）な unggul, utama | ထူးချွန်သော၊ သာလွန်သော | उत्कृष्ट | විශිෂ්ඨ, උත්කෘෂ්ඨ

俳優（はいゆう） aktor | သရုပ်ဆောင်မင်းသား | अभिनेता | නලුවා

優（やさ）しい baik hati, ramah | စိတ်ထားနူးညံ့သော | मृदु, कोमल | කරුණාවන්ත, මෘදු

優（すぐ）れた unggul, bagus | ထူးချွန်ပြောင်မြောက်သော | उत्कृष्ट | විශිෂ්ඨ, ඉතා හොඳ

ユウ

やさ-しい

すぐ-れる

---

934 勝 12画 〔力〕 ノ 月 月 月 月 月 胖 胖 胖 腃 勝 勝

menang | အနိုင်ရခြင်း | जित्नु | ජයග්‍රහණය කරනවා

優勝（ゆうしょう）する menjadi juara | ဗိုလ်စွဲသည် | विजय जित्नु | ජයග්‍රහණය කරනවා

勝（か）つ menang | အနိုင်ရသည် | जित्नु | ජයග්‍රහණය කරනවා

勝手（かって）に semaunya sendiri, seenak sendiri | တကိုယ်ကောင်းဆန်သောလုပ်ချင်ရာလုပ်သော | स्वार्थी रूपमा, स्वतन्त्रतासँग | ආත්මාර්ථකාමී, හිතුමතේට

ショウ

か-つ

---

935 退 9画 〔辶〕 フ ㇕ ㇕ 艮 艮 艮 退 退

mundur, mengundurkan diri | ဆုတ်ခွာခြင်း၊ ပင်စင်ယူခြင်း | पछाडि हट्नु, अवकाश लिनु | ඉවත්වෙනවා, පසුබසිනවා

退院（たいいん）する keluar rumah sakit | ဆေးရုံဆင်းသည် | अस्पतालबाट निस्कनु | රෝහලෙන් පිටව යනවා

引退（いんたい）する mengundurkan diri, menarik diri, berhenti | ပင်စင်ယူသည် | अवकाश लिनु | විශ්‍රාම ගන්නවා

タイ

---

936 勢 13画 〔力〕 一 十 土 圭 去 夫 幸 坴 坴丿 執 執 勢 勢

semangat, tenaga | အရှိန်အဟုန်၊ | शक्ति | බලය

大勢（おおぜい） banyak (orang) | လူအများ | धेरै मानिसहरू | විශාල පිරිසක්

姿勢（しせい） postur, sikap | ကိုယ်နေဟန်ထား၊ စိတ်နေသဘောထား | मुद्रा, दृष्टिकोण | ඉරියව්ව, ආකල්පය

勢（いきお）い semangat | အရှိန်အဟုန်၊ | शक्ति, बल | ශක්තිය, බලය

セイ

いきお-い

---

937 仲 6画 〔亻〕 ノ 亻 亻 仁 仲 仲

hubungan | ဆက်ဆံရေး | सम्बन्ध | සම්බන්ධතාව

仲（なか） hubungan | ရင်းနှီးမှု | सम्बन्ध, नजिक | සම්බන්ධතාව, සමීපතාව

仲よし（なかよし） teman baik | သူငယ်ချင်းရင်း | नजिकको साथी | ඉතා සමීප මිතුරෙක්

仲間（なかま） rekan, sekutu | အပေါင်းအသင်း | समूह, कम्पनी | මිතුරු සමූහය, මිතුරන්

仲直（なかなお）り (ber) baikan, berdamai | ပြန်လည်သင့်မြတ်ခြင်း | मेलमिलाप | තැවත යහළු වෙනවා

なか

212

30課 (929〜940)

938 打 5画〔扌〕 一 十 才 扌 打
memukul | ရိုက်ခြင်း | प्रहार गर्नु | පහරදෙනවා, ගහනවා

う-つ　打つ memukul, menggebuk | ရိုက်သည် | प्रहार गर्नु | ගහනවා

打ち合わせる briefing | ဆွေးနွေးသည် | व्यवस्था गर्नु | රැස්වීමක් සංවිධානය කරනවා

939 投 7画〔扌〕 一 十 才 扌 扒 投 投
melempar | ပစ်ခြင်း၊ တင်သွင်းခြင်း | फाल्नु, पठाउनु | විසිකරනවා, අයදුම් පතක් යවනවා

トウ　投書する mengirim artikel/tulisan | တိုင်တော၊ ပစ်ကတ္တာ့သည် | लेख योगदान गर्नु | පළකරනවා (ලිපියක්)

な-げる　投げる melempar | ပစ်သည် | फाल्नु | විසිකරනවා

940 頼 16画〔頁〕 一 厂 厂 戸 戸 束 束 束 束 郟 頼 頼 頼 頼 頼
mengandalkan, meminta | မှီခိုခြင်း၊ တောင်းဆိုခြင်း | भर पर्नु, सोध्नु | විශ්වාසය තබනවා, ඉල්ලීමක් කරනවා

ライ　信頼する mempercayai | ယုံကြည်သည်၊ အားကိုးသည် | विश्वास गर्नु, भरपर्दो गर्नु | විශ්වාස කරනවා, විශ්වාසය තබනවා

たの-もしい　頼もしい dapat diandalkan | မှီခိုအားထားရလောင်တော | भरपर्दो | විශ්වාස කළ හැකි

たの-む　頼む meminta | တောင်းဆိုသည် | सोध्नु, अनुरोध गर्नु | ආයාචනා කරනවා, ඉල්ලා සිටිනවා

たよ-る　頼る mengandalkan, bergantung | မှီခိုသည်၊ အားထားသည် | भरपर्नें, भरपर्दो हुनु | විශ්වාසය තබනවා, යැපෙනවා

🗣 **よみましょう** 漢字の下に読みを書きなさい。

① 観察した結果を記録する。　　② 頼もしい仲間が大勢いる。

③ 民主主義について研究する。　　④ 勝ったチームには勢いがあった。

⑤ 私は多くの市民の意見をまとめて、雑誌に投書した。

⑥ 彼女には地位も財産も優れた才能もある。

⑦ 医師から許可をもらわないで、勝手に退院することはできない。

⑧ サッカーの試合で、ゴールキーパーがボールを投げた。

✏ **かきましょう** 送りがなに注意して、下線部のことばを漢字で書きなさい。

① けんかをしてもすぐなかなおりをする。　② 私にはなかがいい、ゆう秀な兄がいる。

③ そつぎょうにひつようなたんいを取る。　④ こくみんのしんらいをかいふくする。

⑤ こまったときにたよれるともだちがいる。

⑥ おおぜいのファンにささえられて、ゆうしょうする。

⑦ 30びょう以内のメッセージがろくおんできる。

⑧ あの俳ゆうはいつも姿せいがよくて、かっこういい。

30課 941〜952

941 戦 13画 〔戈〕
` ` ` `゛`゜`´`丷`丷`単`単`戦`戦`戦

perang, pertandingan, permainan | စစ်၊ တိုက်ခိုက်ခြင်း | युद्ध, लड़ाई, खेल | යුද්ධය, ගැටුම, තරගය

セン
戦争 perang | စစ်ပွဲ | युद्ध | යුද්ධය
〜戦 pertandingan/perang 〜 | 〜စစ် | युद्ध, खेल | යුද්ධය, තරගය

たたか-う
戦う bertempur, berperang, berjuang | တိုက်ခိုက်သည် | लड़नु | සටන් කරනවා

942 延 8画 〔廴〕
`一`T`F`正`正`延`延`延

memanjangkan, menunda | အရှိန်ထပ်တိုးခြင်း၊ ရွှေ့ဆိုင်းခြင်း | विस्तार गर्नु, स्थगित गर्नु | දීර්ඝ කරනවා, කල්දමනවා

エン
延期する menunda | ရွှေ့ဆိုင်းသည် | स्थगित गर्नु | කල්දමනවා
延長する memperpanjang | အရှိန်ထပ်တိုးသည် | लम्बिन, विस्तार हुनु | දීර්ඝ කරනවා

の-びる
延びる memanjang, tertunda | ရှည်ထွက်လာသည်၊ ရွှေ့ဆိုင်းသည် | विस्तार गर्नु, ढिला गर्नु | දිග් වෙනවා, කල්දමෙනවා

の-ばす
延ばす memanjangkan, menunda | ဆွဲဆန့်သည် | लामो बनाउनु, विस्तार गर्नु, स्थगित गर्नु | දික් කරනවා, දීර්ඝ කරනවා, කල් දමනවා

943 負 9画 〔貝〕
`ノ`ク`ケ`凸`角`負`負`負

kalah, memikul | ဆုံးရှုံးမှု | सहनु, हार्नु | දරනවා, පරාද වෙනවා

フ
勝負 pertandingan, saat yang menentukan | အရှုံးအနိုင် | जित वा हार, प्रतिस्पर्धा | ජය හෝ පැරදීම, තරගය
負担 beban | ဝန်ထုပ်ဝန်ပိုး | सहनु, बोझ | දරාගන්නවා

ま-ける
負ける kalah | ရှုံးသည် | हार्नु | පරාද වෙනවා

944 賞 15画 〔貝〕
` ` ` `゛`゜`゜`尚`尚`尚`尚`尚`當`賞`賞

hadiah | ဆု | पुरस्कार | තෑග්ග

ショウ
ノーベル賞 penghargaan Nobel | နိုဘယ်လ်ဆု | नोबेल पुरस्कार | නොබෙල් තෑගග
賞金 hadiah uang | ဆုငွေ | पुरस्कार रकम | තෑගග මුදල

945 争 6画 〔爪〕
`ノ`ク`夕`乌`乌`争

sengketa | အငြင်းလွဲခြင်း | प्रतिस्पर्धा गर्नु | සටන් කරනවා

ソウ
競争する bersaing | ယှဉ်ပြိုင်သည် | प्रतिस्पर्धा गर्नु | තරඟ කරනවා
論争する berpolemik, berargumentasi | အငြင်းပွားသည် | विवाद गर्नु | විවාද කරනවා

あらそ-う
争う bersengketa, memperebutkan | ယှဉ်ပြိုင်သည် | संघर्ष गर्नु, प्रतिस्पर्धा गर्नु | සටන් කරනවා, තරඟ කරනවා

946 団 6画 〔囗〕
`一`冂`冂`同`団`団

kumpul, rombongan | အစုအဖွဲ့ | जम्मा हुनु | එක් රොක් වෙනවා

ダン
団地 komplek rumah susun | အိမ်ယာများ | आवासीय परिसर | නිවාස සංකීර්ණය
団体 kelompok, rombongan | အုပ်စု အဖွဲ့ | समूह, दल | සංවිධානය, පක්ෂය
集団 kelompok | အုပ်စု | समूह | කණ්ඩායම

トン
布団 futon, kasur Jepang | အိပ်ရာခင်း | गद्दा | ඇතොන්, සතකම් ඇතිරිල්ලක්

947 失 5画 〔大〕
`ノ`⺊`⺇`失`失

gagal | ကျရှုံးခြင်း | हराउनु, असफल हुनु | අහිමිවෙනවා, අසාර්ථක වෙනවා

シツ
失礼な tidak sopan | ရိုင်းပြသော | असभ्य | අවිනීත
過失 kesalahan | အမှား | गल्ती | තොඟලැකිලිමත් බව නිසා සිදුවෙන වැරදි
失業する kehilangan pekerjaan, menganggur | အလုပ်လက်မဲ့ဖြစ်သည် | रोजगारी गुमाउनु | රැකියාව අහිමි වෙනවා

うしな-う
失う kehilangan | ဆုံးရှုံးသည် | गुमाउनु | නැති වෙනවා

948 敗 11画 〔攵〕
`丨`冂`冂`日`月`目`貝`貝`貶`敗`敗

kalah | ရှုံးနိမ့်ခြင်း | पराजय | පරාජය කරනවා

ハイ
勝敗 kalah menang | အရှုံးအနိုင် | जित वा हार | ජය පරාජය
失敗する gagal | ကျရှုံးသည် | असफल हुनु | අසාර්ථක වෙනවා

214

30課 (941〜952)

949 委 8画〔女〕	一 二 干 干 禾 禾 委 委
イ	komite｜ကော်မတီ｜प्रतिबद्ध हुनु｜භාර දෙනවා

委員 anggota panitia/komite｜ကော်မတီအဖွဲ့ဝင်｜समितिका सदस्य｜කමිටු සාමාජිකයා

委員会 komite, badan, panitia｜ကော်မတီ｜समिति, आयोग｜කමිටුව, කොමිසම

950 訪 11画〔言〕	丶 亠 亠 言 言 言 言 訂 計 訪 訪
ホウ たず-ねる	berkunjung｜လည်ပတ်ခြင်း｜भ्रमण गर्नु｜බැහැදැකීන්න යනවා

訪問する mengunjungi｜အလည်သွားသည်｜भ्रमण गर्नु｜බැහැදැකීන්න යනවා

訪ねる mengunjungi｜အလည်သွားသည်｜भेटन जानु｜බැහැදැකීන්න යනවා

951 競 20画〔立〕	丶 亠 立 立 立 产 咅 咅 音 竞 竞 竞 竞 竞 竞 竞 競 競 競 競
キョウ ケイ	bersaing｜ယှဉ်ပြိုင်ခြင်း｜प्रतिस्पर्धा गर्नु｜තරඟ කරනවා

競争する bersaing, berlomba｜ယှဉ်ပြိုင်သည်｜प्रतिस्पर्धा गर्नु｜තරඟ කරනවා

競技 pertandingan｜ပြိုင်ပွဲ｜खेल, प्रतिस्पर्धा｜තරඟය

競馬 balap kuda｜မြင်းပြိုင်ခြင်း｜घोडा दौड｜තුරඟ තරඟ

952 依 8画〔イ〕	ノ イ イ 仁 亻 仸 依 依
イ	bergantung, bersandar｜မှီခိုခြင်း｜भर पर्नु｜යැපෙනවා

依頼する meminta｜တောင်းဆိုသည်｜अनुरोध गर्नु｜අයදනවා, ඉල්ලාසිටිනවා

😮 よみましょう　漢字の下に読みを書きなさい。

① 団体競技では仲間の信頼関係が大切だ。　② 委員会は消防署に協力を依頼した。

③ 失敗を恐れないで、何でも試してみる。　④ 吹雪のため、飛行機の出発が延びた。

⑤『戦争と平和』という本を読んだ。　⑥ 委員長が関係者の家を訪ねた。

⑦ その雑誌の記事で大きい論争が起こった。

⑧ 日本人でノーベル賞をもらった人は何人いますか。

✏️ かきましょう　送りがなに注意して、下線部のことばを漢字で書きなさい。

① しみんのみなさんと会のすすめ方をうちあわせる。

② しょうぶがつかず、試合をえんちょうする。　③ はれた日にふとんをほす。

④ A、B りょうチームとも、よくたたかった。

⑤ しょうきんにはぜいきんがかかるのだろうか。

⑥ しゅしょうのアメリカほうもんは来月にえんきされた。

⑦ 二人はつねに１い、２いをあらそった。

⑧ きょうそうにまけないためには、どのようなじゅんびをすればいいでしょうか。

30課 練習

問題1 {　}の正しいほうに○をつけ、（　）に読みを書きなさい。

例）みかんの {⊙皮　波} をむく。
　　　　　　（　かわ　）

① 姉は {易しい　優しい} 女性です。
　　　　　（　　　　　）

② 仕事の {依頼　信頼} をする。
　　　　　　（　　　　　）

③ 1位、2位を {戦う　争う}。
　　　　　　　（　　　　　）

④ {団地　布団} に住む。
　　（　　　　　）

⑤ 何秒で辞書が引けるか {競技　競争} する。
　　　　　　　　　　　　（　　　　　）

⑥ {失敗　勝敗} は許されない。
　（　　　　　）

⑦ ボールを {打つ　勝つ}。
　　　　　　（　　　　　）

問題2 送りがなに注意して、下線部のことばを漢字で書きなさい。

例）よぞらにほしがひかる。
　　夜空　　星　　光る

① さくじつはたいへん しつれいしました。

② いいんかいへのしゅっせきをたのむ。

③ けいきがわるくなって、しつぎょうしているひとがふえた。

④ じゅぎょうをえんちょうする。

⑤ ちいもざいさんもうしなう。

⑥ たのもしい せんしゅがチームにくわわる。

📖 ふりかえり

→ 勉強した漢字の言葉を使って、スポーツに関する記事について説明ができる。　　はい　・　いいえ

→ 第30課で勉強した漢字を読んだり、書いたりできる。　　はい　・　いいえ

31課 いろいろなニュース・3 News 3

この課で学ぶこと▶ 社会や産業に関する記事に使われる漢字について考えましょう。

どんなニュースでしょう

① 給与３割ダウン 石炭のまち○○市 職員

石炭産業の歴史が終わり、鉱業から工業都市へ───

② ゴールデンウイークをグリーンウイークに！

マイカーで渋滞（じゅうたい）の中を出かける典型的（てん）的なレジャーをやめ、近くの公園などへ歩いて行こうというキャンペーンが始まった。目標はCO_2の50％削減（さくげん）。※1

③ 増えすぎた生物を 食材に

数が増えすぎて農業や林業、漁業に害を与（あた）える生物を食材にするという解決法が各地で広がり、関係者は努力を続けている。

④ 複雑な料金制度を単純化

通信サービス業者各社で話し合い

⑤ ○○市の駅前高層ビルで消火訓練

⑥ 菓子製造メーカーに 改善指示 ××県

⑦ 国立環境研究所 夏の一般公開

地球の未来を考えよう

⑧ 新しい南極観測船 ××造船所でほぼ完成

⑨ ○×貿易

高級革製品の輸入・輸出

※削減（さくげん）：減らすこと

---

① 給与
石炭
鉱業

② 典（てん）型的な
目標

③ 農業
漁業
努力する

④ 複雑な
制度
単純化する
各社

⑤ 高層ビル
訓練

⑥ 製造する
改善する

⑦ 一般の

⑧ 船
造船
完成する

⑨ 貿易
革
輸入
輸出

953 **与** 3画 〔一〕

memberi | ပေးအပ်ခြင်း | दिनु | දෙනවා

ヨ
給与（きゅうよ） upah, gaji | ခံစားခွင့်၊ လစာ | भत्ता, तलब | දීමනාව, වැටුප

あた-える
与える（あたえる） memberi | ပေးအပ်သည် | दिनु | ලබාදෙනවා

954 **炭** 9画 〔火〕

arang | ကျောက်မီးသွေး | कोइला | අඟුරු

タン
石炭（せきたん） batu bara | ကျောက်မီးသွေး | कोइला | ගල් අඟුරු
炭鉱（たんこう） tambang batu bara | ကျောက်မီးသွေးတွင်း | कोइला खानी | ගල් අඟුරු ආකරය

955 **鉱** 13画 〔金〕

tambang | မိုင်းတွင်း | खानी | පතල

コウ
鉱物（こうぶつ） tambang, mineral | တွင်းထွက်ပစ္စည်း | खनिज | ඛනිජ
炭鉱（たんこう） tambang batu bara | ကျောက်မီးသွေးတွင်း | कोइला खानी | ගල් අඟුරු ආකරය

956 **型** 9画 〔土〕

tipe | ပုံစံ | प्रकार | වර්ගය

ケイ
典型的な（てんけいてき） tipikal | စံဖြစ်သော | सामान्य, ठेठ | සාම්ප්‍රදායික

かた
型（かた） pola, cetakan | ပုံစံငယ်၊ ပုံစံခွက်၊ ပုံစံ၊ အဆင် | मोडेल, ढाँचा, स्वरूप | ආකෘතිය, අච්චුව, හැඩය, රටාව
～型（がた） tipe ~ | ~ပုံစံ | प्रकार | .....වර්ගය

957 **標** 15画 〔木〕

tanda | အမှတ်အသား | चिन्ह | සලකුණ

ヒョウ
目標（もくひょう） tujuan, target | ရည်ရွယ်ချက်၊ ပစ်မှတ်၊ ဦးတည်ချက် | उद्देश्य, लक्ष्य | අරමුණ, ඉලක්කය
標識（ひょうしき） tanda, rambu | သင်္ကေတ၊ အမှတ်အသား | चिन्ह, संकेत | සලකුණ, ලකුණ
標準の（ひょうじゅん） standar | စံသတ်မှတ်ချက် | मापदण्ड | සම්මත
標本（ひょうほん） sampel | နမူနာ | नमूना | සාම්පලය

958 **農** 13画 〔辰〕

pertanian | စိုက်ပျိုးခြင်း | कृषि | කෘෂිකර්මය

ノウ
農業（のうぎょう） pertanian | စိုက်ပျိုးရေးလုပ်ငန်း | कृषि | කෘෂිකර්මය
農家（のうか） petan | လယ်သမား | किसानको घर, किसान | ගොවි ගෙදර, ගොවියා
農産物（のうさんぶつ） hasil pertanian | လယ်ယာထွက်ပစ္စည်း | कृषि उत्पादन | ගොවි නිෂ්පාදන
農薬（のうやく） pestisida | ပိုးသတ်ဆေး | कृषि रसायन | පළිබෝධනාශක

959 **漁** 14画 〔氵〕

perikanan | ငါးဖမ်းခြင်း | माछापालन | මත්ස්‍ය

ギョ
漁業（ぎょぎょう） perikanan | ရေလုပ်ငန်း | माछा मार्ने काम | මත්ස්‍ය කර්මාන්තය

リョウ
漁師（りょうし） nelayan | တံငါသည် | माछा मार्ने मान्छे | ධීවරයා

960 **努** 7画 〔力〕

usaha | အလုပ်လုပ်ခြင်း | प्रयास | කැපවෙනවා

ド
努力する（どりょく） berusaha | အားထုတ်ကြိုးပမ်းသည် | प्रयास गर्नु | උත්සාහ කරනවා

つと-める
努める（つとめる） berusaha | အားထုတ်ကြိုးပမ်းသည် | प्रयास गर्नु | උත්සාහ කරනවා

961 **複** 14画 〔衤〕

jamak, majemuk | ပေါင်းစပ်ခြင်း၊ အများ | संयुक्त, बहुवचन | සංයුක්ත, බහු

フク
複雑な（ふくざつ） rumit, memusingkan | ရှုပ်ထွေးသော | जटिल, पेचिलो | පුළුල්, සංකීර්ණ
複数（ふくすう） jamak, plural | ဗဟုဝုစ်ကိန်း၊ အများကိန်း | बहुवचन | බහුවචන

31課（953〜964）

962 制 8画〔刂〕 ノ 亠 匕 匕 与 朱 制 制
セイ
sistem | စနစ် | ප්‍රणාली | କ୍ରମ ୫

制度 sistem | စနစ် | ප්‍රणाली | ক্রমୱ୧ୟ
体制 sistem, struktur | စနစ်, ဖွဲ့စည်းပုံ | ප්‍රণाली, संरचना | पद्धतिय, ආකෘතිय
制作する membuat, memproduksi | ထုတ်လုပ်သည် | उत्पादन करनु | නිෂ්පාදනය කරනවා

963 純 10画〔糸〕 ノ ㄠ ㄠ 幺 糸 糸 紅 紅 紈 純
ジュン
murni | သန့်စင်ခြင်း | शुद्ध | පිරිසිදු

単純な simple, sederhana | ရိုးရှင်းသော | साधारण | සරල
純粋な murni | သန့်စင်သော | အစစ်အမှန်ဖြစ်သော | शुद्ध, वास्तविक | පිරිසිදු, අච්ච
純情な tulus | ဖြူစင်သော အပြစ်ကင်းသော | शुद्ध, निर्दोष | පිරිසිදු, අහිංසක

964 各 6画〔口〕 ノ ク ㄆ 夂 各 各
カク
おのおの
setiap | အသီးသီးၢ တစ်ဦးချင်း | हरेक, प्रत्येक | සෑම, එක් එක්

各国 setiap negara | နိုင်ငံတိုင်း | प्रत्येक देश | සෑම රටකම
各〜 setiap ... | ~တိုင်း | प्रत्येक... | සෑම......
各／各々 setiap, masing-masing | အသီးသီး | प्रत्येक | එක් එක්

😮 よみましょう　漢字の下に読みを書きなさい。

① 道路標識に書いてある速度を守りましょう。　② 複雑な給与制度を見直す。

③ 海外で農業の技術指導をする。

④ 今、複数のテレビ番組を制作しているため、忙しい。

⑤ 社員が、各々、会社の発展に努めた。　　⑥ 祖父は炭鉱で働いていた。

⑦ 純粋な気持ちで漁師になりたいと思った。　⑧ 典型的な例をあげる。

✏️ かきましょう　送りがなに注意して、下線部のことばを漢字で書きなさい。

① 人々にゆめをあたえる本を書く。

② 広い意味ではせきゆやせきたんもこうぶつにふくまれる。

③ けつえきがたをしらべる。

④ もくひょうにむかって どりょくする。

⑤ のうかからちょくせつ野菜を買う。

⑥ ぎょぎょうにかんけいした仕事をしたい。

⑦ たんじゅんな仕事ばかりさせられているので、もうやめたい。

⑧ 世界かっこくでどのようにのうやくが使われているかしらべた。

219

31課 965〜976

965 層 14画〔尸〕
一 フ フ ア ア 尸 尸 屈 屈 屈 屈 屋 層 層
ソウ
lapisan, kelas | အလွှာ၊ | स्तर, वर्ग | ස්ථරය, පංතිය
こうそう
高層の tinggi, bertingkat tinggi | အထပ်မြင့် | अग्लो, उच्च | ඉහළ, උස්

966 訓 10画〔言〕
丶 一 亠 亖 亖 言 言 訓 訓 訓
クン
menginstruksi | သင်ကြားခြင်း | निर्देशन दिनु | උපදෙස් දෙනවා
くんよ
訓読み bunyi Kanji cara baca Jepang | ခွန်းအသံ၊ ခန်းဂျီးအသံထွက်ဖတ်နည်း | कुन, जापानी पढ्ने तरिका | කුන්, කංජි අක්ෂර වල ජපන් උච්චාරණය
くんれん
訓練する melatih, mentraining | လေ့ကျင့်သည် | तालिम दिनु | පුහුණු වෙනවා

967 造 10画〔辶〕
丿 ㇒ 牛 生 告 告 造 造 造
ゾウ
membuat | ထုတ်လုပ်ခြင်း | बनाउनु | හදනවා
つく-る
せいぞう
製造する membuat, memproduksi | ထုတ်လုပ်သည် | बनाउन, उत्पादन गर्नु | සාදනවා, නිෂ්පාදනය කරනවා
こうぞう
構造 struktur | ဖွဲ့စည်းတည်ဆောက်ပုံ | संरचना | ආකෘතිය
つく
造る membuat | ဖန်တီးသည်၊ ထုတ်လုပ်သည် | बनाउन, उत्पादन गर्नु | සාදනවා, නිෂ්පාදනය කරනවා

968 善 12画〔口〕
丶 丷 亠 兰 芏 羊 羊 羔 美 善 善 善
ゼン
kebaikan | ကောင်းခြင်း | राम्रो | යහපත්
ぜん
善 kebaikan | ကောင်းခြင်း | सद्गुण, भलाइ | යහපත්
かいぜん
改善する memperbaiki | တိုးတက်ကောင်းမွန်အောင်လုပ်သည် | सुधार गर्नु | වැඩිදියුණු කරනවා

969 般 10画〔舟〕
丿 ㇒ 月 月 月 舟 舟 舟 般 般
ハン
jenis | အမျိုးအစားခွဲခြားခြင်း | प्रकार | වර්ගය
いっぱん
一般の umum | ယေဘုယျ | सामान्य, सर्वव्यापी | සාමාන්‍යයෙන්, පොදු
いっぱん
一般に secara umum | ယေဘုယျအားဖြင့် | सामान्यतया | සාමාන්‍යයෙන්

970 船 11画〔舟〕
丿 ㇒ 月 月 月 舟 舟 舟 船 船 船
セン
kapal, perahu | သင်္ဘော | जहाज | නැව
ふね
ふな
せん
～船 kapal ~ | ~သင်္ဘောလိုင်း | जहाज | නැව, යාත්‍රාව
ふね
船 kapal, perahu | သင်္ဘော | जहाज | නැව
ぞうせん
造船 pembuatan kapal | သင်္ဘောတည်ဆောက်ခြင်း | जहाज निर्माण | නැව් නිෂ්පාදනය
ふなびん
船便 pos laut | သင်္ဘောဖြင့်ပစ္စည်း၊ စာပို့ခြင်း | समुद्री डाँक | නැව් මගින් පිඩු කරන තැපැල් භූවමාරුව

971 完 7画〔宀〕
丶 丶 宀 宀 宇 宇 完
カン
rampung | ပြီးပြည့်စုံခြင်း | पूरा गर्नु | සම්පූර්ණ කරනවා
かんぜん
完全な sempurna | ပြီးပြည့်စုံသော | पूर्ण | සම්පූර්ණ
かんせい
完成する menyempurnakan, menyelesaikan | ပြီးမြောက်သည် | पूरा गर्नु | සම්පූර්ණ කරනවා

972 貿 12画〔貝〕
丶 ㇇ ㇉ 四 ㎏ 囚 鬥 留 留 貿 貿 貿
ボウ
jual beli | ကုန်သွယ်ခြင်း | व्यापार | වෙළෙඳාම
ぼうえき
貿易 perdagangan | ကုန်သွယ်ခြင်း | व्यापार | වෙළෙඳාම

973 革 9画〔革〕
一 十 廿 廿 芦 芦 苫 苗 革
かわ
kulit | သားရေ | छाला | සත්ව හම්
かわ
革 kulit | သားရေ | छाला | සත්ව හම්

974 輸 16画〔車〕
一 一 一 一 一 百 車 車 車 車 車 輻 輻 輻 輸 輸
ユ
pengiriman, penyampaian | ပို့ဆောင်ခြင်း | यातायात | ප්‍රවාහනය කරනවා
ゆにゅう
輸入する mengimpor | တင်သွင်းသည် | आयात गर्नु | ආනයනය කරනවා
ゆしゅつ
輸出する mengekspor | တင်ပို့သည် | निर्यात गर्नु | අපනයනය කරනවා

220

31課（965〜976）

975 貧 11画〔貝〕 ノ 八 分 分 分 岔 岔 岔 岔 貧 貧
miskin｜ဆင်းရဲခြင်း｜ গরিব ｜ දුප්පත්

まず-しい 貧しい miskin｜ဆင်းရဲသော｜ গরিব ｜ දුප්පත්

976 雇 12画〔隹〕 一 一 三 尸 尸 尸 尸 尸 屛 屛 雇 雇
mempekerjakan｜အလုပ်ခန့်ခြင်း｜ রোজগার দিনু ｜ රැකියාවකට බඳවගත්තවා

やと-う 雇う mempekerjakan｜အလုပ်ခန့်သည်｜ রোজগার দিনু ｜ රැකියාවකට බඳවගත්තවා

よみましょう 漢字の下に読みを書きなさい。

① 革製品や石油を輸入する。　② 労働条件の改善を要求する。

③ 自動車を製造し、輸出する。　④ この町は造船業がさかんだ。

⑤ 私の勤めている会社が大学の近くに公園を造ることになった。

⑥ 善か悪（evil）か判断することは難しい。

⑦ 一般にさくら大学の学生は優れていると言われている。

⑧ 船で太平洋を横断するのにどのぐらいかかりますか。

かきましょう 送りがなに注意して、下線部のことばを漢字で書きなさい。

① こうくうびんですか、ふなびんですか。

② 漢字の音読みとくん読みをおぼえる。

③ この大学の図書館はいっぱんのしみんにも開放されている。

④ しょくぎょうくんれんをうける。

⑤ この建物はふくざつなこうぞうをしている。

⑥ 新しい計画がかんぜんにしっぱいした。

⑦ 駅前のこうそうのビルがかんせいした。

⑧ まずしい人々をせっきょくてきにやとう。

221

31課 練習

問題1 {　}の正しいほうに○をつけ、（　）に読みを書きなさい。

例）お先に {⦿失礼　失札} します。
（　しつれぃ　）

① {一般　一船}の人々も利用できる。
（　　　　　　）

② 料金{製度　制度}を見直す。
（　　　　　　）

③ 世界には{貧しい　貨しい}国がある。
（　　　　　　）

④ 高層ビルが{完全　完成}する。
（　　　　　　）

⑤ 世界{各国　名国}で使われる。
（　　　　　　）

⑥ 予習と{複習　復習}をする。
（　　　　　　）

⑦ 体重が{標準　標識}より多い。
（　　　　　　）

⑧ 産業の発展に{努める　勤める}。
（　　　　　　）

⑨ 社員を{迷う　雇う}。
（　　　　　　）

⑩ 希望を{燃える　与える}。
（　　　　　　）

⑪ 新しく建築するビルの {構造　製造} を考える。
（　　　　　　）

⑫ 虫の {基本　標本} を作る。
（　　　　　　）

問題2 反対のことばを漢字で書きなさい。（　）に読みを書きなさい。

例）細い　⟷　＿＿太 い＿＿
（　ほそい　）　（　ふとい　）

① 豊かな　⟷　＿＿＿＿＿＿
（　　　　）　（　　　　　　）

② 複雑な　⟷　＿＿＿＿＿＿
（　　　　）　（　　　　　　）

③ 輸出する　⟷　＿＿＿＿＿＿
（　　　　）　（　　　　　　）

④ 個人戦　⟷　＿＿＿＿＿戦
（　　　　）　（　　　　　　）

⑤ 単数　⟷　＿＿＿＿＿＿
（　　　　）　（　　　　　　）

📖 ふりかえり

→ 勉強した漢字の言葉を使って、社会や産業に関する記事について説明ができる。　はい　・　いいえ

→ 第31課で勉強した漢字を読んだり、書いたりできる。　はい　・　いいえ

32課 いろいろなニュース・4　News 4

この課で学ぶこと▶ さまざまな記事に使われる漢字について考えましょう。

どんなニュースでしょう

① **〇〇島で台風14号大暴れ**

台風14号は〇〇島の電柱を倒し、二百軒以上の住宅に被害を与えた。農作物も損害を受けた。

② **濃い霧（きり）のため交通機関混乱**

③ **工場建設に反対の住民　話し合いに応じる**

④ **××に関する法律案に賛成多数**

⑤ 総理大臣　**政治経済の基本方針を発表**

⑥ **××軍の兵50人死亡**

⑦ 「子供の権利を守る」国際大会が開かれ……

⑧ 世界的画家の絵　パリ郊外で発見

① 電柱～軒　被害　損害
② 濃い　混乱する
③ 応じる
④ 法律　賛成
⑤ 総理大臣　政治　経済
⑥ ～軍　兵
⑦ 権利
⑧ 郊外

223

32課 977〜988

977 柱 9画〔木〕
一 十 十 木 木 术 杧 杧 柱 柱

tiang｜တိုင်｜स्तम्भ｜කුළුන

電柱 tiang listrik｜ဓာတ်တိုင်｜टेलिग्राफ पोल｜විදුලි කණුව

柱 tiang｜တိုင်｜स्तम्भ｜කුළුන

チュウ
はしら

978 軒 10画〔車〕
一 丆 亓 亓 亘 車 車 軒 軒 軒

bagian atap, hitungan untuk bangunan｜ အမိုးမြိုင်၊ လုံး (အိမ်ရေတွက်ခြင်း)｜छाना, घरहरूको लागि काउन्टर｜
වහලයේ මුල්ලක්, නිවාස ගණන් කිරීමේ යෙදුම

〜軒 hitungan untuk rumah/bangunan｜〜လုံး (အိမ်ရေတွက်ခြင်း)｜घरको गन्ने एकाई｜නිවාස ගණන් කිරීමේ යෙදුම

軒 bagian atap yang menjorok keluar｜အမိုးမြိုင်｜छाना｜වහලේ පිටතට නෙරු කොටස

ケン
のき

979 害 10画〔宀〕
丶 丷 宀 宀 宀 宀 車 害 害 害

kerugian, kerusakan｜ပျက်စီးမှု၊ ထိခိုက်မှု｜क्षति｜හානිය, අහිතකර බලපෑම

公害 polusi lingkungan｜ပတ်ဝန်းကျင်ထိခိုက်မှုပြုခြင်း｜वातावरणीय प्रदूषण｜
පරිසර දූෂණය

利害 bunga｜ကောင်းကျိုးနှင့်ဆိုးကျိုး｜लाभ र हानि｜වාසි සහ අවාසි

ガイ

980 被 10画〔衤〕
丶 ラ テ ネ ネ 衤 衤 衬 衬 被

menderita｜ဒုက္ခခံစားရခြင်း｜दुख पाउनु｜විඳවතවා

被害 kerugian, kerusakan｜ဘေးအန္တရာယ်၊ ထိခိုက်မှု｜क्षति, हानि｜වපතය, අහිතකර බලපෑම

ヒ

981 損 13画〔扌〕
一 十 扌 扌 扩 扩 扩 捐 捐 捐 捐 損 損

kerugian｜ဆုံးရှုံးခြင်း｜हानि｜පාඩුව

損 kerugian｜ဆုံးရှုံးမှု｜घाटा｜පාඩුව

損得 untung rugi｜အရှုံးအမြတ်｜घाटा र नाफा｜පාඩු සහ ලාබ

損害 kerugian｜ပျက်စီးမှု ထိခိုက်မှု ဆုံးရှုံးမှု｜क्षति, चोट, हानि｜
හානිය, පිඩාව, පාඩුව

ソン

982 濃 16画〔氵〕
丶 冫 氵 氵 汴 沪 沪 濃 濃 濃 濃 濃 濃 濃 濃

kental, pekat｜ပျစ်သော｜मोटो｜ඝන

濃度 kepekatan｜သိပ်သည်းဆ｜सान्द्रता, घनत्व｜සාන්ද්‍රතාව, ඝනත්වය

濃い pekat, (warna) tua｜အရောင်ရင့်သော အရသာပြင်းသော ပျစ်သော｜गाढा रंगको, कडा, बाक्लो｜තද පැහැති, දැඩි, ඝන

ノウ
こ-い

983 乱 7画〔乚〕
丿 二 千 舌 舌 乱

tidak beraturan｜အစီစဉ်မကျခြင်း｜अव्यवस्था｜අපිළිවෙළ

混乱する kacau｜ရုပ်ထွေးသည်｜भ्रमित हुनु｜ව්‍යාකූල

乱暴な kasar｜ကြမ်းတမ်းသော｜हिंसात्मक｜ප්‍රචණ්ඩ

ラン

984 応 7画〔广〕
丶 亠 广 广 広 応 応

respon｜တုံ့ပြန်ခြင်း｜प्रतिक्रिया दिनु｜ප්‍රතිචාර දක්වතවා

応じる/ずる merespon｜ပြန်ဖြေသည်၊ တုံ့ပြန်သည်｜जवाफ दिनु, फर्काउनु｜පිළිතුරු දෙනවා, ප්‍රතිචාර දක්වනවා

応用する mengaplikasikan｜အသုံးချသည်｜लागू गर्नु｜යොදා ගන්නවා

一応 jaga-jaga｜လောလောဆယ်｜सावधानीको लागि｜අවශ්‍ය වුවහොත්

オウ

985 律 9画〔彳〕
丿 彳 彳 彳 彳 伊 律 律 律

hukum｜ဥပဒေ｜कानून｜නීතිය

法律 undang-undang, hukum｜ဥပဒေ｜कानुन｜නීතිය

規律 kaidah｜အမိန့် စည်းကမ်း｜अनुशासन｜නියෝගය, විනය

リツ

986 賛 15画〔貝〕
一 二 ヂ 夫 夫 恭 恭 恭 替 替 替 替 替 賛 賛

setuju｜ထောက်ခံခြင်း｜स्वीकृति गर्नु｜අනුමත කරනවා

賛成する setuju｜ထောက်ခံသည်｜सहमति जनाउनु, सहमत हुनु｜අනුමත කරනවා, එකඟවෙනවා

サン

224

32課 (977〜988)

987 総 14画〔糸〕 ＜ ᄼ ᄽ 幺 糸 糸 糸' 糸ﾝ 総 総 総 総 総
ソウ
total, umum, seluruh | စုစုပေါင်း၊ အထွေထွေ | কুল, সামান্য | එකතුව, සාමාන්‍යයෙන්
総〜 ～umum | အထွေထွေ～ | সামান্য... | සාමාන්‍යයෙන්
総理大臣 perdana menteri | ဝန်ကြီးချုပ် | প্রধানমন্ত্রী | අගමැති

988 臣 7画〔臣〕 丨 ᅠ 厂 ᅠ 匚 臣 臣 臣
シン
anak buah | အုပ်စိုးခံရသူများ | অধীনস্থ | සේවකයා
大臣 menteri | ဝန်ကြီး | মন্ত্রী | ඇමති

🔊 よみましょう　漢字の下に読みを書きなさい。

① 規律正しい生活をする。

② 日本の総人口はどのぐらいですか。

③ 今回の地震によって約三百軒の家が被害を受けた。

④ 地震による損害は一兆円と言われている

⑤ 地球温暖化の原因となるCO_2濃度が過去最高となった。

⑥ この太い柱が建物を支えている。

⑦ 公害を防止するための計画が作られた。

⑧ 乱暴な運転をして車が電柱にぶつかった。

✏️ かきましょう　送りがなに注意して、下線部のことばを漢字で書きなさい。

① 研究のけっかをさんぎょうにおうようする。

② ゆきがつもって、家ののきがこわれた。

③ こいお茶を飲むとねむれなくなる。

④ しゅしょうというのはそうりだいじんのことです。

⑤ 頭がこんらんして、そんかとくかもわからなくなった。

⑥ さんせいとはんたいの二つに意見が大きく分かれた。

⑦ のうりょくにおうじたクラスに入る。

⑧ せんもんはほうりつです。

32課 989〜1000

989 政 9画 〔攵〕
一 丁 T 下 正 正 武 政 政
politik ｜ နိုင်ငံရေး ｜ राजनीति ｜ දේශපාලනය
政府 pemerintah ｜ အစိုးရ ｜ सरकार ｜ රජය
セイ

990 治 8画 〔氵〕
丶 亠 氵 氵 氵 治 治 治
memerintah ｜ အုပ်ချုပ်ခြင်း၊ ကုသခြင်း ｜ संचालन गर्नु, उपचार गर्नु ｜ පාලනය කරනවා, සුවපත් කරනවා
政治 politik ｜ နိုင်ငံရေး ｜ राजनीति ｜ දේශපාලනය
明治 zaman Meiji ｜ မေဂျီခေတ် ｜ मेइजी युग ｜ මේජි යුගය
ジ チ
自治 otonomi ｜ ကိုယ်ပိုင်အုပ်ချုပ်ခြင်း ｜ स्वशासन ｜ ස්වාධීන රාජ්‍ය
おさ-める 治める memerintah ｜ အစိုးရသည်၊ အုပ်ချုပ်သည် ｜ शासन गर्नु ｜ පාලනය කරනවා
なお-る 治る membaik, sembuh ｜ ပျောက်ကင်းသည်၊ ကောင်းမွန်လာသည် ｜ निको हुनु ｜ සුවපත් වෙනවා
なお-す 治す menyembuhkan ｜ ကုသသည် ｜ उपचार गर्नु ｜ සුවපත් කරනවා, සමනය කරනවා

991 済 11画 〔氵〕
丶 亠 氵 氵 氵 济 济 済 済 済 済
selesai ｜ ပြီးဆုံးခြင်း ｜ समाप्त ｜ අවසන් කරනවා
経済 ekonomi ｜ စီးပွားရေး ｜ अर्थतन्त्र ｜ ආර්ථිකය
サイ
す-む 済む selesai ｜ ပြီးဆုံးသည် ｜ समाप्त हुनु ｜ අවසන් කරනවා, තීමා කරනවා

992 軍 9画 〔車〕
丶 冖 冖 冖 冃 冒 宣 宣 軍
tentara ｜ စစ်တပ် ｜ सेना ｜ හමුදාව
軍隊 militer ｜ စစ်တပ် ｜ सेना ｜ හමුදාව
〜軍 tentara 〜 ｜ 〜တပ် ｜ सेना, टोली ｜ සමුහය, කණ්ඩායම
グン

993 兵 7画 〔八〕
丶 厂 厂 斤 丘 兵 兵
tentara ｜ စစ်သား ｜ सैनिक ｜ සොල්දාදුවා
兵隊 tentara, prajurit ｜ စစ်သား ｜ सैनिक ｜ සොල්දාදුවා
ヘイ

994 権 15画 〔木〕
一 十 十 木 木 木 杧 栌 栌 栌 栌 栌 栌 権 権
hak ｜ ရပိုင်ခွင့် ｜ अधिकार ｜ අයිතිය
権利 hak ｜ ရပိုင်ခွင့် ｜ अधिकार ｜ අයිතිය
〜権 hak untuk … ｜ 〜အခွင့်အရေး ｜ …को अधिकार ｜ .....අයිතිය
ケン

995 郊 9画 〔阝〕
丶 亠 亠 六 交 交 郊 郊 郊
pinggiran ｜ ဆင်ခြေဖုံး ｜ उपनगर ｜ උපනගරය
郊外 pinggiran kota ｜ မြို့အစွန်၊ ဆင်ခြေဖုံး ｜ उपनगर, बाहिरी इलाका ｜ උපනගරය, නගරයෙන් එපිට
コウ

996 放 8画 〔攵〕
丶 亠 方 方 方 方 放 放
melepaskan ｜ လွှတ်ခြင်း ｜ छोड्नु ｜ නිදහස් කරනවා
放送する menyiarkan ｜ ထုတ်လွှင့်သည် ｜ प्रसारण गर्नु ｜ විකාශනය කරනවා
ホウ
解放する membebaskan ｜ လွှတ်လိုက်သည် ｜ मुक्त गर्नु ｜ නිදහස් කරනවා
開放する membuka ｜ ဖွင့်သည် ｜ खोल्नु ｜ විවෘත කරනවා
はな-れる 放れる lepas ｜ လွတ်မြောက်သည် ｜ स्वतन्त्र हुनु ｜ නිදහස් වෙනවා
はな-す 放す melepaskan, meloloskan ｜ လွှတ်သည် ｜ छोड्नु ｜ නිදහස් කරනවා

997 党 10画 〔儿〕
丶 丷 丷 丷 咄 咄 尚 尚 党 党
partai ｜ နိုင်ငံရေးပါတီ ｜ दल ｜ පක්ෂය
政党 partai politik ｜ နိုင်ငံရေးပါတီ ｜ राजनीतिक दल ｜ දේශපාලන පක්ෂය
トウ

998 **毒** 8画〔毋〕

一 十 キ 主 圭 圭 责 毒

racun | အဆိပ် | विष | වස

ドク

毒(どく) racun | အဆိပ် | विष | වස

気(き)の毒(どく)な kasihan | သနားစရာကောင်းသော၊စိတ်မကောင်းဖြစ်စရာကောင်းသော | बिचरा, दुखी | මට ඔබ ගැන කණගාටුයි

999 **互** 4画〔二〕

一 ㄈ 互 互

bilateral, saling | အပြန်အလှန် | पारस्परिक | අන්‍යෝන්‍ය

ゴ

たが-い

相互(そうご)の bilateral | အပြန်အလှန် | आपसी | අන්‍යෝන්‍ය

互(たが)いに saling, satu sama lain | နှစ်ဦးနှစ်ဖက်၊ တဖက်နှင့်တဖက်၊ အပြန်အလှန် | एक अर्कामा | එකිනෙකා, අන්‍යෝන්‍ය

1000 **刊** 5画〔刂〕

一 二 干 刊 刊

menerbitkan, edisi | ထုတ်ဝေခြင်း | प्रकाशन गर्नु | ප්‍රකාශයට පත්කරනවා

カン

～刊(かん) edisi ~ | ～တည်းဖြတ်ထုတ်ဝေခြင်း | ... संस्करण | ..... සංස්කරණය

朝刊(ちょうかん) koran edisi pagi | မနက်ခင်းသတင်းစာ | बिहानको पत्रिका | උදෑසන පුවත්පත

夕刊(ゆうかん) edisi sore | ညနေခင်းသတင်းစာ | साँझको पत्रिका | සන්ධ්‍යා පුවත්පත

よみましょう　漢字の下に読みを書きなさい。

① 両国の相互理解を深める。

② 経済発展と環境汚染の関係について述べる。

③ 仕事から解放されて郊外に遊びに行く。

④ 事件の被害者の家族が気の毒でならない。

⑤ 新しく自治が認められた国で総選挙がある。

⑥ 軍隊(たい)を持つことに賛成か反対かと質問する。

⑦ 明治は 1886 年から 1912 年までです。

⑧ 週刊誌 (weekly magazine) に新しい政党が国を治める様子を紹介する記事があった。

かきましょう　送りがなに注意して、下線部のことばを漢字で書きなさい。

① 用事がすんだので、これから映画を見に行きます。

② こどもたちにはきょういくをうける けんりがある。

③ この問題は二つの国のせいふがたがいにきょうりょくして、かいけつするべきだ。

④ こうえんでいぬをはなさないでください。

⑤ しょうらいはせいじかになりたい。

⑥ テレビでフグという魚のどくについてのばんぐみをほうそうしていた。

⑦ おんせんで病気をなおすことはできますか。

⑧ そふはへい隊(たい)として、せんそうに行った。

32課 練習

問題1 { }の正しいほうに○をつけ、( )に読みを書きなさい。

例）日本の生活に {暮れる ⃝慣れる}。
　　　　　　　（　なれる　）

① 病気を {直す　治す}。　　　　　② 食事が {済む　住む}。
　　　　（　　　　　）　　　　　　　　　　（　　　　　）

③ ご意見に {肯定　賛成} です。　　④ 私の家はその角から 4{軒　件}目です。
　　　　（　　　　　）　　　　　　　　　　　　　（　　　　　）

⑤ 薄いコーヒーより {厚い　濃い} コーヒーのほうが好きだ。
　　　　　　　　　　（　　　　　）

⑥ あの町の {利害　公害} の原因は工場の煙です。
　　　　　　（　　　　　）

⑦ こちらの店のほうが安かった。あちらで買って {損　得} をした。
　　　　　　　　　　　　　　　　　　　　　（　　　　　）

⑧ 人気のある番組は再 {放送　包装} される。
　　　　　　　　　　（　　　　　）

⑨ 進んだ技術を医療に {応用　内容} する。
　　　　　　　　　　（　　　　　）

⑩ 犯人グループに捕らえられていた男性が {開放　解放} された。
　　　　　　　　　　　　　　　　　　（　　　　　）

問題2 送りがなに注意して、下線部のことばを漢字で書きなさい。

例）こむぎこのぶんりょうをはかる。
　　小麦粉　　分量　　量る

① じしんではしらがたおれる。

② そのニュースがほんとうかどうかわからないが、いちおう、ほうこくする。

③ びょうきがなおらずにくるしむ ひとびとがいる。

④ りょうこくがたがいにりかいし、どりょくする。

⑤ もくてきにおうじて、べんきょう ほうほうもことなる。

📖 ふりかえり

→ 漢字を見て、さまざまな記事の内容を想像することができる。	はい　・　いいえ
→ 第32課で勉強した漢字を読んだり、書いたりできる。	はい　・　いいえ

まとめ問題・4

問題1 何画目に書きますか。（　）の中に数字を書きなさい。　例）（ / ）長

1 蒸 （　）
2 互 （　）
3 巨 （　）
4 雇 （　）
5 兆 （　）
6 極 （　）
7 歯 （　）
8 識 （　）

問題2 漢字の下に読みを書きなさい。

1 血を採って、病気を調べた。

2 お電話を頂き、恐縮しております。

3 もう一度気温を測ったら、零度だった。

4 卵を溶いて、料理に使った。

5 いろいろな種類の婦人服が売られている。

6 あの病院には優秀な医者がたくさんいて、いろいろな病気を治すことができる。

7 地震で勤めていた旅館の建物がすべてこわれ、失業してしまった。

8 退院するのを延ばしたほうがいいかもしれない。

9 一般に標準的な家の構造はこのようになっています。

10 あの俳優は純情な役が上手だ。

まとめ問題・4

11 民主主義に対する市民の意識を調査する。

12 彼女は香水について豊富な知識を持っている。

13 東京の霞ヶ関には官庁が集まっている。

14 この川の流域には耕地が広がっている。

15 仲のよい友達に裏切られることが一番恐ろしい。

問題3 送りがなに注意して、下線部のことばを漢字で書きなさい。

1 野菜や肉をむして食べる。

2 このコートはうらがえしても着られる。

3 日本はおんたいにあって、春、夏、秋、冬のしきがある。

4 こくおうがほうそうきょくをほうもんした。

5 彼らはしゅうだんになって、たたかった。

6 この問題にたいする せいふの考えが今朝のちょうかんに出ていた。

7 かわいた空気がりくちから海にむかって ふいている。

8 いまのテーブルの上にはいざらが置いてあります。

9 母のかんびょうを妹にたのんだ。

10 今、バスをおいこしていった車は運転がらんぼうだ。

11 工場から出たけむりが空気をよごして、こうがい問題になった。

12 そのあんにだいじん全員がはんたいした。

13 土地をそくりょうするきかいをそうさする。

14 近くのだんちへ行って、のうさんぶつを売った。

15 インドネシアのバリしゅうから来たルディくんはとてもせが高く、

明るくてようきな人だった。

問題4 例のように、数字のあとに適当な漢字を入れなさい。

例）切手を3（ 枚 ）もらった。

1 マラソンをしたら、田中さんが第1（　　　）、山本さんが第2（　　　）になった。

2 駅の前に家が5（　　　）建っている。

3 100,000,000を漢字で書くと一（　　　）で、1,000,000,000,000は一（　　　）だ。

問題5 音声を聞いて、例のように、ひらがなで書きましょう。
　　　　それから、漢字で書きましょう。

例）けさ、テレビで ニュースを みました。
　　（今朝）　　　　　　　　（見ました）

1 スミス＿＿＿＿は ＿＿＿＿ ＿＿＿＿ ＿＿＿＿した。
　　（　　　）（　　　）（　　　）（　　　）

2 ＿＿＿＿していた＿＿＿＿に＿＿＿＿。
　　（　　　）　（　　　）（　　　）

231

まとめ問題・4

3 この＿＿＿の＿＿＿の＿＿＿は＿＿＿＿＿＿＿＿＿＿＿＿です。
　　（　　　）（　　　）（　　　　）（　　　）（　　　　　　　）

4 ＿＿＿＿がよくなくて、＿＿＿＿＿してしまった。
　（　　　　　　）　　（　　　　　　）

問題6 どちらが 正しいですか。

1 詳細は後ほどお知らせします。………… 1. しょうはい　　2. しょうさい

2 姉は優秀な成績で卒業した。………… 1. ゆうしょう　　2. ゆうしゅう

3 弟は飛行機の模型に夢中だ。………… 1. もけい　　　　2. きがた

4 彼は頼もしいことを言うが、行動が伴っていない。
　　………………………………………… 1. ともなって　　2. そろって

5 家族がたんじょうびを祝ってくれた。………… 1. 延生日　　　2. 誕生日

6 彼は学校でも会社でも人と争うのがいやだった。
　　………………………………………… 1. 嫌　　　　　2. 損

7 日に焼けてはだが赤くなった。………… 1. 鼻　　　　　2. 肌

8 私はかんごしになりたいです。………… 1. 看護師　　　2. 管護師

音訓索引

カタカナ＝音読み　ひらがな＝訓読み　＊＝特別な読み　ˢ＝初級漢字（第1章）

よみ	漢字	ページ
あ		
アイ	愛	144
あい	相	123
あ-かり	明ˢ	18
あ-がる	上ˢ	14
あ-き	空ˢ	14
あき-らか	明ˢ	18
アク	悪ˢ	16
あ-く	空ˢ	14
あ-くる	明ˢ	18
あ-ける	空ˢ	14
あ-ける	明ˢ	18
あ-げる	上ˢ	14
あさ-い	浅	39
あず-かる	預	136
あず-ける	預	136
あせ	汗	184
あそ-ぶ	遊	114
あた-える	与	218
あたた-かい	温	40
あたた-かい	暖	40
あた-り	辺	194
あ-たる	当	33
アツ	圧	202
あつ-い	熱	40
あつ-い	厚	90
あ-てる	当	33
あば-れる	暴	209
あ-びる	浴	162
あぶ-ない	危	80
あぶら	油	46
あま	雨ˢ	14
あま-い	甘	194
あま-やかす	甘	194
あま-る	余	35
あ-む	編	96
あや-うい	危	80
あやま-る	誤	110
あらそ-う	争	214
あら-た	新ˢ	15
あらた-める	改	78
あらわ-す	表	26
あらわ-す	現	148
あらわ-す	著	174
あらわ-れる	現	148
アン	暗ˢ	16
アン	案	136
い		
イ	違	32
イ	易	38
イ	偉	68
イ	移	98
イ	囲	99
イ	衣	162
イ	胃	184
イ	異	201
イ	位	212
イ	委	215
イ	依	215
い	居	208
イキ	域	197
いき	息	102
いきお-い	勢	212
イク	育	64
い-ける	生ˢ	15
いさ-む	勇	142
いし	石	44
いずみ	泉	189
いそが-しい	忙	120
いた	板	29
いた-い	痛	109
いだ-く	抱	102
いただ-く	頂	122
いた-む	痛	109
いち	市ˢ	16
いと	糸	44
いなか*	田舎ˢ	18
いのち	命	167
いの-る	祈	104
い-る	要	155
いわ	岩	45
いわ-う	祝	116
イン	飲ˢ	14
イン	引ˢ	16
イン	印	96
イン	因	206
う		
ウ	右ˢ	14
ウ	雨ˢ	14
ウ	有ˢ	18
ウ	宇	200
う-える	植	194
うお	魚ˢ	14
うかが-う	伺	120
う-かぶ	浮	190
う-かべる	浮	190
う-く	浮	190
うけたまわ-る	承	87
う-ける	受	84
うご-かす	動ˢ	18
うし	牛ˢ	16
うしな-う	失	214
うす-い	薄	91
うたが-う	疑	208
うち	内ˢ	19
う-つ	打	213
うつく-しい	美	68
うつ-す	映ˢ	16
うつ-す	移	98
うつ-る	映ˢ	16
うつ-る	写ˢ	17
うつ-る	移	98
うで	腕	182
うま	馬	44
う-める	埋	190
うやま-う	敬	166
うら	裏	200
うらな-う	占	172
う-る	得	116
う-れる	売ˢ	18
え		
エ	絵	56
エ	恵	142
エイ	営	84
エイ	泳	110
エイ	永	142
エイ	栄	183
エキ	易	38
エキ	液	194
えだ	枝	194
え-む	笑	142
えら-い	偉	68
えら-ぶ	選	33
え-る	得	116
エン	園	70
エン	煙	80
エン	塩	90
エン	演	143
エン	延	214
お		
オ	汚	184
お	小ˢ	14
オウ	央	136
オウ	王	145
オウ	横	172
オウ	欧	190
オウ	応	224
お-う	追	208
お-える	終ˢ	17
おお	大ˢ	15
おか-す	犯	149
おが-む	拝	122
おぎな-う	補	99
オク	億	200
お-く	置	150
おく-る	贈	144
おく-れる	遅	38
お-こる	起ˢ	16
おこ-る	怒	102
お-さえる	押ˢ	19
おさな-い	幼	116
おさ-める	収	132
おさ-める	治	226
おそ-い	遅	38
おそ-れる	恐	202
おそ-ろしい	恐	202
おそ-わる	教ˢ	16
お-ちる	落	62

読み	漢字	頁
おっと	夫	52
お-とす	落	62
おど-り	踊	162
おど-る	踊	162
おのおの	各	219
おび	帯	188
おぼ-える	覚	28
おも	主ˢ	17
おもて	表	26
おや	親ˢ	17
およ-ぐ	泳	110
お-りる	下ˢ	14
お-る	折	62
お-れる	折	62
お-ろす	下ˢ	14
お-ろす	降ˢ	19
オン	温	40
おん	御	122

か

読み	漢字	頁
カ	歌ˢ	16
カ	課	28
カ	科	28
カ	化	41
カ	果	58
カ	過	63
カ	菓	116
カ	貨	148
カ	可	154
カ	価	157
カ	加	161
カ	仮	174
カイ	開ˢ	16
カイ	解	32
カイ	介	50
カイ	絵	56
カイ	改	78
カイ	快	80
カイ	階	84
カイ	械	150
かい	貝	44
ガイ	害	224
かえ-す	帰ˢ	16
かえ-す	返	122
か-える	変	34
か-える	換	80
かえ-る	返	122
か-える	替	136
かお-り	香	196
かか-える	抱	102
かかり	係	148
かぎ-る	限	156
カク	覚	28
カク	角	71
カク	格	120
カク	確	131
カク	較	173
カク	拡	174
カク	各	219
ガク	額	130
か-ける	欠	29
かこ-む	囲	99
かさ-なる	重	17
かさ-ねる	重ˢ	17
かしこ-い	賢	142
かず	数	35
かぞ-える	数	35
かた	片	65
かた	肩	182
かた	型	218
かた-い	難	38
かた-い	固	90
かた-い	硬	148
かたち	形	34
かたむ-く	傾	174
かた-る	語ˢ	14
か-つ	勝	212
カツ	活	105
かつ-ぐ	担	151
かど	角	71
かな*	仮名	174
かな-しい	悲	145
かな-しむ	悲	145
かなら-ず	必	155
かの	彼	102
かべ	壁	56
かま-う	構	168
かみ	上ˢ	14
かみ	神	68
かみ	髪	184
から	空ˢ	14
から-い	辛	196
かれ	彼	102
かわ	皮	196
かわ	河	200
かわ	革	220
がわ	側	81
かわ-かす	乾	188
かわ-く	乾	188
かわせ*	為替	136
か-わる	変	34
カン	寒ˢ	16
カン	簡	38
カン	官	46
カン	管	46
カン	換	80
カン	巻	92
カン	慣	110
カン	関	137
カン	感	144
カン	環	174
カン	看	185
カン	乾	188
カン	観	202
カン	完	220
カン	刊	227
ガン	元ˢ	16
ガン	岩	45
ガン	岸	190

き

読み	漢字	頁
キ	起ˢ	16
キ	帰ˢ	16
キ	記	34
キ	器	58
キ	危	80
キ	寄	108
キ	機	138
キ	希	154
キ	期	156
キ	基	169
キ	規	169
キ	季	188
ギ	技	50
ギ	議	86
ギ	疑	208
き-える	消	32
き-く	効	138
きざ-む	刻	79
きし	岸	190
き-せる	着ˢ	17
きたな-い	汚	184
キツ	喫	136
きのう*	昨日	108
き-まる	決	62
きみ	君	103
き-める	決	62
キャク	客	132
ギャク	逆	172
キュウ	休ˢ	14
キュウ	級	26
キュウ	球	41
キュウ	給	86
キュウ	求	86
キュウ	久	114
キュウ	旧	123
キュウ	吸	182
キュウ	救	207
キョ	許	154
キョ	巨	194
キョ	居	208
ギョ	魚ˢ	14
ギョ	漁	218
きよ-い	清	85
キョウ	供	50
キョウ	橋	70
キョウ	協	138
キョウ	共	167
キョウ	境	172
キョウ	恐	202
キョウ	況	208
キョウ	競	215
ギョウ	行ˢ	14
ギョウ	形	34
キョク	曲	63
キョク	局	184
キョク	極	200
キン	禁	80
キン	勤	110
キン	均	174

く

ク	工[s]	16
ク	苦	46
グ	具	56
くさ	草	196
くだ	管	46
くだ-さる	下[s]	14
くだもの*	果物	58
くだ-る	下[s]	14
くつ	靴	161
くば-る	配	53
くみ	組	28
く-む	組	28
くも	雲	117
くも-る	曇	116
くらい	位	212
く-らす	暮	110
くら-べる	比	172
くる-しい	苦	46
くる-しむ	苦	46
く-れる	暮	110
くわ-える	加	161
くわ-わる	加	161
クン	君	103
クン	訓	220
グン	軍	226

け

ケ	気[s]	14
ケ	家[s]	16
ケ	化	41
け	毛	44
ゲ	下[s]	14
ゲ	外[s]	14
ケイ	京[s]	16
ケイ	形	34
ケイ	警	70
ケイ	経	104
ケイ	恵	142
ケイ	係	148
ケイ	景	163
ケイ	傾	174
ケイ	競	215
ケイ	型	218
けい	敬	166

ゲイ	芸	68
ゲイ	迎	116
ゲキ	劇	142
けしき*	景色	163
け-す	消	32
ケツ	欠	29
ケツ	結	52
ケツ	決	62
ケツ	血	185
けむ-い	煙	80
けむり	煙	80
けわ-しい	険	80
ケン	間[s]	14
ケン	建[s]	16
ケン	券	78
ケン	険	80
ケン	検	138
ケン	件	174
ケン	健	182
ケン	軒	224
ケン	権	226
ゲン	言[s]	14
ゲン	減	64
ゲン	現	148
ゲン	限	156
ゲン	原	206

こ

コ	古[s]	14
コ	去[s]	16
コ	庫	58
コ	個	90
コ	固	90
コ	故	115
コ	呼	117
コ	湖	190
こ	粉	90
ゴ	誤	110
ゴ	御	122
ゴ	互	227
こ-い	濃	224
こい	恋	144
こい-しい	恋	144
コウ	後	14
コウ	広[s]	16

コウ	考[s]	16
コウ	降[s]	19
コウ	向	47
コウ	港	68
コウ	交	68
コウ	公	69
コウ	厚	90
コウ	更	98
コウ	候	99
コウ	幸	122
コウ	航	138
コウ	効	138
コウ	硬	148
コウ	講	154
コウ	紅	160
コウ	構	168
コウ	肯	168
コウ	康	182
コウ	香	196
コウ	耕	196
コウ	光	200
コウ	鉱	218
コウ	郊	226
ゴウ	強[s]	16
こ-える	越	68
こ-える	超	130
こおり	氷	202
こお-る	凍	109
コク	黒[s]	16
コク	刻	79
コク	告	168
こご-える	凍	109
こし	腰	182
こ-す	越	68
こ-す	超	130
コツ	骨	183
こと	異	201
ことわ-る	断	149
こな	粉	90
この-む	好[s]	16
こま-かい	細	38
こま-る	困	40
こ-む	込	154
こ-める	込	154
ころ-がす	転[s]	18

ころ-がる	転[s]	18
ころ-す	殺	208
ころ-ぶ	転[s]	18
こわ-い	怖	203
コン	困	40
コン	婚	52
コン	混	92
ゴン	言[s]	14

さ

サ	左[s]	14
サ	作[s]	16
サ	差	69
サ	査	138
サ	再	144
サ	砂	190
ザ	座[s]	19
サイ	西[s]	15
サイ	最	32
サイ	妻	50
サイ	財	132
サイ	際	136
サイ	再	144
サイ	才	148
サイ	歳	148
サイ	採	157
サイ	祭	162
サイ	済	226
ザイ	材	90
ザイ	財	132
ザイ	在	154
ザイ	罪	208
さいわ-い	幸	122
さか	酒[s]	19
さか	逆	172
さか	坂	197
さかい	境	172
さが-す	探	202
さが-す	捜	207
さか-らう	逆	172
さ-がる	下[s]	14
サク	昨	108
さ-く	咲	195
さぐ-る	探	202
さけ-ぶ	叫	208

235

読み	漢字	ページ
さ-げる	下ˢ	14
さ-さる	刺	52
ささ-える	支	130
さしつかえ*	差し支え	130
さ-す	刺	52
さ-す	差	68
サツ	冊	56
サツ	察	70
サツ	札	78
サツ	刷	96
サツ	殺	208
サッ	早ˢ	17
ザツ	雑	56
さま	様	120
さ-ます	覚	28
さ-ます	冷	40
さ-める	覚	28
さ-める	冷	40
さら	更	98
さら	皿	111
さ-る	去ˢ	16
さわ-る	触	150
サン	山ˢ	14
サン	参	28
サン	算	78
サン	産	162
サン	散	195
サン	賛	224
ザン	残	65

し

読み	漢字	ページ
シ	死ˢ	16
シ	私ˢ	16
シ	始ˢ	16
シ	姉ˢ	16
シ	思ˢ	16
シ	紙ˢ	17
シ	自ˢ	17
シ	次	32
シ	刺	52
シ	誌	56
シ	師	86
シ	支	130
シ	史	160
シ	指	162
シ	詞	166
シ	志	166
シ	司	166
シ	資	166
ジ	持ˢ	17
ジ	辞	26
ジ	次	32
ジ	児	56
ジ	示	96
ジ	除	98
ジ	寺	104
ジ	治	226
しあわ-せ	幸	122
しお	塩	90
シキ	色ˢ	17
シキ	式	34
シキ	識	207
ジキ	直	34
しず-か	静	40
しず-む	沈	191
した-しい	親ˢ	17
シツ	湿	188
シツ	失	214
ジツ	日ˢ	15
ジツ	実	168
しま	島	46
しめ-す	示	96
し-める	占	172
しめ-る	湿	188
しも	下ˢ	14
シャ	捨	150
シャク	借ˢ	17
シャク	石	44
ジャク	弱ˢ	17
シュ	首ˢ	17
シュ	酒ˢ	19
シュ	種	196
ジュ	授	26
ジュ	受	84
シュウ	集ˢ	17
シュウ	終ˢ	17
シュウ	修	87
シュウ	収	132
シュウ	州	188
シュウ	周	200
ジュウ	重ˢ	17
ジュウ	柔	53
シュク	宿	26
シュク	祝	116
ジュツ	術	50
ジュツ	述	173
ジュン	準	84
ジュン	順	120
ジュン	純	219
ショ	暑ˢ	17
ショ	初	27
ショ	緒	50
ショ	署	70
ショ	諸	166
ショ	処	168
ジョ	助	64
ジョ	除	98
ショウ	少ˢ	14
ショウ	消	32
ショウ	象	44
ショウ	紹	50
ショウ	床	58
ショウ	承	87
ショウ	将	104
ショウ	相	123
ショウ	商	130
ショウ	招	143
ショウ	省	166
ショウ	章	173
ショウ	照	196
ショウ	勝	212
ショウ	賞	214
ジョウ	乗ˢ	17
ジョウ	定	26
ジョウ	畳	56
ジョウ	常	84
ジョウ	状	120
ジョウ	情	143
ジョウ	条	174
ジョウ	蒸	188
ショク	色ˢ	17
ショク	職	138
ショク	植	194
しら	白ˢ	15
しら-べる	調	168
しるし	印	96
しろ	城	70
シン	森ˢ	17
シン	寝ˢ	19
シン	深	40
シン	身	52
シン	神	68
シン	信	97
シン	申	154
シン	進	156
シン	震	189
シン	針	194
シン	臣	225
ジン	神	68

す

読み	漢字	ページ
ス	子ˢ	14
ス	守	156
ズ	頭ˢ	18
スウ	数	35
す-う	吸	182
すえ	末	108
す-ぎる	過	63
すく-う	救	207
すぐ-れる	優	212
す-ごす	過	63
すず-しい	涼	40
すす-む	進	156
すす-める	進	156
す-てる	捨	150
すな	砂	190
す-まう	住ˢ	17
すみ	隅	57
す-む	済	226
すもう*	相撲	123
す-る	刷	96

せ

読み	漢字	ページ
せ	背	182
セイ	世ˢ	17
セイ	正ˢ	17
セイ	青ˢ	17
セイ	静	40
セイ	精	78
セイ	清	85

音訓索引

セイ	製	86	ソウ	層	220	たがや-す	耕	196	チ	治	226
セイ	成	96	ソウ	総	225	たから	宝	206	ち	血	185
セイ	晴	114	ゾウ	象	44	タク	宅	116	ちが-う	違	32
セイ	姓	138	ゾウ	像	47	だ-く	抱	102	チク	築	104
セイ	性	138	ゾウ	雑	56	たけ	竹	44	チャク	着ˢ	17
セイ	整	148	ゾウ	蔵	58	たし-か	確	131	チュウ	昼ˢ	18
セイ	省	166	ゾウ	増	64	たし-かめる	確	131	チュウ	駐	149
セイ	勢	212	ゾウ	造	220	たす-かる	助	64	チュウ	宙	200
セイ	制	219	ソク	足ˢ	15	たす-ける	助	64	チュウ	柱	224
セイ	政	226	ソク	速	38	たず-ねる	訪	215	チョ	貯	111
せい	背	182	ソク	息	102	たたか-う	戦	214	チョ	著	174
ゼイ	税	137	ソク	束	114	ただ-ちに	直	34	チョウ	重ˢ	17
セキ	赤ˢ	17	ソク	則	169	たたみ	畳	56	チョウ	鳥ˢ	18
セキ	席	28	ソク	測	202	タツ	達	130	チョウ	朝ˢ	18
セキ	石	44	ゾク	続	62	た-つ	建ˢ	16	チョウ	張	116
セキ	責	151	そこ	底	114	たと-える	例	34	チョウ	頂	122
セキ	績	157	そそ-ぐ	注ˢ	17	たに	谷	197	チョウ	超	130
セキ	積	191	そだ-つ	育	64	たね	種	196	チョウ	調	168
セツ	折	62	そだ-てる	育	64	たの-む	頼	213	チョウ	庁	202
セツ	設	96	ソツ	卒	52	たの-もしい	頼	213	チョウ	兆	203
セツ	接	98	ソツ	率	172	たば	束	114	チョク	直	34
セツ	節	188	そな-える	備	84	たび	度ˢ	18	ち-らかす	散	195
ゼツ	絶	160	そば*	蕎麦	93	たび	旅ˢ	18	ち-らかる	散	195
せま-い	狭	39	ソン	村ˢ	17	たび*	足袋	150	ち-らす	散	195
せ-める	責	151	ソン	存	96	たま	球	41	ち-る	散	195
セン	線	32	ソン	孫	103	たま	玉	90	チン	賃	110
セン	選	33	ソン	尊	166	たまご	卵	58			
セン	専	52	ソン	損	224	ため-す	試ˢ	17	**つ**		
セン	泉	189	ゾン	存	96	たよ-り	便ˢ	18	ツイ	追	208
セン	戦	214				たよ-る	頼	213	ツウ	痛	109
セン	船	220	**た**			タン	短ˢ	17	つか-まえる	捕	206
ゼン	然	144	タ	多ˢ	15	タン	単	38	つか-まる	捕	206
ゼン	善	220	タ	他	173	タン	担	151	つか-れる	疲	115
			タイ	体ˢ	17	タン	炭	218	つぎ	次	32
そ			タイ	太	38	ダン	暖	40	つ-く	付ˢ	84
ソ	組	28	タイ	替	136	ダン	段	84	つ-く	突	144
ソ	祖	102	タイ	対	160	ダン	談	122	つ-ぐ	次	32
ソウ	早ˢ	17	タイ	帯	188	ダン	断	149	つくえ	机	34
ソウ	掃	86	タイ	退	212	ダン	団	214	つく-る	造	220
ソウ	相	123	ダイ	第	27				つ-ける	着ˢ	17
ソウ	想	145	たい-ら	平	121	**ち**			つ-ける	付	84
ソウ	装	161	た-える	絶	160	チ	池ˢ	17	つた-える	伝	108
ソウ	操	182	たお-す	倒	64	チ	遅	38	つた-わる	伝	108
ソウ	燥	189	たお-れる	倒	64	チ	値	133	つち	土ˢ	15
ソウ	争	214	たが-い	互	227	チ	置	150	つづ-く	続	62

237

つづ-ける	続	62
つつ-む	包	92
つと-める	勤	110
つと-める	務	156
つと-める	努	218
つね	常	84
つま	妻	50
つ-まる	詰	163
つみ	罪	208
つ-む	積	191
つめ-たい	冷	40
つ-める	詰	163
つ-もる	積	191
つゆ*	梅雨[s]	14
つ-れる	連	114

て

デ	弟[s]	18
テイ	低[s]	18
テイ	定	26
テイ	庭	59
テイ	停	78
テイ	底	114
テイ	程	160
テキ	適	33
テキ	的	50
てつだう*	手伝う	108
てら	寺	104
て-らす	照	196
て-る	照	196
テン	点	34
テン	展	206
デン	伝	108

と

ト	土[s]	15
ト	登	51
ト	徒	104
ト	途	209
と	戸	58
ド	努	218
と-い	問[s]	18
トウ	読[s]	15
トウ	答[s]	18
トウ	頭[s]	18
トウ	当	33
トウ	島	46
トウ	登	51
トウ	倒	64
トウ	等	92
トウ	凍	109
トウ	到	136
トウ	盗	150
トウ	筒	156
トウ	灯	160
トウ	投	213
トウ	党	226
と-う	問[s]	18
ドウ	同[s]	18
ドウ	働[s]	18
ドウ	童	56
ドウ	導	154
とお-す	通[s]	18
と-かす	溶	202
トク	得	116
と-く	解	32
と-く	溶	202
ドク	読[s]	15
ドク	独	52
ドク	毒	227
と-ける	解	32
と-ける	溶	202
とこ	床	58
と-じる	閉[s]	19
トツ	突	144
とど-く	届	132
とど-ける	届	132
ととの-う	整	148
どの	殿	122
と-ばす	飛	139
と-ぶ	飛	139
と-まる	留	50
と-まる	泊	160
と-める	留	50
と-める	泊	160
とも	供	50
とも	共	167
ともだち*	友達	130
と-らえる	捕	206
と-る	採	157
と-る	捕	206
どろ	泥	191
トン	団	214

な

な-い	無	131
な-い	亡	206
なお-す	直	34
なお-す	治	226
なお-る	直	34
なお-る	治	226
なか	仲	212
なが-す	流	62
なか-ば	半[s]	15
なが-れる	流	62
な-く	泣	102
な-く	鳴	196
な-げる	投	213
なま	生[s]	15
なみ	並	62
なみ	波	203
なみだ	涙	144
なや-む	悩	184
な-らす	鳴	196
なら-ぶ	並	62
なら-べる	並	62
な-る	成	96
な-る	鳴	196
な-れる	慣	110
ナン	男[s]	15
ナン	難	38

に

に	荷	136
にが-い	苦	46
に-がす	逃	201
に-げる	逃	201
ニュウ	乳	58
に-る	似	104
にわ	庭	59
ニン	認	132
ニン	任	151

ぬ

ぬ-く	抜	184
ぬ-ける	抜	184
ぬす-む	盗	150
ぬの	布	132

ね

ね	値	133
ね	根	194
ねが-う	願	120
ねこ	猫	108
ネツ	熱	40
ねむ-い	眠	150
ねむ-る	眠	150
ネン	念	114
ネン	然	144

の

の	野[s]	18
ノウ	能	98
ノウ	農	218
ノウ	濃	224
のき	軒	224
のこ-す	残	65
のこ-る	残	65
の-せる	乗[s]	17
のぞ-く	除	98
のぞ-む	望	154
のち	後[s]	14
の-ばす	伸	64
の-ばす	延	214
の-びる	伸	64
の-びる	延	214
の-べる	述	173
のぼ-る	上[s]	14
のぼ-る	登	51

は

ハ	破	64
ハ	波	203
は	羽	139
は	葉	160
は	歯	184
バ	馬	44
はい	灰	209
ハイ	配	53
ハイ	杯	90

音訓索引

読み	漢字	ページ
ハイ	拝	122
ハイ	敗	214
バイ	買ˢ	15
バイ	売ˢ	18
バイ	倍	174
は-える	生ˢ	15
はか-る	計ˢ	16
はか-る	量	91
はか-る	測	202
ハク	泊	160
は-く	掃	86
バク	爆	206
はこ	箱	58
はさ-まる	挟	150
はさ-む	挟	150
はし	橋	70
はじ-め	初	27
はしら	柱	224
は-ずかしい	恥	102
はず-す	外ˢ	14
はず-れる	外ˢ	14
はたけ	畑	45
はたち*	二十歳	148
はな	鼻	182
はな-す	放	226
はな-れる	放	226
はね	羽	139
はば	幅	172
はぶ-く	省	166
はや-い	速	38
はら	原	206
はら-う	払	130
はり	針	194
は-る	張	116
は-れる	晴	114
ハン	販	130
ハン	犯	149
ハン	版	174
ハン	判	175
ハン	反	208
ハン	般	220
バン	万ˢ	15
バン	板	29

ひ

読み	漢字	ページ
ヒ	非	84
ヒ	費	133
ヒ	飛	139
ヒ	悲	145
ヒ	否	168
ヒ	比	172
ヒ	批	175
ヒ	皮	196
ヒ	被	224
ひ	灯	160
ビ	美	68
ビ	備	84
ひ-える	冷	40
ひかり	光	200
ひか-る	光	200
ひさ-しい	久	114
ひたい	額	130
ヒツ	筆	32
ヒツ	必	155
ひと-しい	等	92
ひと-り	独	52
ひ-やす	冷	40
ヒョウ	表	26
ヒョウ	評	157
ヒョウ	標	218
ビョウ	平	121
ビョウ	秒	212
ひら	平	121
ひろ-う	拾	163

ふ

読み	漢字	ページ
フ	夫	52
フ	符	78
フ	普	80
フ	付	84
フ	布	132
フ	富	190
フ	怖	203
フ	婦	208
フ	負	214
ブ	分ˢ	15
ブ	舞	120
ブ	無	131
ブ	武	145
フウ	夫	52
フウ	封	156
ふ-える	増	64
ふか-い	深	40
フク	復	26
フク	福	142
フク	副	166
フク	複	218
ふ-く	吹	188
ふく-む	含	196
ふく-める	含	196
ふくろ	袋	150
ふ-ける	更	98
ふし	節	188
ふせ-ぐ	防	70
ふたた-び	再	144
ふで	筆	32
ふと-い	太	38
ふと-る	太	38
ふな	船	220
ふね	舟	44
ふね	船	220
ふぶき*	吹雪	188
ふ-やす	増	64
ふる-える	震	189
ふ-れる	触	150

へ

読み	漢字	ページ
ヘイ	閉ˢ	19
ヘイ	平	121
ヘイ	兵	226
ベイ	米ˢ	19
べに	紅	160
へ-らす	減	64
へ-る	減	64
ヘン	変	34
ヘン	片	65
ヘン	編	96
ヘン	返	122
ヘン	辺	194

ほ

読み	漢字	ページ
ホ	保	96
ホ	補	99
ホ	捕	206
ボ	募	86
ホウ	包	92
ホウ	法	130
ホウ	報	168
ホウ	豊	190
ホウ	宝	206
ホウ	訪	215
ホウ	放	226
ボウ	防	70
ボウ	坊	108
ボウ	望	154
ボウ	帽	162
ボウ	亡	206
ボウ	棒	206
ボウ	暴	209
ボウ	貿	220
ボク	木ˢ	15
ほし	星	200
ほ-しい	欲	142
ほ-す	干	110
ほそ-い	細	38
ボッ	坊	108
ほとけ	仏	104
ほね	骨	183

ま

読み	漢字	ページ
マイ	妹ˢ	18
マイ	枚	78
まいご*	迷子	108
まい-る	参	28
ま-う	舞	120
まか-せる	任	151
ま-がる	曲	63
ま-く	巻	92
ま-ける	負	214
ま-げる	曲	63
まご	孫	103
ま-ざる	交	68
ま-ざる	混	92
まじめな*	真面目な	78
ま-じる	交	68
ま-じる	混	92
ま-す	増	64
まず-しい	貧	221
ま-ぜる	交	68

239

ま-ぜる	混	92
マツ	末	108
まっか*	真っ赤s	17
まっさお*	真っ青s	17
まった-く	全s	19
まつ-る	祭	162
まど	窓	81
まな-ぶ	学s	14
まね*	真似	104
まね-く	招	143
まも-る	守	156
まよ-う	迷	108
まる	丸	92
まる-い	丸	92
まわ-す	回s	16
まわ-り	周	200
マン	満	148

み

ミ	未	148
み	三s	14
み	身	52
み	実	168
みが-く	磨	184
みずうみ	湖	190
みずか-ら	自s	17
み-ちる	満	148
みと-める	認	132
みどり	緑	162
みな	皆	120
みなと	港	68
みの-る	実	168
みやげ*	土産	162
みやこ	都s	18
ミョウ	名s	15
ミョウ	明s	18
ミョウ	命	167
ミン	眠	150
ミン	民	212

む

ム	無	131
ム	夢	142
ム	務	156
む-かう	向	47
むか-える	迎	116
むかし	昔	70
むぎ	麦	93
む-く	向	47
む-ける	向	47
む-こう	向	47
むし	虫	194
む-す	蒸	188
むずか-しい	難	38
むすこ*	息子	102
むす-ぶ	結	52
むすめ	娘	102
むね	胸	182
む-れ	群	194

め

メイ	迷	108
メイ	命	167
めぐ-まれる	恵	142
めし	飯s	18
め-す	召	150
めずら-しい	珍	104
メン	面	78
メン	綿	86

も

モウ	毛	44
もう-す	申	154
も-える	燃	65
モク	目s	15
もち-いる	用s	18
もっと-も	最	32
もと	本s	15
もと	元s	16
もと	基	169
もど-す	戻	98
もと-める	求	86
もど-る	戻	98
もの	者s	17
もみじ*	紅葉	160
もめん*	木綿s	15
も-やす	燃	65
モン	文s	18

や

や	家s	16
ヤク	薬s	18
ヤク	役	69
ヤク	約	162
や-く	焼	93
や-ける	焼	93
やさ-しい	易	38
やさ-しい	優	212
やど	宿	26
やと-う	雇	221
やぶ-る	破	64
やぶ-れる	破	64
や-める	辞	26
やわ-らかい	柔	53
やわ-らかい	軟	92

ゆ

ユ	油	46
ユ	由	46
ユ	輸	220
ゆ	湯	92
ユウ	右s	14
ユウ	友s	15
ユウ	由	46
ユウ	遊	114
ユウ	郵	136
ユウ	勇	142
ユウ	優	212
ゆか	床	58
ゆかた*	浴衣	162
ゆき	雪	108
ゆ-く	行s	14
ゆくえ*	行方s	18
ゆた-か	豊	190
ゆび	指	162
ゆめ	夢	142
ゆる-す	許	154

よ

ヨ	予	26
ヨ	余	35
ヨ	与	218
よ	世s	17
よ	夜s	18
ヨウ	容	70
ヨウ	幼	116
ヨウ	様	120
ヨウ	要	155
ヨウ	葉	160
ヨウ	陽	200
ヨウ	溶	202
ヨク	翌	132
ヨク	欲	142
よこ	横	172
よご-す	汚	184
よご-れる	汚	184
よ-せる	寄	108
よ-ぶ	呼	117
よ-る	寄	108
よろこ-ぶ	喜	114

ら

ライ	頼	213
ラク	楽s	16
ラク	落	62
ラク	絡	154
ラン	乱	224

り

リク	陸	188
リツ	立s	15
リツ	率	172
リツ	律	224
リャク	略	166
リュウ	留	50
リュウ	流	62
リョウ	量	91
リョウ	了	97
リョウ	領	132
リョウ	両	136
リョウ	療	184
リョウ	漁	218
リョク	力s	18
リン	林s	19
リン	輪	206

る

ル	留	50
ルイ	類	156

音訓索引

れ

レイ	例	34
レイ	冷	40
レイ	礼	122
レイ	齢	138
レイ	令	168
レイ	零	203
レキ	歴	160
レツ	列	98
レン	練	28
レン	連	114
レン	恋	144

ろ

ロ	路	80
ロウ	老	47
ロウ	労	110
ロク	録	212
ロン	論	172

わ

わ*	羽	139
わ	輪	206
わか-い	若	46
わ-かす	沸	92
わ-かれる	分ˢ	15
わ-く	沸	92
わ-ける	分ˢ	15
わす-れる	忘	28
わた	綿	86
わた-す	渡	63
わた-る	渡	63
わら-う	笑	142
わり	割	62
わ-る	割	62
わ-れる	割	62
ワン	湾	190

部首索引

総画数　漢字　ページ

1画

一（いち）
3 与 218
6 両 136

丶（てん）
3 丸 92

丿（の）
3 久 114

乙（おつにょう）
乚（つりばり）
11 乾 188
7 乱 224
8 乳 58

亅（はねぼう）
2 了 97
4 予 26

2画

二（に）
4 互 227

亠（なべぶた）
3 亡 206
6 交 68

人（ひと）
亻（にんべん）
𠆢（ひとやね）
4 化 41
4 介 50
4 仏 104
5 他 173
5 付 84
5 令 168
6 仮 174
6 件 174
6 仲 212
6 伝 108
6 任 151
7 位 212
7 伺 120
7 似 104
7 伸 64
7 余 35
8 依 215
8 価 157
8 供 50
8 例 34
9 係 148
9 信 97
9 保 96
10 個 90
10 候 99
10 修 87
10 値 133
10 倒 64
10 倍 174
11 健 182
11 側 81
11 停 78
12 偉 68
12 備 84
13 傾 174
14 像 47
15 億 200
17 優 212

儿（ひとあし）
6 光 200
6 兆 203
7 児 56
10 党 226

八・ハ（はち）
4 公 69
6 共 167
7 兵 226
8 具 56

冂（けいがまえ）
5 冊 56
6 再 144

冫（にすい）
6 次 32
7 冷 40
10 凍 109

几（きにょう）
5 処 168

刀（かたな）
刂（りっとう）
5 刊 227
6 列 98
7 初 27
7 判 175
8 券 78
8 刻 79
8 刷 96
8 刺 52
8 制 219
8 到 136
9 則 169
11 副 166
12 割 62
15 劇 142

力（ちから）
5 加 161
7 助 64
7 努 218
7 労 110
8 効 138
9 勇 142
11 務 156
12 勤 110
12 勝 212
12 募 86
13 勢 212

勹（つつみがまえ）
5 包 92

卜（ぼく）
5 占 172

十（じゅう）
8 協 138
8 卒 52

卩（ふしづくり）
㔾（わりふ）
6 印 96
7 卵 58
9 巻 92
6 危 80

厂（がんだれ）
9 厚 90
10 原 206

厶（む）
8 参 28

又（また）
4 収 132
4 反 208
8 受 84

3画

口（くち）
口（くちへん）
5 可 154
5 司 166
5 史 160
5 召 150
6 各 219
6 吸 182
6 叫 208
6 向 47
7 含 196
7 君 103
7 告 168
7 吹 188
7 否 168
8 呼 117
8 周 200
8 命 167
9 咲 195
11 商 130
12 営 84
12 喜 114
12 喫 136
12 善 220
15 器 58

囗（くにがまえ）
6 因 206
6 団 214
7 囲 99
7 困 40
8 固 90
13 園 70

土（つち）
圡（つちへん）
5 圧 202
6 在 154
7 均 174
7 坂 197
7 坊 108
9 型 218
9 城 70
10 埋 190
11 域 197
11 基 169
12 報 168
13 塩 90
14 境 172
14 増 64
16 壁 56

夕（ゆうべ）
13 夢 142

大（だい）
4 太 38
4 夫 52
5 央 136
5 失 214

女（おんな）
女（おんなへん）
8 委 215
8 妻 50
8 姓 138
10 娘 102
11 婚 52
11 婦 208

子（こ）
孑（こへん）
6 存 96
8 季 188
10 孫 103

宀（うかんむり）
6 宇 200
6 守 156
6 宅 116
7 完 220
8 官 46
8 実 168
8 宙 200
8 定 26
8 宝 206
9 客 132
10 害 224
10 容 70
11 寄 108
11 宿 26
12 富 190
14 察 70

寸（すん）
6 寺 104
7 対 160
9 専 52
9 封 156
10 将 104
12 尊 166
15 導 154

尸（しかばね）
7 局 184
8 居 208
8 届 132
10 展 206
14 層 220

山（やま）
8 岸 190
8 岩 45
10 島 46

川（かわ）
6 州 188

工（たくみ）
5 巨 194
10 差 69

巾（はば）
5 布 132
7 希 154
10 師 86
10 帯 188
11 常 84
12 幅 172
12 帽 162

干（かん）
3 干 110
5 平 121
8 幸 122

幺（いとがしら）
5 幼 116

广（まだれ）
5 庁 202
7 床 58
8 底 114
10 庫 58
10 席 28
10 庭 59
11 康 182

廴（えんにょう）
8 延 214

弋（しきがまえ）
6 式 34

弓（ゆみ）
11 張 116

彡（さんづくり）
7 形 34

彳（ぎょうにんべん）
7 役 69
8 彼 102
9 律 224
10 徒 104
11 得 116
12 御 122
12 復 26

⺍（つかんむり）
9 単 38

艹（くさかんむり）
7 芸 68
8 苦 46
8 若 46
9 草 196
10 荷 136
11 菓 116
11 著 174
12 葉 160
12 落 62
13 蒸 188
15 蔵 58
16 薄 91

辶（しんにょう）
5 込 154
5 辺 194
7 迎 116
7 返 122
8 述 173
9 逆 172

9 退 212
9 追 208
9 逃 201
9 迷 108
10 造 220
10 速 38
10 途 209
10 連 114
11 進 156
12 過 63
12 達 130
12 遅 38
12 遊 114
13 違 32
14 適 33
15 選 33

阝（こざとへん）
7 防 70
9 限 156
10 除 98
11 険 80
11 陸 188
12 階 84
12 隅 57
12 陽 200
14 際 136

阝（おおざと）
9 郊 226
11 郵 136

扌→4画 手
攵→4画 支・攵
忄→4画 心
氵→4画 水
犭→4画 犬

4画
心（こころ）
忄（りっしんべん）
5 必 155
6 忙 120
7 応 224
7 快 80

7 志 166
7 忘 28
8 性 138
8 念 114
8 怖 203
9 怒 102
10 恐 202
10 恵 142
10 息 102
10 恥 102
10 悩 184
10 恋 144
11 情 143
12 悲 145
13 愛 144
13 感 144
13 想 145
14 慣 110

戈（ほこづくり）
6 成 96
13 戦 214

戸（と）
戸（とだれ）
4 戸 58
7 戻 98

手（て）
扌（てへん）
3 才 148
5 打 213
5 払 130
7 技 50
7 折 62
7 投 213
7 抜 184
7 批 175
8 拡 174
8 承 87
8 招 143
8 担 151
8 拝 122
8 抱 102
9 挟 150

9 指 162
9 拾 163
10 捜 207
10 捕 206
11 採 157
11 捨 150
11 授 26
11 接 98
11 掃 86
11 探 202
12 換 80
13 損 224
16 操 182

支（し）
4 支 130

攵・攴（ぼくにょう・ぼくづくり）
7 改 78
8 放 226
9 故 115
9 変 34
9 政 226
11 救 207
11 敗 214
12 敬 166
12 散 195
13 数 35
16 整 148

斤（おのづくり）
11 断 149

日（ひ）
日（ひへん）
6 曲 63
7 更 98
8 易 38
8 昔 70
9 昨 108
9 星 200
12 景 163
12 最 32

12 晴 114
12 替 136
12 普 80
13 暖 40
14 暮 110
15 暴 209
16 曇 116

月（つき）
→6画 肉・月
11 望 154
12 期 156

木（き）
木（きへん）
5 札 78
5 末 108
5 未 148
6 机 34
7 材 90
7 条 174
7 束 114
8 果 58
8 枝 194
8 杯 90
8 板 29
8 枚 78
9 栄 183
9 査 138
9 柔 53
9 柱 224
10 案 136
10 格 120
10 根 194
11 械 150
12 極 200
12 検 138
12 植 194
12 棒 206
14 構 168
14 様 120
15 横 172
15 権 226
15 標 218
16 機 138

16 橋 70	8 泣 102	9 点 34	**甘** (あまい)	**石** (いし)	氺 →4画 水
欠 (あくび)	8 況 208	12 焼 93	5 甘 194	5 石 44	**■■ 6画 ■■**
4 欠 29	8 治 226	12 然 144	**生** (うまれる)	9 砂 190	**竹** (たけ)
8 欧 190	8 泥 191	12 無 131	11 産 162	10 破 64	⺮ (たけかんむり)
11 欲 142	8 波 203	13 煙 80	**田** (た)	12 硬 148	6 竹 44
止 (とめる)	8 泊 160	13 照 196	5 申 154	15 確 131	10 笑 142
止 (とめへん)	8 沸 92	15 熱 40	5 由 46	16 磨 184	11 第 27
8 武 145	8 法 130	16 燃 65	6 当 33	**示** (しめす)	11 符 78
13 歳 148	8 油 46	17 燥 189	9 畑 45	礻 (しめすへん)	12 等 92
14 歴 160	9 活 105	19 爆 206	10 留 50	5 示 96	12 筒 156
歹 (かばねへん)	9 泉 189	**爪** (つめ)	11 異 201	5 礼 122	12 筆 32
10 残 65	9 浅 39	6 争 214	11 略 166	8 祈 104	13 節 188
殳 (るまた)	10 消 32	**片** (かた)	12 畳 56	9 祝 116	14 管 46
9 段 84	10 浮 190	4 片 65	**疋** (ひきあし)	9 神 68	14 算 78
10 殺 208	10 浴 162	8 版 174	14 疑 208	9 祖 102	15 箱 58
13 殿 122	10 流 62	**犬** (いぬ)	**疒** (やまいだれ)	11 祭 162	16 築 104
毋 (なかれ)	10 涙 144	犭 (けものへん)	10 疲 115	13 禁 80	18 簡 38
8 毒 227	11 液 194	5 犯 149	12 痛 109	13 福 142	**米** (こめ)
比 (くらべる)	11 混 92	7 状 120	17 療 184	**禾** (のぎへん)	米 (こめへん)
4 比 172	11 済 226	9 狭 39	**癶** (はつがしら)	9 科 28	10 粉 90
毛 (け)	11 深 40	9 独 52	12 登 51	9 秒 212	14 精 78
4 毛 44	11 清 85	11 猫 108	**白** (しろ)	11 移 98	**糸** (いと)
氏 (うじ)	11 涼 40	王 →5画 玉	8 的 50	12 税 137	糸 (いとへん)
5 民 212	12 温 40	耂 →6画 老	9 皆 120	12 程 160	6 糸 44
水 (みず)	12 減 64	礻 →5画 示	**皮** (けがわ)	14 種 196	9 級 26
氵 (さんずい)	12 湖 190	**■■ 5画 ■■**	5 皮 196	16 積 191	9 紅 160
氺 (したみず)	12 港 68	**玄** (げん)	**皿** (さら)	**穴** (あな)	9 約 162
5 永 142	12 湿 188	11 率 172	5 皿 111	穴 (あなあんむり)	10 純 219
5 氷 202	12 測 202	**玉** (たま)	11 盗 150	8 突 144	11 経 104
6 汗 184	12 渡 63	**王** (おう)	**目** (め)	11 窓 81	11 細 38
6 汚 184	12 湯 92	王 (おうへん)	目 (めへん)	**立** (たつ)	11 紹 50
7 求 86	12 満 148	4 王 145	8 直 34	8 並 62	11 組 28
7 決 62	12 湾 190	5 玉 90	9 看 185	11 章 173	12 絵 56
7 沈 191	13 準 84	9 珍 104	9 省 166	12 童 56	12 給 86
8 泳 110	13 溶 202	11 球 41	9 相 123	20 競 215	12 結 52
8 河 200	14 演 143	11 現 148	10 眠 150	罒 (あみがしら)	12 絶 160
	14 漁 218	17 環 174		13 罪 208	12 絡 154
	16 濃 224			13 署 70	13 続 62
	火 (ひ)			13 置 150	14 緒 50
	火 (ひへん)				14 総 225
	灬 (れっか・れんが)				14 綿 86
	6 灰 209				14 緑 162
	6 灯 160				
	9 炭 218				

部首索引

羊 (ひつじ)
9 美 68
13 群 194

羽 (はね)
6 羽 139
11 翌 132

老 (おいかんむり)
6 老 47

耒 (すきへん)
10 耕 196

耳 (みみ)
耳 (みみへん)
18 職 138

肉 (にく)
月 (にくづき)
8 育 64
8 肩 182
8 肯 168
9 胃 184
9 背 182
10 胸 182
10 能 98
12 腕 182
13 腰 182

臣 (しん)
7 臣 225

舟 (ふね)
舟 (ふねへん)
6 舟 44
10 航 138
10 般 220
11 船 220

14 練 28
15 線 32
15 編 96
17 績 157

虫 (むし)
6 虫 194

血 (ち)
6 血 185

行 (ぎょうがまえ)
11 術 50

衣 (ころも)
衤 (ころもへん)
6 衣 162
8 表 26
10 被 224
11 袋 150
12 装 161
12 補 99
13 裏 200
14 製 86
14 複 218

襾 (にし・おおい)
9 要 155

■■ 7画 ■■
見 (みる)
11 規 169
12 覚 28
18 観 202

角 (つの)
角 (つのへん)
7 角 71
13 解 32
13 触 150

言 (ことば)
訁 (ごんべん)
10 記 34
10 訓 220
11 許 154
11 設 96
11 訪 215
12 詞 166
12 評 157

13 詰 163
14 誤 110
14 誌 56
14 認 132
15 課 28
15 諸 166
15 談 122
15 調 168
15 論 172
17 講 154
19 警 70
19 識 207
20 議 86

谷 (たに)
7 谷 197

豆 (まめ)
13 豊 190

豕 (いのこ)
12 象 44

貝 (かい)
7 貝 44
9 負 214
10 財 132
11 貨 148
11 責 151
11 販 130
11 貧 221
12 貯 111
12 費 133
12 貿 220
13 資 166
13 賃 110
15 賛 224
15 賞 214
16 賢 142
18 贈 144

走 (はしる)
走 (そうにょう)
12 越 68
12 超 130

足 (あし)
⻊ (あしへん)
13 路 80
14 踊 162

身 (み)
7 身 52

車 (くるま)
車 (くるまへん)
9 軍 226
10 軒 224
11 軟 92
13 較 173
15 輪 206
16 輸 220

辛 (からい)
7 辛 196
13 辞 26

辰 (たつ)
13 農 218

酉 (ひよみのとり)
10 配 53

里 (さと)
12 量 91

麦 (むぎ)
7 麦 93

舛 (まいあし)
15 舞 120

■■ 8画 ■■
金 (かね)
金 (かねへん)
10 針 194
13 鉱 218
16 録 212

門 (もんがまえ)
14 関 137

隹 (ふるとり)
5 旧 123
12 雇 221
14 雑 56
18 難 38

雨 (あめ)
⻗ (あめかんむり)
11 雪 108
12 雲 117
13 零 203
15 震 189

青 (あお)
14 静 40

非 (あらず)
8 非 84

■■ 9画 ■■
面 (めん)
9 面 78

革 (つくりがわ)
9 革 220
13 靴 161

頁 (おおがい)
11 頂 122
12 順 120
13 預 136
14 領 132
16 頼 213
18 額 130
18 類 156
19 願 120

飛 (とぶ)
9 飛 139

香 (かおり)
9 香 196

■■ 10画 ■■
馬 (うま)
馬 (うまへん)
10 馬 44
15 駐 149

骨 (ほね)
10 骨 183

髟 (かみがしら)
14 髪 184

■■ 11画 ■■
鳥 (とり)
14 鳴 196

■■ 12画 ■■
歯 (は)
歯 (はへん)
12 歯 184
17 齢 138

■■ 14画 ■■
鼻 (はな)
14 鼻 182

語彙索引

語彙（かな）	語彙（漢字）	ページ

あ

あい	（愛）	144
あいじょう	（愛情）	144
あいする	（愛する）	144
あいて	（相手）	123
あきはばら	（秋葉原）	206
あさい	（浅い）	39
あずかる	（預かる）	136
あずける	（預ける）	136
あせ	（汗）	184
あそぶ	（遊ぶ）	114
あたえる	（与える）	218
あたたかい	（暖かい）	40
あたたかい	（温かい）	40
あたり	（辺り）	194
あたる	（当たる）	33
あつい	（熱い）	40
あつい	（厚い）	90
あつかましい	（厚かましい）	90
あてる	（当てる）	33
あばれる	（暴れる）	209
あぶない	（危ない）	80
あぶら	（油）	46
あまい	（甘い）	194
あまど	（雨戸）	58
あまやかす	（甘やかす）	194
あまる	（余る）	35
あむ	（編む）	96
あやうい	（危うい）	80
あやまり	（誤り）	110
あらそう	（争う）	214
あらためて	（改めて）	78
あらためる	（改める）	78
あらわす	（表す）	26
あらわす	（現す）	148
あらわす	（著す）	174
あらわれる	（現れる）	148
あん	（案）	136
あんいな	（安易な）	38
あんがい	（案外）	136
あんないする	（案内する）	136

い

い	（胃）	184
～い	（～位）	212
いいん	（委員）	215
いいんかい	（委員会）	215
いき	（息）	102
いきおい	（勢い）	212
いくじ	（育児）	64
いさましい	（勇ましい）	142
いし	（石）	44
いし	（医師）	86
いし	（意志）	166
いしき	（意識）	207
いじょうな	（異常な）	201
いしょくじゅう	（衣食住）	162

いずみ	（泉）	189
いそがしい	（忙しい）	120
いた	（板）	29
いたい	（痛い）	109
いだいな	（偉大な）	68
いだく	（抱く）	102
いただく	（頂く）	122
いたむ	（痛む）	109
いち	（位置）	150
いちおう	（一応）	224
いちおく	（一億）	200
いっしょに	（一緒に）	50
いっちょう	（一兆）	203
いっていの	（一定の）	26
いっぱんに	（一般に）	220
いっぱんの	（一般の）	220
いてんする	（移転する）	98
いと	（糸）	44
いどうする	（移動する）	98
いねむり	（居眠り）	208
いのち	（命）	167
いのる	（祈る）	104
いはんする	（違反する）	32, 208
いふく	（衣服）	162
いま	（居間）	208
いらいする	（依頼する）	215
いりょう	（医療）	184
いる	（要る）	155
いわ	（岩）	45
いわう	（祝う）	116
いんさつする	（印刷する）	96
いんしょう	（印象）	96
いんたいする	（引退する）	212

う

うえる	（植える）	194
うかがう	（伺う）	120
うかぶ	（浮かぶ）	190
うかべる	（浮かべる）	190
うく	（浮く）	190
うけたまわる	（承る）	87
うけつけ	（受付）	84
うけとる	（受け取る）	84
うける	（受ける）	84
うしなう	（失う）	214
うすい	（薄い）	91
うたがう	（疑う）	208
うちあわせる	（打ち合わせる）	213
うちゅう	（宇宙）	200
うつ	（打つ）	213
うつくしい	（美しい）	68
うつす	（移す）	98
うつる	（移る）	98
うで	（腕）	182
うま	（馬）	44
うめる	（埋める）	190
うやまう	（敬う）	166
うら	（裏）	200

うらがえす	（裏返す）	200
うらぎる	（裏切る）	200
うらぐち	（裏口）	200
うらなう	（占う）	172
うる	（得る）	116

え

え	（絵）	56
えいえんの	（永遠の）	142
えいきゅうの	（永久の）	114
えいぎょう	（営業）	84
えいぎょうちゅう	（営業中）	84
えいよう	（栄養）	183
えがお	（笑顔）	142
えきたい	（液体）	194
えだ	（枝）	194
えらい	（偉い）	68
えらぶ	（選ぶ）	33
える	（得る）	116
～えん	（～園）	70
えんぎ	（演技）	50
えんきする	（延期する）	214
えんげい	（園芸）	68
えんげき	（演劇）	143
えんしゅう	（演習）	143
えんしゅう	（円周）	200
えんぜつ	（演説）	143
えんちょうする	（延長する）	214
えんとつ	（煙突）	80
えんぴつ	（鉛筆）	32

お

おいかける	（追いかける）	208
おいこす	（追い越す）	208
おいつく	（追いつく）	208
おう	（王）	145
おう	（追う）	208
おうじ	（王子）	145
おうしゅう	（欧州）	190
おうじる	（応じる）	224
おうずる	（応ずる）	224
おうだんする	（横断する）	172
おうだんほどう	（横断歩道）	172
おうべい	（欧米）	190
おうようする	（応用する）	224
おおぜい	（大勢）	212
おおはばな	（大幅な）	172
おかす	（犯す）	149
おがむ	（拝む）	122
おぎなう	（補う）	99
おく	（置く）	150
～おく	（～億）	200
おくりもの	（贈り物）	144
おくる	（贈る）	144
おくれる	（遅れる）	38
おこる	（怒る）	102
おさない	（幼い）	116
おさめる	（収める）	132

246

語彙索引

おさめる	(治める)	226
おせん	(汚染)	184
おそい	(遅い)	38
おそれ	(恐れ)	202
おそれる	(恐れる)	202
おそろしい	(恐ろしい)	202
おたく	(お宅)	116
おちつく	(落ち着く)	62
おちる	(落ちる)	62
おっと	(夫)	52
おとしもの	(落とし物)	62
おとす	(落とす)	62
おどり	(踊り)	162
おどる	(踊る)	162
おのおの	(各)	219
おのおの	(各々)	219
おび	(帯)	188
おぼえる	(覚える)	28
おもて	(表)	26
およぐ	(泳ぐ)	110
おる	(折る)	62
おれる	(折れる)	62
おんけい	(恩恵)	142
おんせん	(温泉)	189
おんたい	(温帯)	188
おんだんな	(温暖な)	40
おんちゅう	(御中)	122
おんど	(温度)	40

か

か	(課)	28
～か	(～化)	41
かい	(貝)	44
～かい	(～階)	84
かいが	(絵画)	56
かいがん	(海岸)	190
かいぎ	(会議)	86
かいけつする	(解決する)	32
がいこくかわせ	(外国為替)	136
かいさつぐち	(改札口)	78
かいせい	(快晴)	114
かいせいする	(改正する)	78
かいせつ	(解説)	32
かいぜんする	(改善する)	220
かいそくでんしゃ	(快速電車)	80
かいだん	(階段)	84
かいてきな	(快適な)	80
かいとう	(解答)	32
かいふくする	(回復する)	26
かいほうする	(解放する)	226
かいほうする	(開放する)	226
かえす	(返す)	122
かえる	(変える)	34
かえる	(返る)	122
かおり	(香り)	196
かかえる	(抱える)	102
かかく	(価格)	157
かがく	(科学)	28
かかり	(係)	148
かきとめ	(書留)	50

かぎり	(限り)	156
かぎる	(限る)	156
かぐ	(家具)	56
がく	(額)	130
かく～	(各～)	219
かくじつな	(確実な)	131
かくだいする	(拡大する)	174
かくちょうする	(拡張する)	174
かくど	(角度)	71
かくにんする	(確認する)	132
かくりつ	(確率)	172
かける	(欠ける)	29
かこ	(過去)	63
かこむ	(囲む)	99
(お)かし	((お)菓子)	116
かしこい	(賢い)	142
かしつ	(過失)	63, 214
かじつ	(果実)	58
かず	(数)	35
かぜいする	(課税する)	137
かせん	(下線)	32
かぞえる	(数える)	35
かた	(肩)	182
かた	(型)	218
～がた	(～型)	218
かたい	(固い)	90
かたい	(硬い)	148
～がたい	(～難い)	38
かたかな	(片仮名)	65
かたち	(形)	34
かたづく	(片付く)	65
かたづける	(片付ける)	65
かたみち	(片道)	65
かたむく	(傾く)	174
かち	(価値)	133
かつ	(勝つ)	212
がっき	(学期)	156
かつぐ	(担ぐ)	151
かっこく	(各国)	219
かってに	(勝手に)	212
かつどう	(活動)	105
かつよう	(活用)	105
かてい	(課程)	28
かてい	(家庭)	59
かてい	(過程)	160
かていする	(仮定する)	174
かど	(角)	71
かな	(仮名)	174
かなしい	(悲しい)	145
かなしむ	(悲しむ)	145
かならず	(必ず)	155
かねつする	(加熱する)	161
かのうな	(可能な)	154
かのじょ	(彼女)	102
かはんすう	(過半数)	63
かべ	(壁)	56
かまわない	(構わない)	168
かみ	(神)	68
かみ	(髪)	184
かみのけ	(髪の毛)	184

かもつ	(貨物)	148
からい	(辛い)	196
かれ	(彼)	102
かわ	(皮)	196
かわ	(河)	200
かわ	(革)	220
～がわ	(～側)	81
かわかす	(乾かす)	188
かわく	(乾く)	188
かわる	(変わる)	34
～かん	(～巻)	92
～かん	(～刊)	227
かんかく	(感覚)	28
かんかつする	(観察する)	70
かんきする	(換気する)	80
かんきゃく	(観客)	132
かんきょう	(環境)	174
かんけいする	(関係する)	137, 148
かんげいする	(歓迎する)	116
かんこう	(観光)	202
かんごし	(看護師)	185
かんさつする	(観察する)	202
かんじょう	(感情)	143
かんじる	(感じる)	144
かんしん	(関心)	137
かんしんする	(感心する)	144
かんする	(関する)	137
かんせいする	(完成する)	220
かんせつの	(間接の)	98
かんぜんな	(完全な)	220
かんそう	(感想)	145
かんそうする	(乾燥する)	189
かんそくする	(観測する)	202
かんたんな	(簡単な)	38
かんちょう	(官庁)	46, 202
かんづめ	(缶詰)	163
かんでんち	(乾電池)	188
かんどうする	(感動する)	144
かんぱいする	(乾杯する)	90
かんばん	(看板)	185
かんびょうする	(看病する)	185
かんりする	(管理する)	46
かんりょうする	(完了する)	97

き

きあつ	(気圧)	202
きえる	(消える)	32
きおん	(気温)	40
きかい	(機会)	138
きかい	(機械)	150
きがえる	(着替える)	136
きかん	(機関)	137
きかん	(期間)	156
きく	(効く)	138
きぐ	(器具)	58
きげん	(期限)	156
きけんな	(危険な)	80
きこう	(気候)	99
きごう	(記号)	34
きざむ	(刻む)	79

247

きし	（岸）	190
きじ	（記事）	34
ぎじゅつ	（技術）	50
きじゅん	（基準）	84
きしょう	（気象）	44
きしょうする	（起床する）	58
きしょうちょう	（気象庁）	202
きせつ	（季節）	188
きそ	（基礎）	169
きそく	（規則）	169
きたいする	（期待する）	156
きたくする	（帰宅する）	116
きたない	（汚い）	184
きつえんじょ	（喫煙所）	136
きっさてん	（喫茶店）	136
きっぷ	（切符）	78
きにゅうする	（記入する）	34
きねん	（記念）	114
きのう	（機能）	98
きのう	（昨日）	108
きのどくな	（気の毒な）	227
きふする	（寄付する）	108
きぼう	（希望）	154
きほん	（基本）	169
きまる	（決まる）	62
きみ	（君）	103
ぎむ	（義務）	156
きめる	（決める）	62
ぎもん	（疑問）	208
きゃく	（客）	132
ぎゃくの	（逆の）	172
きゅう～	（旧～）	123
きゅうしゅう	（九州）	188
きゅうしゅうする	（吸収する）	182
きゅうしょうがつ	（旧正月）	123
きゅうじょする	（救助する）	207
きゅうそくする	（休息する）	102
ぎゅうにゅう	（牛乳）	58
きゅうよ	（給与）	86, 218
きゅうりょう	（給料）	86
きよい	（清い）	85
きょういく	（教育）	64
きょうかしょ	（教科書）	28
きょうぎ	（競技）	215
きょうきゅうする	（供給する）	50, 86
きょうさんしゅぎ	（共産主義）	167
きょうし	（教師）	86
きょうじゅ	（教授）	26
きょうしゅくする	（恐縮する）	202
きょうそうする	（競争する）	214, 215
きょうちょうする	（強調する）	168
きょうつうの	（共通の）	167
きょうどうの	（共同の）	167
きょうふ	（恐怖）	203
きょうりょくする	（協力する）	138
ぎょうれつ	（行列）	98
きょかする	（許可する）	154
ぎょぎょう	（漁業）	218
きょく	（曲）	63
きょくせん	（曲線）	63

きょだいな	（巨大な）	194
きりつ	（規律）	224
きろくする	（記録する）	212
ぎろんする	（議論する）	172
きんえん	（禁煙）	80
きんがく	（金額）	130
きんこ	（金庫）	58
きんしする	（禁止する）	80
きんちょうする	（緊張する）	116

く

くうこう	（空港）	68
くさ	（草）	196
くじょう	（苦情）	46
くだ	（管）	46
くだもの	（果物）	58
くちべに	（口紅）	160
くつ	（靴）	161
くつう	（苦痛）	109
くつした	（靴下）	161
くばる	（配る）	53
くみ	（組）	28
くみあわせ	（組み合わせ）	28
くみたてる	（組み立てる）	28
くむ	（組む）	28
くも	（雲）	117
くもり	（曇り）	116
くもる	（曇る）	116
くらい	（位）	212
くらし	（暮らし）	110
くらす	（暮らす）	110
くらべる	（比べる）	172
くるしい	（苦しい）	46
くるしむ	（苦しむ）	46
くれる	（暮れる）	110
くろう	（苦労）	46, 110
くわえる	（加える）	161
くわわる	（加わる）	161
～くん	（～君）	103
～ぐん	（～軍）	226
ぐんたい	（軍隊）	226
くんよみ	（訓読み）	220
くんれんする	（訓練する）	220

け

け	（毛）	44
～けい	（～形）	34
けいえいする	（経営する）	104
けいかん	（警官）	46
けいきがいい	（景気がいい）	163
けいけんする	（経験する）	104
けいご	（敬語）	166
けいこう	（傾向）	174
けいこくする	（警告する）	70
けいざい	（経済）	226
けいさつ	（警察）	70
けいさんする	（計算する）	78
けいしき	（形式）	34
げいじゅつ	（芸術）	68
けいたいでんわ	（携帯電話）	188

けいと	（毛糸）	44
げいのう	（芸能）	68
けいば	（競馬）	215
けいびする	（警備する）	70
けいゆして	（経由して）	46
けいようし	（形容詞）	34, 166
けがわ	（毛皮）	196
げき	（劇）	142
げきじょう	（劇場）	142
けしき	（景色）	163
けしごむ	（消しゴム）	32
けしょう	（化粧）	41
けす	（消す）	32
けつあつ	（血圧）	185
けつえき	（血液）	185, 194
けっか	（結果）	52, 58
げっきゅう	（月給）	86
けっきょく	（結局）	184
けっこうな	（結構な）	168
けっこん	（結婚）	52
けっしんする	（決心する）	62
けっせきする	（欠席する）	29
けっていする	（決定する）	62
けってん	（欠点）	29
げつまつ	（月末）	108
けつろん	（結論）	172
けむい	（煙い）	80
けむり	（煙）	80
けわしい	（険しい）	80
けん	（券）	78
～けん	（～軒）	224
～けん	（～権）	226
げんいん	（原因）	206
げんかい	（限界）	156
げんきん	（現金）	148
けんこう	（健康）	182
げんざい	（現在）	148
けんさする	（検査する）	138
げんしょう	（現象）	44
けんせつする	（建設する）	96
けんちく	（建築）	104
げんど	（限度）	156
けんり	（権利）	226
げんりょう	（原料）	206

こ

こ	（粉）	90
～こ	（～個）	90
こい	（恋）	144
こい	（濃い）	224
こいしい	（恋しい）	144
こいびと	（恋人）	144
～こう	（～港）	68
こうえん	（公園）	70
こうえん	（講演）	143
こうか	（効果）	138
こうか	（硬貨）	148
こうがい	（公害）	224
こうがい	（郊外）	226
ごうかくする	（合格する）	120

語彙索引

こうかんする	（交換する）	80
こうぎ	（講義）	154
こうきゅう	（高級）	26
こうきょうの	（公共の）	69
こうくうがいしゃ	（航空会社）	138
こうくうびん	（航空便）	138
こうけい	（光景）	200
こうこく	（広告）	168
こうさてん	（交差点）	69
こうし	（講師）	154
こうしんする	（更新する）	98
こうすい	（香水）	196
こうせいする	（構成する）	168
こうせいろうどうしょう	（厚生労働省）	90
こうせん	（光線）	200
こうぞう	（構造）	220
こうそうの	（高層の）	220
こうそく	（高速）	38
こうたいする	（交替する）	136
こうち	（耕地）	196
こうちゃ	（紅茶）	160
こうつう	（交通）	68
こうていする	（肯定する）	168
ごうとう	（強盗）	150
こうとうの	（高等の）	92
こうばん	（交番）	68
こうふく	（幸福）	122, 142
こうぶつ	（鉱物）	218
こうへいな	（公平な）	69
こうほ	（候補）	99
こうむいん	（公務員）	69
こうよう	（紅葉）	160
こうりゅうする	（交流する）	62
こえる	（越える）	68
こえる	（超える）	130
こおり	（氷）	202
こおる	（凍る）	109
ごかいする	（誤解する）	110
ごかぞく	（御家族）	122
こきゅうする	（呼吸する）	117, 182
こくさいてきな	（国際的な）	136
こくばん	（黒板）	29
こくみん	（国民）	212
こごえる	（凍える）	109
こし	（腰）	182
こしかける	（腰掛ける）	182
こしょう	（故障）	115
こじん	（個人）	90
こす	（越す）	68, 130
こたい	（固体）	90
こっきょう	（国境）	172
こっせつする	（骨折する）	62, 183
こづつみ	（小包）	92
ことなる	（異なる）	201
ことば	（言葉）	160
こども	（子供）	50
ことわる	（断る）	149
こな	（粉）	90
ごはん	（御飯）	122
こぴーき	（コピー機）	138

こまかい	（細かい）	38
こまる	（困る）	40
ごみばこ	（ごみ箱）	58
こむ	（混む）	92
こむ	（込む）	154
こむぎ	（小麦）	93
こむぎこ	（小麦粉）	90
こめる	（込める）	154
ころす	（殺す）	208
こわい	（怖い）	203
こんざつする	（混雑する）	92
こんなんな	（困難な）	38, 40
こんやくする	（婚約する）	52
こんらんする	（混乱する）	224

さ

さ	（差）	69
さい～	（再～）	144
～さい	（～際）	136
～さい	（～歳）	148
ざいがくする	（在学する）	154
さいきん	（最近）	32
ざいさん	（財産）	132
さいしょに	（最初に）	32
さいてんする	（採点する）	157
さいのう	（才能）	148
さいばん	（裁判）	175
さいふ	（財布）	132
ざいりょう	（材料）	90
さいわい	（幸い）	122
さか	（坂）	197
さかい	（境）	172
さかさの	（逆さの）	172
さかさまの	（逆さまの）	172
さがす	（探す）	202
さがす	（捜す）	207
さからう	（逆らう）	172
さく	（咲く）	195
さくじつ	（昨日）	108
さくじょする	（削除する）	98
さくせいする	（作成する）	96
さくねん	（昨年）	108
さぐる	（探る）	202
さけぶ	（叫ぶ）	208
ささえる	（支える）	130
ささる	（刺さる）	52
さしあげる	（差し上げる）	69
さしつかえ	（差し支え）	130
さしみ	（刺身）	52
さす	（刺す）	52
～さつ	（～冊）	56
ざつおん	（雑音）	56
ざっし	（雑誌）	56
さとう	（砂糖）	190
さばく	（砂漠）	190
さべつする	（差別する）	69
～さま	（～様）	120
さまざまな	（様々な）	120
さます	（冷ます）	40
さめる	（冷める）	40

さら	（皿）	111
さらいしゅう	（再来週）	144
さらに	（更に）	98
さわる	（触る）	150
さんかくけい	（三角形）	71
さんかする	（参加する）	28, 161
さんぎょう	（産業）	162
さんこう	（参考）	28
さんこうしょ	（参考書）	28
さんせいする	（賛成する）	224
ざんねんな	（残念な）	65
さんぽする	（散歩する）	195

し

～じ	（～寺）	104
しあわせ	（幸せ）	122
じいん	（寺院）	104
しお	（塩）	90
しおからい	（塩辛い）	90
しかい	（司会）	166
しかくけい	（四角形）	71
しき	（式）	34
しき	（四季）	188
しげん	（資源）	166
じけん	（事件）	174
じこ	（事故）	115
じこく	（時刻）	79
じこくひょう	（時刻表）	79
じさつする	（自殺する）	208
しじする	（指示する）	96
じじつ	（事実）	168
じしゃく	（磁石）	44
ししゃごにゅうする	（四捨五入する）	150
ししゅつ	（支出）	130
じしょ	（辞書）	26
じじょう	（事情）	143
じしん	（自信）	97
じしん	（地震）	189
しずかな	（静かな）	40
しずむ	（沈む）	191
しせい	（姿勢）	212
しそう	（思想）	145
しそん	（子孫）	103
～しだい	（～次第）	32
しだいに	（次第に）	32
じたく	（自宅）	116
じち	（自治）	226
しつぎょうする	（失業する）	214
しっけ	（湿気）	188
じっけん	（実験）	168
じっせき	（実績）	157
しつど	（湿度）	188
しっぱいする	（失敗する）	214
しつぼうする	（失望する）	154
しつれいな	（失礼な）	214
しつれんする	（失恋する）	144
していの	（指定の）	162
してん	（支店）	130
じどう	（児童）	56
しどうする	（指導する）	154

249

しはいする	（支配する）	53
しはらう	（支払う）	130
しぼうする	（死亡する）	206
しま	（島）	46
しみん	（市民）	212
じむしょ	（事務所）	156
しめす	（示す）	96
しめる	（占める）	172
しめる	（湿る）	188
しやくしょ	（市役所）	69
しゃこ	（車庫）	58
しゃりん	（車輪）	206
しゃわーをあびる	（シャワーを浴びる）	162
しゅう	（州）	188
じゆう	（自由）	46
しゅうい	（周囲）	99, 200
しゅうかん	（習慣）	110
じゅうきょ	（住居）	208
しゅうしょくする	（就職する）	138
しゅうせいする	（修正する）	87
じゅうたく	（住宅）	116
しゅうだん	（集団）	214
じゅうどう	（柔道）	53
しゅうにゅう	（収入）	132
しゅうへん	（周辺）	194
じゅうような	（重要な）	155
しゅうりする	（修理する）	87
しゅうりょうする	（終了する）	97
じゅぎょう	（授業）	26
しゅくじつ	（祝日）	116
しゅくだい	（宿題）	26
しゅくはくする	（宿泊する）	160
じゅけんする	（受験する）	84
しゅじゅつ	（手術）	50
しゅしょう	（首相）	123
しゅだん	（手段）	84
しゅっきんする	（出勤する）	110
じゅつご	（述語）	173
しゅっせきする	（出席する）	28
しゅっちょうする	（出張する）	116
しゅっぱんする	（出版する）	174
しゅふ	（主婦）	208
じゅみょう	（寿命）	167
しゅやく	（主役）	69
しゅるい	（種類）	196
じゅんじょうな	（純情な）	219
じゅんすいな	（純粋な）	219
じゅんちょうな	（順調な）	120
じゅんばん	（順番）	120
じゅんびがととのう	（準備が整う）	148
じゅんびする	（準備する）	84
しょう	（章）	173
〜しょう	（〜省）	166
しょうえね	（省エネ）	166
しょうかいする	（紹介する）	50
しょうぎ	（将棋）	104
じょうき	（蒸気）	188
じょうぎ	（定規）	26
じょうきゃく	（乗客）	132
じょうきゅう	（上級）	26
しょうぎょう	（商業）	130
じょうきょう	（状況）	208
しょうきょくてきな	（消極的な）	32, 200
しょうきん	（賞金）	214
じょうけん	（条件）	174
じょうしき	（常識）	84
しょうじきな	（正直な）	34
じょうたい	（状態）	120
しょうたいする	（招待する）	143
じょうだん	（冗談）	122
しょうちする	（承知する）	87
しょうどくする	（消毒する）	32
しょうにんする	（承認する）	87
じょうば	（乗馬）	44
しょうはい	（勝敗）	214
じょうはつする	（蒸発する）	188
しょうひぜい	（消費税）	137
しょうひん	（商品）	130
しょうぶ	（勝負）	214
じょうほう	（情報）	168
しょうぼうしょ	（消防署）	70
しょうめん	（正面）	78
しょうゆ	（しょう油）	46
しょうらい	（将来）	104
しょうりゃくする	（省略する）	166
じょおう	（女王）	145
しょきゅう	（初級）	27
しょくえん	（食塩）	90
しょくぎょう	（職業）	138
しょくひ	（食費）	133
しょくぶつ	（植物）	194
しょくよく	（食欲）	142
しょこく	（諸国）	166
じょしゅ	（助手）	64
じょせい	（女性）	138
しょっき	（食器）	58
しょめい	（署名）	70
しょもんだい	（諸問題）	166
しょりする	（処理する）	168
しょるい	（書類）	156
しらべる	（調べる）	168
しりょう	（資料）	166
しるし	（印）	96
しろ	（城）	70
しんがくする	（進学する）	156
しんけい	（神経）	68
しんごう	（信号）	97
しんこくな	（深刻な）	79
じんじゃ	（神社）	68
じんしゅ	（人種）	196
しんじる	（信じる）	97
しんせいする	（申請する）	154
しんちょう	（身長）	52
しんぱいする	（心配する）	53
しんぱいな	（心配な）	53
しんぽする	（進歩する）	156
しんや	（深夜）	40
しんらいする	（信頼する）	213
しんわ	（神話）	68

す

すいえい	（水泳）	110
すいじゅん	（水準）	84
すいとう	（水筒）	156
すいみん	（睡眠）	150
すう	（吸う）	182
すうがく	（数学）	35
すうじ	（数字）	35
すえ	（末）	108
すえっこ	（末っ子）	108
〜すぎ	（〜過ぎ）	63
すぎる	（過ぎる）	63
すくう	（救う）	207
すぐれた	（優れた）	212
すごす	（過ごす）	63
すずしい	（涼しい）	40
すすむ	（進む）	156
すすめる	（進める）	156
ずつう	（頭痛）	109
すてる	（捨てる）	150
すな	（砂）	190
すみ	（隅）	57
すむ	（済む）	226
すもう	（相撲）	123
する	（刷る）	96

せ

せ	（背）	182
せい	（姓）	138
せい	（背）	182
〜せい	（〜製）	86
〜せい	（〜性）	138
せいかく	（性格）	120
せいかくな	（正確な）	131
せいかつ	（生活）	105
ぜいかん	（税関）	137
せいきゅうする	（請求する）	86
ぜいきん	（税金）	137
せいけつな	（清潔な）	85
せいげんする	（制限する）	156
せいさくする	（製作する）	86
せいさくする	（制作する）	219
せいさん	（精算）	78
せいさんする	（生産する）	162
せいじ	（政治）	226
せいじょうな	（正常な）	84
せいしょする	（清書する）	85
せいしん	（精神）	78
せいじん	（成人）	96
せいすう	（整数）	148
せいせき	（成績）	157
せいそうする	（清掃する）	86
せいぞうする	（製造する）	220
せいちょうする	（成長する）	96
せいと	（生徒）	104
せいど	（制度）	219
せいとう	（政党）	226
せいのう	（性能）	98
せいひん	（製品）	86
せいふ	（政府）	226

語彙索引

せいべつ	（性別）	138
せいめい	（生命）	167
せいりする	（整理する）	148
せかいし	（世界史）	160
せき	（席）	28
せきたん	（石炭）	218
せきにん	（責任）	151
せきゆ	（石油）	44, 46
せっきょくてきな	（積極的な）	191, 200
せっけいする	（設計する）	96
せっけん	（石けん）	44
せつぞくする	（接続する）	62, 98
ぜったいに	（絶対に）	160
せっていする	（設定する）	96
せつび	（設備）	84
ぜつめつする	（絶滅する）	160
せつやくする	（節約する）	188
せなか	（背中）	182
せまい	（狭い）	39
せめる	（責める）	151
～せん	（～線）	32
～せん	（～戦）	214
～せん	（～船）	220
ぜん	（善）	220
せんえんさつ	（千円札）	78
せんきょ	（選挙）	33
せんこう	（専攻）	52
せんしゅ	（選手）	33
ぜんしん	（全身）	52
ぜんぜん	（全然）	144
せんぞ	（先祖）	102
せんそう	（戦争）	214
せんもん	（専門）	52
せんろ	（線路）	80

そ

ぞう	（象）	44
ぞう	（像）	47
そう～	（総～）	225
ぞうかする	（増加する）	64
ぞうきん	（雑きん）	56
ぞうげんする	（増減する）	64
そうごの	（相互の）	227
そうさする	（操作する）	182
そうじする	（掃除する）	98
そうしんする	（送信する）	97
ぞうせん	（造船）	220
そうぞうする	（想像する）	47
そうだんする	（相談する）	123
そうち	（装置）	150, 161
そうとう	（相当）	123
そうりだいじん	（総理大臣）	225
そくたつ	（速達）	130
そくていする	（測定する）	202
そくど	（速度）	38
そくりょうする	（測量する）	202
そこ	（底）	114
そしき	（組織）	28
そせん	（祖先）	102
そだつ	（育つ）	64

そだてる	（育てる）	64
そつぎょうする	（卒業する）	52
そっちょくな	（率直な）	172
そなえる	（備える）	84
そば	（蕎麦）	93
そふ	（祖父）	102
そぼ	（祖母）	102
そん	（損）	224
そんがい	（損害）	224
そんけいする	（尊敬する）	166
そんざいする	（存在する）	96
ぞんじる	（存じる）	96
そんちょうする	（尊重する）	166
そんとく	（損得）	116, 224

た

だい～	（第～）	27
たいいんする	（退院する）	212
たいおん	（体温）	40
だいがくさい	（大学祭）	162
たいざいする	（滞在する）	154
たいしょう	（対象）	160
たいしょうの	（対照の）	196
だいじん	（大臣）	225
たいせい	（体制）	219
たいせき	（体積）	191
たいそう	（体操）	182
だいとうりょう	（大統領）	132
たいへいよう	（太平洋）	38
たいほする	（逮捕する）	206
だいめいし	（代名詞）	166
たいよう	（太陽）	200
たいらな	（平らな）	121
たいりく	（大陸）	188
たえず	（絶えず）	160
たおす	（倒す）	64
たおれる	（倒れる）	64
たがいに	（互いに）	227
たがやす	（耕す）	196
たから	（宝）	206
だく	（抱く）	102
たけ	（竹）	44
たしかに	（確かに）	131
たしかめる	（確かめる）	131
たすかる	（助かる）	64
たすける	（助ける）	64
たずねる	（訪ねる）	215
たたかう	（戦う）	214
ただちに	（直ちに）	34
たたみ	（畳）	56
たっする	（達する）	130
たとえば	（例えば）	34
たに	（谷）	197
たにん	（他人）	173
たね	（種）	196
たの	（他の）	173
たのむ	（頼む）	213
たのもしい	（頼もしい）	213
たば	（束）	114
たび	（足袋）	150

たま	（球）	41
たま	（玉）	90
たまご	（卵）	58
たまねぎ	（玉ねぎ）	90
ためいき	（ため息）	102
たよる	（頼る）	213
たんい	（単位）	212
たんご	（単語）	38
たんこう	（炭鉱）	218
たんじゅんな	（単純な）	219
だんすい	（断水）	149
たんすう	（単数）	38
だんせい	（男性）	138
だんたい	（団体）	214
だんち	（団地）	214
たんとうする	（担当する）	151
だんぼう	（暖房）	40

ち

ち	（血）	185
ちい	（地位）	212
ちいき	（地域）	197
ちえ	（知恵）	142
ちがう	（違う）	32
ちきゅう	（地球）	41
ちこくする	（遅刻する）	38
ちしき	（知識）	207
ちたい	（地帯）	188
ちゅうおう	（中央）	136
ちゅうきゅう	（中級）	26
ちゅうしゃする	（駐車する）	149
～ちょう	（～兆）	203
ちょうかする	（超過する）	130
ちょうかん	（朝刊）	227
ちょうき	（長期）	156
ちょうさする	（調査する）	138
ちょうじょう	（頂上）	122
ちょうせいする	（調整する）	168
ちょうせつする	（調節する）	188
ちょきんする	（貯金する）	111
ちょくせつの	（直接の）	98
ちょくつうの	（直通の）	34
ちょしゃ	（著者）	174
ちょぞうする	（貯蔵する）	111
ちょっかく	（直角）	34
ちらかす	（散らかす）	195
ちらかる	（散らかる）	195
ちらす	（散らす）	195
ちる	（散る）	195

つ

ついかする	（追加する）	208
つうかする	（通過する）	63
つうきんする	（通勤する）	110
つうしん	（通信）	97
つうろ	（通路）	80
つかまえる	（捕まえる）	206
つかまる	（捕まる）	206
つかれる	（疲れる）	115
つぎ	（次）	32

251

つきあたる	（突き当たる）	144
つく	（付く）	84
つく	（突く）	144
つぐ	（次ぐ）	32
つくえ	（机）	34
つくる	（造る）	220
つける	（付ける）	84
つたえる	（伝える）	108
つたわる	（伝わる）	108
つづく	（続く）	62
つづける	（続ける）	62
つつむ	（包む）	92
つとめる	（勤める）	110
つとめる	（務める）	156
つとめる	（努める）	218
つねに	（常に）	84
つま	（妻）	50
つまる	（詰まる）	163
つみ	（罪）	208
つむ	（積む）	191
つめたい	（冷たい）	40
つめる	（詰める）	163
つもる	（積もる）	191
つれていく	（連れて行く）	114
つれてくる	（連れて来る）	114

て

ていきけん	（定期券）	78
ていしする	（停止する）	78
ていしゃする	（停車する）	78
ていでん	（停電）	78
ていど	（程度）	160
ていりゅうじょ	（停留所）	78
てきせつな	（適切な）	33
てきとうな	（適当な）	33
～てきな	（～的な）	50
てっきょう	（鉄橋）	70
てつだう	（手伝う）	108
てつづき	（手続き）	62
てっていてきな	（徹底的な）	114
てぶくろ	（手袋）	150
てら	（寺）	104
てらす	（照らす）	196
てる	（照る）	196
てん	（点）	34
～てん	（～点）	34
でんき	（伝記）	108
てんけいてきな	（典型的な）	218
てんこう	（天候）	99
でんごん	（伝言）	108
でんちゅう	（電柱）	224
てんねんの	（天然の）	144
でんぱ	（電波）	203
てんらんかい	（展覧会）	206

と

と	（戸）	58
～とう	（～島）	46
～とう	（～等）	92
どうぐ	（道具）	56

どうし	（動詞）	166
とうじょうする	（登場する）	51
とうしょする	（投書する）	213
とうぜんの	（当然の）	144
とうだい	（灯台）	160
とうちゃくする	（到着する）	136
とうなん	（盗難）	150
とうぶんする	（等分する）	92
とうゆ	（灯油）	160
どうろ	（道路）	80
とうろくする	（登録する）	51
どうわ	（童話）	56
とかす	（溶かす）	202
とく	（解く）	32
とく	（溶く）	202
どく	（毒）	227
とくいな	（得意な）	116
どくしんの	（独身の）	52
どくとくの	（独特の）	52
とける	（解ける）	32
とける	（溶ける）	202
とこのま	（床の間）	58
とこや	（床屋）	58
とざん	（登山）	51
（お）としより	（（お）年寄り）	108
とだな	（戸棚）	58
とちゅうで	（途中で）	209
とつぜん	（突然）	144
とどく	（届く）	132
とどける	（届ける）	132
～どの	（～殿）	122
とばす	（飛ばす）	139
とぶ	（飛ぶ）	139
とまる	（留まる）	50
とまる	（泊まる）	160
とめる	（留める）	50
とめる	（泊める）	160
ともだち	（友達）	130
ともに	（共に）	167
とらえる	（捕らえる）	206
とりかえる	（取り替える）	136
どりょくする	（努力する）	218
とる	（採る）	157
とる	（捕る）	206
どろ	（泥）	191
どろぼう	（泥棒）	191, 206

な

ない	（無い）	131
ないよう	（内容）	70
なおす	（直す）	34
なおす	（治す）	226
なおる	（直る）	34
なおる	（治る）	226
なか	（仲）	212
ながす	（流す）	62
なかなおり	（仲直り）	212
なかま	（仲間）	212
なかよし	（仲よし）	212
ながれる	（流れる）	62

なく	（泣く）	102
なく	（鳴く）	196
なくす	（亡くす）	206
なくなる	（亡くなる）	206
なげる	（投げる）	213
なみ	（波）	203
なみき	（並木）	62
なみだ	（涙）	144
なやむ	（悩む）	184
ならす	（鳴らす）	196
ならぶ	（並ぶ）	62
ならべる	（並べる）	62
なりたこくさいくうこう	（成田国際空港）	96
なる	（鳴る）	196
なれる	（慣れる）	110
なんきょく	（南極）	200

に

にあう	（似合う）	104
にがい	（苦い）	46
にがす	（逃がす）	201
にがてな	（苦手な）	46
にげる	（逃げる）	201
～にたいして	（～に対して）	160
にちじょうの	（日常の）	84
にっき	（日記）	34
にってい	（日程）	160
にほんし	（日本史）	160
にもつ	（荷物）	136
にる	（似る）	104
にわ	（庭）	59
にんぎょう	（人形）	34

ぬ

ぬく	（抜く）	184
ぬける	（抜ける）	184
ぬすむ	（盗む）	150
ぬの	（布）	132

ね

ね	（値）	133
ね	（根）	194
ねがう	（願う）	120
ねこ	（猫）	108
ねだん	（値段）	133
ねつ	（熱）	40
ねっしんな	（熱心な）	40
ねったい	（熱帯）	188
ねぼうする	（寝坊する）	108
ねむい	（眠い）	150
ねむる	（眠る）	150
ねんがじょう	（年賀状）	120
ねんれい	（年齢）	138

の

のうか	（農家）	218
のうぎょう	（農業）	218
のうさんぶつ	（農産物）	218
のうど	（濃度）	224
のうやく	（農薬）	218

語彙索引

のうりょく	（能力）	98
のーべるしょう	（ノーベル賞）	214
のき	（軒）	224
のこす	（残す）	65
のこる	（残る）	65
のぞく	（除く）	98
のぞみ	（望み）	154
のぞむ	（望む）	154
のばす	（伸ばす）	64
のばす	（延ばす）	214
のびる	（伸びる）	64
のびる	（延びる）	214
のべる	（述べる）	173
のぼる	（登る）	51
のりかえる	（乗り換える）	80

は

は	（葉）	160
は	（歯）	184
はい	（灰）	209
〜はい	（〜杯）	90
ばい	（倍）	174
はいいろ	（灰色）	209
はいけんする	（拝見する）	122
はいざら	（灰皿）	209
はいたつする	（配達する）	53
はいゆう	（俳優）	212
はかる	（量る）	91
はかる	（測る）	202
はく	（掃く）	86
〜はく	（〜泊）	160
ばくはつする	（爆発する）	206
はこ	（箱）	58
はさまる	（挟まる）	150
はさむ	（挟む）	150
はさん	（破産）	64
はし	（橋）	70
はじめて	（初めて）	27
はじめに	（初めに）	27
はしら	（柱）	224
はずかしい	（恥ずかしい）	102
はたけ	（畑）	45
はたち	（二十歳）	148
はったつする	（発達する）	130
はってんする	（発展する）	206
はっぴょうする	（発表する）	26
はな	（鼻）	182
はなす	（放す）	226
はなれる	（放れる）	226
はね	（羽根）	139
はね	（羽）	139
はば	（幅）	172
はぶく	（省く）	166
はへん	（破片）	64, 65
はみがき	（歯磨き）	184
ばめん	（場面）	78
はやい	（速い）	38
はらう	（払う）	130
はり	（針）	194
はる	（張る）	116

はれる	（晴れる）	114
はんい	（範囲）	99
ばんぐみ	（番組）	28
はんこ	（判子）	175
はんざい	（犯罪）	149, 208
はんせいする	（反省する）	166
はんたいする	（反対する）	208
はんだんする	（判断する）	149, 175
はんとう	（半島）	46
はんにん	（犯人）	149
はんばいする	（販売する）	130

ひ

ひ	（灯）	160
ひ〜	（非〜）	84
〜ひ	（〜費）	133
ひえる	（冷える）	40
ひがい	（被害）	224
ひかくする	（比較する）	173
ひかり	（光）	200
ひかる	（光る）	200
ひきかえす	（引き返す）	122
ひげき	（悲劇）	145
ひこうき	（飛行機）	139
ひさしぶりに	（久しぶりに）	114
びじゅつかん	（美術館）	50
ひじょうぐち	（非常口）	84
ひじょうに	（非常に）	84
ひじょうの	（非常の）	84
びじん	（美人）	68
ひたい	（額）	130
ひっきしけん	（筆記試験）	32
ひっこす	（引っ越す）	68
ひっしの	（必死の）	155
ひつような	（必要な）	155
ひていする	（否定する）	168
ひとしい	（等しい）	92
ひとり	（独り）	52
ひとりごとをいう	（独り言を言う）	52
ひにく	（皮肉）	196
ひはんする	（批判する）	175
ひひょうする	（批評する）	175
ひふ	（皮膚）	196
ひやす	（冷やす）	40
ひょう	（表）	26
ひよう	（費用）	133
びょう	（秒）	212
びよういん	（美容院）	68
ひょうか	（評価）	157
ひょうげん	（表現）	26
ひょうしき	（標識）	218
ひょうじする	（表示する）	96
ひょうじゅんの	（標準の）	218
びょうどうな	（平等な）	92, 121
ひょうばん	（評判）	157, 175
ひょうほん	（標本）	218
ひょうめん	（表面）	78
ひょうろん	（評論）	157
ひらがな	（平仮名）	121
ひりつ	（比率）	172

ひれいする	（比例する）	172
ひろう	（拾う）	163
びわこ	（琵琶湖）	190

ふ

ふうけい	（風景）	163
ふうとう	（封筒）	156
ふうふ	（夫婦）	52
ふえる	（増える）	64
ふか	（不可）	154
ふかい	（深い）	40
ぶき	（武器）	145
ふきそくな	（不規則な）	169
ふきんの	（付近の）	84
ふく	（吹く）	188
ふく〜	（副〜）	166
ふくざつな	（複雑な）	218
ふくし	（副詞）	166
ふくしゅうする	（復習する）	26
ふくすう	（複数）	218
ふくそう	（服装）	161
ふくむ	（含む）	196
ふくめる	（含める）	196
ふくろ	（袋）	150
ふごう	（符号）	78
ふこうな	（不幸な）	122
ふさい	（夫妻）	50
ふし	（節）	188
ぶし	（武士）	145
ふしぎな	（不思議な）	86
ふじさん	（富士山）	190
ぶじな	（無事な）	131
ふじん	（夫人）	52
ふじん	（婦人）	208
ふせぐ	（防ぐ）	70
ふぞくする	（付属する）	84
ぶたい	（舞台）	120
ふたたび	（再び）	144
ふたん	（負担）	214
ふだんの	（普段の）	80
ふつうの	（普通の）	80
ぶっか	（物価）	157
ふで	（筆）	32
ふとい	（太い）	38
ふとる	（太る）	38
ふとん	（布団）	214
ふなびん	（船便）	220
ふね	（舟）	44
ふね	（船）	220
ふぶき	（吹雪）	188
ふやす	（増やす）	64
ふるえる	（震える）	189
ふるまう	（振る舞う）	120
ふれる	（触れる）	150
ぶんか	（文化）	41
ぶんしょう	（文章）	173
ぶんぽう	（文法）	130
ぶんりょう	（分量）	91
ぶんるいする	（分類する）	156

253

へ

へいきん	（平均）	174
へいじつ	（平日）	121
へいせい	（平成）	121
へいたい	（兵隊）	226
へいわ	（平和）	121
へらす	（減らす）	64
へる	（減る）	64
へん	（辺）	194
へんかする	（変化する）	34, 41
へんこうする	（変更する）	98
へんじ	（返事）	122
へんしゅうする	（編集する）	96
へんな	（変な）	34
〜へん	（〜編）	96

ほ

ぼう	（棒）	206
ぼうえき	（貿易）	38, 220
ぼうえんきょう	（望遠鏡）	154
ほうがく	（方角）	71
ぼうけん	（冒険）	80
ほうこう	（方向）	47
ほうこくする	（報告する）	168
（お）ぼうさん	（（お）坊さん）	108
ぼうし	（帽子）	162
ぼうしする	（防止する）	70
ほうしん	（方針）	194
ほうせき	（宝石）	206
ほうそう	（包装）	92
ほうそうする	（放送する）	226
ほうそく	（法則）	169
ほうたい	（包帯）	92
ぼうはん	（防犯）	70, 149
ほうふな	（豊富な）	190
ほうほう	（方法）	130
ほうめん	（方面）	78
ほうもんする	（訪問する）	215
ほうりつ	（法律）	224
ほかの	（他の）	173
ほけん	（保健）	182
ほし	（星）	200
ほしい	（欲しい）	142
ぼしゅうする	（募集する）	86
ほしょうする	（保証する）	96
ほす	（干す）	110
ほそい	（細い）	38
ほぞんする	（保存する）	96
ほっきょく	（北極）	200
ぼっちゃん	（坊ちゃん）	108
ほとけ	（仏）	104
ほね	（骨）	183
ほほえむ	（ほほ笑む）	142
ほんとうの	（本当の）	33

ま

〜まい	（〜枚）	78
まいご	（迷子）	108
まいすう	（枚数）	78
まいる	（参る）	28
まかせる	（任せる）	151
まがる	（曲がる）	63
まく	（巻く）	92
まける	（負ける）	214
まげる	（曲げる）	63
まご	（孫）	103
まざる	（交ざる）	68
まざる	（混ざる）	92
まじめな	（真面目な）	78
まじる	（交じる）	68
まじる	（混じる）	92
ます	（増す）	64
まずしい	（貧しい）	221
まぜる	（交ぜる）	68
まぜる	（混ぜる）	92
まちがい	（間違い）	32
まちがう	（間違う）	32
まちがえる	（間違える）	32
まつり	（祭り）	162
まど	（窓）	81
まどぐち	（窓口）	81
まね	（真似）	104
まねく	（招く）	143
まもる	（守る）	156
まよう	（迷う）	108
まる	（丸）	92
まるい	（丸い）	92
まわり	（周り）	200
まんいん	（満員）	148
まんぞくする	（満足する）	148

み

み	（身）	52
み	（実）	168
み〜	（未〜）	148
みがく	（磨く）	184
みずうみ	（湖）	190
みちる	（満ちる）	148
みとめる	（認める）	132
みどり	（緑）	162
みな	（皆）	120
みなおす	（見直す）	34
みなと	（港）	68
みのる	（実る）	168
みぶん	（身分）	52
みまい	（見舞い）	120
みまう	（見舞う）	120
みまん	（未満）	148
みやげ	（土産）	162
みらい	（未来）	148
みんしゅしゅぎ	（民主主義）	212

む

むかいの	（向かいの）	47
むかう	（向かう）	47
むかえにいく	（迎えに行く）	116
むかえる	（迎える）	116
むかし	（昔）	70
むき	（向き）	47
むく	（向く）	47
むけ	（向け）	47
むける	（向ける）	47
むこう	（向こう）	47
むこうな	（無効な）	138
むし	（虫）	194
むしあつい	（蒸し暑い）	188
むしば	（虫歯）	194
むす	（蒸す）	188
むずかしい	（難しい）	38
むすこ	（息子）	102
むすぶ	（結ぶ）	52
むすめ	（娘）	102
むちゅうになる	（夢中になる）	142
むね	（胸）	182
むりな	（無理な）	131
むりょうの	（無料の）	131
むれ	（群れ）	194

め

めいかくな	（明確な）	131
めいし	（名刺）	52
めいし	（名詞）	166
めいじ	（明治）	226
めいしん	（迷信）	108
めいれいする	（命令する）	167, 168
めいわく	（迷惑）	108
めがさめる	（目が覚める）	28
めぐまれる	（恵まれる）	142
めしあがる	（召し上がる）	150
めじるし	（目印）	96
めずらしい	（珍しい）	104
めをさます	（目を覚ます）	28
めん	（綿）	86
めん100％	（綿100％）	86
めんせき	（面積）	191
めんせつ	（面接）	98
めんどうな	（面倒な）	64

も

もうしあげる	（申し上げる）	154
もうしこむ	（申し込む）	154
もうしわけない	（申し訳ない）	154
もうす	（申す）	154
もうふ	（毛布）	132
もえる	（燃える）	65
もくじ	（目次）	32
もくてき	（目的）	50
もくひょう	（目標）	218
もっとも	（最も）	32
もと	（基）	169
もどす	（戻す）	98
もとめる	（求める）	86
もどる	（戻る）	98
もみじ	（紅葉）	160
もめん	（木綿）	86
もやす	（燃やす）	65
もよう	（模様）	120

や

やく	（役）	69

254

語彙索引

やく	（焼く）	93
やく〜	（約〜）	162
やくそくする	（約束する）	114, 162
やくにたつ	（役に立つ）	69
やくわり	（役割）	69
やける	（焼ける）	93
やさしい	（易しい）	38
やさしい	（優しい）	212
やちん	（家賃）	110
やっきょく	（薬局）	184
やど	（宿）	26
やとう	（雇う）	221
やぶる	（破る）	64
やぶれる	（破れる）	64
やめる	（辞める）	26
やわらかい	（柔らかい）	53
やわらかい	（軟らかい）	92

ゆ

ゆ	（湯）	92
ゆうえんち	（遊園地）	114
ゆうかん	（夕刊）	227
ゆうき	（勇気）	142
ゆうこうな	（有効な）	138
ゆうしゅうな	（優秀な）	212
ゆうじょう	（友情）	143
ゆうしょうする	（優勝する）	212
ゆうそうする	（郵送する）	136
ゆうのうな	（有能な）	98
ゆうびんきょく	（郵便局）	136
ゆか	（床）	58
ゆかた	（浴衣）	162
ゆき	（雪）	108
ゆけつ	（輸血）	185
ゆしゅつする	（輸出する）	220
ゆたかな	（豊かな）	190
ゆにゅうする	（輸入する）	220
ゆび	（指）	162
ゆびわ	（指輪）	206
ゆめ	（夢）	142
ゆるす	（許す）	154

よ

よういな	（容易な）	38
ようがん	（溶岩）	45, 202
ようき	（容器）	70
ようきな	（陽気な）	200
ようきゅうする	（要求する）	86
ようじ	（幼児）	116
ようす	（様子）	120
ようせき	（容積）	191
ようちえん	（幼稚園）	116
ようちな	（幼稚な）	116
ようてん	（要点）	155
ようと	（用途）	209
ようもう	（羊毛）	44
よがふける	（夜が更ける）	98
よきする	（予期する）	26
よくじつ	（翌日）	132
よくとし	（翌年）	132

よくねん	（翌年）	132
よくばりな	（欲張りな）	142
よけいな	（余計な）	35
よこ	（横）	172
よこぎる	（横切る）	172
よごす	（汚す）	184
よごれる	（汚れる）	184
よさん	（予算）	78
よしゅうする	（予習する）	26
よせる	（寄せる）	108
よそくする	（予測する）	202
よてい	（予定）	26
よびだす	（呼び出す）	117
よぶ	（呼ぶ）	117
よぶんな	（余分な）	35
よほう	（予報）	168
よぼうする	（予防する）	70
よやくする	（予約する）	162
よゆう	（余裕）	35
よる	（寄る）	108
よろこぶ	（喜ぶ）	114

ら

らくだいする	（落第する）	62
らんぼうな	（乱暴な）	209, 224

り

りがい	（利害）	224
りかいする	（理解する）	32
りく	（陸）	188
りくち	（陸地）	188
りつ	（率）	172
りゃくす	（略す）	166
りゃくする	（略する）	166
りゆう	（理由）	46
りゅういき	（流域）	197
りゅうがくする	（留学する）	50
りゅうこう	（流行）	62
りょう	（量）	91
りょう〜	（両〜）	136
りょうがえ	（両替）	136
りょうがわ	（両側）	81
りょうし	（漁師）	218
りょうしゅう	（領収）	132

る

るす	（留守）	50, 156
るすばん	（留守番）	50

れ

れい	（例）	34
れい	（礼）	122
れい	（零）	203
れいがい	（例外）	34
れいぎ	（礼儀）	122
れいせいな	（冷静な）	40
れいぞうこ	（冷蔵庫）	58
れいてん	（零点）	203
れいとうする	（冷凍する）	109
れいぼう	（冷房）	40

れいわ	（令和）	168
れきし	（歴史）	160
れつ	（列）	98
れっしゃ	（列車）	98
れっとう	（列島）	98
れんしゅうする	（練習する）	28
れんぞく	（連続）	62, 114
れんらくする	（連絡する）	154

ろ

ろうじん	（老人）	47
ろうどう	（労働）	110
ろくおんする	（録音する）	212
ろくじょう	（６畳）	56
ろんそうする	（論争する）	214
ろんぶん	（論文）	172

わ

わ	（輪）	206
〜わ	（〜羽）	139
わかい	（若い）	46
わかす	（沸かす）	92
わく	（沸く）	92
わすれもの	（忘れ物）	28
わすれる	（忘れる）	28
わた	（綿）	86
わたす	（渡す）	63
わたる	（渡る）	63
わらう	（笑う）	142
〜わり	（〜割）	62
わりあい	（割合）	62
わる	（割る）	62
われる	（割れる）	62
わん	（湾）	190

255

著　者

佐藤 尚子（元千葉大学大学院国際学術研究院教授）

佐々木 仁子（元千葉大学国際教育センター非常勤講師）

インドネシア語翻訳	● Sri Budi Lestari
ミャンマー語翻訳	● Chit Su Wai（Clover Mandalay Co.,Ltd）
ネパール語翻訳	● Madhu Pokharel (मधु पोखरेल)
シンハラ語翻訳	● Chamali Athukorala
イラスト	● 花色木綿
装幀	● 梅田綾子
DTP	● 梅田綾子、山田恵（リンガル舎）
DTP 協力・編集協力	● プレアデス、渡辺将吾
校閲	● 村上充

留 学生のための 漢字の教科書 中級 700 インドネシア語・ミャンマー語・ネパール語・シンハラ語 版

ISBN978-4-336-07647-2

2024 年 10 月　1 日　初版第 1 刷　発行
2025 年　1 月 31 日　初版第 2 刷　発行

著　者　佐藤 尚子
　　　　佐々木 仁子

発行者　佐藤 丈夫

発行所　国書刊行会

〒 174-0056　東京都板橋区志村 1-13-15
TEL.03-5970-7421　FAX.03-5970-7427
https://www.kokusho.co.jp

落丁本・乱丁本はお取り替えいたします。
印刷　株式会社 シナノパブリッシングプレス　　製本　株式会社 村上製本所